A NOVA LEI DE MIGRAÇÃO E OS REGIMES INTERNACIONAIS

ANA FLAVIA VELLOSO
TARCISO DAL MASO JARDIM
Coordenadores

Francisco Rezek
Prefácio

A NOVA LEI DE MIGRAÇÃO E OS REGIMES INTERNACIONAIS

Belo Horizonte
FÓRUM
CONHECIMENTO JURÍDICO
2021

FÓRUM
CONHECIMENTO JURÍDICO

Luís Cláudio Rodrigues Ferreira
Presidente e Editor

Coordenação editorial: Leonardo Eustáquio Siqueira Araújo
Aline Sobreira de Oliveira

Av. Afonso Pena, 2770 – 15º andar – Savassi – CEP 30130-012
Belo Horizonte – Minas Gerais – Tel.: (31) 2121.4900 / 2121.4949
www.editoraforum.com.br – editoraforum@editoraforum.com.br

Técnica. Empenho. Zelo. Esses foram alguns dos cuidados aplicados na edição desta obra. No entanto, podem ocorrer erros de impressão, digitação ou mesmo restar alguma dúvida conceitual. Caso se constate algo assim, solicitamos a gentileza de nos comunicar através do *e-mail* editorial@editoraforum.com.br para que possamos esclarecer, no que couber. A sua contribuição é muito importante para mantermos a excelência editorial. A Editora Fórum agradece a sua contribuição.

Dados Internacionais de Catalogação na Publicação (CIP) de acordo com a AACR2

N935 A nova lei de migração e os regimes internacionais / Ana Flavia Velloso, Tarciso Dal Maso Jardim (Coord.).– Belo Horizonte : Fórum, 2021.

433p.

ISBN: 978-65-5518-167-8

1. Direito Internacional Privado. 2. Direito Internacional Público. 3. Direitos Humanos. I. Velloso, Ana Flavia. II. Jardim, Tarciso Dal Maso. III. Título.

CDD 341.121941
CDU 341

Elaborado por Daniela Lopes Duarte – CRB-6/3500

Informação bibliográfica deste livro, conforme a NBR 6023:2018 da Associação Brasileira de Normas Técnicas (ABNT):

VELLOSO, Ana Flavia; JARDIM, Tarciso Dal Maso (Coord.). *A nova lei de migração e os regimes internacionais*. Belo Horizonte: Fórum, 2021. 433p. ISBN 978-65-5518-167-8.

Os organizadores agradecem aos que aqui se reuniram para compor esta obra coletiva. E a Carlos Velloso, tanto pelo apoio instrumental quanto pela lembrança da antiga divisa que norteou os autores: *stella duce* – adiante, guiados pela estrela.

Correu o mundo inteiro,
E no mundo tão grande...
o forasteiro
Não teve onde pousar.
(*Espumas Flutuantes*, A. de CASTRO ALVES, 1870)

SUMÁRIO

PREFÁCIO

A Constituição brasileira de 1988 revigorou nossa ordem jurídica no compasso de tudo quanto lá fora, até então, se inventara de consistente no rol dos direitos e garantias fundamentais. Ela foi editada em sintonia com normas de variadas bandeiras, dentre essas, o pavilhão das Nações Unidas, que honraram a centralidade da pessoa humana *in genere*: não necessariamente o cidadão local, o titular de direitos políticos, nem tão só o nacional, o integrante da dimensão humana do Estado brasileiro.

A Carta não fez caducar tecnicamente o Estatuto do Estrangeiro de 1980, mas denunciou sua incompletude normativa e anunciou sua esclerose. Não era de urgência máxima, era, contudo, imperativo que aquele regramento fosse renovado um dia. Ele o foi ao cabo de quase trinta anos, e o novo estatuto surpreendeu desde a primeira linha, com seu nome ultragenérico, a *Lei de Migração*. Migração de mão dupla, visto que o texto cuida também dos que, por vontade própria, deixam o país em busca de melhor destino lá fora. Volta a disciplinar, com amplitude, a exclusão do estrangeiro por iniciativa da autoridade local, nas figuras clássicas da expulsão e da deportação – afora a rejeição liminar, o que o direito comparado conhecia pelo nome de *refoulement*: o impedimento à entrada do forasteiro. E mais a extradição, a exclusão a pedido de outra soberania –, com toda a riqueza e complexidade de sua trama e sob a inspiração de todos os acertos e desacertos, nesse domínio, de governos e casas de justiça.

Entretanto, o que há de mais estimulante na lei nova é o trato das criações recentes do direito internacional a propósito das migrações dramáticas: os desdobramentos e sequelas da fuga à guerra civil, à miséria, ao desastre natural – não raro resultante de falências humanas – e ao colapso político, este sempre resultante daquelas.

Os juristas mais qualificados para explorar a matéria, os que precocemente já haviam revelado sua maestria no trabalho deste, entre outros domínios do direito internacional - e de sua interação com o direito público interno, no que isto resulta em benefício da dignidade e da integridade da pessoa humana –, encontram-se aqui reunidos. Não perfilam uma única geração, mas um só patamar de excelência na homenagem ao primado do direito e, ainda no rigor de sua análise, conscientes todos de que o direito é ciência, em que não vale trabalhar com pieguice declamatória, mas com rigor científico.

Ana Flavia Velloso e Tarciso Dal Maso Jardim, os internacionalistas que respondem pela organização desta obra coletiva ora trazida a público pela Editora Fórum, têm sólida experiência na cátedra universitária e na produção de doutrina. Parece-me que idealizaram o livro conscientes de que poucas áreas do direito são hoje, no Brasil, ao mesmo tempo tão sensíveis, pelos valores humanos que tentam preservar, e tão carentes de doutrina consistente e asséptica – por oposição à doutrina circunstancial, à doutrina *ad hoc*, aquela que se produz no calor das emoções do caso concreto e que, por isso, mesmo quando de excelsa fonte, contamina-se inevitavelmente de sentimentos estranhos ao direito em seu estado de pureza. Este último é o que o livro oferece à academia, à justiça, à advocacia e a todas as formas honestas de ativismo humanitário.

A doutrina brasileira do direito público e do direito internacional, na qual os autores aqui reunidos têm lugar de destaque, propende a fecundar o terreno global com sua qualidade e sua ética. Vivemos, afinal, num mundo cheio de remorsos, e este é um país sem remorsos no plano externo. Nossas mazelas têm a ver com nossa problemática interna, às vezes com nossa desgraça interna, mas, na cena internacional e ao menos até agora, este é um país sem mácula. Construímos nossa história sem ter lesado ninguém, sem ter agredido ninguém, sem que qualquer outra nação, outra comunidade humana, haja sido um dia vítima de uma violência, de uma injustiça imputável ao Brasil. Somos uma bandeira limpa num mundo cheio de bandeiras ensanguentadas. Temos – e, volto a dizer, até agora – autoridade para dar determinadas lições à sociedade internacional, mais que necessidade de recebê-las.

Se tentarmos, de modo sumário, estabelecer uma distinção entre categorias de países na atualidade da vida internacional, identificaremos uma primeira categoria, a dos detentores de um poder econômico, militar, político, que faz com que se situem acima do bem e do mal e que se entreguem ao requinte de sacrificar o direito em nome de seus interesses e instintos. Teremos uma segunda categoria, a dos países emergentes na prática da democracia, países que, saídos de um longo período de sombras, deslumbraram-se um tanto em excesso com a proposta ocidental e, carentes de senso crítico, aderiram com facilidade às injunções da liderança. Teremos uma terceira categoria, a das muitas nações que foram reduzidas à miséria na segunda metade do século XX e que, hoje, naufragadas em prioridades tão pungentes, não têm vitalidade para pensar soluções para o dilema da sociedade internacional ou para a crise do direito. Desses deserdados, desses tantos que foram reduzidos à ruína, não se pode esperar que priorizem outra preocupação que não aquela das suas mais primárias necessidades. Seus nacionais compõem agora uma parte expressiva da legião de migrantes do novo século.

Há, porém, uma derradeira categoria, aquela à qual pertencemos: sem compromisso com os núcleos de poder e sua pretensão hegemônica, sem dívidas de ordem moral, sem nenhuma espécie de alumbramento diante de algo que, para nós, nem é novo nem prima pela exemplaridade; e sem termos sido reduzidos à impossibilidade de agir, havendo preservado nossa energia e nossa integridade. É de tais países que a comunidade internacional hoje mais espera, embora tantos prefiram não dizê-lo.

O dia virá em que, lembrando a história dos primeiros anos do século XXI, todos, mas, sobretudo, os operadores do direito, teremos dificuldade em acreditar que aquilo realmente aconteceu, que as palavras que ouvimos realmente foram ditas, que as cenas que acompanhamos a distância não eram a encenação de uma ópera de horror. O dia virá em que, superado este fosso de sombras para o direito internacional e a comunidade das nações, hesitaremos em dar crédito à memória quando ela nos insinuar que isso não foi um delírio. Nossa esperança – a de todos os que participaram do projeto, da organização e escritura deste livro, mesmo nas linhas rudes do prefácio – é que esse novo tempo não demore a chegar.

São Paulo, setembro de 2019.

Francisco Rezek

Graduado em Direito pela UFMG (1966). Doutor da Universidade de Paris (1970). *Honorary Fellow* da Universidade de Oxford. Foi Professor e Diretor da Faculdade de Direito da UnB, Procurador e Subprocurador-Geral da República, Ministro do Supremo Tribunal Federal, Chanceler da República e Juiz da Corte Internacional de Justiça das Nações Unidas.

APRESENTAÇÃO

São ainda escassas a jurisprudência e a literatura jurídica inspiradas na Lei nº 13.445/17. Para promover o urgente debate que se impõe sobre a nova legislação migratória, de perspectivas diversas, aqui se reúnem notáveis estudiosos do direito brasileiro e do direito comparado, magistrados das mais altas cortes do país, membros do Ministério Público e da Advocacia-Geral da União, advogados e servidores públicos experientes no trato da questão migratória e de temas afins. O propósito da obra coletiva é congregar as mais importantes e oportunas reflexões possíveis sobre a normativa que o Brasil apenas começa a compreender, a regulamentar e a aplicar.

Dentre os objetivos que *A nova Lei de Migração e os regimes internacionais* se determina, estão: 1) aferir os paradigmas inovadores da questão migratória no Brasil, mediante o confronto, em aspectos selecionados, do regime jurídico atual e daqueles que o precederam; 2) evidenciar o diálogo entre a Lei nº 13.445/2017 e a normativa internacional, como a Convenção das Nações Unidas sobre o Estatuto dos Refugiados, de 1951, a Convenção sobre o Estatuto dos Apátridas, de 1980, o Estatuto do Tribunal Penal Internacional, de 1998, e a sempre fundamental Declaração das Nações Unidas sobre os Direitos Humanos, de 1948; 3) medir e ponderar a integração entre a nova lei migratória e os princípios e normas constitucionais, tanto quanto os preceitos de lei ordinária, assim como o papel das instituições pátrias na concretização das regras que a nova lei consolida.

Este livro não tem a pretensão de esgotar a matéria nem se anuncia como um comentário analítico da nova lei artigo por artigo. Seu propósito, em verdade, é o incentivo à reflexão dos destinatários da lei, daqueles a quem caberá efetivá-la, hoje confrontados com dúvidas, incertezas e desafios inerentes a um novo paradigma jurídico.

Porque a norma se perfaz em sua aplicação precedida de correta exegese, esta coletânea pretende acender as primeiras luzes sobre a extensão e o alcance do novo texto legal. Tal desígnio começou a materializar-se quando autores de notório domínio da ciência do direito compreenderam o sentido e a necessidade desta obra e atenderam ao chamado para pensar a nova legislação migratória a partir de distintos e originais pontos de vista. A cada um deles, nosso mais profundo reconhecimento.

Ana Flávia Velloso
Tarciso Dal Maso Jardim

A LEI MIGRATÓRIA E A INOVAÇÃO DE PARADIGMAS

TARCISO DAL MASO JARDIM

Há temas que não são novos, possuem a característica de permanência, pois intrínsecos à humanidade. Não precisamos buscar na arqueologia a descoberta de nosso nomadismo. Ao contrário, mais esforços precisamos fazer para explicar a formação do que é fixo, tais como os limites fronteiriços.

Somos o que somos em razão dos movimentos dos seres humanos e de sua fixação – daí surgiram nações, Estados, guerras e outras obsessões.[1] Contudo, variadas barreiras físicas, simbólicas, fitossanitárias, eletrônicas e políticas foram ou estão sendo criadas ou intensificadas, em uma mundialização negativa, com forte conotação na segurança territorial, o que, para muitos, significa barrar a migração em sentido amplo. Nesse cenário, discursos xenófobos e leis restritivas à imigração se proliferam. Como disse Zygmunt Bauman:

> A política de separação mútua e de manter distância, com a construção de muros em vez de pontes, contentando-se com 'câmaras de eco' à prova

1 FOUCHER, Michel. *L'obsession des frontières*. Paris: Perrin, 2007.

de som, em vez de linhas diretas para uma comunidade sem distorções (e, tudo considerado, lavando as mãos e manifestando indiferença sob o disfarce da tolerância), só leva à desolação da desconfiança mútua, do estranhamento e da exacerbação.[2]

Sempre fomos sugestionáveis a percepções desse tipo. Portanto, é expressivo que projeto de parlamentar[3] não só tenha rejeitado o atual discurso, mas rompido modelos legislativos brasileiros cujas matrizes foram promulgadas em períodos militarizados, por Poder Executivo de tom autoritário, como o de Manoel Deodoro da Fonseca, Floriano Peixoto, Getúlio Vargas e regime pós-64. Paradigmas tão arraigados que permaneciam em períodos democráticos, apesar de certas reações administrativas, de tribunais e da sociedade civil.

A Lei nº 13.445, de 24 de maio de 2017 (Lei de Migração), tem como principal virtude acabar com esse perfil e prever, pela primeira vez na história brasileira, um paradigma humanista para a migração. Então, façamos uma reflexão de seus artigos a partir de paradigmas de leis migratórias brasileiras. Afinal:

> (...) *el análisis de la normativa migratória se presenta como una puerta de acceso para estudiar las relaciones entre políticas públicas y construcción nacional, en tanto la primera cristaliza un sistema de valores y un sistema simbólico que las segundas reproducen y reorganizan.*[4]

1 Herança escravocrata

A escravidão marcou a vinda de africanos ao Brasil, persistindo mesmo após a *Convenção entre o Brasil e a Grã-Bretanha com o fim de pôr termo ao comércio de escravatura da Costa d'*África, de 1826-1827, e a decorrente[5] *Lei Diogo Feijó,*[6] proibindo a "importação" de escravos.

---

[2] BAUMAN, Zygmunt. *Estranhos à nossa porta*. São Paulo: Zahar, 2017. p. 22-23.

[3] Projeto de Lei do Senado nº 288, de 2013, de autoria do senador Aloysio Nunes Ferreira.

[4] NEJAMKIS, Lucila. *Políticas migratórias en Argentina, 1976-2010*: de la doctrina de seguridade nacional, à la consolidación del derecho humano à la migración. Buenos Aires: Prometeo Libros, 2016. p. 63.

[5] A Convenção determina o fim deste tráfico após três anos da troca de ratificações, ou seja, 1930, a partir do que a prática passaria a ser considerada pirataria.

[6] Conhecida como Lei Diogo Feijó ou Feijó-Barbacena, a Lei Imperial de 7 de novembro de 1831 declara livres todos os escravos vindos de fora do Império e impõe penas aos importadores dos mesmos escravos. Seu artigo 1º assim dispõe: "Todos os escravos que entrarem no território ou portos do Brasil, vindos de fora, ficam livres". Além disso, a lei prevê penas corporais, multas e apreensões.

O tráfico por navios negreiros somente seria eficazmente combatido pela *Lei Eusébio de Queirós*,[7] de 1850.[8] Essa prática histórica impactaria na legislação migratória, que teve a eugenia como marca de sua busca pelo imigrante ideal: o branco europeu como força de trabalho.

É significativo que a Lei nº 13.445/2017 reconheça a hipótese de a residência do imigrante, do residente fronteiriço ou do visitante poder ser autorizada se estes tenham "sido vítima de tráfico de pessoas, de trabalho escravo ou de violação de direito agravada por sua condição migratória" (art. 30, inc. II, alínea *g*). De acordo com o art. 158 do Decreto nº 9.199/2017, que regulamentou a Lei de Migração, o requerimento dessa autorização poderá ser encaminhado ao Ministério da Justiça pelo Ministério Público, pela Defensoria Pública ou pela Auditoria Fiscal do Trabalho (§2º do art. 158), com anuência da vítima (§3º do art. 158), e será concedido por prazo indeterminado (§1º do art. 158).

Além disso, essas pessoas podem ser consideradas como parte de grupos vulneráveis beneficiados por não cobrança de taxas e emolumentos consulares pela concessão de vistos ou para a obtenção de documentos para regularização migratória (art. 113, §3º, da Lei de Migração). Em verdade, elas estavam expressamente incluídas no vetado §4º do art. 113 da Lei de Migração, que definia o que seriam tais grupos vulneráveis. Contudo, a razão do veto não está relacionada a esse grupo de pessoas, mas aos migrantes em cumprimento de pena ou que respondem criminalmente em liberdade, que também estavam nesse parágrafo enquanto categoria de grupos vulneráveis. Assim, o art. 312, §5º, do Decreto nº 9.199/2017 incluiu na definição de grupos vulneráveis os demais citados no vetado §4º do art. 113 da Lei de Migração, que são os menores desacompanhados, as vítimas de tráfico de pessoas e de trabalho escravo e as pessoas beneficiadas por autorização de residência por acolhida humanitária.

---

[7] Lei Imperial de nº 581, de 4 de setembro de 1850 (estabelece medidas para a repressão do tráfico de africanos neste Império). Esta lei reforça a de 7 de novembro de 1831, prevendo apreensões de embarcações (art. 1º) e até mesmo o retorno de escravo (art. 6º).

[8] O *Caso Bracuhy* revela o que seria o último desembarque realizado pelo tráfico negreiro ilegal. Em 1952, o *brigue Camargo*, de bandeira estadunidense e de propriedade do português João Pedro da Costa Coimbra, é incendiado no litoral do Rio de Janeiro por seu capitão, Nathaniel Gordon, para eliminar provas do tráfico de cerca de 540 escravos oriundos do Quelimane e da Ilha de Moçambique, encomendados pelo poderoso e riquíssimo Joaquim José de Souza Breves, "o rei do café". Ver ABREU, Martha. "O caso Bracuhy". *In*: MATTOS, Hebe; SCHNNOR, Eduardo (Orgs.). *Resgate*: Uma janela para o oitocentos. Rio de Janeiro: Topbooks, 1995. p. 167-195; HORNE, Gerald. *O sul mais distante*: os Estados Unidos, o Brasil e o tráfico de escravos africanos. São Paulo: Companhia das Letras, 2007.

Esse não é só um diálogo histórico, mas a constatação de que o tráfico de pessoas e o trabalho escravo persistem no século XXI. A condenação do Brasil em 2016 pela Corte Interamericana de Direitos Humanos por um caso de trabalho escravo demonstra a dimensão dessas violações. Na oportunidade, a corte recomenda ao Brasil a tomar medidas de prevenção e a tratar os mais vulneráveis com atenção especial. Embora não se referia a migrantes, não resta dúvidas de que eles estariam enquadrados nessa categoria.[9]

2 Imigrante ideal: ascendência europeia e mão de obra

A considerar a evolução legislativa a partir do século XIX, a vinda de estrangeiros ao Brasil foi marcada por colonização de origem europeia para servir de mão de obra, sobretudo nas plantações de café, e para serem pequenos proprietários, abastecendo de alimentos as cidades e os latifúndios e ocupando áreas estratégicas com núcleos coloniais, muitas vezes incidentes em áreas indígenas.[10] São exemplos os incentivos à vinda de suíços,[11] alemães[12] e italianos. Essa imigração foi promovida pelo Estado ou mediante companhias de colonização,[13] com condições contratuais muitas vezes opressoras.

O Decreto nº 528, de 28 de junho de 1890, subscrito pelo generalíssimo Manoel Deodoro da Fonseca, ao regularizar o serviço de introdução e localização de imigrantes no Brasil, considera no seu artigo 1º que é:

---

[9] Corte IDH. Caso Trabalhaores da Fazenda Brasil Verde vs. Brasil. Exceções Preliminares, Mérito, Reparações e Custas. Sentença de 20 de outubro de 2016. Serie C No. 318: "336. (...) Os Estados estão obrigados 'a adotar medidas positivas para reverter ou alterar situações discriminatórias existentes em suas sociedades, em prejuízo de determinado grupo de pessoas. Isso significa o dever especial de proteção que o Estado deve exercer com respeito a atuações e práticas de terceiros que, sob sua tolerância ou aquiescência, criem, mantenham ou favoreçam as situações discriminatórias'".

[10] Aviso de 19 de fevereiro de 1811 sobre o progresso das divisões e estabelecimentos de colonos nas terras ocupadas pelos índios.

[11] Ver, sobretudo, o decreto de 16 de maio de 1818, que aprova as condições para o estabelecimento no Brasil de uma colônia de suíços.

[12] A Decisão nº 80, de 31 de março de 1824, firmada por Luiz José de Carvalho e Melo, ilustra a intenção dirigida, com a perspectiva eugênica de branqueamento da população: "Esperando-se brevemente nesta Corte uma Colônia de Alemães, a qual não pode deixar de ser de reconhecida utilidade para este Império pela superior vantagem de se empregar gente branca, livre e industriosa, tanto nas Artes como na Agricultura (...)".

[13] A Lei nº 514, de 28 de outubro 1848, concedeu terras devolutas às províncias para a colonização, que, por sua vez, se associaram a entes privados para realizar seus objetivos.

> Inteiramente livre a entrada nos portos da Republica, dos individuos válidos e aptos para o trabalho, que não se acharem sujeitos á acção criminal do seu paiz, *exceptuados os indigenas da Asia, ou da Africa* que sómente mediante autorização do Congresso Nacional poderão ser admittidos de accordo com as condições que forem então estipuladas. (Grifo nosso)

O objetivo era claro em incentivar a imigração europeia, branca, sem menosprezar o fluxo entre as Américas, em busca de mão de obra agrícola, operária, artesã ou doméstica. Não seriam bem-vindos mendigos e indigentes (artigo 3º), maiores de 50 anos e enfermos ou com "defeitos físicos", que somente tinham passagem gratuita se pertencessem a família com ao menos duas pessoas "válidas" (artigo 5º).

O presidente Floriano Peixoto abriu uma frente incentivando a imigração chinesa e japonesa, desde que não fossem indigentes, mendigos, piratas, nem sujeitos à ação penal em seus países, e fossem "válidos" e aptos para trabalhos de qualquer indústria (Lei nº 97, de 5 outubro de 1892). Contudo, além de proibir entrada de "mendigo, vagabundo, atacado de moléstia que possa comprometer a saúde pública ou suspeito de atentado cometido fora do território nacional contra a vida, a saúde, a propriedade ou a fé pública", impõe sua política de controle de estrangeiro mediante regulação da expulsão durante o estado de sítio.[14]

Ocorre que o mito de que o Brasil era uma democracia racial fez com que um grupo de cidadãos negros dos Estados Unidos organizasse uma migração ao Brasil na década de 1920, estimulado, em especial, pelo militante de direitos civis W. E. B. Du Bois, em seu jornal, o *Crisis*, e pela BACS (*Brazilian American Colonization Syndicate*), uma organização de Chicago. Não imaginavam as autoridades racistas brasileiras que um fluxo de negros poderia surgir de outro continente que não a África. Prontamente, o Itamaraty começou a recusar vistos a essas pessoas, e teses começam a ser traçadas para resolver o embaraço diplomático e manter a política brasileira de branqueamento. E assim foi feito.[15]

O Decreto nº 24.215, de 9 de maio de 1934 (art. 2º, §1º), considerou imigrante "todo estrangeiro que pretenda, vindo para o Brasil, nele permanecer por mais de trinta dias com o intuito de exercer a sua atividade em qualquer profissão lícita e lucrativa que lhe assegure a

---

[14] Decreto nº 1.566, de 13 de outubro de 1893.

[15] LESSER, Jeffrey. *A invenção da brasilidade*: identidade nacional, etnicidade e políticas de imigração. São Paulo: Editora Unesp, 2015.

subsistência própria e a dos que vivam sob sua dependência". Contudo, este mesmo artigo era repleto de preconceitos, pois não permitia a entrada de "aleijado ou mutilado", "cego ou surdo-mudo", "cigano ou nômada", entre outros.

Com a implantação do Estado Novo por Getúlio Vargas a partir de novembro de 1937 e a proliferação internacional de regimes autoritários e de tensões bélicas, o incentivo à imigração é cada vez mais circunscrito, e o estrangeiro passa a ser marcadamente uma ameaça à segurança nacional. O Decreto-Lei nº 383, de 18 de abril de 1938, por exemplo, vedou aos estrangeiros fixados ou em caráter temporário no Brasil a exercerem qualquer atividade de natureza política ou imiscuir-se, direta ou indiretamente, nos negócios públicos do país, enquanto o Decreto-Lei nº 406, de 4 maio de 1938,[16] ao dispor sobre a entrada de estrangeiro em território nacional, repetia o alto grau de preconceito e xenofobia do Decreto nº 24.215, de 9 de maio de 1934. O Decreto-Lei nº 406/1938 também cria o Conselho de Imigração e Colonização, que representava o pensamento modernizante do Estado Novo e seria responsável por coordenar a entrada de imigrantes "ideais", em termos de raça (eugenia) e função (mão de obra), a seguir as posições de Francisco José de Oliveira Vianna.[17]

Durante a Segunda Guerra Mundial, houve a edição do Decreto-Lei nº 3.175, de 7 de abril de 1941, que restringiu a entrada de imigrantes no Brasil e somente seria revogado em 1945 (Decreto-Lei nº 7.575, de 21 de maio de 1945). Nesse período, a imigração de países europeus seria restrita, sendo facilitada somente a proveniente de Estados americanos. Essa perspectiva seria radicalmente revertida pelo Decreto-Lei nº 7.967, de 18 de setembro de 1945, que dispôs sobre a imigração e colonização,

---

[16] Segundo seu artigo 1º, não poderiam entrar: "I – aleijados ou mutilados, inválidos, cegos, surdos-mudos; II – indigentes, vagabundos, ciganos e congêneres; III – que apresentem afecção nervosa ou mental de qualquer natureza, verificada na forma do regulamento, alcoolistas ou toxicômanos; IV – doentes de moléstias infectocontagiosas graves, especialmente tuberculose, tracoma, infecção venérea, lepra e outras referidas nos regulamentos de saúde pública; V – que apresentem lesões orgânicas com insuficiência funcional; VI – menores de 18 anos e maiores de 60, que viajarem sós, salvo as exceções previstas no regulamento; VII – que não provem o exercício de profissão lícita ou a posse de bens suficientes para manter-se e às pessoas que os acompanhem na sua dependência; VIII – de conduta manifestamente nociva à ordem pública, à segurança nacional ou à estrutura das instituições; IX – já anteriormente expulsos do país, salvo si o ato de expulsão tiver sido revogado; X – condenados em outro país por crime de natureza que determine sua extradição, segundo a lei brasileira; XI – que se entreguem à prostituição ou a explorem, ou tenham costumes manifestamente imorais".

[17] OLIVEIRA VIANNA, Francisco José. *Raça e assimilação*. 3. ed. São Paulo: Companhia Editora Nacional, 1938; QUEIROZ, Thaíla Guimarães de. As Restrições Imigratórias na Revista de Imigração e Colonização (1940- 1945). *In*: *Recôncavo*: Revista de História da UNIABEU, v. 3, n. 5, jul./dez. 2013, p. 139.

acrescentando a predisposição de defesa do trabalhador nacional e de manter composição étnica europeia, conforme seu artigo 2º:

> Atender-se-á, na admissão dos imigrantes, à necessidade de *preservar e desenvolver, na composição étnica da população, as características mais convenientes da sua ascendência europeia*, assim como a defesa do trabalhador nacional. (Grifo nosso)

Essas normas eugênicas somente foram revogadas pelo art. 141 do Estatuto do Estrangeiro (Lei nº 6.815/80)!

A Lei de Migração vai além: cita o princípio de não discriminação sete vezes (art. 3º, II e IV; art. 4º, VIII, X e XI; art. 37, I; art. 55, II, b). Merece destacar o art. 3º, incisos II e IV, que aponta como princípios ou diretrizes da política migratória brasileira o repúdio e prevenção à xenofobia, ao racismo e a quaisquer formas de discriminação; e a não discriminação em razão dos critérios ou dos procedimentos pelos quais a pessoa foi admitida em território nacional.

Não há no Brasil mais espaço normativo para a eugenia, ao incentivo de vinda de pessoas por sua origem ou cor de pele, em detrimento de pessoas de outras origens. Apesar da existência de leis preconceituosas em nossa história, fluxos dos mais diversos vieram ao Brasil, em maior ou menor grau. A Lei de Migração não somente responde a esse aspecto negativo de nossa sociedade com esses princípios e sua estrutura, mas, de certo modo, é produto de atores políticos que, de maneira suprapartidária, foram influenciados pela própria história migrante, a de seus nomes, embora outra tradição sempre pesou como ameaça: a da segurança nacional.

3 Imigrante como ameaça à segurança nacional

Após a Primeira Guerra Mundial, os Estados passaram a controlar passaportes com métodos mais elaborados e a diferenciar estrangeiros de nacionais com o intuito de criar barreiras à imigração.[18]

Contudo, o Estado policialesco já está presente na raiz da República, no século XIX. O Decreto nº 1.566/1893, por exemplo, é um libelo contra a liberdade do estrangeiro, permitindo sua expulsão

---

[18] FARIA, Maria Rita Fontes. *Migrações internacionais no plano multilateral*: reflexões para a política externa brasileira. Brasília: Fundação Alexandre de Gusmão, 2015. p. 130-131; TORPEY, John. *The invention of Passport, Surveillance, Citizenship and the State*. Cambridge: Cambridge University Press, 2000. p. 121.

por critérios como a comissão de infrações contra a segurança e a tranquilidade pública; incitação à desobediência às leis ou à revolta e à guerra civil, ou ao ódio ou atos de violência entre ou contra classes sociais, de modo perigoso à segurança ou à tranquilidade públicas, pela imprensa ou outro meio; comprometimento da segurança da União ou dos estados; comissão de crimes contra a liberdade de trabalho; provocação ou aumento do mal-estar público; ou criação de embaraços à tranquilidade e regularidade dos negócios e da vida social. Nota-se que havia muitos termos abertos, como "tranquilidade", a permitir a expulsão do imigrante com facilidade administrativa. Desde então, as legislações brasileiras sobre a expulsão sempre serviram para o controle de segurança nacional.[19]

Posteriormente, em outro regime militar, o Decreto-Lei nº 941, de 13 de outubro de 1969, e o Estatuto do Estrangeiro, de 1980, seguem adotando política de segurança nacional mediante controle de concessão de visto e de facilitação de deportação e de expulsão. O conhecido artigo 2º do Estatuto do Estrangeiro é claro: "Na aplicação desta Lei *atender-se-á precipuamente à segurança nacional*, à organização institucional, aos interesses políticos, socioeconômicos e culturais do Brasil, bem assim à defesa do trabalhador nacional".

A nova Lei de Migração acaba com a ideia de que o imigrante é uma ameaça à segurança nacional. O art. 4º dessa lei prevê ampla gama de direitos aos migrantes, como o de reunião e associação, e estende direitos, garantias e liberdades aos não residentes. Assim, em resposta à redação infeliz do *caput* do art. 5º da Constituição Federal, que reduz esses direitos aos residentes, determina a Lei de Migração no §1º do art. 4º que a titularidade e o exercício desses direitos independem da situação migratória e apontam que, para além da previsão constitucional, devem ser respeitados os tratados. Nesse particular, cumpre verificar que o §4º do art. 4º da Lei de Migração foi vetado em razão de que nem todos os direitos previstos nesse dispositivo estariam adequados aos "visitantes", como o acesso aos serviços de saúde. De qualquer forma, a verificação de qual direito é apropriado ou inadequado a um visitante, que venha a turismo ou negócios, será feita nos futuros casos concretos.

Afastar-se da perspectiva de segurança nacional não significa descuidar das ameaças do mundo do crime. O conceito de impedimento

---

[19] Ver Decreto nº 1.641, de 7 de janeiro de 1907; Decreto-Lei nº 479, de 8 de junho de 1938; Decreto-Lei nº 417, de 10 de janeiro de 1969 e o Estatuto do Estrangeiro.

do art. 45[20] da Lei de Migração é central, pois, além de servir como fundamento concreto para evitar a entrada, com a repatriação (art. 49 da Lei de Migração), e a não concessão de visto (art. 11 da Lei de Migração), também terá reflexo para negar a autorização de residência aos imigrantes (art. 34 da Lei de Migração) e, por via de consequência, impacta na naturalização.[21]

Igualmente, a Lei de Migração traz capítulos inteiros atualizando o regime geral de cooperação jurídica em matéria penal. A Lei de Migração retoma o tema da extradição prevista no Estatuto do Estrangeiro e agrega duas novas formas de cooperação jurídica internacional de caráter penal: a transferência de pessoas condenadas e a transferência de execução da pena. Originalmente, não se pretendia versar na Lei de Migração sobre tais assuntos, porém, ao revogar o Estatuto do Estrangeiro, sem que haja uma lei de cooperação jurídica penal em vigor, preferiu-se não deixar lacuna. Posição inversa à tomada em relação ao tema do refugiado, que foi tratado de modo transversal, apesar de guardar grande afinidade com a nova lei. Isso se deveu ao fato de já haver uma boa lei em vigor, a Lei nº 9.474/1997, e não seria o caso de rediscuti-la.

A base do direito extradicional brasileiro é bem anterior ao Estatuto do Estrangeiro, pois historicamente nascida como uma expulsão desde a Circular às Legações e Consulados do Brasil, de 4 de fevereiro de 1847, do Ministro dos Negócios Estrangeiros da época (Barão de

[20] Art. 45. Poderá ser impedida de ingressar no País, após entrevista individual e mediante ato fundamentado, a pessoa: I – anteriormente expulsa do País, enquanto os efeitos da expulsão vigorarem; II – condenada ou respondendo a processo por ato de terrorismo ou por crime de genocídio, crime contra a humanidade, crime de guerra ou crime de agressão, nos termos definidos pelo Estatuto de Roma do Tribunal Penal Internacional, de 1998, promulgado pelo Decreto nº 4.388, de 25 de setembro de 2002; III – condenada ou respondendo a processo em outro país por crime doloso passível de extradição segundo a lei brasileira; IV – que tenha o nome incluído em lista de restrições por ordem judicial ou por compromisso assumido pelo Brasil perante organismo internacional; V – que apresente documento de viagem que: a) não seja válido para o Brasil; b) esteja com o prazo de validade vencido; ou c) esteja com rasura ou indício de falsificação; VI – que não apresente documento de viagem ou documento de identidade, quando admitido; VII – cuja razão da viagem não seja condizente com o visto ou com o motivo alegado para a isenção de visto; VIII – que tenha, comprovadamente, fraudado documentação ou prestado informação falsa por ocasião da solicitação de visto; ou IX – que tenha praticado ato contrário aos princípios e objetivos dispostos na Constituição Federal.

[21] A nacionalidade é um tema essencialmente tratado pela Constituição Federal, mas esta permite que a naturalização possa ser regulada em lei, fixando-lhe parâmetros. Estes foram desenvolvidos na lei a fim de prever condições, as mais objetivas possíveis, para os quatro tipos de naturalização (ordinária; extraordinária; especial; provisória), sem ignorar eventual incidência dos impedimentos no tema.

Cairu, Bento da Silva Lisboa).[22] Assim, diversos tratados de extradição foram firmados pelo Brasil a partir do século XIX nessa base, admitindo já importantes noções, como o respeito ao asilo por motivação política, o que foi seguido de prática governamental, como nos casos do pedido de extradição por parte da República Oriental dos captores do vapor mercante argentino Porteña, em 1873.[23]

Essa primeira leva de acordos, com base em sistema administrativo de concessão de extradição, foram todos denunciados pela Lei nº 2.416, de 28 de junho de 1911, já que a República brasileira introduzira à época o sistema de apreciação judiciária da extradição. Nesse novo sistema, o Supremo Tribunal Federal passa a analisar os pedidos de extradição.

Ademais, apesar de a política de extradição por tratados bilaterais persistir na República ou mediante promessas de reciprocidade com o país solicitante da extradição, alguns tratados multilaterais foram sendo celebrados na região interamericana. Como referência recente, o *Acordo de Extradição entre os Estados-Partes do Mercosul*.[24]

Diferentemente, os institutos de transferência de pessoas condenadas e transferência de execução da pena (ou extradição executória) somente eram versados em tratados bilaterais. Com a Lei de Migração, *a transferência de pessoa condenada* passa a ser um ato não só com base em tratado, mas também por promessa de reciprocidade, que permite transferir o condenado para o seu país de nacionalidade ou país que tiver residência habitual ou vínculo pessoal, a fim de cumprir pena a ele imposta pelo Estado brasileiro, por sentença transitada em julgado, necessitando expressar seu interesse em ser transferido (art. 103 da Lei de Migração). O objetivo dessa medida é essencialmente humanista, já que permite o cumprimento da pena próximo aos familiares e à cultura do apenado, o que facilita a ressocialização. Como precedente, tem-se o acordo entre o Brasil e o Canadá, cuja negociação foi suscitada logo após o caso do sequestro de Abílio Diniz, em 1988, e finalizou em 1998,

---

[22] Essa circular deriva da concessão do pedido de extradição à França de Joseph Blanchet e Etienne Migeraud por falsidade e falência fraudulenta. ACQUARONE, Appio Claudio. *Tratados de extradição*: construção, atualidade e projeção. Brasília: Instituto Rio Branco; Fundação Alexandre de Gusmão, 2003. p. 43.

[23] Nesses tratados do século XIX, figurava a exceção geral aos crimes políticos (Grã-Bretanha e a Itália) ou excetuavam deles certos crimes conexos, como atentados a chefes de Estado e suas famílias quando fosse considerado crime comum de homicídio (Alemanha, Império austro-húngaro, Bélgica, Estados Unidos da América, Espanha, Países Baixos, Paraguai e Portugal), ou o crime de atentados "anarquistas" (tratado com o Chile). BRIGGS, Arthur. *Extradição*: tratados vigentes entre o Brasil e outros paízes. Rio de Janeiro: Imprensa Nacional, 1909. p. 51 e ss.

[24] Decreto nº 4.975, de 30 de janeiro de 2004.

quando o tratado entra em vigor. Os dois sequestradores canadenses desse empresário (Christine Lamont e David Spencer) foram os primeiros casos de transferência.[25]

Entretanto, o único tratado sobre transferência de pessoas condenadas que também versa sobre a *transferência de execução da pena* (ou extradição executória) foi o celebrado com os Países Baixos. Trata-se do art. 14 do *Tratado de Transferência de Pessoas Condenadas e Execução de Penas Impostas por Julgamentos entre a República Federativa do Brasil e o Reino dos Países Baixos*,[26] promulgado pelo Decreto nº 7.906, de 4 de fevereiro de 2013. O objetivo desse precursor instituto é evitar a impunidade, permitindo que uma pessoa que tenha fugido ou não esteja no país de sua condenação possa cumprir pena no país onde se encontre, mesmo

---

[25] Atualmente, além do canadense (Decreto nº 2.547/1998), há outros tratados bilaterais sobre transferência de pessoas condenadas, tais como: Argentina (Decreto nº 3.875/2001); Angola (Decreto nº 8.316/2014); Bolívia (Decreto nº 6.128/2007); Chile (Decreto nº 3.002/1999); Espanha (Decreto nº 2.576/1998); Panamá (Decreto nº 8.050/2013); Paraguai (Decreto nº 4.443/2002); Peru (Decreto nº 5.931/2006); Países Baixos (Decreto nº 7.906/2013) (engloba Antilhas Holandesas e Aruba); Portugal (Decreto nº 5.767/2006) e Reino Unido da Grã-Bretanha e Irlanda do Norte (Decreto nº 4.107/2002). Além desses, há tratados multilaterais que versam sobre o assunto, como a Convenção das Nações Unidas contra o Crime Organizado Transnacional (Convenção de Palermo) (Decreto nº 5.015/2004); a Convenção Interamericana sobre o Cumprimento de Sentenças Penais no Exterior (Convenção de Manágua de 1993) (Decreto nº 5.919/2006); a Convenção sobre a Transferência de Pessoas Condenadas entre os Estados-Membros da Comunidade dos Países de Língua Portuguesa (Convenção da Praia, de 2005) (Decreto nº 8.049/2013); o Acordo sobre Transferência de Pessoas Condenadas entre os Estados-Partes do Mercosul (Decreto nº 8.315/2014).

[26] Artigo 14 (Transferência da Execução da Pena) 1. Os Estados poderão concordar, caso a caso, que, quando um nacional do Estado de execução que estiver sujeito a uma pena imposta por um julgamento no território do Estado de condenação houver fugido ou de qualquer outra forma retornado para o Estado de execução, para eximir-se de responder aos processos criminais pendentes contra si no Estado de condenação, ou após o julgamento, a fim de evitar a execução ou uma execução adicional da pena no Estado de condenação, o Estado de condenação poderá solicitar que o Estado de execução assuma a execução da pena. 2.À transferência da execução da pena imposta por um julgamento, contemplada pelo parágrafo 1, as disposições deste Tratado aplicar-se-ão *mutatis mutandis*. Todavia, o consentimento da pessoa condenada, referido no Artigo 3, parágrafo 1, item e, não será exigido. 3. Se exigido pela legislação interna do Estado de execução, a transferência da execução da pena imposta por um julgamento poderá estar sujeita ao reconhecimento do julgamento pelo seu tribunal competente, previamente à anuência do Estado de execução à transferência da execução da pena. 4. Quando o Brasil for o Estado de condenação, o Reino dos Países Baixos, na qualidade de Estado de execução, poderá, a pedido do Brasil, antes da chegada dos documentos de apoio do pedido de transferência da execução da pena imposta por um julgamento, ou antes da decisão a respeito desse pedido, prender a pessoa condenada, ou tomar qualquer outra medida para garantir que ela permaneça no seu território até uma decisão sobre o pedido de transferência da execução da pena. Os pedidos de medidas preventivas incluirão as informações mencionadas no Artigo 4, parágrafo 3. A situação penal da pessoa condenada não será agravada por causa de qualquer período em que esteve sob custódia em razão deste parágrafo. 5.Na extensão permitida pela sua legislação interna, o Brasil, na qualidade de Estado de execução, poderá aplicar as disposições do parágrafo 4.

sendo o de sua própria nacionalidade. O instituto da transferência da execução da pena enfrenta, assim, a característica do sistema brasileiro de não extraditar nacionais, estabelecida na Constituição de 1934 (art. 113, §31) e mantida nas constituições subsequentes.[27]

Além disso, a extradição executória altera a concepção do Código de Bustamante, de 1928, cujo art. 436 taxativamente determinava o contrário, que não haveria execução de sentenças penais estrangeiras. Excetuavam-se a essa regra geral aquelas sentenças que ditavam a responsabilidade civil e seus efeitos sobre os bens do condenado (art. 437 do Código de Bustamante) ou sujeitá-lo a medidas de segurança (art. 9º do Código Penal). A existência de tratados sobre a matéria, contudo, já havia repercutido na jurisprudência do STF, que passava a considerar a extradição executória se fundada em acordo internacional, mas com a advertência de isso não significar dupla condenação.[28] Essa análise de

[27] A Constituição de 1934 não diferenciava a proibição de extraditar brasileiros natos ou naturalizados, embora o Decreto-Lei nº 394, de 28 de abril de 1938, pontua que poderia extraditar brasileiros naturalizados depois da perpetração do crime. Igualmente, o §2º do art. 1º desse decreto admite competência para julgar esses brasileiros se o fato contra ele constituir crime segundo a lei brasileira, podendo até mesmo diminuir a pena estipulada na lei brasileira se esta for mais grave que a do Estado requerente da extradição. Atualmente, o brasileiro naturalizado está sujeito à extradição passiva em caso de crimes comuns cometidos antes da naturalização ou por tráfico ilícito de entorpecentes e drogas afins praticado em qualquer momento, antes ou depois de obtida a naturalização (CF, art. 5º, LI).

[28] STF, Segunda Turma, Extradição nº 1.223, relator ministro Celso de Mello, julgamento em 22.11.2011: "(...) Ninguém pode expor-se, em tema de liberdade individual, a situação de duplo risco. Essa é a razão pela qual a existência de hipótese configuradora de 'double jeopardy' atua como insuperável obstáculo à instauração, em nosso País, de procedimento penal contra o agente que tenha sido condenado ou absolvido, no Brasil ou no exterior, pelo mesmo fato delituoso. – A cláusula do Artigo 14, n. 7, inscrita no Pacto Internacional sobre Direitos Civis e Políticos, aprovado pela Assembleia Geral das Nações Unidas, qualquer que seja a natureza jurídica que se lhe atribua (a de instrumento normativo impregnado de caráter supralegal ou a de ato revestido de índole constitucional), inibe, em decorrência de sua própria superioridade hierárquico-normativa, a possibilidade de o Brasil instaurar, contra quem já foi absolvido ou condenado no exterior, com trânsito em julgado, nova persecução penal motivada pelos mesmos fatos subjacentes à sentença penal estrangeira. REGISTRO HISTÓRICO A PROPÓSITO DA EFICÁCIA EXTRATERRITORIAL DAS SENTENÇAS PENAIS ESTRANGEIRAS NO DIREITO PÁTRIO–ADOÇÃO, PELO BRASIL, DO PRINCÍPIO CONSAGRADO NO CÓDIGO BUSTAMANTE (ART. 436) – HOMOLOGABILIDADE RESTRITA – POSSIBILIDADE, CONTUDO, DE EXECUÇÃO, NO BRASIL, DE CONDENAÇÃO PENAL ESTRANGEIRA IMPOSTA A BRASILEIRO, DESDE QUE PREVISTA EM ACORDOS INTERNACIONAIS. O ordenamento positivo brasileiro, tratando-se de sentença penal condenatória estrangeira, admite, em caráter excepcional e de modo restrito, a possibilidade de sua homologação (SE 5.705/EUA, Rel. Min. CELSO DE MELLO), desde que esse ato sentencial tenha por estrita finalidade (a) obrigar o condenado à reparação civil 'ex delicto' (RTJ 82/57) ou (b) sujeitá-lo, quando inimputável ou semi-imputável, à execução de medida de segurança (CP, art. 9º). Doutrina. Precedentes. Possibilidade, contudo, de executar-se, no Brasil, condenação penal estrangeira imposta a brasileiro, desde que a requerimento deste e contanto que tal medida esteja prevista em atos, tratados ou convenções internacionais de caráter bilateral ou de índole multilateral

compatibilidade com nossa ordem pública e nosso constitucionalismo, de acordo com a Lei de Migração, será feita em procedimento de homologação de sentença penal perante o Superior Tribunal de Justiça.

Contudo, a maior diferença entre a Lei de Migração e as legislações migratórias precedentes é a de que o regime atual é para a comissão de crimes comuns, e não para irregularidades associadas ao ato de migrar.

Em 7 de julho de 2011, Argentina, Brasil, Paraguai e Uruguai, ao solicitarem parecer consultivo à Corte Interamericana sobre a criança migrante, ressaltaram o princípio de não criminalização da migração, segundo o qual a privação da liberdade de migrantes não deve ser associada à infração de normas migratórias. Contudo, no Brasil, esse discurso soava contraditório, já que o Estatuto do Estrangeiro então em vigor continha vários tipos penais atentatórios aos migrantes, só agora revogados. Mesmo assim, ainda restam exemplos do Código Penal brasileiro, tais como os arts. 309 e 338,[29] que podem encerrar injustiças.

Enfim, qual o impacto da Lei de Migração sobre o direito penal?

A Lei de Migração possui como princípio a não criminalização da imigração (art. 3°, III). Além disso, no art. 109 prevê infrações administrativas para questões migratórias, mas não tipos penais. Dentre as infrações, estão a de entrar em território sem estar autorizado, com sanção de deportação caso saia do país ou não regularize a situação migratória no prazo fixado; permanecer em território nacional depois de esgotado o prazo legal da documentação migratória, com a mesma sanção, acrescida de multa por dia de excesso; e furtar-se ao controle migratório, na entrada ou saída do território nacional, com sanção de multa.

Essa política de revogar o Estatuto do Estrangeiro e seus tipos penais, substituindo-os por sanções administrativas, é coerente com o princípio de não criminalização. Igualmente, o art. 124 da Lei de Migração prevê que: "Ninguém será privado de sua liberdade, por razões migratórias, exceto nos casos previstos nesta Lei".

E qual é a hipótese de privação de liberdade da lei? A lei admite representação em casos de efetivação de deportação ou expulsão, pelo

---

celebrados pelo Estado brasileiro. Rol de alguns desses acordos internacionais firmados pelo Brasil".

[29] Art. 309 – Usar o estrangeiro, para entrar ou permanecer no território nacional, nome que não é o seu: Pena – detenção, de um a três anos, e multa. Parágrafo único – Atribuir a estrangeiro falsa qualidade para promover-lhe a entrada em território nacional: Pena – reclusão, de um a quatro anos, e multa; Art. 338 – Reingressar no território nacional o estrangeiro que dele foi expulso: Pena – reclusão, de um a quatro anos, sem prejuízo de nova expulsão após o cumprimento da pena.

chefe da unidade da Polícia Federal perante o juízo federal (art. 48); considera hipótese de prisão em extradição, apesar de o extraditando poder responder em liberdade (art. 86); e insere somente um tipo no Código Penal a fim de proibir a ação dos chamados "coiotes".[30]

Outro conteúdo de alteração é o conceito de expulsão, que passa a ser ligado exclusivamente à comissão de crime. Portanto, o peso do art. 338 do Código Penal, que pune o reingresso de expulso, fica mais leve. Não bastasse, a Lei de Migração considera a reunião familiar como um valor superior ao da segurança nacional, conforme denota o art. 55.[31]

As medidas de retirada de um imigrante do território possuem grau de severidade distintos entre a repatriação, a deportação e a expulsão, impondo a previsão de mecanismos mais amplos de garantias de forma gradual.

Na *repatriação*, haverá imediata comunicação do ato fundamentado de repatriação às empresas transportadoras e à autoridade consular do país de nacionalidade do migrante ou do visitante, ou quem lhe representa. Além disso, não será aplicada medida de repatriação: à pessoa em situação de refúgio ou de apatridia, de fato ou de direito; aos menores de 18 (dezoito) anos desacompanhados, ou separados de suas famílias, exceto nos casos em que se demonstrar favorável para a garantia de seus direitos ou para a reintegração a sua família de origem; ou a quem necessite de acolhimento humanitário; nem, em qualquer caso, de devolução para país ou região que possa apresentar risco à sua vida, integridade pessoal ou liberdade.

Nos casos desses protegidos contra à repatriação ou em caso de permissão de estada condicional do imigrante ou do visitante sobre quem recaia medida de repatriação, a Defensoria Pública da União será notificada, preferencialmente por via eletrônica.

---

[30] Art. 232-A. Promover, por qualquer meio, com o fim de obter vantagem econômica, a entrada ilegal de estrangeiro em território nacional ou de brasileiro em país estrangeiro: Pena – reclusão, de 2 (dois) a 5 (cinco) anos, e multa. §1º Na mesma pena incorre quem promover, por qualquer meio, com o fim de obter vantagem econômica, a saída de estrangeiro do território nacional para ingressar ilegalmente em país estrangeiro. §2º A pena é aumentada de um sexto a um terço se: I – o crime é cometido com violência; ou II – a vítima é submetida a condição desumana ou degradante. §3º A pena prevista para o crime será aplicada sem prejuízo da correspondente às infrações conexas.

[31] Art. 55. Não se procederá à expulsão quando: I – a medida configurar extradição inadmitida pela legislação brasileira; II – o expulsando: a) tiver filho brasileiro que esteja sob sua guarda ou dependência econômica ou socioafetiva ou tiver pessoa brasileira sob sua tutela; b) tiver cônjuge ou companheiro residente no Brasil, sem discriminação alguma, reconhecido judicial ou legalmente; c) tiver ingressado no Brasil até os 12 (doze) anos de idade, residindo desde então no País; d) for pessoa com mais de 70 (setenta) anos que resida no País há mais de 10 (dez) anos, considerados a gravidade e o fundamento da expulsão (...).

Em caso de *deportação*, está-se diante de procedimento administrativo para retirada de imigrante que se encontre em situação migratória irregular em território nacional.

Portanto, deverá haver notificação pessoal ao imigrante da qual constem, expressamente, as irregularidades verificadas e prazo para a regularização não inferior a 60 (sessenta) dias, podendo ser prorrogado, por igual período, por despacho fundamentado e mediante compromisso de o imigrante manter atualizadas suas informações domiciliares.

A notificação não implica em detenção ou restrição de liberdade e perde seus efeitos em caso de saída voluntária do migrante.

Por fim, quanto à *expulsão*, que antes tinha aspecto de sanção perpétua, é agora por prazo determinado (art. 52), seguindo a proporcionalidade em relação ao prazo total da pena cominada e nunca será superior ao dobro de seu tempo. Na nova lei, eliminam-se todos os termos indeterminados e abusivos do revogado Estatuto do Estrangeiro, como "nocividade" ou "contrário à ordem pública", passando a estar vinculado ao fato de o estrangeiro ter cometido um crime, com sentença transitada em julgado. Esse processo não poderá prejudicar a eventual progressão de regime, caso esteja cumprindo pena no Brasil.

O trâmite da expulsão não implica em restrição de liberdade e deve decorrer de procedimento que garanta o contraditório e a ampla defesa, com notificação à Defensoria Pública da União, se não houver defensor constituído.

Nota-se que a nova Lei de Migração não só contesta o paradigma da segurança nacional, mas cria um sistema com linguagem direta, garantista, que assegura o direito à defesa e protege vulneráveis.

4 Lei humanista sobre a mobilidade

O passaporte era exigido desde o decreto de 2 de dezembro de 1820 a toda pessoa, nacional ou estrangeira, de qualquer classe ou condição, a fim de garantir a segurança e a tranquilidade pública e manter registro dos que vêm ao então "Reino do Brazil"; ou, nos termos de Decisão de Governo de 1822, acabar com a exagerada facilidade de entrada e estada de estrangeiros, principalmente em áreas de mineração, onde pretensos naturalistas vinham na verdade garimpar e prospectar minerais.[32] [33] Contrariamente, Deodoro da Fonseca, mediante o Decreto

---

[32] Decisão de Governo nº 133, de 12 de novembro de 1822, sobre passaportes para o interior, concedidos a estrangeiros, firmada por José Bonifácio de Andrada e Silva.

[33] Ver art. 71 do Regulamento nº 120, de 31 de janeiro de 1842, que regula a execução da parte policial e criminal da Lei nº 261, de 3 de dezembro de 1841 (reformando o Código do Processo

nº 212, de 22 de fevereiro de 1890, admite que as pessoas entrem, permaneçam ou saiam independentemente de passaporte. Segundo esse documento legal, o passaporte é contrário ao regime de completa liberdade individual e um gravame ao emigrante, não sendo necessário sequer para o combate à criminalidade. Enfim, seria o passaporte "uma simples inutilidade vexatória", o que foi consagrado no §10 do art. 72 da Constituição de 1891, permitindo em tempo de paz a qualquer pessoa poder entrar no território nacional ou dele sair com a sua fortuna e bens, "quando e como lhe convier, independentemente do passaporte".

Essa liberalidade duraria até a revisão do art. 72 da Constituição em 1926, que retiraria a parte final do §10.[34] Em seguida, o revisado dispositivo constitucional foi regulamentado pelo Decreto nº 18.384, de 11 de setembro de 1928, que atendeu à conveniência de regulamentar a expedição de passaportes e o visto em passaportes estrangeiros a fim de "conciliar os interesses dos imigrantes e viajantes com a defesa do Brasil contra os indesejáveis de toda espécie", tornando claros os motivos da alteração da política de controle.

O Decreto-Lei nº 941, de 1969, e o Estatuto do Estrangeiro seguem adotando política de segurança nacional mediante controle de concessão de visto. As categorias de vistos eram as seguintes: de trânsito; de turista; temporário (I – em viagem cultural ou em missão de estudos; II – em viagem de negócios; III – na condição de artista ou desportista; IV – na condição de estudante; V – na condição de cientista, professor, técnico ou profissional de outra categoria, sob regime de contrato ou a serviço do governo brasileiro; VI – na condição de correspondente de jornal, revista, rádio, televisão ou agência noticiosa estrangeira; VII – na condição de ministro de confissão religiosa ou membro de instituto de

---

Criminal): "Art. 71. Os estrangeiros não poderão viajar sem passaporte, exceptuão-se: 1º Os que forem empregados no serviço publico do Imperio, aos quaes bastarão os titulos ou diplomas respectivos, na fórma do art. 69. 2º Os Agentes Diplomaticos e Consulares das Nações Estrangeiras, e os individuos que forem addidos ás Legações e Consulados, emquanto seguirem para o seu destino. Se depois de estarem residindo na Côrte, ou em qualquer Cidade ou Villa do Imperio, no desempenho dos seus deveres, pretenderem viajar dentro do Imperio, lhes será preciso o passaporte, o qual lhes será dado na Côrte pelo Ministro e Secretario de Estado dos Negocios Estrangeiros, e nas Provincias pelos Presidentes. 3º Os que fizerem parte da tripolação de qualquer navio. Os que entrarem por escala em algum porto de mar com passaporte estrangeiro, se se não demorarem mais de um mez, poderão sahir com o mesmo passaporte, com tanto que tenha o visto da autoridade policial competente".

[34] Esta posição do constituinte seria reforçada pelo §14 do art. 113 da Constituição de 1934: "Em tempo de paz, salvas as exigências de passaporte quanto à entrada de estrangeiros, e as restrições da lei, qualquer pessoa pode entrar no território nacional, nele fixar residência ou dele sair". Posteriormente, não houve mais interesse em explicitar constitucionalmente essa exigência.

vida consagrada e de congregação ou ordem religiosa); permanente; de cortesia; oficial; e diplomático.

A Lei de Migração propõe nova equação ao prever visto de visitante (turismo; negócios; atividade cultural ou desportiva não contratual; trânsito); temporário (11 tipos, a incluir tratamento de saúde, visto de acolhida humanitária, férias-trabalho, visto de trabalho com ou sem vínculo de emprego); e os tradicionais vistos diplomático, oficial e cortesia.

O artigo 6°, *caput*, expõe a natureza jurídica do visto, que é a da expectativa de ingresso, o que não destoa da prática internacional, embora tenha significado diverso pelo direito administrativo.

Segundo o direito administrativo, o visto é um ato administrativo sem exame de mérito incidente sobre ato anterior, conferindo a este legitimidade formal para ser exequível ou sendo um ato de ciência em relação a outro.[35] Segundo Hely Lopes Meirelles, contudo, é um ato vinculado que "na prática tem sido desvirtuado para o exame discricionário, como ocorre com o visto em passaporte, que é dado ou negado ao alvedrio das autoridades consulares".[36]

Ocorre que o visto de natureza consular não pode ser confundido com um mero ato de conhecimento,[37] sem manifestação de vontade do servidor. Trata-se de um ato de império de determinado Estado que analisará certas condições para entrada ou estada em seu Estado, sem formação de direito subjetivo, pois resta uma expectativa de direito. O visto consular, assim, se garantido no documento, não implica em uma garantia de direito, nem mesmo o benefício de isenção de visto fundado em tratado concede o direito subjetivo de entrar e estar em outro país. Inversamente, se ausente o visto, esta situação não tem o condão de nublar direito advindo do direito internacional ou da política nacional migratória de receber imigrantes, asilados ou refugiados. E quais seriam as categorias protegidas na nova lei?

Do ponto de visto jurídico, o "migrante" envolve o imigrante, o emigrante, o residente fronteiriço e o apátrida e constitui o objeto da Lei junto com o "visitante", este o estrangeiro que vem para o Brasil para estadas de curta duração, sem pretensão de aqui se fixar. O imigrante é

---

[35] CARVALHO FILHO, José dos Santos. *Manual de Direito Administrativo*. 28. ed. Atlas, 2015. p. 149.

[36] MEIRELLES, H. L.; AZEVEDO, E. A.; ALEIXO, D. B.; BURLE FILHO, J. E. *Direito administrativo brasileiro*. 37. ed. São Paulo: Malheiros Editores, 2011. p. 173.

[37] DI PIETRO, Maria Sylvia Zanella. *Direito Administrativo*. 4. ed. São Paulo: Atlas, 1994. p. 191-192.

a pessoa nacional de outro país ou apátrida que trabalha ou reside e se estabelece temporária ou definitivamente no Brasil, e o emigrante é o brasileiro que se estabelece temporária ou definitivamente no exterior.

O residente fronteiriço é de grande importância para a realidade brasileira devido à nossa extensa fronteira terrestre; já o apátrida, de fato ou de direito, é uma consagrada definição internacional.

Contudo, o conceito de migrante foi vetado (art. 1°, §1°, I), o que pode causar espanto. O conceito de migrante original era abrangente e tinha por vezes sentido até mesmo sociológico, a fim de abranger as pessoas em mobilidade. A razão do veto é a de que nem todos os direitos previstos para os migrantes deveriam ser estendidos aos residentes fronteiriços. O art. 1°, §1°, inc. I, do Decreto n° 9.199, de 2017, confirmou essa motivação ao definir assim: I – migrante – pessoa que se desloque de país ou região geográfica ao território de outro país ou região geográfica, em que estão incluídos o imigrante, o emigrante e o apátrida.

A lei é inovadora mesmo assim, já que o conceito de residente fronteiriço restou intacto (art. 1°, §1°, IV; arts. 23-5) e não desconsidera fontes internacionais ou de outros países, como o Acordo sobre Residência para Nacionais dos Estados-Partes do Mercosul, Bolívia e Chile, assinado em 2002 e promulgado no Brasil em 2009,[38] propondo livre circulação de pessoas no âmbito regional e que, por sua vez, inspirou legislações avançadas na região,[39] como a da Argentina e a do Uruguai.

A lei brasileira é de mobilidade humana em todos os seus aspectos, a começar pela inovadora abordagem da imigração e emigração como um movimento interligado, a seguir concepção como a de Abdelmalek Sayad:

> (...) o imigrante é aquele que realiza essa presença estrangeira e, correlativamente, o emigrante é aquele que se encontra no estrangeiro. Assim, as duas ordens, a ordem da migração (ordem de emigração e ordem de imigração) e a ordem nacional, estão substancialmente ligadas uma à outra.[40]

Quanto à proteção ao trabalhador nacional, a Lei de Migração suprime qualquer referência de sentido protecionista. Emblemática foi a exclusão no Senado Federal do princípio de proteção ao mercado

---

[38] Decreto n° 6.975, de outubro de 2009.

[39] FARIA, Maria Rita Fontes. *Op. cit.*, p. 102.

[40] SAYAD, Abdelmalek. *Imigração ou os Paradoxos da Alteridade*. São Paulo: EdUSP, 1998. p. 266.

nacional (inciso XXIII do art. 3º) introduzido na Câmara. Assim, o mundo do trabalho será a princípio ligado ao §5º do art. 14, quando dispõe sobre visto temporário. Dispõe o referido dispositivo:

> §5º Observadas as hipóteses previstas em regulamento, o visto temporário para trabalho poderá ser concedido ao imigrante que venha exercer atividade laboral, com ou sem vínculo empregatício no Brasil, desde que comprove oferta de trabalho formalizada por pessoa jurídica em atividade no País, dispensada esta exigência se o imigrante comprovar titulação em curso de ensino superior ou equivalente.

Com esse dispositivo, afasta-se a burocracia de condicionar o visto a aval interno ligado a pessoa jurídica aqui instalada. Muda-se essa lógica e, agora, o vínculo empregatício no Brasil não é um requisito incontornável. Além disso, novas categorias, como a de férias-trabalho, são inseridas, e a autorização de residência no país está aberta a quem acede a emprego mesmo estando em outra condição migratória.

Desse modo, a lei situa a migração no contexto dos direitos humanos e sob a guarda dos direitos, liberdades e garantias constitucionais, ao mesmo tempo em que dialoga com regimes especiais, como os do asilo, da apatridia, do refúgio e do direito internacional humanitário. Isoladamente, esses regimes definem limites de aplicação que, por vezes, são envoltos a zonas cinzentas. Contudo, de um lado, pode-se considerá-los como vertentes de proteção internacional da pessoa humana;[41] de outro lado, direitos, liberdades e garantias fundamentais são aspectos do amplo princípio da dignidade humana.[42]

---

[41] CANÇADO TRINDADE, Antônio Augusto; PEYTRIGNET, Gérard; SANTIAGO, Jaime Ruiz de. *As Três vertentes da proteção internacional dos Direitos da Pessoa Humana*. San José da Costa Rica: IIDH; Comitê Internacional da Cruz Vermelha; Alto Comissariado das Nações Unidas para os Refugiados, 1996.

[42] O postulado da dignidade da pessoa humana, que representa – considerada a centralidade desse princípio essencial (CF, art. 1º, III) – significativo vetor interpretativo, verdadeiro valor-fonte que conforma e inspira todo o ordenamento constitucional vigente em nosso País, traduz, de modo expressivo, um dos fundamentos em que se assenta, entre nós, a ordem republicana e democrática consagrada pelo sistema de direito constitucional positivo. (...) O princípio constitucional da busca da felicidade, que decorre, por implicitude, do núcleo de que se irradia o postulado da dignidade da pessoa humana, assume papel de extremo relevo no processo de afirmação, gozo e expansão dos direitos fundamentais, qualificando-se, em função de sua própria teleologia, como fator de neutralização de práticas ou de omissões lesivas cuja ocorrência possa comprometer, afetar ou, até mesmo, esterilizar direitos e franquias individuais. Assiste, por isso mesmo, a todos, sem qualquer exclusão, o direito à busca da felicidade, verdadeiro postulado constitucional implícito, que se qualifica como expressão de uma ideia-força que deriva do princípio da essencial dignidade da pessoa humana (Supremo Tribunal Federal, RE nº 477.554-AgR, rel. min. Celso de Mello, julgamento em 16.08.2011, Segunda Turma, *DJE* de 26.08.2011).

Assim, a Lei de Migração não gera vácuos normativos, faz referência de respeito aos demais regimes e pretende dar respostas a zonas cinzentas, como dos apátridas de fato ou categorias não reconhecidas de refugiados, como a dos "refugiados ambientais", com a acolhida humanitária. A zona de dúvida é gerada pela complexidade dos fatos em choque com a interpretação da norma, mesmo quando esta é generosa, como o é a lei brasileira sobre refúgio.

A Lei nº 9.474, de 22 de julho de 1997, em seu artigo 1º, reconhece como refugiado o determinado pela Convenção de 1951,[43] que são os indivíduos que:

> Devido a fundados temores de perseguição por motivos de raça, religião, nacionalidade, grupo social ou opiniões políticas encontre-se fora de seu país de nacionalidade e não possa ou não queira acolher-se à proteção de tal país; ou, não tendo nacionalidade e estando fora do país onde antes teve sua residência habitual, não possa ou não queira regressar a ele, em função das circunstâncias descritas no inciso anterior.

Ademais, reconheceu a lei de 1997 como refugiado também conceito não derivado de tratado, mas da Declaração de Cartagena[44] (inspirada na Convenção da Organização da Unidade Africana, que rege os aspectos específicos dos problemas dos refugiados em África de 1969), que seria o indivíduo que, "devido a grave e generalizada violação de direitos humanos, é obrigado a deixar seu país de nacionalidade para buscar refúgio em outro país".

Desse modo, há uma caracterização de refugiado para aqueles que atestam individualmente o temor de perseguição, subjetiva e objetivamente (por motivos de raça, religião, nacionalidade, grupo social ou opiniões políticas) e para os que comprovam evadir-se de grave e generalizada violação de direitos humanos. Igualmente, em nome da reunião familiar, são beneficiados ascendentes e descendentes, bem como os demais membros do grupo familiar, que dependerem economicamente do refugiado e que se encontrem em território nacional.

Não será reconhecido como refugiado o indivíduo que: 1º) já desfruta de proteção ou assistência por parte de organismo ou instituição das Nações Unidas que não o Alto Comissariado das Nações Unidas

---

[43] Promulgada pelo Brasil mediante o Decreto nº 50.215, de 28 de janeiro de 1961, retificado pelo Decreto nº 99.757, de 29 de novembro de 1990.

[44] Adotada pelo *Colóquio sobre Proteção Internacional dos Refugiados na América Central, México e Panamá: Problemas Jurídicos e Humanitários*, realizado em Cartagena, Colômbia, entre 19 e 22 de novembro de 1984.

para os Refugiados (ACNUR); 2°) seja residente no território nacional e tenha direitos e obrigações relacionados com a condição de nacional brasileiro; 3°) tenha cometido crimes contra a paz, crime de guerra, crime contra a humanidade, crime hediondo, participado de atos terroristas ou tráfico de drogas; ou 4°) seja considerado culpado de atos contrários aos fins e princípios das Nações Unidas.

No Brasil, de acordo com a Lei n° 9.474, de 1997, cabe ao Comitê Nacional para os Refugiados (CONARE), órgão de deliberação coletiva no âmbito do Ministério da Justiça, reconhecer o *status* de refugiado a quem solicitar, *verbis*:

> Art. 12.
> I – analisar o pedido e declarar o reconhecimento, em primeira instância, da condição de refugiado;
> II – decidir a cessação, em primeira instância, ex officio ou mediante requerimento das autoridades competentes, da condição de refugiado;
> III – determinar a perda, em primeira instância, da condição de refugiado;
> IV – orientar e coordenar as ações necessárias à eficácia da proteção, assistência e apoio jurídico aos refugiados;
> V – aprovar instruções normativas esclarecedoras à execução desta Lei.

Os haitianos que vieram após o sismo ocorrido no Haiti em 2010 representam a complexidade fática acima mencionada, podendo envolver refugiados ou migrantes, e, do ponto de vista de motivação pessoal, pode ser um misto de falta de trabalho, pobreza, insegurança ou precarização pelo terremoto.[45] Ocorre que os haitianos invariavelmente solicitaram o refúgio, mesmo quando impelidos por motivos não presentes na Lei n° 9.474, de 1997. Agiram assim porque não havia proteção para egressos por crise humanitária, em sentido abrangente, consoante o revogado Estatuto do Estrangeiro. Os venezuelanos agiram da mesma forma.

O Comitê Nacional para os Refugiados (CONARE), órgão responsável pelo reconhecimento em primeira instância do *status* de refugiado, não vislumbrando base normativa para concessão do refúgio para o coletivo de haitianos, submeteu a situação ao Conselho Nacional de Imigração (CNIg). A base dessa delegação é, de um lado, a competência do CNIg de dirimir as dúvidas e solucionar os casos omissos, no que diz respeito a imigrantes, bem como as situações especiais que possuam

---

[45] VÉRAN, Jean-François; NOAL, Débora da Silva; FAINSTAT, Tyler. Nem Refugiados, nem Migrantes: A Chegada dos Haitianos à Cidade de Tabatinga (Amazonas). *Revista de Ciências Sociais*, Rio de Janeiro, v. 57, n. 4, 2014, p. 1.014.

elementos que permitam considerá-las satisfatórias para a obtenção do visto ou permanência.

De outro lado, tem-se a recomendação do CNIg ao CONARE, em reafirmar a competência de analisar casos omissos e situações especiais, o que lhe permitiu solicitar encaminhamento de "pedidos de refúgio que não sejam passíveis de concessão, mas que, a critério do CONARE, possam os estrangeiros permanecer no país por razões humanitárias" (Resolução Normativa nº 8, de 19 de dezembro de 2006, do CNIg); bem como, em sentido inverso, a Resolução Normativa nº 13 do CONARE, de 23 de março de 2007, que versa sobre o encaminhamento ao CNIg de casos mencionados pela Resolução Normativa nº 8 do CNIg. Assim, segundo a Resolução Normativa nº 13 do CONARE, o pedido de refúgio que podia não atender aos requisitos legais de elegibilidade podia ser sobrestado para permitir a permanência do estrangeiro no país ser apreciada pelo CNIg com fundamento na Resolução Normativa nº 27 daquele órgão, por envolverem situações especiais ou casos omissos.

Essa foi a base normativa para ter o CONARE remetido casos de haitianos ao CNIg, admitindo a possibilidade de permanência destes por questões humanitárias, que começaram a ser regularizados nessa condição a partir de março de 2011.[46]

Aos venezuelanos prática similar estava sendo feita, com as Resoluções Normativas nº 125 e 126, de 2017, dando residência temporária pelo prazo de até dois anos a essas pessoas.

Com a nova lei, regulada pelo Decreto nº 9.199, de 2017, tudo precisa ser refeito em matéria de portarias e resoluções que envolvam o tema da acolhida humanitária. O próprio Decreto nº 9.199, de 2017, ao invés de disciplinar a matéria e criar um sistema de acolhida humanitária similar ao estabelecido para refugiados, se omite e remete a matéria à regulação posterior, *verbis*:

> Art. 145. A autorização de residência para fins de acolhida humanitária poderá ser concedida ao apátrida ou ao nacional de qualquer país em situação de:
> I – instabilidade institucional grave ou iminente;
> II – conflito armado;
> III – calamidade de grande proporção;

[46] O CNIG autorizou a permanência no Brasil de 199 haitianos em março de 2011, de 237 em junho do mesmo ano e de 354 em setembro de 2012 (VÉRAN, Jean-François; NOAL, Débora da Silva; FAINSTAT, Tyler. Nem Refugiados, nem Migrantes: A Chegada dos Haitianos à Cidade de Tabatinga (Amazonas). *Revista de Ciências Sociais*, Rio de Janeiro, v. 57, n. 4, 2014, p. 1.031).

> IV – desastre ambiental; ou
> V – violação grave aos direitos humanos ou ao direito internacional humanitário.
> §1º Ato conjunto dos Ministros de Estado da Justiça e Segurança Pública, das Relações Exteriores e do Trabalho estabelecerá os requisitos para a concessão de autorização de residência com fundamento em acolhida humanitária, a renovação do prazo da residência e a sua alteração para prazo indeterminado.
> §2º A possibilidade de livre exercício de atividade laboral será reconhecida ao imigrante a quem se tenha sido concedida a autorização de residência de que trata o caput, nos termos da legislação vigente.

Recentemente, houve a promulgação do Decreto nº 9.277, de 5 de fevereiro de 2018, que dispôs sobre a identificação do solicitante de refúgio e sobre o Documento Provisório de Registro Nacional Migratório, que permitirá ao seu portador o gozo de direitos no país, tais como: a) a expedição da Carteira de Trabalho e Previdência Social provisória para o exercício de atividade remunerada no país; b) a abertura de conta bancária em instituição integrante do sistema financeiro nacional; c) a inscrição no Cadastro de Pessoas Físicas do Ministério da Fazenda (CPF); d) o acesso às garantias e aos mecanismos protetivos e de facilitação da inclusão social decorrentes da Convenção relativa ao Estatuto dos Refugiados, promulgada pelo Decreto nº 50.215, de 28 de janeiro de 1961, e da Lei nº 13.445, de 24 de maio de 2017; e e) o acesso aos serviços públicos, em especial, os relativos à educação, saúde, previdência e assistência social.

Igualmente, editou-se a Medida Provisória nº 820, de 2018, convertida na Lei nº 13.684, de 21 de junho de 2018, que dispõe sobre medidas de assistência emergencial para acolhimento a pessoas em situação de vulnerabilidade decorrente de fluxo migratório provocado por crise humanitária.

O tema subjacente a essa lei de 2018 pode ser enquadrado no art. 120 da Lei de Migração, que assim dispõe:

> Art. 120. A Política Nacional de Migrações, Refúgio e Apatridia terá a finalidade de coordenar e articular ações setoriais implementadas pelo Poder Executivo federal em regime de cooperação com os Estados, o Distrito Federal e os Municípios, com participação de organizações da sociedade civil, organismos internacionais e entidades privadas, conforme regulamento.

§1º Ato normativo do Poder Executivo federal poderá definir os objetivos, a organização e a estratégia de coordenação da Política Nacional de Migrações, Refúgio e Apatridia.
§2º Ato normativo do Poder Executivo federal poderá estabelecer planos nacionais e outros instrumentos para a efetivação dos objetivos desta Lei e a coordenação entre órgãos e colegiados setoriais.
§3º Com vistas à formulação de políticas públicas, deverá ser produzida informação quantitativa e qualitativa, de forma sistemática, sobre os migrantes, com a criação de banco de dados.

Portanto, o tema poderia ser objeto de decreto, a exemplo do Decreto nº 9.277, de 5 de fevereiro de 2018, que regulou a identificação do solicitante de refúgio e o Documento Provisório de Registro Nacional Migratório. Contudo, a Lei nº 13.684, de 2018, adiciona e complementa conceitos.

O conceito mesmo de vulnerabilidade e de crise humanitária da Lei nº 13.684, de 2018, deve ser associado ao de acolhida humanitária e de vulnerabilidade da Lei de Migração.

Os incisos I a III do art. 4º da Lei nº 13.684, de 2018, assim conceitua:

I – situação de vulnerabilidade: condição emergencial e urgente que evidencie a fragilidade da pessoa no âmbito da proteção social, decorrente de fluxo migratório desordenado provocado por crise humanitária;
II – proteção social: conjunto de políticas públicas estruturadas para prevenir e remediar situações de vulnerabilidade social e de risco pessoal que impliquem violação dos direitos humanos; e
III – crise humanitária: situação de grave ou iminente instabilidade institucional, de conflito armado, de calamidade de grande proporção, de desastre ambiental ou de grave e generalizada violação de direitos humanos ou de direito internacional humanitário que cause fluxo migratório desordenado em direção a região do território nacional.

Já segundo o art. 312, §5º, do Decreto nº 9.199, de 20 de novembro de 2017, que regulamentou a Lei de Migração (Lei nº 13.445, de 2017), pessoas vulneráveis são os menores desacompanhados, as vítimas de tráfico de pessoas e de trabalho escravo e as pessoas beneficiadas por autorização de residência por acolhida humanitária. Portanto, uma possui conceito geral, outra exemplificativa de pessoas vulneráveis.

Essa lei trouxe, igualmente, além da estruturação dos órgãos para atender a crises humanitárias como a venezuelana, novos conteúdos. Destaca-se o art. 5º da Lei nº 13.684, de 2018, que aponta medidas de assistência emergencial para acolhimento a pessoas em situação de vulnerabilidade decorrente de fluxo migratório provocado por crise humanitária. Nessas medidas, incluem:

> I – proteção social; II – atenção à saúde; III – oferta de atividades educacionais; IV – formação e qualificação profissional; V – garantia dos direitos humanos; VI – proteção dos direitos das mulheres, das crianças, dos adolescentes, dos idosos, das pessoas com deficiência, da população indígena, das comunidades tradicionais atingidas e de outros grupos sociais vulneráveis; VII – oferta de infraestrutura e saneamento; VIII – segurança pública e fortalecimento do controle de fronteiras; IX – logística e distribuição de insumos; e X – mobilidade, contemplados a distribuição e a interiorização no território nacional, o repatriamento e o reassentamento das pessoas mencionadas.

O conceito de residência do revogado Estatuto do Estrangeiro não era claro, embora algumas legislações paralelas fixaram seus limites, como é o caso da tributária. A Lei nº 9.718, de 27 de novembro de 1998, assim dispõe:

> Art. 12. Sem prejuízo das normas de tributação aplicáveis aos não-residentes no País, sujeitar-se-á à tributação pelo imposto de renda, como residente, a pessoa física que ingressar no Brasil: I – com visto temporário: a) para trabalhar com vínculo empregatício, em relação aos fatos geradores ocorridos a partir da data de sua chegada; b) por qualquer outro motivo, e permanecer por período superior a cento e oitenta e três dias, consecutivos ou não, contado, dentro de um intervalo de doze meses, da data de qualquer chegada, em relação aos fatos geradores ocorridos a partir do dia subsequente àquele em que se completar referido período de permanência; II – com visto permanente, em relação aos fatos geradores ocorridos a partir de sua chegada. Parágrafo único. A Secretaria da Receita Federal expedirá normas quanto às obrigações acessórias decorrentes da aplicação do disposto neste artigo.

Além disso, o visto permanente, com direito à residência, poderia ser concedido em vários casos, tais como: a) reunião familiar (Resolução Normativa nº 108 do CNIg); b) transferência de aposentadoria (Resoluções Normativas nº 45 e 95 do CNIg); c) investidor estrangeiro (Resolução Normativa nº 84 do CNIg); d) transformação de registro temporário em permanente do acordo de residência do MERCOSUL; e) transformação para visto permanente de visto temporário, inicialmente de dois anos, conferido a ministro de confissão religiosa ou membro de instituto de vida consagrada e de congregação ou ordem religiosa;

f) executivos integrantes de direção de empresas no Brasil, exceto concomitâncias (Resolução Normativa nº 62 do CNIg).

Isso é alterado na Lei de Migração, pois o tema de autorização de residência passa a ser uma questão interna, muito mais abrangente, a ser gerenciada pelo Ministério da Justiça, e que será concedida ou com base na finalidade migratória ou na condição do migrante, conforme determina o art. 30 da Lei de Migração. Poderão ser autorizadas à residência, sem significar *numerus clausus*, aquelas que tenham como finalidade a pesquisa, ensino ou extensão acadêmica; tratamento de saúde;[47] acolhida humanitária; estudo; trabalho; férias-trabalho; prática de atividade religiosa ou serviço voluntário; realização de investimento ou de atividade com relevância econômica, social, científica, tecnológica ou cultural; reunião familiar. Igualmente, poderá ser concedida autorização de residência à pessoa que seja beneficiária de tratado em matéria de residência e livre circulação; seja detentora de oferta de trabalho; já tenha possuído a nacionalidade brasileira e não deseje ou não reúna os requisitos para readquiri-la; seja beneficiária de refúgio, de asilo ou de proteção ao apátrida; seja menor nacional de outro país ou apátrida, desacompanhado ou abandonado, que se encontre nas fronteiras brasileiras ou em território nacional; tenha sido vítima de tráfico de pessoas, de trabalho escravo ou de violação de direito agravada por sua condição migratória; esteja em liberdade provisória ou em cumprimento de pena no Brasil.

Entretanto, não se concederá a autorização de residência permanente a estrangeiro condenado criminalmente no Brasil ou no exterior por sentença transitada em julgado, desde que a conduta esteja tipificada na legislação penal brasileira e ressalvadas as seguintes hipóteses: cometimento de infrações de menor potencial ofensivo; estiver reabilitado, nos termos do no art. 93 do Decreto-Lei nº 2.848, de 7 de dezembro de 1940, em liberdade provisória ou em cumprimento de pena no Brasil; ou se encontre nas situações previstas de tratamento de saúde; acolhida humanitária; reunião familiar; beneficiário de tratado internacional em matéria de residência e livre circulação.

---

[47] TRF4, Sétima Turma, Petição de Recurso Ordinário em *Habeas Corpus* nº 200670000007515, relator desembargador Tadaaqui Hirose, DJ. 17.05.2006: "PROCESSUAL PENAL. HABEAS CORPUS. REEXAME NECESSÁRIO. ESTRANGEIROS. LEI 6.815/80. VISTO DE TURISTA. PRORROGAÇÃO. POSSIBILIDADE DE PERMANÊNCIA NO PAÍS ALÉM DO PRAZO LEGAL. TRATAMENTO MÉDICO DA FILHA. APLICAÇÃO DE PRINCÍPIOS CONSTITUCIONAIS DA DIGNIDADE DA PESSOA HUMANA E DO DIREITO À VIDA.

Considerações finais – consagrar direitos, liberdades e garantias

As constituições distinguem seus nacionais dos estrangeiros em graus distintos,[48] restringindo direitos, enquanto instrumentos e sistemas internacionais buscam garantir padrões de igualdade entre todas as pessoas. O quadro de desigualdade formal nos ordenamentos é asseverado por circunstâncias estruturais e materiais de vulnerabilidade, tais como a ausência de documentos[49] para o exercício de direitos e a submissão a subemprego ou a trabalho análogo a escravo.

A Constituição Federal brasileira (CF) confere amplos direitos, liberdades e garantias, sem discriminação formal às pessoas em geral; contudo, seus termos induzem à conclusão de que há discriminação contra estrangeiros não residentes no Brasil. Trata-se do art. 5º, *caput*, da CF:

> Art. 5º. Todos são iguais perante a lei, sem distinção de qualquer natureza, garantindo-se aos brasileiros e aos estrangeiros residentes no País a inviolabilidade do direito à vida, à liberdade, à igualdade, à segurança e à propriedade.

Essa redação da Constituição Federal é corrigida pela jurisprudência do Supremo Tribunal Federal (STF), que, com base em princípios e hermenêutica ampliativa de direitos, já declarou que o *caput* do art. 5º da CF não pode ser interpretado literalmente, no sentido de negar direitos basilares aos estrangeiros não residentes. De acordo com esse tribunal, mesmo que o artigo 5º induza ao contrário, o não nacional possui o *standard* mínimo de direitos humanos, como o direito ao devido processo legal:

> O súdito estrangeiro, mesmo aquele sem domicílio no Brasil, tem direito a todas as prerrogativas básicas que lhe assegurem a preservação do status libertatis e a observância, pelo Poder Público, da cláusula constitucional do due process. (...) A condição jurídica de não nacional do Brasil e a circunstância de o réu estrangeiro não possuir domicílio em nosso País não legitimam a adoção, contra tal acusado, de qualquer tratamento arbitrário ou discriminatório. Precedentes. Impõe-se, ao Judiciário, o

[48] BUSTAMANTE, Jorge A. Extreme Vulnerablity of Migrants: the cases of the United States and Mexico. *Georgetown Immigration Law Journal*, v. 24, p. 565-566.

[49] RAMJI-NOGALES, Jaya. The Right to Have Right: Undocumented Migrants and State Protection. *U. Kan. L. Rev.*, v. 63, 2015, p. 1.045-1.065.

dever de assegurar, mesmo ao réu estrangeiro sem domicílio no Brasil, os direitos básicos que resultam do postulado do devido processo legal, notadamente as prerrogativas inerentes à garantia da ampla defesa, à garantia do contraditório, à igualdade entre as partes perante o juiz natural e à garantia de imparcialidade do magistrado processante.[50]

Esse comportamento do Supremo Tribunal Federal foi endógeno, mas poderia estar associado ao controle de convencionalidade.[51] De um lado, o sistema interamericano de direitos humanos, mediante tal controle, se dirige a órgãos judiciais nacionais a fim de que estes ajustem sua aplicação de tratados regionais de direitos humanos, especialmente para garantir a proteção jurídica a grupos vulneráveis,[52] como são os migrantes.

Porém, de outro lado, tribunais nacionais interpretam normas internas a partir de tratados, como a Convenção Americana sobre Direitos Humanos, com o objetivo de ampliar direitos. Por essa razão, o §1° do art. 4° da Lei de Migração assim dispõe:

> §1° Os direitos e as garantias previstos nesta Lei serão exercidos em observância ao disposto na Constituição Federal, independentemente da situação migratória, observado o disposto no §4° deste artigo, e não excluem outros decorrentes de tratado de que o Brasil seja parte.

A Convenção Internacional sobre a Proteção dos Direitos de Todos os Trabalhadores Migrantes e dos Membros das suas Famílias, ainda não ratificada pelo Brasil, em seu preâmbulo expressamente considera a "situação de vulnerabilidade em que frequentemente se encontram

---

[50] STF, HC n° 94.016, rel. min. Celso de Mello, julgamento em 16.09.2008, Segunda Turma, DJE de 27.02.2009.

[51] Caso *Almonacid Arellano y otros Vs. Chile. Excepciones Preliminares, Fondo, Reparaciones y Costas.* Sentença de 26 de setembro de 2006. Serie C N° 154, par. 124: "*124. La Corte es consciente que los jueces y tribunales internos están sujetos al imperio de la ley y, por ello, están obligados a aplicar las disposiciones vigentes en el ordenamiento jurídico. Pero cuando un Estado ha ratificado un tratado internacional como la Convención Americana, sus jueces, como parte del aparato del Estado, también están sometidos a ella, lo que les obliga a velar porque los efectos de las disposiciones de la Convención no se vean mermadas por la aplicación de leyes contrarias a su objeto y fin, y que desde un inicio carecen de efectos jurídicos. En otras palabras, el Poder Judicial debe ejercer una especie de "control de convencionalidad" entre las normas jurídicas internas que aplican en los casos concretos y la Convención Americana sobre Derechos Humanos. En esta tarea, el Poder Judicial debe tener en cuenta no solamente el tratado, sino también la interpretación que del mismo ha hecho la Corte Interamericana, intérprete última de la Convención Americana*".

[52] RAMIREZ, Sergio Garcia. The Relationship between Inter-American Jurisdiction and States (National Systems): Some Pertinent Questions. *Notre Dame J. Int'l Comp. L.*, v. 5, 2015, p. 158.

os trabalhadores migrantes e os membros das suas famílias devido, nomeadamente, ao seu afastamento do Estado de origem e a eventuais dificuldades resultantes da sua presença no Estado de emprego".

A vulnerabilidade dos migrantes, aqui entendidos amplamente (imigrantes e emigrantes), corresponde à impotência de quem sai de sua comunidade de origem para exercer plenamente seus direitos. Estará o migrante vulnerável quando entra em um espaço onde é um estrangeiro, seja este lugar próximo ou distante de seu Estado de nacionalidade. Não é a distância de seu país de origem o fator predominante, mas o grau de desproteção social e jurídica.[53]

Dentre esses grupos, podemos indicar os apátridas e as crianças. O apátrida[54] vinha sendo tratado pela legislação brasileira diante sua dificuldade documental, sem considerar suas questões existenciais, seus direitos e garantias. Distintamente, a atual Lei de Migração coloca o apátrida pela primeira vez na categoria de migração e submetido ao direito internacional, mais precisamente à Convenção sobre o Estatuto dos Apátridas, de 1954. Segundo esse tratado, o apátrida é toda pessoa que não seja considerada nacional por nenhum Estado. Porém, não receberá a proteção da Convenção se já tiver o *status* de refugiado, possua direitos inerentes à nacionalidade no país onde esteja domiciliado ou deva ser submetida aos ditames da justiça penal internacional ou internacional penal (artigo 2). O *status* de refugiado[55] prevalece sobre o de apátrida quando oferece direitos superiores. Contudo, conforme determina o artigo 38, inciso VI, da Lei nº 9.474, de 22 de julho de 1997, a condição de refugiado cessará se o apátrida estiver em "condições de voltar ao país no qual tinha sua residência habitual, uma vez que tenham deixado de existir as circunstâncias em consequência das quais foi reconhecido como refugiado". Evidentemente, não reconhecido o *status* de refugiado, beneficiado está pelo de apátrida.[56]

---

[53] BETTS, Alexander. *Survival Migration*: failed governance and the crisis of displacement. Ithaca: Cornell University Press, 2013.

[54] Ver comentário ao artigo 32 da lei.

[55] Segundo o artigo 1º da Lei nº 9.474, de 1997, refugiado para o Brasil é todo indivíduo que: I – devido a fundados temores de perseguição por motivos de raça, religião, nacionalidade, grupo social ou opiniões políticas encontre-se fora de seu país de nacionalidade e não possa ou não queira acolher-se à proteção de tal país; II – não tendo nacionalidade e estando fora do país onde antes teve sua residência habitual, não possa ou não queira regressar a ele, em função das circunstâncias descritas no inciso anterior; III – devido a grave e generalizada violação de direitos humanos, é obrigado a deixar seu país de nacionalidade para buscar refúgio em outro país.

[56] EMENTA: CONSTITUCIONAL E HUMANITÁRIO INTERNACIONAL. APÁTRIDA IMPRÓPRIA. AUSÊNCIA DE DOCUMENTAÇÃO COMPROVADORA DA NACIONALIDADE ORIGINARIA. FALTA DE INTERESSE PROCESSUAL. EVIDENTE

Há dois tipos de apátrida: os de direito e os de fato. Os de direito (jure) são os beneficiados pelo artigo 1.1 do Estatuto dos Apátridas, ou seja, que não possuem o vínculo de nacionalidade com nenhum Estado; enquanto os de fato são aqueles que não podem exercer os direitos inerentes à sua nacionalidade. Os apátridas de direito, tal qual o definido no artigo 1º do Estatuto dos Apátridas, foram considerados pela Comissão de Direitos Internacional das Nações Unidas como protegidos por norma consuetudinária internacional.[57] Trata-se de ausência de um vínculo "atual" com um Estado, o que significa incluir como apátridas pessoas que possuam vínculos com entidade não considerada como Estado pelo direito internacional[58] e aquelas que tenham expectativa ou condições jurídicas de adquirir no futuro alguma nacionalidade. Porém, no presente, não possuem tal vínculo. Nesse sentido, não precisam esgotar os recursos internos na reivindicação de alguma nacionalidade para ser consideradas apátridas, embora muitas vezes na prática existam situações divergentes. Além disso, a Lei de Migração facilita a naturalização de apátridas (art. 32).

Ademais, os apátridas de fato, na definição posta em reunião de especialistas do Acnur,[59] são: "Pessoas fora de seu país de nacionalidade que devido a motivos válidos não podem ou não estão dispostas a pedir proteção a este país. A proteção, neste sentido, se refere ao direito de proteção diplomática exercida pelo Estado de nacionalidade a fim de corrigir um ato internacionalmente ilícito contra um dos seus nacionais, bem como a proteção diplomática e consular e assistência geral, inclusive com relação ao retorno para o Estado de nacionalidade".

Eles não são protegidos pelo Estatuto dos Apátridas e, em várias situações, seriam considerados refugiados. A atual Lei de Migração, prevendo zonas cinzentas com o *status* de refúgio e da

---

UTILIDADE DA DEMANDA MERCÊ DA NEGATIVA DA CONDIÇÃO DE NACIONAL PELO ESTADO DO BURUNDI. RECONHECIMENTO DO STATUS DE APÁTRIDA. APLICAÇÃO DA CONVENÇÃO DE NOVA YORK DE 1954. Desembargador Federal BRUNO LEONARDO CÂMARA CARRÁ Relator Convocado (APELREEX13349-RN / PROC. ORIGINÁRIO Nº: 200984000065700).

57 *Yearbook of the International Law Commission, 2006, vol. II, Part Two, Articles on Diplomatic Protection with commentaries, p. 49.*

58 O artigo 1º da Convenção de Montevidéu sobre direitos e deveres dos Estados, promulgada pelo Decreto nº 1.570, de 13 de abril de 1937, dispõe que o Estado, como pessoa de direito internacional, deve reunir os seguintes requisitos: (i) população permanente; (ii) território determinado; (iii) governo; (iv) capacidade de entrar em relações com os demais Estados. Esse conceito foi reinterpretado e não é consensual, aportando-se noções como a de reconhecimento e de independência formal e efetiva. Ver CRAWFORD, James. *Creation of States in International Law*. 2. ed. Oxford: Oxford Press, 2006.

59 Reunião de especialistas organizada pelo escritório do Alto Comissariado das Nações Unidas para Refugiados, Prato, Itália, 27-28 de maio de 2010.

acolhida humanitária, admite a situação da apatridia de fato para a situação de não repatriação.

Determina o §3º do artigo 47 da lei que não será aplicada a medida de repatriação à pessoa em situação de refúgio ou de apatridia, de fato ou de direito, ou a quem necessite de acolhimento humanitário. Enfim, essa situação pode estar associada a dos imigrantes indocumentados, que não contam com a proteção do Estado de sua nacionalidade para ajudá-los à sua identificação ou retorno.

Desse modo, o art. 1º, §1º, VI, da Lei de Migração considera apátrida "pessoa que não seja considerada como nacional por qualquer Estado, segundo a sua legislação, nos termos da Convenção sobre o Estatuto dos Apátridas, de 1954, promulgada pelo Decreto nº 4.246, de 22 de maio de 2002, ou assim reconhecido pelo Estado brasileiro".

De acordo com o §12 do art. 26 da Lei nº 9.199/2017, perderá a proteção do apátrida em caso de renúncia do próprio a essa proteção; com a prova da falsidade dos fundamentos invocados para o reconhecimento da condição de apátrida; ou a existência de fatos que, se fossem conhecidos por ocasião do reconhecimento, teriam ensejado decisão negativa. Adiciona o art. 107 do Decreto nº 9.199/2017, que cessa a condição de apátrida com a naturalização no país do beneficiário da proteção; o reconhecimento como nacional por outro Estado; ou a aquisição de nacionalidade diversa da brasileira. Neste caso, a autorização de residência ainda perdurará por mais noventa dias da data da cessação da condição de apátrida, o que não é empecilho para nova autorização de residência sob novo fundamento.

Outro grupo que merece destaque é a proteção da criança. Pode haver certo estranhamento pelo veto ao art. 37 e ao inciso IV do art. 40 ter sido objeto de veto, já que eram dispositivos que autorizavam residência para fins de reunião familiar. Nesses vetos, duas questões distintas são postas. A primeira diz respeito ao instituto da reunião familiar. O veto ao parágrafo único do art. 37 da Lei de Migração implica na rejeição da Presidência da República sobre a possibilidade de excessiva ampliação desse consagrado direito, quando se refere aos "fatores de sociabilidade" como uma das razões para efeito de concessão de visto ou autorização de residência. Quanto aos outros dois argumentos para concessão da reunião, vinculados ao parentesco e dependência afetiva, já há prática e jurisprudência consolidadas.[60] [61] [62]

A segunda questão diz respeito a possível conflito entre a Convenção da Haia sobre os Aspectos Civis do Sequestro Internacional de Crianças, promulgada pelo Decreto nº 3.413, de 14 de abril de 2000, e o inciso IV do art. 40 da Lei de Migração. O art. 40 em questão diz respeito à admissão excepcional de pessoa, com posse de documento de viagem válido, em certas circunstâncias, dentre as quais o inciso IV vetado. Essa hipótese se daria em caso de criança ou adolescente que esteja acompanhado de responsável legal residente no país e busque autorização de residência com base em reunião familiar.

Ocorre que essa admissão excepcional poderia estar a envolver casos de pai, mãe ou outro responsável que pretendam reter a criança ou adolescente em violação ao direito de guarda. Nesse ponto, entraria a aplicação da mencionada Convenção da Haia. A manutenção do inciso IV não seria grave, a considerar que a Convenção da Haia, na condição de tratado de direitos humanos, possui *status* de supralegalidade e, portanto, se sobrepõe à Lei de Migração. Assim, se fosse o caso de o Brasil dever assegurar o retorno imediato da criança ilicitamente transferida ou aqui retidas indevidamente, a Lei de Migração não seria um óbice.

A admissão excepcional no país de pessoas que estejam de posse de documento de viagem válido é um importante instituto da Lei de Migração (ver art. 5º). A inclusão dos incisos IV e V do art. 40, por exemplo, foi uma importante proposta feita pela Irmã Rosita Milesi, diretora do Instituto Migrações e Direitos Humanos, durante o trabalho

---

[60] TRF1, Sexta Turma, REOMS – Remessa *Ex Officio* em Mandado de Segurança – 00449186020104013400, Relator Desembargador Federal Kassio Nunes Marques, DJ. 08.01.2014. REEXAME NECESSÁRIO. MANDADO DE SEGURANÇA. ENTRADA E PERMANÊNCIA DE ESTRANGEIRO EM TERRITÓRIO BRASILEIRO. EXISTÊNCIA DE FAMÍLIA CONSTITUÍDA NO PAÍS. RESIDÊNCIA FIRMADA. SEGURANÇA CONCEDIDA.

[61] TRF1, Quinta Turma, AC – Apelação Cível – 00324089120014013800, Desembargadora Federal Selene Maria de Almeida, DJ. 25.04.2008. CONSTITUCIONAL E CIVIL. UNIÃO ESTÁVEL HOMOSSEXUAL. AÇÃO CAUTELAR QUE VISA À PERMANÊNCIA DE ESTRANGEIRO NO BRASIL ATÉ O JULGAMENTO DA AÇÃO PRINCIPAL. AÇÃO PRINCIPAL QUE VISA AO RECONHECIMENTO DA UNIÃO ESTÁVEL ENTRE HOMOSSEXUAIS E O DIREITO DE ESTRANGEIRO A VISTO DE PERMANÊNCIA DEFINITIVA NO BRASIL. RESOLUÇÃO NORMATIVA Nº 05/2003 DO CONSELHO NACIONAL DE IMIGRAÇÃO. CONCESSÃO ADMINISTRATIVA DO VISTO ALMEJADO PELO REQUERENTE. PERDA DE OBJETO. RECURSO SEM UTILIDADE.

[62] TRF1, Quinta Turma, Desembargador Federal João Batista Moreira, AMS – Apelação em Mandado de Segurança – 00207246920054013400, DJ. 09.03.2012. NACIONALIDADE. FILHAS DE ESTRANGEIRO DETENTOR DE VISTO PERMANENTE. REUNIÃO FAMILIAR. CONVERSÃO DO VISTO DE TURISTA EM PERMANENTE. ENSINO MÉDIO. MAIORIDADE. POSSIBILIDADE. SENTENÇA MANTIDA.

da Comissão Especial da Câmara dos Deputados, podendo-se garantir direitos a crianças até mesmo sem a dependência de documento válido. O regulamento pode ampliar as hipóteses do art. 40. Igualmente, aponta o inciso III do art. 40 que a ausência como fator para perda da condição de residente será tratada em regulamento. A reunião familiar, apesar dos vetos, permanece intacta.

Enfim, quando se fala em paradigma, não é mera doutrina, mas consequência na liberdade, na integridade e na vida dos migrantes. A Lei de Migração, a primeira nascida no Parlamento, pretende alterar essa realidade e aproximar o direito da dignidade humana. A Lei de Migração muda o paradigma da nossa história legislativa, fundada em eugenia, proteção do trabalhador nacional e segurança nacional, e trata da mobilidade de pessoas, a incluir o emigrante brasileiro. Respeita os fluxos existentes, de entrar e sair do território, sejam de brasileiros ou estrangeiros, e quando permite o incentivo à imigração, o faz independentemente da origem do imigrante. Não é pouco, apesar de desafios ainda persistirem, como o da regulamentação dessa lei e o da reformulação da estrutura administrativa para bem implementá-la.

Informação bibliográfica deste texto, conforme a NBR 6023:2018 da Associação Brasileira de Normas Técnicas (ABNT):

JARDIM, Tarciso Dal Maso. A Lei Migratória e a inovação de paradigmas. *In*: VELLOSO, Ana Flavia; JARDIM, Tarciso Dal Maso (Coord.). *A nova lei de migração e os regimes internacionais*. Belo Horizonte: Fórum, 2021. p. 23-55. ISBN 978-65-5518-167-8.

AUTORIZAÇÃO DE RESIDÊNCIA NO BRASIL: A INVALIDADE JURÍDICA DA EXIGÊNCIA DE DECLARAÇÃO DE INEXISTÊNCIA DE ANTECEDENTES CRIMINAIS[1]

CARMEN TIBURCIO

THIAGO MAGALHÃES PIRES

STELA HÜHNE PORTO

1 Introdução

Em 2017, foi promulgada a Lei de Migração (Lei n° 13.445). Ela foi adotada com o fim específico de revogar o antigo Estatuto do Estrangeiro (Lei n° 6.815/1980) e, com isso, adotar novos paradigmas para o tratamento do estrangeiro no Brasil. Diferentemente da legislação

[1] Os autores agradecem à Marina Governo pela colaboração na elaboração do presente artigo.

anterior, que priorizava aspectos relacionados à "segurança nacional"[2] e via o estrangeiro como uma ameaça em potencial, a nova lei procura enxergar o imigrante como uma pessoa, garantindo-lhe, tanto quanto possível, iguais direitos e oportunidades.[3]

A nova lei expressamente estipula, em seu art. 3º, as principais orientações da política migratória brasileira, dentre as quais o princípio de não discriminação (art. 3º, II)[4] e o princípio de igualdade de tratamento (art. 3º, IX).[5] Aliás, a previsão expressa do repúdio à discriminação é uma das grandes inovações da lei[6] e corresponde a um dos princípios que compõem a "filosofia da atual legislação migratória brasileira",[7] devendo ser observada em todos os seus aspectos. Especialmente considerando

---

[2] GUERRA, Sydney. Alguns aspectos sobre a situação jurídica do não nacional no Brasil: da Lei do Estrangeiro à nova Lei de Migração. *Revista do Departamento de Ciências Jurídicas e Sociais da Unijuí*, n. 47, p. 91, 2017: "Frise-se, por oportuno, que a lei 6.815/80 foi concebida no período em que o Estado brasileiro era conduzido por militares e levava em conta aspectos voltados principalmente para a segurança nacional, apresentando-se como discriminatória e contrária aos fundamentos e princípios que norteiam a Carta Magna de 1988".

[3] LOPES, Inez. Dignidade da pessoa humana e mudança de paradigma da Lei de Migração no Brasil. *Revista de Direito Internacional*, n. 14, p. 28-29, 2017: "Apesar dos vetos, a nova Lei de Migração é um marco substancial para afirmar o Brasil como Estado democrático de direito, que tem por fundamento a **dignidade da pessoa migrante, voluntária ou involuntária. A lei é necessária para afirmar a mudança de paradigma, que afasta a ideia de que o estrangeiro é uma 'ameaça' à segurança e à soberania nacional, e proteger a pessoa humana em suas três vertentes** (direitos humanos, direito humanitário e direito dos refugiados), em consonância com os tratados internacionais em que o Brasil firmou compromisso em matéria de direitos humanos (...)". (Negrito acrescentado).

[4] Lei nº 13.445/2017, art. 3º, II: "A política migratória brasileira rege-se pelos seguintes princípios e diretrizes: (...) II–repúdio e prevenção à xenofobia, ao racismo e a quaisquer formas de discriminação; (...)"

[5] Lei nº 13.445/2017, art. 3º, IX: "A política migratória brasileira rege-se pelos seguintes princípios e diretrizes: (...) IX – igualdade de tratamento e de oportunidade ao migrante e a seus familiares;".

[6] AVANZI, Carla Campos; SIMON, Aristeu Matias. Principais inovações e perspectivas da nova Lei de Migrações. *Revista Latino-Americana de Estudos em Cultura e Sociedade*, n. 3, p. 6, 2017: "Outra modificação importante diz respeito a expressa manifestação que estabelece o repúdio e prevenção a xenofobia, ao racismo, e quaisquer outras formas de discriminação, conforme art 3, inciso II da nova lei". LOPES, Inez. Dignidade da pessoa humana e mudança de paradigma da Lei de Migração no Brasil. *Revista de Direito Internacional*, n. 14, p. 34, 2017: "A nova Lei de Migração é um marco na história das políticas migratórias no Brasil. Como Estado democrático de direito, a lei se fundamenta na dignidade da pessoa migrante, independentemente da sua condição migratória. Fortalece políticas públicas para o imigrante e emigrante, além de repudiar e prevenir a xenofobia, o racismo e quaisquer outras formas de discriminação, em especial pela condição migratória".

[7] DOLINGER, Jacob; TIBURCIO, Carmen. *Direito Internacional Privado*, 2018, p. 171: "A filosofia da atual legislação brasileira sobre a entrada e permanência de estrangeiro no Brasil inspira-se nos princípios mencionados no art. 3º: (i) universalidade, indivisibilidade e interdependência dos direitos humanos; (Ii) repúdio e prevenção à xenofobia, ao racismo e a quaisquer formas de discriminação; (iii) não criminalização da migração (...)".

a atual tendência de recrudescimento de políticas migratórias,[8] cumpre reconhecer que a nova lei brasileira é uma exceção notável, que trouxe avanços significativos para estrangeiros que pretendem se estabelecer no país.[9]

Um dos grupos mais frequentemente atingidos por restrições migratórias é o das pessoas com antecedentes criminais. A existência de limitações como essa é compreensível e até pode promover fins relevantes, mas nem por isso se admite todo e qualquer tipo de restrição. Uma que – como se verá – é inadmissível é aquela prevista no art. 129, VI, do Decreto Presidencial nº 9.199/2017, diploma muito criticado,[10] que regulamenta a Lei de Migração. O dispositivo exige que todo estrangeiro interessado em obter uma autorização de residência no Brasil apresente uma "declaração, sob as penas da lei, de ausência de antecedentes criminais em qualquer país, nos cinco anos anteriores à data da solicitação de autorização de residência" (art. 129, VI).

O objeto do presente estudo é a discussão sobre a validade jurídica dessa exigência, tendo em vista o que preveem a Constituição e a própria Lei de Migração. Além disso, será examinada de forma mais específica a situação dos estrangeiros que, apesar de possuírem antecedentes criminais, tiverem sua extradição indeferida pelo Supremo Tribunal Federal (STF).

---

8 A título exemplificativo, vale destacar as recentes alterações legislativas na Dinamarca, que visaram justamente tornar o país menos atrativo para imigrantes e incluíram a polêmica imposição de confisco de bens de solicitantes de asilo. Cf. https://www.loc.gov/law/help/refugee-law/denmark.php#_ftn77.

9 LOPES, Inez. Dignidade da pessoa humana e Mudança de Paradigma da Lei de Migração no Brasil. *Revista de Direito Internacional*, v. 14, n. 2, 2017, p. 27: "Entretanto, no que tange aos direitos e deveres dos migrantes, este é um tema global e está na agenda de diversos países, que definem suas políticas migratórias nacionais. As legislações nacionais são bastante variadas, com maior ou menor grau de proteção da pessoa do migrante. É nesse cenário que o Brasil assume um papel de vanguarda em relação às políticas migratórias no mundo com a aprovação da Lei n. 13.445, de 24 de maio de 2017, que instituiu a Lei de Migração, alterou o Decreto-lei n. 2.848/1940 e revogou as Leis n. 818, de 1949 e 6.815 de 1980. O vanguardismo se fundamenta na mudança de paradigma no tratamento atribuído a migrante como pessoa de iguais diretos, deveres e oportunidades na sociedade brasileira, estendendo-se, também, aos seus familiares".

10 *DPU alerta para problemas na regulamentação da Lei de Migração*. Disponível em: https://bit.ly/2kOcBGT. Acesso em: 27 nov. 2018; MELLO, Patrícia Campos. Lei de Migração entra em vigor, mas regulamentação é alvo de críticas. *Folha*, 21 nov. 2017. Disponível em: http://folha.com/no1936866. Acesso em: 27 nov. 2018.

2 Validade e interpretação do art. 129, VI, do Decreto nº 9.199/2017

O art. 129, VI, do Decreto nº 9.199/2017 exige que os interessados em postular uma autorização de residência no Brasil apresentem uma declaração de inexistência de antecedentes criminais em qualquer parte do mundo nos cinco anos anteriores ao seu requerimento. Como só pode firmar uma declaração como essa quem não tenha sido condenado criminalmente, na prática fica vedada a solicitação da autorização por quem, nesse período, tenha sofrido condenação penal, no Brasil ou no exterior.

Dessa forma, para ser válido o dispositivo, seria preciso estabelecer que: (i) a lei contemplaria uma proibição geral à imigração de pessoas condenadas criminalmente – que, assim, ficariam impedidas de requerer a autorização; ou que (ii) o presidente da República disporia de discricionariedade suficiente para impor essa vedação por ato próprio; ou, ainda, que (iii) seria lícito que quem cometeu algum crime firmasse a declaração prevista no decreto.

A terceira possibilidade é afastada de plano, seja pela lógica, seja pelo direito penal: não é viável que alguém, ao mesmo tempo, se enquadre entre aqueles que cometeram e entre os que não cometeram crimes nos últimos cinco anos; assim, para firmarem o documento exigido pelo decreto, os primeiros teriam de prestar falsa declaração, incorrendo no delito de falsidade ideológica.[11] Restam, portanto, apenas as outras duas alternativas, que serão abordadas a seguir.

2.1 A Lei de Migração e a concessão de autorização de residência para pessoas com antecedentes criminais

Convém fazer uma análise sistemática da Lei de Migração. A *autorização de residência* é regulada nos seus arts. 30 a 36. No art. 30, a lei elenca, de forma não taxativa, as hipóteses nas quais a residência do

[11] CP, art. 299 (Falsidade ideológica): "Omitir, em documento público ou particular, declaração que dele devia constar, ou nele inserir ou fazer inserir declaração falsa ou diversa da que devia ser escrita, com o fim de prejudicar direito, criar obrigação ou alterar a verdade sobre fato juridicamente relevante: Pena – reclusão, de um a cinco anos, e multa, se o documento é público, e reclusão de um a três anos, e multa, se o documento é particular. Parágrafo único – Se o agente é funcionário público, e comete o crime prevalecendo-se do cargo, ou se a falsificação ou alteração é de assentamento de registro civil, aumenta-se a pena de sexta parte".

imigrante no Brasil pode ser autorizada.[12] O §1° do referido dispositivo,[13] além de estabelecer duas condições para as quais *não se concederá autorização* de residência – tipicidade do crime no Brasil e trânsito em julgado da condenação –, também define, em seus incisos, algumas exceções: a autorização de residência *poderá ser concedida* caso (i) a conduta caracterize infração de menor potencial ofensivo (art. 30, §1°, I); (ii) a residência do imigrante tenha como finalidade tratamento de saúde ou decorra de acolhida humanitária ou reunião familiar (art. 30, §1°, III c/c art. 30, I, *a*, *b*, e *i*); ou, ainda, (iii) caso lhe seja aplicável tratado que preveja residência ou livre-circulação (art. 30, §1°, III c/c art. 30, II, *a*). Por sua vez, o art. 34 da Lei de Migração estipula que a autorização de residência *poderá ser negada* nas hipóteses previstas nos incisos I, II, III, IV e IX do art. 45.[14] Cumpre destacar os incisos II e III do referido artigo, os quais dispõem que a entrada do imigrante poderá ser impedida – ou a autorização de residência, negada – caso o proponente tenha sido condenado ou esteja respondendo a processo por: (i) ato de terrorismo, crime de genocídio, crime contra a humanidade, crime de

[12] Lei n° 13.445/2017, art. 30: "A residência poderá ser autorizada, mediante registro, ao imigrante, ao residente fronteiriço ou ao visitante que se enquadre em uma das seguintes hipóteses: I – a residência tenha como finalidade: a) pesquisa, ensino ou extensão acadêmica; b) tratamento de saúde; c) acolhida humanitária; d) estudo; e) trabalho; f) férias-trabalho; g) prática de atividade religiosa ou serviço voluntário; h) realização de investimento ou de atividade com relevância econômica, social, científica, tecnológica ou cultural; i) reunião familiar; II – a pessoa: a) seja beneficiária de tratado em matéria de residência e livre circulação; b) seja detentora de oferta de trabalho; c) já tenha possuído a nacionalidade brasileira e não deseje ou não reúna os requisitos para readquiri-la; d) (VETADO); e) seja beneficiária de refúgio, de asilo ou de proteção ao apátrida; f) seja menor nacional de outro país ou apátrida, desacompanhado ou abandonado, que se encontre nas fronteiras brasileiras ou em território nacional; g) tenha sido vítima de tráfico de pessoas, de trabalho escravo ou de violação de direito agravada por sua condição migratória; h) esteja em liberdade provisória ou em cumprimento de pena no Brasil; III – outras hipóteses definidas em regulamento".

[13] Lei n° 13.445/2017, art. 30, §1°: "**Não se concederá** autorização de residência a pessoa condenada criminalmente no Brasil ou no exterior por sentença transitada em julgado, desde que a conduta esteja tipificada na legislação penal brasileira (...)". (Negrito acrescentado)

[14] Lei n° 13.445/2017, art. 45: "Poderá ser impedida de ingressar no País, após entrevista individual e mediante ato fundamentado, a pessoa: I – anteriormente expulsa do País, enquanto os efeitos da expulsão vigorarem; II – condenada ou respondendo a processo por ato de terrorismo ou por crime de genocídio, crime contra a humanidade, crime de guerra ou crime de agressão, nos termos definidos pelo Estatuto de Roma do Tribunal Penal Internacional, de 1998, promulgado pelo Decreto n° 4.388, de 25 de setembro de 2002; III – condenada ou respondendo a processo em outro país por crime doloso passível de extradição segundo a lei brasileira; IV – que tenha o nome incluído em lista de restrições por ordem judicial ou por compromisso assumido pelo Brasil perante organismo internacional; (...) IX – que tenha praticado ato contrário aos princípios e objetivos dispostos na Constituição Federal".

guerra ou crime de agressão; ou (ii) crime doloso passível de extradição conforme a lei brasileira.

A leitura conjunta de todos esses dispositivos revela algo bastante singelo: a lei não impede que a residência seja concedida a um imigrante única e exclusivamente em razão da existência de antecedentes criminais. Tanto assim que é permitida a concessão da autorização de residência à pessoa que esteja em liberdade provisória ou cumprindo pena (art. 30, II, *h*). Em verdade, o deferimento ou negativa da autorização pressupõe, entre outros fatores, uma análise específica não apenas do crime que teria sido cometido, mas também da própria pessoa do solicitante, da lei ou tratado aplicável, e de suas razões para residir no Brasil.

Como se vê, a Lei de Migração exige uma análise pontual da situação de cada interessado para que se possa determinar se se enquadra ou não em alguma vedação ou nas hipóteses em que a autorização de residência pode ser indeferida. Isso é assim até mesmo quando se trata de pessoa condenada criminalmente, no Brasil ou no exterior, porque a vedação à sua permanência só se aplica se: (i) o delito também for tipificado no Brasil; (ii) a sentença condenatória tiver transitado em julgado; (iii) a conduta não caracterizar infração de menor potencial lesivo; e (iv) o interessado não se enquadrar nas alíneas *b*, *c* e *i* do inciso I e na alínea *a* do inciso II do art. 30 da lei – que demandam uma inevitável avaliação de cada indivíduo (*e.g.*, para verificar se é hipótese de acolhida humanitária). Apenas se essas quatro condições cumulativas estiverem presentes, incide uma vedação absoluta à imigração; não sendo esse o caso, é necessário examinar a situação individual do postulante.

Além de ser uma exigência que decorre diretamente dos dispositivos da Lei de Migração, a análise casuística de cada solicitação é medida que melhor promove valores fundamentais em nosso ordenamento, tais como igualdade e justiça. Quanto ao ponto, não é demais lembrar que vários países criminalizam condutas como a homossexualidade, a apostasia, entre outras.[15] A aplicação literal do art. 129, IV, do decreto nesses casos específicos impediria que pessoas condenadas por tais práticas – quando algumas, no direito brasileiro, são até protegidas por

[15] A título de exemplo, no que concerne à liberdade religiosa, vale destacar que o Irã condena pessoas que se identificam como cristãs ou ateias; o Iêmen, por sua vez, criminaliza a prática de apostasia, isso é, o abandono da religião oficial do país. Quanto à homossexualidade, a Indonésia considera crime ter relações sexuais com pessoas do mesmo sexo, assim como Libéria, Nigéria, Paquistão, Uzbequistão, Turcomenistão, Marrocos e Tunísia. No Irã e na Arábia Saudita, alguns atos sexuais entre pessoas do mesmo sexo são inclusive punidos com pena de morte. V. https://www.amnesty.org/download/Documents/POL1067002018BRAZILIAN%20PORTUGUESE.PDF. Acesso em: 27 nov. 2018.

direitos fundamentais – sequer pudessem solicitar sua permanência no país. Por óbvio, a referida medida, na prática, se constituiria em nova discriminação em face de pessoas que, muito provavelmente, já são marginalizadas em seus países de origem.

Naturalmente, isso não significa que o Poder Executivo esteja obrigado a conceder a autorização de residência para todos os estrangeiros que não reúnam essas condições. O ponto aqui é outro, mais simples: não há vedação legal e em tese à concessão da autorização nesses casos e, por isso, a situação de cada pessoa deve ser analisada. Para isso, porém, é indispensável que o sujeito possa *apresentar* seu requerimento. O que a exigência do art. 129, VI, do decreto faz, na prática, é vedar que o caso desses indivíduos seja examinado, impedindo que peçam a referida autorização. Como a lei exige uma apreciação individualizada, é evidente a *incompatibilidade* entre ela e o decreto nesse particular.

Toda essa preocupação com a análise caso a caso também responde a preocupações fundadas no direito internacional. Embora os tratados em geral não incluam um direito subjetivo a que estrangeiros entrem ou permaneçam no território nacional, os Estados se submetem a um conjunto de deveres, relacionados a circunstâncias específicas, que podem restringir sua discricionariedade na decisão sobre quem entra no seu território. Isso está em causa, em geral, quando se trata de tutelar os direitos humanos dos migrantes. O tema já foi sublinhado pelo Comitê de Direitos Humanos da Organização das Nações Unidas e pela Corte Interamericana de Direitos Humanos, como se pode ver, respectivamente, nas passagens transcritas abaixo:

> O Pacto [Internacional sobre Direitos Civis e Políticos] não reconhece um direito dos estrangeiros a ingressar ou residir no território de um Estado Parte. Essa é, em princípio, uma questão a ser decidida pelo Estado que o admitirá em seu território. No entanto, em certas circunstâncias, um estrangeiro pode gozar da proteção do Pacto mesmo em relação à entrada ou residência, por exemplo, quando se apresentam considerações de não-discriminação, proibição de tratamento desumano e respeito à família.[16]
>
> De acordo com este panorama, este Tribunal insistiu em sua jurisprudência consultiva e contenciosa no fato de que, no exercício de sua faculdade de definir políticas migratórias, os Estados podem estabelecer mecanismos de controle de ingresso e saída do seu território em relação a pessoas que não sejam seus nacionais, sempre que estas políticas

---

[16] United Nations Human Rights Committee, General Comment no. 15: *the position of aliens under the Covenant*, §5 (tradução livre).

> sejam compatíveis com as normas de proteção dos direitos humanos estabelecidas na Convenção Americana.
> Com efeito, *ainda que os Estados possuam um âmbito de discricionariedade ao determinar suas políticas migratórias, os objetivos perseguidos pelas mesmas devem respeitar os direitos humanos das pessoas migrantes.* Isso não significa que não se possa iniciar ação alguma contra as pessoas migrantes que não cumpram o ordenamento jurídico estatal, mas que, *ao adotar as medidas que correspondam, os Estados devem respeitar seus direitos humanos e garantir seu exercício e gozo a toda pessoa que se encontre sob sua jurisdição, sem nenhuma discriminação.* Ademais, os Estados devem respeitar as obrigações internacionais conexas resultantes dos instrumentos internacionais do Direito Humanitário e do Direito dos Refugiados.[17] (Itálico acrescentado)

Segundo a Corte Interamericana, nem mesmo a condição irregular de um migrante seria suficiente para afastar esse cuidado de todo:

> Além disso, os Estados podem estabelecer mecanismos de controle de ingresso e saída de imigrantes indocumentados a seu território, os quais devem sempre ser aplicadas *com apego estrito às garantias do devido processo e ao respeito da dignidade humana.* A esse respeito, a Comissão Africana sobre Direitos Humanos e dos Povos afirmou que
> [...] não pretende questionar o direito de um Estado a tomar ações legais contra os imigrantes ilegais, tais como deportá-los a seus países de origem se os tribunais competentes assim decidirem. Entretanto, a Comissão considera que é *inaceitável deportar indivíduos sem lhes dar a possibilidade de argumentar seu caso perante as cortes nacionais competentes,* já que isso é contrário ao espírito e texto da Carta [Africana dos Direitos Humanos e dos Povos] e do Direito Internacional.[18]

Essas considerações confirmam a interpretação que se extraiu da Lei de Migração. Esta não impõe uma proibição geral a que estrangeiros com prévia condenação criminal obtenham uma autorização de residência. Ao contrário, para dar cumprimento aos seus termos, é indispensável que se faça uma análise pontual da situação de cada solicitante para verificar se se enquadram em alguma restrição ou

---

[17] *Direitos e garantias de crianças no contexto da migração e/ou em necessidade de proteção internacional.* Parecer Consultivo OC-21/14, de 19 de agosto de 2014. Série A Nº 21, par. 39.

[18] V. *Condição Jurídica e Direitos dos Migrantes Indocumentados.* Parecer Consultivo OC-18/03 de 17 de setembro de 2003. Série A Nº 18, par. 119, citando *African Commission of Human and Peoples' Rights, Communication No: 159/96 – Union Inter Africaine des Droits de l' Homme, Federation Internationale des Ligues des Droits de l'Homme, Rencontre Africaine des Droits de l'Homme, Organisation Nationale des Droits de l'Homme au Sénégal and Association Malienne des Droits de l'Homme au Angola, decision of 11 November, 1997, para. 20.*

exceção prevista na lei. Como o decreto impede justamente esse exame individualizado, sua ilegalidade é manifesta.

No entanto e conforme antecipado, a validade jurídica do art. 129, VI, do Decreto nº 9.199/2017 também poderia se sustentar em uma competência, reconhecida ao presidente da República, no sentido de criar uma proibição por ato próprio. É o que se passa a examinar no tópico subsequente.

2.2 O princípio da legalidade e a atuação do Poder Executivo em matéria de imigração

De fato, a autorização do ingresso e da permanência de estrangeiros no Brasil é inserida tradicionalmente entre as atribuições do Poder Executivo, que dispõe de ampla discricionariedade na matéria. No entanto, por maior que seja a latitude da competência do Executivo, ele ainda se submete aos princípios que norteiam a sua atividade.[19] Como se sabe, um dos limites a que se submete ao Poder Executivo é o *princípio da legalidade*, previsto no art. 37, *caput*, da Carta. Isso significa – no mínimo – que a lei tem um espaço relevante no balizamento da sua atuação. No caso específico da imigração, essa conclusão é confirmada por duas outras razões, também de extração constitucional.

Em primeiro lugar, está em jogo aqui a *liberdade de locomoção*: nos termos do art. 5º, XV, da Carta, "é livre a locomoção no território nacional em tempo de paz, podendo qualquer pessoa, nos termos da lei, nele entrar, permanecer ou dele sair com seus bens". O dispositivo é claro, seja em sua abrangência subjetiva – "qualquer pessoa", em princípio, pode invocá-lo[20] –, seja no seu âmbito de proteção, que inclui a livre

---

[19] O ponto já foi destacado pelo Superior Tribunal de Justiça: "ADMINISTRATIVO. CONCESSÃO DE VISTO PARA ENTRADA DE ESTRANGEIRO EM TERRITÓRIO NACIONAL. RECURSO HIERÁRQUICO. DEMORA NA APRECIAÇÃO. ATO OMISSIVO NÃO-CARACTERIZADO. 1. Não compete ao Poder Judiciário suprir eventual omissão do órgão administrativo, para decidir sobre a **concessão de visto de entrada e permanência de estrangeiros em território nacional**, sob pena de infringir o princípio de separação dos Poderes, insculpido no art. 2º da Constituição Federal. Tal competência é exclusiva do Poder Executivo, apenas **se sujeitando ao controle do Judiciário se praticado o ato em desacordo com os princípios norteadores da Administração Pública.** (...) 3. Mandado de segurança denegado" (STJ, *DJ* 14 ago. 2006, MS 10.778/DF, Rel. Min. João Otávio de Noronha; negrito acrescentado).

[20] Embora o *caput* do art. 5º da Constituição sugira que só os estrangeiros residentes no Brasil seriam titulares de direitos fundamentais, a orientação do Supremo Tribunal Federal sobre o tema é absolutamente tranquila em sentido diverso: como são decorrências ou emanações da dignidade humana, presente em toda e qualquer pessoa, os referidos direitos são *universais*. V. STF, *DJ* 27 fev. 2009, HC 94.016/SP, Rel. Min. Celso de Mello.

movimentação dentro do país, bem como o ingresso, a permanência, e a saída do território nacional. Dessa forma, toda pessoa é titular de um direito *prima facie* a permanecer no Brasil. Isso não significa que qualquer um terá um direito subjetivo e definitivo de nele continuar, mas apenas que o tema não se submete ao total arbítrio das autoridades públicas.

Nada obstante, nenhum direito é absoluto – e o art. 5º, XV, da Carta não é exceção. Restrições são admitidas, desde que tenham por fim promover outros direitos fundamentais ou, ao menos, finalidades públicas relevantes. Para que isso não se traduza em abuso, fragilizando a proteção conferida pelos direitos fundamentais, tem-se enfatizado que as limitações de direitos devem observar um conjunto de exigências, chamadas de *limites dos limites*. Dentre elas, destaca-se a *reserva de lei*, que, no caso específico da liberdade de locomoção, é objeto de previsão explícita no art. 5º, XV, da Constituição: o referido direito é garantido "*nos termos da lei*". Isto é: a liberdade conferida pela Carta pode ser restringida pela lei – o que, por natural, confere ao legislador um papel de destaque no tema.

Em segundo lugar, o art. 22, XV, da Constituição confere à União a competência de legislar sobre "imigração, entrada, extradição (...) de estrangeiros". Embora o dispositivo trate mais propriamente da repartição de competências federativas, a inserção do ponto entre as atribuições de natureza *legislativa* ("legislar sobre") ratifica a possibilidade de que o tema seja objeto de uma política definida em lei, à qual, por natural, deverá obediência o Executivo, por força do princípio da legalidade.

Dessa forma, a maior ou menor discricionariedade de que disponha a administração pública nessa matéria é balizada pelas determinações previstas em lei. Isso não quer dizer que possa o legislador, validamente, eliminar o espaço de decisão que deve caber ao Executivo. Nem este se move em um campo livre de direito – de puro e total arbítrio –, nem aquele pode substituir a margem de apreciação do Poder Executivo por regras predefinidas. A política legislativa em matéria de imigração deve fixar disposições gerais e parâmetros a serem observados pelas autoridades administrativas, bem como as decisões mais importantes sobre o tema, mas sem substituir todo o espaço de discricionariedade do Executivo.

Tudo isso está afinado à atual compreensão do direito público, que já reconhece inexistir uma distinção absoluta entre os domínios da lei e da administração. Em lugar da dicotomia atos vinculados-atos discricionários, há *graus de vinculação*, de modo que esta, a depender do tema, pode ser mais ou menos intensa.[21] Também no plano das restrições a direitos fundamentais, aplica-se raciocínio semelhante. É o que explica Jane Reis Gonçalves Pereira:

> (...) a atuação do Executivo no âmbito dos direitos fundamentais deve sempre pautar-se por uma autorização legal que tenha adotado as decisões básicas no que se refere ao tema. Dessa forma, é possível que o legislador empregue, nesse domínio, cláusulas gerais e conceitos indeterminados, a fim de viabilizar que a Administração considere as circunstâncias presentes nos casos particulares. Nas palavras de Vieira de Andrade, é imprescindível que haja 'uma certa porosidade legal que permita a respiração administrativa'. Mas isso não quer dizer que o Executivo vá dispor de um poder discricionário (...) para limitar os direitos fundamentais. O que ocorre é que caberá à Administração, em muitos casos, efetivar a apreciação in concreto acerca da presença das condições legais que autorizam a limitação de um direito fundamental.[22]

A mais básica decorrência do princípio da legalidade é a *preeminência da lei* – *i.e.*, sua superioridade hierárquica diante dos atos administrativos e, em particular, dos decretos e regulamentos executivos, que lhes devem total obediência sob pena de invalidade. Nos termos do art. 84, IV, da Constituição, esses diplomas devem se voltar à "fiel execução" das leis e, por isso, não podem contrariá-las, exorbitando do poder regulamentar. Isso não muda no contexto da imigração, como se extrai da jurisprudência:

> 2. A questão controvertida consiste em saber se, ao estabelecer *prazo para a regularização da situação do estrangeiro, ainda em situação irregular, o Decreto 2.771/98 extrapolou os limites da Lei 9.675/98*, vale dizer, se o

---

[21] BINENBOJM, Gustavo. *Uma teoria do direito administrativo*: direitos fundamentais, democracia e constitucionalização, 2008, p. 39: "As transformações recentes sofridas pelo direito administrativo tornam imperiosa uma revisão da noção de discricionariedade administrativa. Com efeito, pretende-se caracterizar a discricionariedade, essencialmente, como um espaço carecedor de legitimação. Isto é, um campo não de escolhas puramente subjetivas, mas de fundamentação dos atos e políticas públicas adotados, dentro dos parâmetros jurídicos estabelecidos pela Constituição e pela lei. **A emergência da noção de juridicidade administrativa, com a vinculação direta da Administração à Constituição, não mais permite falar, tecnicamente, numa autêntica dicotomia entre atos vinculados e atos discricionários, mas, isto sim, em diferentes graus de vinculação dos atos administrativos à juridicidade.** A discricionariedade não é, destarte, nem uma liberdade decisória externa ao direito, nem um campo imune ao controle jurisdicional. Ao maior ou menor grau de vinculação do administrador à juridicidade corresponderá, via de regra, maior ou menor grau de controlabilidade judicial dos seus atos". (Negrito acrescentado)

[22] PEREIRA, Jane Reis Gonçalves. *Interpretação constitucional e direitos fundamentais*, 2018, p. 351.

> decreto regulamentador poderia fixar prazo não-previsto em lei para o exercício do direito.
> (...)
> 4. É ilegal o prazo de noventa dias fixado pelo art. 4º do Decreto 2.771/98, *pois, nesse ponto, o regulamento não se restringiu a dispor sobre aspecto de ordem formal ou procedimental, tampouco esclarecer conceito vago ou decompor o conteúdo de preceito sintético, mas criou prazo decadencial não-prefigurado na lei, atingindo, diretamente, o direito material objeto da regulamentação.*[23] (Grifos acrescentados)

Disso se extrai que o Poder Executivo – por maior que seja o escopo das suas atribuições em matéria de imigração – não tem competência para instituir, contra a lei, uma vedação geral à concessão de autorizações de residência. E, no particular, a Lei de Migração permite expressamente que a autorização de residência seja concedida a quem "esteja em liberdade provisória ou em cumprimento de pena no Brasil" (art. 30, II, *h*), o que – obviamente – pressupõe prévia condenação criminal. As pessoas que se enquadram nesse dispositivo têm o direito de pedir uma autorização de residência (ainda que não o direito de obtê-la), mas, ao exigir uma declaração de ausência de antecedentes criminais, o decreto acaba inviabilizando o exercício de uma faculdade garantida pela lei. Dessa forma, não sendo possível conciliar a permissão da lei com a vedação (prática) instituída pelo decreto, é evidente a antinomia e, assim, a pura e simples ilegalidade da norma regulamentar.

Além disso, em seu art. 34 c/c o art. 45, III, a lei fez uma opção clara no sentido de limitar o escopo da restrição, que só alcança os crimes passíveis de extradição segundo a lei brasileira, mas o decreto não limitou o objeto da declaração do art. 129, VI, a esses delitos; *qualquer* crime impede a emissão de declaração e, assim, a solicitação da autorização de residência. Como se vê, também aqui é clara a contrariedade à lei, porque esta elege, como critério determinante, a circunstância de o crime ser passível de extradição,[24] enquanto o decreto trata essa distinção como irrelevante. E as consequências disso são de grande relevo, interferindo no próprio conjunto de pessoas alcançadas pela previsão legal: a pretexto de regulamentar a lei, o decreto, em verdade, alargou

---

[23] STJ, *DJ* 6 mar. 2006, REsp nº 526.015/SC, Relª. Minª. Denise Arruda.

[24] CAHALI, Yussef Said. *Estatuto do Estrangeiro*, 2010, p. 85: "A recusa do visto fundada no art. 7º, IV, do Estatuto do Estrangeiro [correspondente ao art. 45, III, da Lei de Migração] revela-se de aplicação restrita: somente no caso do estrangeiro condenado ou processado em outro país por crime doloso, com exclusão assim de crime de contravenção penal, e ainda, assim, excluindo-se aqueles casos em que, segundo o art. 77 [do Estatuto do Estrangeiro, correspondente ao art. 82 da Lei de Migração], a extradição não seria concedida".

o universo material de pessoas privadas não só da possibilidade de obter a autorização de residência, como do próprio direito de pedi-la.

Ademais, como visto, a proibição legal à imigração de pessoas com prévia condenação criminal só incide quando estão presentes as quatro condições do art. 30, §1°, da Lei de Migração. Isso significa que o legislador, podendo em tese vedar o ingresso e a permanência de qualquer pessoa condenada no exterior, decidiu adotar uma solução menos rígida e pautada por uma análise caso a caso. Sua opção não pode ser simplesmente ignorada pelo decreto e substituída por uma proibição geral, dirigida a todos que tenham antecedentes criminais. A Lei de Migração exige que a situação de cada postulante seja considerada – inclusive as características do delito praticado. Isso é inviável, em absoluto, se o interessado está impedido até de apresentar seu requerimento por força da exigência documental do art. 129, VI, do Decreto n° 9.199/2017. A pessoa condenada criminalmente *jamais* poderá ter o seu caso analisado, nos termos da lei, porque a determinação do decreto tem o efeito prático de uma proibição geral ao próprio recebimento do seu pedido.

Isso é problemático, ainda, por outro conjunto de razões. Com efeito, em sintonia com a Constituição da República[25] e a Lei do Processo Administrativo Federal,[26] a Lei de Migração garante o contraditório e a ampla defesa nos recursos contra decisões que neguem a autorização de residência.[27] Isso só será possível se o indivíduo puder apresentar seu requerimento – afinal, só assim ele será indeferido. Ao vedar a própria postulação da autorização, o decreto abre margem para uma rejeição formal do pedido, impedindo o sujeito de se valer do direito de recorrer administrativamente. O interessado, que já não pôde mostrar as especificidades do seu caso ao formular seu requerimento, tampouco poderá fazê-lo em sede de recurso.

Não há como minimizar a importância do ponto. Nos termos da Convenção Americana sobre Direitos Humanos, o direito ao devido processo legal não se limita à esfera penal; ao contrário, se faz sentir

---

[25] CF/88, art. 5°, LV: "Aos litigantes, em processo judicial ou administrativo, e aos acusados em geral são assegurados o contraditório e ampla defesa, com os meios e recursos a ela inerentes".

[26] Lei n° 9.784/1999, art. 2°: "A Administração Pública obedecerá, dentre outros, aos princípios da legalidade, finalidade, motivação, razoabilidade, proporcionalidade, moralidade, ampla defesa, contraditório, segurança jurídica, interesse público e eficiência".

[27] Lei n° 13.445/2017, art. 30, §3°: "Nos procedimentos conducentes ao cancelamento de autorização de residência e no recurso contra a negativa de concessão de autorização de residência devem ser respeitados o contraditório e a ampla defesa".

também sempre que esteja em questão a determinação dos "direitos ou obrigações de natureza civil, trabalhista, fiscal ou de qualquer outra natureza" de alguma pessoa (art. 8º, §1º). Nas palavras da Corte Interamericana, isso significa que as garantias decorrentes do devido processo legal "devem ser respeitadas no procedimento administrativo e em qualquer outro procedimento cuja decisão possa afetar os direitos das pessoas".[28] Particularmente importante, nesse contexto, é o risco de que a pessoa seja deportada.[29] Regras documentais impertinentes podem funcionar como um obstáculo à efetiva fruição desses direitos. Também esse ponto já foi objeto de consideração pela jurisprudência:

> CONSTITUCIONAL. ADMINISTRATIVO. ESTRANGEIRO. SOLICITAÇÃO DE VISTO PERMANENTE. ESCRITURA PÚBLICA DECLARATÓRIA DE UNIÃO HOMOAFETIVA. NEGATIVA DE RECEBIMENTO DE PEDIDO CARENTE DE DOCUMENTAÇÃO. AUSÊNCIA DE PROTOCOLO. ATO DISCRICIONÁRIO. PERMANÊNCIA ATÉ APRECIADO DEFINITIVA DO PEDIDO.
> I – Ação Ordinária ajuizada por cidadão português, com pedido de antecipação dos efeitos da tutela, visando concessão de visto permanente, ou, ao menos, a garantia de sua permanência no país até o trânsito em julgado do presente processo, impedindo-se a União/Polícia Federal de proceder a sua deportação, bem como suspensão da cobrança da multa que lhe fora aplicada por permanecer irregularmente no território nacional.
> II – O requerente alega fazer jus à permanência no Brasil em razão de manter relação estável homoafetiva, há dois anos, e ter firmado Escritura Pública Declaratória de União Homoafetiva, em 03/04/2012. E, ainda, que apesar de ter comparecido à Polícia Federal para requerer a concessão do visto de permanência com fulcro na Resolução Normativa nº 77/2008 do Conselho Nacional de Imigração, o seu pedido sequer foi protocolado, sob o fundamento de apresentação de documentação insuficiente.
> III – De fato, não se discute que a concessão ou não do visto é medida condicionada à discricionariedade, mesmo que não se desconsidere se tratar de medida administrativa sindicável pelo Judiciário, a quem cabe

[28] *Caso Baena Ricardo e outros v. Panamá*, Sentença de 2 de fevereiro de 2001. (Mérito, Reparações e Custas). Série C Nº 72, par. 127.

[29] *Condição Jurídica e Direitos dos Migrantes Indocumentados*. Parecer Consultivo OC-18/03 de 17 de setembro de 2003. Série A Nº 18, par. 126: "Viola-se o direito às garantias e à proteção judicial por vários motivos: pelo risco da pessoa quando comparece às instâncias administrativas ou judiciais de ser deportada, expulsa ou privada de sua liberdade, e pela negativa da prestação de um serviço público gratuito de defesa jurídica a seu favor, o que impede que se façam valer os direitos em questão. A esse respeito, o Estado deve garantir que o acesso à justiça seja não apenas formal, mas real. Os direitos derivados da relação trabalhista subsistem, apesar das medidas que se adotem".

julgá-la quanto a sua juridicidade, ou seja, a sua adequação à Ordem Jurídica.
IV – A atribuição conferida ao Departamento de Estrangeiros, para resolver as questões relativas a visto, não pode ser arbitrária, deve seguir os parâmetros legais. Como qualquer outro Órgão Público pode ter os seus atos quando eivados de ilegalidade revistos pelo Poder Judiciário.
(...)
VI – Na hipótese, o que se está questionando é a legitimidade do ato da Polícia Federal que, sem sequer protocolar o pedido de concessão do visto de permanência, determinou que o estrangeiro deixasse o País, numa medida que contrariaria o devido processo legal e o direito constitucional de petição (CF, art. LIV e XXXIV, a).
VII – A Resolução Normativa nº 77/2008 do Conselho Nacional de Imigração dispõe sobre critérios para a concessão de visto temporário ou permanente, ou de autorização de permanência, ao companheiro ou companheira, em união estável, sem distinção de sexo. Nos termos da referida Resolução, a apresentação da escritura pública, por si só, não seria suficiente para a concessão do visto permanente fundamentado na reunião familiar, devendo ser corroborada por outros documentos nela relacionado.
VIII – Não há como se negar que a referida escritura representa forte indício da existência efetiva da união estável, não se mostrando razoável o indeferimento, de plano, do pedido de apreciação da pretensão. A Polícia Federal pode receber o pedido e exigir mais provas que, a teor da Resolução citada, devem ser apresentadas, a exemplo de comprovantes de conta bancária conjunta, certidão de registro de imóveis comuns, apólice de seguro de vida. Tais fundamentos asseguram ao requerente/apelante o direito de permanecer no país até decisão definitiva do Conselho Nacional de Imigração acerca do pedido de visto permanente.
IX – '2. O texto constitucional de 1988 é expresso ao prever, no art. 5º, incisos XXXIV, 'a', o direito de petição aos Poderes Públicos em defesa de direitos ou contra a ilegalidade ou abuso de poder. No caso em questão, a impetrante pretendeu protocolar e propiciar o início de procedimento administrativo referente à sua situação de permanência no território nacional, o que lhe foi negado sob o fundamento de que deveria apresentar certidão de casamento, ainda que haja prova no sentido de que ela vive em união estável com brasileiro nato. 3. Há que se considerar, ainda, que desde 1988, a entidade familiar formada entre os companheiros (união estável fundada no companheirismo) é expressamente reconhecida e tutelada pela ordem jurídica nacional, conforme previsão expressa constante do parágrafo 3º, do art. 226, da Constituição Federal, sendo certo que o caput do mesmo dispositivo determina que o Estado dê especial proteção às famílias constitucionais.'

(TRF2, AMS 51828, DJU 29/08/2006, Relator Desembargador Federal Guilherme Calmon/no afast. Relator)
X – *Apelação parcialmente provida, para assegurar ao requerente o direito de permanecer no País até que seja apreciado em definitivo o seu pedido de concessão de visto de permanência.*[30] (Itálico acrescentado)

Dessa forma, além de criar impedimento não previsto na lei, a referida regra traz consequências mais graves, pois efetivamente impede que a pessoa regularize sua residência no Brasil sem ao menos lhe dar a oportunidade de apresentar as circunstâncias de seu caso específico às autoridades. Como bem observou a Defensoria Pública da União, em conjunto com entidades e instituições de ensino, trata-se de regra que "mantém a confusão entre justiça criminal e migração quando condiciona o acesso ao direito de migrar à ausência de antecedentes penais e condenação penal, concretizando uma dupla penalização".[31]

A solução desse problema pode ser encontrada no próprio decreto: seu art. 2º veda "a exigência de prova documental impossível ou descabida que dificulte ou impeça o exercício de seus direitos". Por óbvio, prestar uma declaração de ausência de antecedentes criminais não só seria impossível para os imigrantes que já foram condenados criminalmente, como também – conforme observado – criaria hipótese ilegal de impedimento à solicitação de autorização de residência.

Nesse cenário, para cumprir a lei e os demais artigos do próprio decreto, impõe-se que o art. 129, IV, seja interpretado no sentido de que seja facultado a quem postula uma autorização de residência apresentar as informações verdadeiras de que tenha ciência, referentes a condenações criminais nos últimos cinco anos. Diante dessas informações, a administração pública poderá avaliar, levando em consideração as circunstâncias específicas, se o solicitante se enquadra em alguma das exceções previstas na legislação para então decidir deferir ou não a solicitação de autorização de residência.

---

[30] TRF – 5ª Região, *DJ* 12 nov. 2012, AC nº 0005586-69.2012.4.05.8100/CE, Des. Fed. Ivan Lira de Carvalho.

[31] *Carta aberta sobre o processo de participação social na regulamentação da Lei 13.455/17 e pontos preocupantes na minuta do decreto da nova Lei de Migração.* Disponível em: http://www.conectas.org/arquivos/editor/files/Carta%20P%C3%BAblica_Reuni%C3%A7ao%20sobre%20regulamenta%C3%A7%C3%A3o%20da%20Lei%20de%20Migra%C3%A7%C3%A3o_sp_15-11-17.pdf.

3 A situação dos estrangeiros cuja extradição tenha sido indeferida pelo Supremo Tribunal Federal

O que se viu acima demonstra a invalidade do art. 129, VI, do Decreto nº 9.199/2017, em particular à luz das disposições da Lei de Migração – exceto na interpretação exposta acima. Passa-se, então, a discutir a legalidade do dispositivo em um cenário específico: o caso em que o interessado em pleitear a autorização de residência no Brasil, embora processado ou condenado criminalmente no exterior, tenha sua extradição indeferida pelo Supremo Tribunal Federal.

A questão não é complexa. A Lei de Migração somente autoriza que se impeça a entrada no país de pessoa "condenada ou respondendo a processo em outro país por crime doloso passível de extradição segundo a lei brasileira" (art. 45, III),[32] entre outras condições. Essa mesma situação permite o indeferimento da autorização de residência, com base no art. 34 da lei. Como o diploma expressamente admite que condenados no exterior venham a obter a referida autorização se atenderem a certas condições (art. 30, §1º), ainda assim a situação de cada postulante deve ser examinada. Consequentemente, a vedação geral extraída do art. 129, VI, do decreto é inválida de toda forma.

Além disso, é de conhecimento geral que, no Brasil, o controle de legalidade da extradição é feito pelo STF, nos termos do art. 102, I, *g*, da Carta da República e dos arts. 81 e seguintes da Lei de Migração. O art. 82 do diploma define os casos em que a extradição é vedada – *i.e.*, as hipóteses em que a medida deve ser indeferida ou, em outras palavras, em que o crime *não é passível* de extradição. Ao enquadrar um caso concreto nessas previsões, o STF nada mais faz do que declarar que a legislação veda a medida e, por isso, sua efetivação não deve ocorrer.

Em outras palavras: a decisão do Supremo Tribunal Federal que indefere um pedido nesses casos é a afirmação definitiva, pelo órgão judicial competente, de que *aquele crime não é passível de extradição*. Como explica Youssef Said Cahali em nota sobre o dispositivo correspondente

---

[32] Nem se diga que a previsão legal diz respeito aos crimes em tese, e não aos delitos concretamente imputados a alguém. Beira o absurdo imaginar que a possibilidade abstrata de se indeferir a extradição afastaria a limitação legal, mas não o efetivo indeferimento da medida naquele específico caso concreto. Se a inviabilidade em tese da extradição possibilita a concessão da autorização de residência, a mesma lógica se aplica, e com muito maior razão, à extradição que jamais ocorrerá, porque já rejeitada pelo STF. Essa conclusão é confirmada pelo próprio decreto, que, em seu art. 132, III, permite que a autorização de residência seja concedida quando a punibilidade está extinta segundo a lei brasileira – somente diante do caso concreto é possível aferir se isso ocorreu.

no Estatuto do Estrangeiro, essa restrição se justifica "pelo seu caráter preventivo, por não se compreender que se admita a internação do estrangeiro no território nacional, para depois extraditá-lo".[33] Se o sujeito já não poderá ser extraditado, porque assim determinou o STF, não se aplica a ele a limitação legal ao ingresso e permanência no Brasil.

Dessa forma, os delitos que tenham motivado um pedido de extradição não são óbices à concessão da autorização de residência quando aquela medida tenha sido indeferida pelo STF. Também nesse caso poderá o interessado substituir a declaração de ausência de antecedentes criminais pela informação sobre os processos aos quais respondeu – inclusive o indeferimento da extradição pelo Supremo Tribunal Federal. Caberá, então, às autoridades de imigração decidir sobre a concessão, ou não, da autorização de residência.

4 Conclusão

A Lei de Migração não prevê uma proibição geral a que estrangeiros com prévia condenação criminal obtenham uma autorização de residência. Em verdade, para dar cumprimento aos seus termos, é indispensável que se faça uma análise pontual da situação de cada solicitante e das características do eventual delito praticado para verificar se se enquadram em alguma restrição ou exceção prevista na lei. Assim, se o interessado estiver impedido de apresentar o seu requerimento por força da exigência documental do art. 129, VI, do Decreto nº 9.199/2017, o exame *caso a caso*, previsto em lei, se mostrará inviável em absoluto, e a pessoa condenada *jamais* poderá ter o seu caso analisado. O referido dispositivo tem, portanto, o efeito prático de produzir uma proibição geral ao próprio recebimento do seu pedido, o que o torna incompatível com a Lei de Migração e com o ordenamento como um todo, na medida em que impede que pessoas condenadas em seus países de origem por qualquer crime – inclusive o exercício de liberdade religiosa e orientação sexual – firmem residência no Brasil.

A antinomia entre o art. 129, VI, do Decreto nº 9.199/2017 e a Lei de Migração fica ainda mais evidente nos casos de estrangeiros que tenham sua extradição indeferida pelo Supremo Tribunal Federal. Nessa hipótese, exigir a declaração de ausência de antecedentes criminais significaria impedir em absoluto que essas pessoas solicitassem sua autorização de residência, contrariamente ao previsto na lei.

---

[33] CAHALI, Yussef Said. *Estatuto do Estrangeiro*, 2010, p. 85.

Assim, para conservar a sua legalidade, o art. 129, VI, do decreto deve ser interpretado em conjunto com seu art. 2°, como exigindo aos solicitantes da autorização de residência que apresentem as informações verdadeiras de que tenham ciência referentes a condenações criminais nos cinco anos anteriores (quer existam, quer não). Somente diante das especificidades do caso concreto o Executivo poderá realizar as avaliações necessárias e, então, decidir pelo deferimento ou não da autorização.

Referências

ANVANZI, Carla Campos; SIMON, Aristeu Matias. Principais inovações e perspectivas da nova Lei de Migrações. *Revista Latino-Americana de Estudos em Cultura e Sociedade*, 2017.

BINENBOJM, Gustavo. *Uma teoria do direito administrativo*: direitos fundamentais, democracia e constitucionalização. Rio de Janeiro: Renovar, 2008.

CAHALI, Yussef Said. *Estatuto do Estrangeiro*. São Paulo: Revista dos Tribunais, 2010.

Carta aberta sobre o processo de participação social na regulamentação da Lei 13.455/17 e pontos preocupantes na minuta do decreto da nova Lei de Migração. Disponível em: http://www.conectas.org/arquivos/editor/files/Carta%20P%C3%BAblica_Reuni%C3%A7ao%20sobre%20regulamenta%C3%A7%C3%A3o%20da%20Lei%20de%20Migra%C3%A7%C3%A3o_sp_15-11-17.pdf.

Condição Jurídica e Direitos dos Migrantes Indocumentados. Parecer Consultivo OC-18/03 de 17 de setembro de 2003. Série A N° 18, par. 119, citando African Commission of Human and Peoples' Rights, Communication No: 159/96 – Union Inter Africaine des Droits de l' Homme, Federation Internationale des Ligues des Droits de l'Homme, Rencontre Africaine des Droits de l'Homme, Organisation Nationale des Droits de l'Homme au Sénégal and Association Malienne des Droits de l'Homme au Angola, decision of 11 November, 1997.

Direitos e garantias de crianças no contexto da migração e/ou em necessidade de proteção internacional. Parecer Consultivo OC-21/14, de 19 de agosto de 2014. Série A n° 21.

DOLINGER, Jacob; TIBURCIO, Carmen. *Direito Internacional Privado*. Rio de Janeiro: Forense, 2018.

GUERRA, Sydney. Alguns aspectos sobre a situação jurídica do não nacional no Brasil: da Lei do Estrangeiro à nova Lei de Migração. *Revista do Departamento de Ciências Jurídicas e Sociais da Unijuí*, 2017. Informe 2017/2018 Anistia Internacional, Disponível em: https://www.amnesty.org/download/Documents/POL1067002018BRAZILIAN%20PORTUGUESE.PDF. Acesso em: 27 nov. 2018.

LOPES, Inez. Dignidade da pessoa humana e mudança de paradigma da Lei de Migração no Brasil. *Revista de Direito Internacional*, 2017.

MELLO, Patrícia Campos. Lei de Migração entra em vigor, mas regulamentação é alvo de críticas. *Folha*, 21 nov. 2017. Disponível em: http://folha.com/no1936866. Acesso em: 27 nov. 2018.

PEREIRA, Jane Reis Gonçalves. *Interpretação constitucional e direitos fundamentais*. Saraiva, 2018.

UNITED NATIONS HUMAN RIGHTS COMMITTEE, General Comment no. 15: *The position of aliens under the Covenant*, §5.

Informação bibliográfica deste texto, conforme a NBR 6023:2018 da Associação Brasileira de Normas Técnicas (ABNT):

TIBURCIO, Carmen; PIRES, Thiago Magalhães; PORTO, Stela Hühne. Autorização de residência no Brasil: a invalidade jurídica da exigência de declaração de inexistência de antecedentes criminais. *In*: VELLOSO, Ana Flavia; JARDIM, Tarciso Dal Maso (Coord.). *A nova lei de migração e os regimes internacionais*. Belo Horizonte: Fórum, 2021. p. 57-76. ISBN 978-65-5518-167-8.

O NOVO PARADIGMA MIGRATÓRIO INAUGURADO PELA LEI DE MIGRAÇÃO (LEI Nº 13.445/2017) E OS DESAFIOS RESULTANTES DA JUDICIALIZAÇÃO DA MIGRAÇÃO EM MASSA DE VENEZUELANOS EM RORAIMA (ACO Nº 3.121)

ANDREA DE QUADROS DANTAS ECHEVERRIA

ISADORA MARIA B. R. CARTAXO DE ARRUDA

Introdução

De acordo com dados nas Nações Unidas, no ano de 2017, o número de migrantes atingiu o patamar recorde de 258 milhões de pessoas, o que corresponde a 3,4% da população mundial.[1] Essa intensificação do fenômeno migratório tende a gerar políticas restritivas

---

[1] Informação disponível em: http://www.un.org/en/sections/issues-depth/migration/index.html.

de acesso nos países considerados como os principais receptores de tais fluxos migratórios, em especial nos Estados Unidos e na Europa, onde os discursos de criminalização dos imigrantes vêm ganhando força nos últimos anos.

No Brasil, o que se observa é um fenômeno inverso em ambos os sentidos. Primeiramente, os dados apontam que nosso país possui uma maior população de emigrantes espalhados pelos diversos países do mundo em relação aos imigrantes que adotaram o Brasil como sua nova residência. Em segundo plano, a promulgação da Lei n° 13.445, de 24 de maio de 2017 (Lei de Migração), consolidou a proteção dos direitos humanos e o acolhimento dos imigrantes como núcleo essencial das políticas migratórias a serem formuladas no país.

Entretanto, apesar da ausência de tradição imigratória no país, entre 2017 e 2018, a crise política e econômica da Venezuela gerou não apenas uma intensa imigração de cidadãos daquele país, como inúmeros desafios políticos para o Brasil no acolhimento de tais migrantes, o que culminou no pedido judicial de fechamento das fronteiras brasileiras no estado de Roraima.

Nesse contexto, pretende-se aqui estudar a evolução legislativa migratória do Brasil com o intuito de analisar a discussão acerca da possibilidade de restrição do fluxo migratório ou até mesmo de fechamento de fronteiras diante da nova Lei de Migração.

1 Os paradigmas migratórios e a nova Lei de Migração brasileira

Embora o deslocamento de populações entre diversos países não seja um fenômeno recente, a globalização transformou a imigração em um assunto não apenas demográfico, mas essencialmente econômico e político. Sob o enfoque político, há duas grandes correntes teóricas: aquela que, fundada na primazia da segurança nacional, vê os imigrantes como um potencial risco à estabilidade da sociedade. A adoção de tal escolha política resulta em um recrudescimento das regras de naturalização, bem como de reconhecimento de direitos sociais aos estrangeiros (GUIA; PEDROSO, 2015, p. 131). No limite, referida perspectiva acaba por aproximar o imigrante de um criminoso, dado o potencial risco de sua permanência no país, o que culminou no conceito de crimigração

(GUIA; PEDROSO, 2015, p. 132).[2] Esse processo de perda progressiva dos direitos, bem como de aumento da criminalização de atos praticados por imigrantes, pode ser visualizado tanto nos Estados Unidos como na Europa, quando do enfrentamento das recentes imigrações de massa (GUIA; PEDROSO, 2015, p. 140-141).

A segunda vertente, ao contrário, fundamenta-se na prevalência dos direitos humanos, destacando a necessidade de acolhimento e integração dos imigrantes na sociedade destino. Tal literatura sobre direito migratório está também direcionada tanto à efetividade das políticas públicas a serem implementadas como na correção de eventuais falhas nas entradas irregulares (CALAVITTA, 2006, p. 109).

É interessante observar que tais paradigmas refletem exatamente as duas mais recentes políticas de imigração adotadas pelo Brasil. De fato, a anterior Lei nº 6.815/1980, denominada de Estatuto do Estrangeiro, foi elaborada à época do regime militar e, ao identificar o imigrante com uma ameaça à soberania do país (CALDAS, 2015, p. 4), reverberava uma preocupação latente daquele período com a segurança nacional (ROSA, 2017) (GUERRA, 2017, p. 1.718). Nesse sentido, após o período de redemocratização e a promulgação da Carta de 1988, que retratava a relevância da proteção dos direitos fundamentais como núcleo do novo ordenamento jurídico brasileiro, "as políticas migratórias no Brasil viviam o paradoxo de conviver com um marco regulatório baseado na segurança nacional em plena ordem democrática" (OLIVEIRA, 2017, p. 171).[3]

Tal paradoxo acabava por refletir uma política restritiva e casuística, a qual se aproximava do modelo adotado tanto pelos Estados Unidos como pelos países da Europa (OLIVEIRA, 2017, p. 172). No que se refere especificamente ao tema ora em debate, referido estatuto afirmava ser proibida a entrada de estrangeiro "considerado nocivo à ordem pública ou aos interesses nacionais" (art. 7º da Lei nº 6.815/1980), o que acabava por conferir ampla discricionariedade ao Ministério da Justiça, órgão responsável por tal análise à época.

---

[2] Outro termo utilizado que reflete essa conexão entre imigrantes e risco iminente à segurança é a metáfora desenvolvida por Greenhill (2011) ao denominar o aumento desse fenômeno como "armas de migração em massa" (*weapons mass migration*). Sobre a crítica a tal metáfora e ao discurso de identificação entre a migração e ameaça, ver Marder (2018).

[3] No mesmo sentido: "O Brasil, no entanto, possui algumas incongruências no que diz respeito a sua política migratória, o fato de não ter ainda, por exemplo, incorporado em sua legislação mecanismos de proteção como, a Convenção Internacional sobre a 'Proteção dos Direitos dos Trabalhadores Migrantes e dos Membros das suas Famílias', de 1990 (ONU, 2017b). (...) Outro exemplo é a permanência do Estatuto do Estrangeiro por quase vinte anos após o reestabelecimento da democracia" (ALVES; SILVA, 2018, p. 209).

De outro lado, a nova Lei de Imigração (Lei nº 13.445/2017) objetivou concretizar os princípios democráticos, de igualdade e de proteção das minorias sob os quais se edificou o ordenamento jurídico brasileiro desde a promulgação da Constituição Federal de 1988. Para tanto, referida lei estabelece que a política migratória brasileira deve necessariamente fundar-se sobre os princípios da universalidade, indivisibilidade e interdependência dos direitos humanos e repúdio a quaisquer formas de discriminação. Assim, a partir da edição da Lei nº 13.445/2017 tem-se uma mudança de paradigma na política de imigração no Brasil, a qual agora tem como pilar fundamental o acolhimento e a integração do imigrante à sociedade brasileira.

Enquanto as imigrações esporádicas não parecem provocar maiores impactos nos países de destino, a ampliação de tal fenômeno vem gerando reações das mais diversas nesses países. Assim, seguindo um movimento de retração do âmbito de incidência dos direitos humanos em respostas aos ataques terroristas desse século, também na esfera migratória se observa primazia da perspectiva da soberania nacional em detrimento do reconhecimento da universalidade dos direitos humanos.

No caso específico do Brasil, os dados demonstram que nosso país tem funcionado mais como um produtor de emigrantes do que como um receptor de imigrantes.[4] Aliás, essa característica talvez explique o tempo decorrido entre a promulgação da Constituição de 1988 e a nova Lei de Migração. De fato, a ausência de fluxos migratórios intensos resultou tanto em uma ausência de debate político sobre o tema como até mesmo em certa invisibilidade do fenômeno no Brasil (ALVES; SILVA, 2018, p. 207).

Um dos fatores impulsionadores dos estudos e da edição de uma nova norma voltada para a proteção dos direitos humanos foi a intensa imigração haitiana ocorrida em 2010, em decorrência dos terremotos que devastaram o Haiti (ALVES; SILVA, 2018, p. 217). Naquela oportunidade, diante de um marco legal desfavorável ao acolhimento de imigrantes, o Brasil adotou um novo instrumento de acolhida do estrangeiro, consistente no visto por razões humanitárias, o qual deferia

---

[4] Nesse sentido: "Brasil, contudo, possui um índice referente a migração ainda muito baixo em relação a outros países da América do Sul. Dados da Polícia Federal apontam cerca de 1,2 milhões de migrantes no Brasil, o que representa menos de 1% da população do país, que contabiliza pouco mais de 206 milhões de habitantes hoje. É também muito menor do que o número de brasileiros vivendo no exterior, que estima- se em cerca de 3 milhões de pessoas" (ASANO; TIMO, 2017, p. 1). No mesmo sentido, ver tabela 1 em Fitzgerald *et at.* (2014, p. 31).

aos haitianos a legalidade de sua permanência, reconhecendo-lhes a possibilidade de acesso tanto aos serviços públicos de saúde e educação como também ao mercado de trabalho (ALVES; SILVA, 2018, p. 217).[5]

À época, optou-se pela adoção de medidas paliativas e voltadas para a solução dos impasses específicos gerados por aquele fluxo imigratório.[6] Entretanto, somente em 2018, a nova Lei de Migração viria a sofrer seu primeiro grande teste de efetividade diante da crise da Venezuela, que resultou em um processo migratório ainda mais acentuado do que aquele vivenciado em relação aos haitianos.[7] No caso, não apenas a existência de uma fronteira física seca e extensa entre a Venezuela e o Brasil, como também o agravamento da crise política e econômica daquele país, resultou em um intenso fluxo migratório na fronteira brasileira, no território do estado de Roraima.[8]

Interessante observar que enquanto nos Estados Unidos e na Europa as imigrações em massa provocaram um movimento de endurecimento das regras de entrada e permanências naqueles locais, no Brasil verificou-se uma dinâmica inversa, com a alteração legislativa agora voltada para os direitos humanos e acolhimento dos imigrantes.

Nesse contexto, apesar de reconhecer a necessidade e a relevância de uma política migratória inclusiva, a Lei nº 13.445/2017 estabeleceu alguns requisitos para a entrada de imigrante no Brasil, consoante se observa dos incisos do artigo 45, *in verbis*:

---

[5] Alves e Silva ainda destacam o caso da imigração das vítimas nos conflitos na Síria, a qual foi regulamentada mediante a edição da Resolução Normativa nº 17, de 20.09.2013, do CONARE, a qual facilitava a concessão de visto a tais vítimas (ALVES; SILVA, 2018, p. 218).

[6] No caso específico dos haitianos, optou-se pelo deferimento de vistos por razões humanitárias, o qual foi regulamentado pela Resolução nº 97/2012 (ALVES; SILVA, 2018, p. 218).

[7] De acordo com o relatório da Secretaria Nacional, até 2015 haviam ingressado 43.871 haitianos no Brasil. Disponível em: http://www.justica.gov.br/news/secretaria-nacional-de-justica-e-cidadania-divulga-relatorio-de-gestao-2015-2016/relatorio-de-gestao-snj-2015-2016_versao_divulgacao.pdf. Ademais, de acordo com a Polícia Federal, "entre 2017 e 2018, 176.259 entraram pela fronteira de Pacaraima (RR), mas 90.991 (51,6%) desses saíram do País, 62.314 por via terrestre e outros 28.677 embarcaram em voos internacionais" (informação retirada do *site* da Casa Civil, disponível em: http://www.casacivil.gov.br/central-de-conteudos/noticias/2018/outubro/policia-federal-atualiza-numeros-da-migracao-de-venezuelanos-em-rr).

[8] Especificamente sobre a problemática no estado de Roraima, interessante destacar a ação judicial ajuizada em 2016, que impediu a deportação de 450 venezuelanos (ASANO; TIMO, 2017, p. 4). Tal ação ainda ocorreu sob a vigência do Estatuto do Estrangeiro e da Lei do Refúgio (Lei nº 9474/1997) e, portanto, ainda não reflete uma resposta judicial à nova Lei de Migração. Por tal motivo, tal ação não será explorada no presente artigo. Para mais informações sobre tal medida judicial, ver: http://www.oas.org/pt/cidh/prensa/notas/2017/006.asp.

Art. 45. Poderá ser impedida de ingressar no País, após entrevista individual e mediante ato fundamentado, a pessoa:
I – anteriormente expulsa do País, enquanto os efeitos da expulsão vigorarem;
II – condenada ou respondendo a processo por ato de terrorismo ou por crime de genocídio, crime contra a humanidade, crime de guerra ou crime de agressão, nos termos definidos pelo Estatuto de Roma do Tribunal Penal Internacional, de 1998, promulgado pelo Decreto nº 4.388, de 25 de setembro de 2002;
III – condenada ou respondendo a processo em outro país por crime doloso passível de extradição segundo a lei brasileira;
IV – que tenha o nome incluído em lista de restrições por ordem judicial ou por compromisso assumido pelo Brasil perante organismo internacional;
V – que apresente documento de viagem que:
a) não seja válido para o Brasil;
b) esteja com o prazo de validade vencido; ou
c) esteja com rasura ou indício de falsificação;
VI – que não apresente documento de viagem ou documento de identidade, quando admitido;
VII – cuja razão da viagem não seja condizente com o visto ou com o motivo alegado para a isenção de visto;
VIII – que tenha, comprovadamente, fraudado documentação ou prestado informação falsa por ocasião da solicitação de visto; ou
IX – que tenha praticado ato contrário aos princípios e objetivos dispostos na Constituição Federal.

Além da necessidade de fundamentação do ato de impedimento de entrada, percebe-se que as condicionantes legais visam assegurar essencialmente o cumprimento de decisões judiciais (incisos I, IV), a observância de tratados dos quais o Brasil é signatário ou demais compromissos internacionais (incisos II, IV), e formalidades referentes à identificação (incisos V, VI, VII, VIII), com o intuito primordial de evitar a entrada de pessoas que se encaixem nos demais incisos desse artigo. O inciso IX, ao não especificar quais seriam os atos contrários aos princípios constitucionais capazes de impedir a entrada do imigrante, defere uma margem de discricionariedade a ser concretamente preenchida quando da formulação das políticas migratórias.

Há que se ressaltar, entretanto, que referida margem discricionária possui relevante limite, o qual vem expressamente previsto no parágrafo único do citado artigo 45, o qual afirma que "ninguém será impedido de ingressar no País por motivo de raça, religião, nacionalidade, pertinência a grupo social ou opinião política". Observa-se, assim, que o princípio da não discriminação é núcleo fundamental da política de imigração a ser implementada no país e, como tal, funciona não apenas como norte na formulação das políticas migratórias, como também como valor de observância obrigatória. Novamente, resta evidente que a atual Lei de Migração se afasta do paradigma da defesa e soberania nacional, o qual tende a associar o imigrante a um risco ou a uma ameaça ao país de destino (ROSA, 2017).

Tal premissa nos direciona ao tema específico do presente artigo, qual seja, as dificuldades de aplicação prática do impedimento de entrada de imigrantes nos casos de imigração de massa. De fato, ao contrário das imigrações esporádicas, nas quais o controle de entrada e até mesmo eventual impedimento podem ser regularmente executados, a intensidade das imigrações de massa, somada às conjunturas políticas extremas que culminaram naquele fenômeno migratório, impõe uma política ainda mais sensível à proteção dos direitos de todos os envolvidos, sejam eles imigrantes ou cidadãos residentes nas cidades fronteiriças de destino de tais migrações em massa.

Para melhor compreender os problemas práticos que envolvem o ingresso de imigrantes, será analisada a ACO nº 3.121, na qual o governador do estado de Roraima solicitou o fechamento da fronteira em razão dos impasses causados pelo grande número de venezuelanos que entraram no país após a crise política na Venezuela. O tópico seguinte visa esclarecer os principais pontos em debate na citada ação cível originária, conferindo especial destaque às questões acerca da possibilidade de impedimento de entrada dos venezuelanos, em observância ao artigo 45 da Lei de Migração.

2 As dificuldades de impedimento de entrada nos casos de imigração em massa: as discussões postas na ACO nº 3.121

Como já destacado, a crise econômica, política e social vivida na República Bolivariana da Venezuela desencadeou um aumento significativo da imigração daquele país em direção aos países vizinhos – dentre os quais, o Brasil. Diante das dificuldades vivenciadas pelo estado de Roraima para a incorporação de tamanho fluxo migratório, referido ente federativo ajuizou, em abril de 2018, a Ação Cível Originária (ACO) nº 3.121 em face da União visando ao reconhecimento de suposta omissão do governo federal em promover medidas administrativas, financeiras e fiscalizatórias relacionadas à crise migratória venezuelana.[9]

A pretensão do estado se dividiu em duas linhas essenciais. A primeira delas pleiteava a adoção de medidas administrativas e ressarcimento de despesas já realizadas pelo Estado em face de uma intensa pressão sobre demandas sociais nas áreas de segurança pública, educação, prestação jurisdicional, assistência social e saúde – inclusive pelo risco de epidemias de doenças contagiosas, em especial o sarampo.

Em segundo plano, o estado solicitou que o Supremo Tribunal Federal (STF) compelisse a União a adotar medidas de restrição ao fluxo migratório, inclusive com o efetivo fechamento da fronteira, ainda que temporário.[10] No caso, embora o próprio estado tenha esclarecido, na primeira audiência de conciliação realizada em 18 de maio de 2018 (doc. 93 do processo eletrônico), que o pedido de fechamento da fronteira seria "subsidiário e alternativo", os fatos posteriores acabaram por contradizer tal afirmação do ente subnacional.

---

[9] O estado de Roraima sustentou omissão da União no cumprimento dos dispositivos constitucionais que lhe atribuem competência exclusiva para atuar na consecução efetiva da proteção, controle e fiscalização das fronteiras (art. 22, XV: emigração e imigração, entrada, extradição e expulsão de estrangeiros; 21, XXII: executar os serviços de polícia marítima, aeroportuária e de fronteiras; e 144, III, todos da Constituição Federal). Destacou também que os atos normativos infraconstitucionais pertinentes (Lei nº 9.474/97 e Decreto nº 50.215/61 – Convenção de Refugiados) possibilitariam o controle e a fiscalização das fronteiras, ainda que se trate de pessoas na condição de refugiadas.

[10] Confiram-se os pedidos formulados liminarmente e, em seguida, a confirmação no mérito: a.1) considerando o art. 324, II, do CPC, ordenar à Requerida a imediata atuação na área de fronteira Brasil/Venezuela, a fim de impedir que o fluxo imigratório desordenado produza efeitos mais devastadores à sociedade brasileira, em específico no Estado de Roraima, obrigando a União a promover medidas administrativas na área de controle policial, saúde e vigilância sanitária, sob pena de se manter o abalo indesejado do Pacto Federativo e um estado crítico de coisas inconstitucional, violando, por inação da União na área de sua competência, em violações sistêmicas aos direitos humanos relacionados à segurança, saúde e vigilância sanitária. a.2) considerando o art. 324, II, do CPC, determinar que a requerida efetue a imediata transferência de recursos adicionais para suprir os custos suportados pelo Requerente, especialmente com saúde e educação dos venezuelanos estabelecidos em território roraimense, na forma dos artigos 6º e 7º, da MP 820/2018, pois a omissão da União no controle e na atuação administrativa na área fronteiriça, sem repasse de qualquer recurso ao Estado de Roraima, acarreta, inexoravelmente, no descumprimento dos deveres federativos determinados pela Constituição Federal, fomentando, indevidamente, a sistematização de violação de direitos humanos. a.3) Para que a União seja compelida a fechar temporariamente a fronteira Brasil-Venezuela a fim de impedir que o fluxo imigratório desordenado produza efeitos mais devastadores aos brasileiros e estrangeiros residentes no Estado de Roraima; ou que a União seja compelida a limitar o ingresso de refugiados venezuelanos a uma quantidade compatível com a capacidade do Estado Brasileiro de acolher e prover as necessidades básicas de tais estrangeiros, até que sejam minimizados e corrigidos os impactos sociais e econômicos decorrentes dos milhares de estrangeiros que estão no Estado de Roraima.

A despeito da relevância social e acadêmica da problemática que envolve a adequação e a disponibilidade de serviços públicos aos imigrantes nos casos de deslocamentos em massa, considerando os propósitos deste artigo, a abordagem da ACO nº 3.121 limitar-se-á aos fatos processuais que decorreram dos pedidos relativos ao fechamento da fronteira ou à restrição de acesso dos imigrantes.

Nesse contexto, em peça processual apresentada na mesma data da primeira audiência de conciliação, ocorrida em 18 de maio de 2018, o estado sugeriu que a União, no exercício da polícia de fronteira, quando da entrada dos imigrantes, exigisse a apresentação de antecedentes criminais do imigrante, tendo em vista o aumento de ocorrências envolvendo apreensão de armas e drogas ilícitas, assim como a apresentação de cartão de vacinação, de modo a evitar-se a entrada de doenças contagiosas, como malária, febre amarela, H1N1 e sarampo (doc. 65 do processo eletrônico).

Somente na primeira das três audiências de conciliação realizadas até dezembro de 2018 a questão relativa ao fechamento das fronteiras foi tratada, ocasião em que tanto as partes como os *amici curiae*[11] expuseram seus entendimentos sobre o ponto, afirmando a impossibilidade de referida pretensão autoral ser objeto das tratativas conciliatórias. Seguindo esse novo paradigma migratório fundado na valorização dos direitos humanos, o Ministério Público Federal (MPF) se manifestou pela inviabilidade do fechamento ou mesmo da restrição de acesso de imigrantes na fronteira.[12]

Em peça apresentada pela CONECTAS, IMDH, CDHIC e Missão Paz (docs. 9 e 39 do processo eletrônico), tais *amici curiae* destacaram que, além de resultar em agravamento da crise humanitária, o fechamento da fronteira ou a restrição de entrada de migrantes também violaria os princípios constitucionais, a Lei de Refúgio, a Lei de Migração, os compromissos internacionais assumidos pelo Estado brasileiro e a

---

[11] Figuram no feito na condição de *amici curiae*: a Defensoria Pública da União; a Associação Direitos Humanos em Rede (CONECTAS DIREITOS HUMANOS); o Instituto Migrações e Direitos Humanos (IMDH); o Centro de Direitos Humanos e Cidadania do Imigrante (CDHIC); a Pia Sociedade dos Missionários de São Carlos; o município de Pacaraima/RR; a Sociedade de Defesa dos Índios do Norte de Roraima (SODIURR); a Aliança de Integração e Desenvolvimento das Comunidades Indígenas de Roraima (ALIDCIRR); e a Associação de Desenvolvimento dos Povos Indígenas Taurepangs do Estado de Roraima (ADPITERR).

[12] Como destacou o representante do MPF, na petição protocolada em abril de 2014 (doc. 12), não poderiam ser acolhidos os pedidos do autor, por "violarem frontalmente obrigações internacionais de direitos humanos assumidas pelo Brasil, especialmente as referentes à proteção de refugiados, bem como a proteção legal de tais direitos". O posicionamento foi reafirmado na primeira audiência de conciliação realizada, em 18 de maio de 2018.

Resolução nº 2/18 da Comissão Interamericana de Direitos Humanos (CIDH).

Em sentido oposto, a Sociedade de Defesa dos Índios do Norte de Roraima (SODIURR), a Aliança de Integração e Desenvolvimento das Comunidades Indígenas de Roraima (ALIDCIRR) e a Associação de Desenvolvimento dos Povos Indígenas Taurepangs do Estado de Roraima (ADPITERR) requereram o fechamento provisório da fronteira (doc. 41 do processo eletrônico), ao argumento de que não incidiria no caso a vedação do parágrafo único do artigo 45 da Lei de Migração, diante da necessidade de "preservar a integridade das condições socioeconômicas dos brasileiros e dos próprios venezuelanos que já cruzaram a fronteira". O município de Pacaraima também se manifestou favoravelmente ao fechamento da fronteira, "imediato e temporário", corroborando os pedidos formulados pelo estado (doc. 63 do processo eletrônico).

Por fim, a União também se manifestou pela inconstitucionalidade do fechamento das fronteiras, em atenção aos princípios previsto no artigo 4º da Constituição, em especial à prevalência dos direitos humanos; ao repúdio ao terrorismo e ao racismo; à cooperação entre os povos para o progresso da humanidade; e à concessão de asilo político. Também foi lembrada a igualdade material do *caput* do artigo 5º, que consagra a isonomia entre estrangeiros e brasileiros, em obediência, inclusive, ao postulado da dignidade da pessoa humana e aos compromissos internacionais firmados pela República Federativa do Brasil.

No plano legal, além de destacar a definição ampliada do instituto jurídico do refúgio adotada pela Lei nº 9.474/1997, destacou que a Lei de Migração fundamenta-se em princípios diametralmente opostos ao pretendido pelo Estado-Autor, com ênfase, inclusive, na impossibilidade de tratamento discriminatório em razão da condição migratória.

Sobre a efetividade de um eventual fechamento da fronteira, ressaltou ainda que a medida:

> Sequer resolveria o problema do fluxo migratório, mas apenas o tornaria ainda mais grave, na medida em que mera proibição formal seria inócua e o ingresso no País continuaria existindo – especialmente quando se lembra que a fronteira entre Brasil e Venezuela é seca e extensa –, expondo ainda mais os imigrantes ao estado de vulnerabilidade, bem como a própria população do Estado de Roraima, já que enfraqueceria o controle e o apoio das autoridades brasileiras.

A União ainda destacou a tradição brasileira de acolhimento de imigrantes de diversas origens, com reflexos na composição e formação da população brasileira, como inclusive destacado no julgamento do Recurso Extraordinário com Repercussão Geral nº 587.970, em que o Supremo Tribunal Federal decidiu que o estrangeiro residente no Brasil tem direito a benefício assistencial.

A respeito do pedido do estado no sentido da exigência de certidão de antecedentes criminais e do cartão individual de vacinação, a União ressaltou as informações das áreas técnicas federais no sentido de que a Polícia Federal, no controle migratório, consulta o banco de dados da INTERPOL e o Sistema de Tráfego Internacional – Módulo de Alerta e Restrição (STI-MAR), de modo a fazer cumprir o artigo 45 do Estatuto do Estrangeiro, que elenca as hipóteses em que uma pessoa poderá ser impedida de ingressar no Brasil. Acrescentou que:

> Quando do registro do imigrante no Brasil, a certidão de antecedentes criminais é um dos vários documentos exigidos para regularização de sua estada em território nacional, conforme preceitua o Decreto nº 9.199/2017 e, para o caso específico dos venezuelanos, a Portaria Interministerial nº 9, de 14 de março de 2018, expedida pelos Ministros de Estado da Justiça, Extraordinário da Segurança Pública, das Relações Exteriores e do Trabalho. Ressaltou ser "indispensável o respeito às peculiaridades fáticas daqueles que fogem de seus próprios países, por razões humanitárias, a fim de buscar melhores condições de vida, e que, por certo, não podem receber um tratamento que, ao desrespeitar direitos humanos fundamentais, possa, até mesmo, incentivar a intolerância e xenofobia para com os imigrantes".

A respeito da exigência do cartão de vacinação, a União trouxe aos autos as informações do Ministério da Saúde no sentido de que a dispensa de cartão de vacinação está em:

> Conformidade com o preconizado pelo Regulamento Sanitário Internacional (RSI), devendo ser aplicadas de maneira transparente e não discriminatória. Tais medidas não deverão ser mais restritivas ao tráfego internacional, nem mais invasivas ou intrusivas em relação às pessoas do que as alternativas razoavelmente disponíveis que alcançariam o nível apropriado de proteção à saúde.

A despeito das manifestações nos autos acerca da ilegalidade e inconstitucionalidade de eventual fechamento da fronteira ou restrição na entrada de imigrante, em 1º de agosto de 2018, a então governadora de Roraima editou o Decreto nº 25.681/2018,[13] o qual estabeleceu restrição de acesso dos imigrantes aos serviços públicos do estado, de modo a conferir primazia de atendimento aos nacionais. Ademais, o artigo 5º do decreto previa possibilidade de deportação ou expulsão de "estrangeiros que praticarem atos contrários aos princípios e objetivos dispostos na Constituição Federal e Constituição do Estado de Roraima".

Diante de tal fato, a União peticionou nos autos da ACO nº 3.121, sustentando a inconstitucionalidade do decreto por invasão das competências federais para executar os serviços de polícia de fronteira. Destacou, ademais, o propósito do decreto, de restringir o acesso dos imigrantes aos serviços públicos de competência estadual, que seria contrário aos princípios constitucionais de tratamento igualitário, bem como às diretrizes fixadas na Lei de Migração.[14]

Nesse contexto, em 6 de agosto de 2018, a relatora da ACO nº 3.121, a ministra Rosa Weber, rejeitou o pedido de fechamento da fronteira, formulado pelo estado de Roraima, sob o fundamento de incompatibilidade com os artigos 4º, II e IX, e 5º, LIV, da CF/88, com o artigo 45 da Lei de Migração e com o artigo XVIII do Acordo sobre Cooperação Sanitária Fronteiriço entre o Governo da República Federativa do Brasil e o Governo da República da Venezuela, ressaltando que decisão dessa natureza competiria privativamente ao presidente da República, nos termos do artigo 84, VII, da CF/88.

Na ocasião, a ministra destacou que a legislação pátria acolheu a proteção ao imigrante, considerando tanto o conceito de refugiado previsto na Lei nº 9.474/1997 como a necessidade de observância do princípio de acolhida humanitária prevista na Lei de Migração, conferindo assim efetividade aos direitos humanos e à dignidade da pessoa humana. A ministra ainda ressaltou que:

---

[13] Dentre as considerações que justificaram a edição do decreto, destacam-se: "a intensificação do fluxo migratório", "a ineficiência das ações federais no controle de fronteira", "que o desrespeito às normas brasileiras pode dar ensejo à perda da condição de solicitante de refúgio ou de refugiado, sujeitando os infratores à deportação e/ou expulsão".

[14] O referido decreto, vale registrar, também foi objeto de ação civil pública ajuizada em 3 de agosto de 2018 pela Defensoria Pública da União e pelo Ministério Público Federal perante a 1ª Vara Federal da Seção Judiciária de Roraima (Processo nº 002879-92.2018.4.01.4200), feito no qual o juiz processante proferiu decisão liminar suspendendo a "admissão e o ingresso no Brasil de imigrantes venezuelanos até que se alcance um equilíbrio numérico com o processo de interiorização e se criem condições para um acolhimento humanitário no Estado de Roraima" (doc. 209 – parecer PGR). Ao se pronunciar na oportunidade, a PGR reforçou a inconstitucionalidade do Decreto Estadual nº 25.681/2018, concluindo, pois, pela necessidade de suspensão do ato.

O art. 45, parágrafo único, da Lei nº 13.445/2017 é categórico, ainda, ao assegurar que "ninguém será impedido de ingressar no País por motivo de raça, religião, nacionalidade, pertinência a grupo social ou opinião política", a indicar claramente "o marco legal vigente confere densidade à prevalência dos direitos humanos e à cooperação entre os povos para o progresso da humanidade".

Ademais, em 8 de agosto de 2018, a ministra relatora acolheu o pedido formulado pela União e suspendeu cautelarmente o Decreto nº 25.681/2018 devido à interferência do ato normativo no estado de fato e nos direitos em debate na ACO.

Em 19 de agosto de 2018, após os fatos amplamente noticiados na imprensa, consistentes no conflito violento entre venezuelanos e brasileiros na cidade de Pacaraima, em situação descrita pelo autor como "barril de pólvora" e com a "possibilidade de revolta popular contra imigrantes venezuelanos em Boa Vista" (doc. 235 do processo eletrônico), o estado renovou o pleito cautelar, requerendo, entre outras providências, ordem para "suspender temporariamente a imigração através da fronteira 'Brasil Venezuela' até que a União execute as medidas administrativas".[15]

Finalmente, em 23 de agosto de 2018, a relatora reafirmou o entendimento anterior de negativa ao pedido de fechamento da fronteira, destacando que:

> Suposto crime praticado por venezuelanos (ou por brasileiros!!) é ato que deve ser por todos repudiado e combatido, dentro, contudo, dos limites do Estado de Direito e na forma prevista no ordenamento jurídico pátrio. As eventuais e circunstanciais dificuldades naturalmente trazidas a uma localidade em razão de fluxo excessivo de pessoas não é justificativa para a prática de atos que impliquem lesão a direitos individuais, seja de brasileiros ou de estrangeiros (doc. 251 do processo eletrônico).

O feito seguiu, mas, a partir de então, sem novas discussões sobre fechamento da fronteira e acesso de venezuelanos ao território brasileiro.[16]

Conclui-se, portanto, que, a despeito dos demais dilemas resultantes da imigração em massa dos venezuelanos, o marco legal e

---

[15] Tal pedido foi renovado e reforçado pelo estado de Roraima em 21 de agosto de 2018 (doc. 243).

[16] No andamento mais recente, em 14 de dezembro de 2018 a União peticionou no feito, trazendo aos autos, entre outros elementos, a notícia da intervenção federal, por meio do Decreto nº 9.602/2018 no estado de Roraima (doc. 497).

constitucional permitiu que se mantivesse o fluxo migratório no Brasil, evitando a adoção pelo estado de Roraima de medidas drásticas tanto de redução como até mesmo de fechamento das fronteiras.

Resta, por fim, perquirir sobre os demais obstáculos que se apresentam diante de uma imigração em massa, quando o ordenamento jurídico claramente impede o refreamento do fluxo migratório.

3 Desafios e possibilidades de uma nova política migratória

Das discussões jurídicas postas na ACO nº 3.121 depreende-se a importância de um marco legal migratório fundado na proteção dos direitos humanos, o qual expressamente obsta eventual restrição de entrada ou mesmo fechamento de fronteiras diante de uma imigração em massa. O que se observou tanto das peças apresentadas pela União como das decisões proferidas pela ministra relatora Rosa Weber foi a constante remissão ao arcabouço legal de inclusão e acolhimento construído pela Lei de Migração, com fundamento no ordenamento constitucional brasileiro.[17]

No caso, mais relevante do que as causas de impedimento de entrada previstas nos incisos do artigo 45 da Lei de Migração foi a expressa proibição, contida no parágrafo único de tal artigo, de que tais óbices à imigração pudessem resultar em qualquer impossibilidade de ingresso por motivo de raça, religião, nacionalidade, pertinência a grupo social ou opinião política.

Parece-nos evidente que eventual fechamento de fronteira, ainda que em face de um exorbitante fluxo migratório, não encontra amparo nem na Lei de Migração, nem na Constituição Federal. Isso porque o fechamento de fronteiras é medida extrema, que reflete o discurso presente no paradigma da denominada *crimigração*, que associa o fenômeno migratório a uma ameaça à soberania nacional e à população dos países destinos. Em sentido oposto, a Lei de Migração

---

[17] O dispositivo da decisão monocrática proferida pela ministra deixa evidente tal relevância ao afirmar: "Em suma, pelos motivos expostos e forte *nos arts. 4º, II e IX, e 5º, LIV, da Constituição da República, no art. 45, parágrafo único, da Lei nº 13.445/2017, no artigo XVIII do Acordo sobre Cooperação Sanitária Fronteiriça entre o Governo da República Federativa do Brasil e o Governo da República da Venezuela*, não há como conceder a tutela antecipada requerida, no ponto examinado. Não só ausentes os pressupostos mínimos para sua concessão, da ótica do necessário fumus boni juris, como contrários os pleitos ora em exame, aos fundamentos da Constituição Federal, às leis brasileiras e aos tratados ratificados pelo Brasil". (Grifos originais)

fora concebida sob a ideologia de proteção dos direitos humanos e de inclusão social, tanto que institucionalizou a política de concessão de vistos humanitários e ampliou o rol de direitos reconhecidos aos imigrantes (GUERRA, 2017, p. 1.721-1.723) (GAMA, 2018, p. 15).

Assim, resta evidente que o ordenamento jurídico brasileiro[18] não ampara pedidos como os formulados pelo estado de Roraima de restrição a fluxos migratórios, ainda que por período temporário e mesmo diante dos grandes desafios para a administração pública no acolhimento dos imigrantes e os impactos para a população das áreas imediatamente afetadas, como Pacaraima e Boa Vista, em Roraima. Até mesmo outros pleitos menos drásticos, com a exigência de cartão de vacinação e de antecedentes criminais, não encontram respaldo nos acordos assumidos pelo Estado brasileiro.

Ademais, é interessante ressaltar que o governo federal, como órgão responsável pela decisão de eventual fechamento das fronteiras brasileiras, em momento algum cogitou implementar qualquer forma de restrição do fluxo migratório, colaborando para a concretização dos princípios humanitários previstos tanto na Lei de Migração como na Constituição Federal. Pelo contrário, a União trabalhou intensamente para propor medidas que viessem a amenizar os desafios resultantes da imigração maciça ocorrida em 2018 no estado de Roraima.

A respeito das diligências adotadas até então pela União, especificamente sobre a crise migratória venezuelana, destacam-se, entre outras providências administrativas, a edição da Medida Provisória nº 820/2018 (convertida na Lei nº 13.684/2018), que "dispõe sobre medidas de assistência emergencial para acolhimento a pessoas em situação de vulnerabilidade decorrente do fluxo migratório provocado por crise humanitária", e as edições do Decreto nº 9.285/2018, que reconhece a situação de vulnerabilidade decorrente do fluxo migratório provocado pela crise humanitária na Venezuela, e do Decreto nº 9.286/2018, que instituiu o Comitê Federal de Assistência Emergencial, responsável pelas ações de assistência e acolhimento de imigrantes em situação de vulnerabilidade.

Ademais, o governo federal ainda publicou a Portaria Interministerial (Ministérios da Justiça, Extraordinário da Segurança Pública, das Relações Exteriores e do Trabalho) nº 9, de 14 de março de 2018, que:

---

[18] Cf., artigos 10, III; 3º, IV; 4º e 5º, *caput*; Acordo sobre Documentos de Viagem no âmbito do Mercosul, Lei nº 9.474/1997, artigos 1º, III, e 7º; e Lei nº 13.445/2017, artigos 3º e 4º, sendo certo que as restrições previstas no artigo 45 da Lei de Migração devem e são observadas pela autoridade policial migratória quando do ingresso pela fronteira.

> Dispõe sobre a concessão de autorização de residência ao imigrante que esteja em território brasileiro e seja nacional de país fronteiriço, onde não esteja em vigor o Acordo de Residência para Nacionais dos Estados Partes do MERCOSUL e países associados, a fim de atender a interesses da política migratória nacional.

Referida portaria visa conferir segurança jurídica e celeridade ao processo de regularização migratória dos cidadãos venezuelanos que se deslocam ao Brasil por questões humanitárias, permitindo a concessão de residência temporária no Brasil por dois anos, que pode ser, ao final, transformada em residência por prazo indeterminado.

Importante ressaltar que, ainda que o fluxo migratório venezuelano tenha se intensificado nos últimos dois anos, afetando inclusive a população de Roraima, em especial de Pacaraima e de Boa Vista, o número de imigrantes que ingressa no Brasil e, em especial, a quantidade de pessoas que permanecem em território brasileiro são extremamente reduzidos,[19] em especial considerando-se a extensão territorial e populacional do Brasil, ou mesmo se comparados ao total de venezuelanos que procuram outros países da América do Sul, como Colômbia, Peru, Argentina e Chile.

A fim de minimizar os impactos sociais enfrentados, um dos maiores desafios a ser enfrentado pelo poder público, em todas as suas esferas, é inicialmente de garantir acolhida, abrigo e serviços básicos, sem sacrifício da população local, aos imigrantes. Essa atuação, ainda que possa ter o ente federal como protagonista, compete a todos os entes da Federação, União, estados e municípios, diante das competências materiais comuns atribuídas pela Constituição.

Em momento posterior, vislumbra-se a possibilidade de articulação, que deverá ser coordenada pela União com os demais municípios, seja pelas autoridades políticas locais (prefeitos etc.), seja com entidades da sociedade civil (ONGs, entidades representativas do setor produtivo e do comércio, entidades do Sistema S). Em outras palavras, torna-se essencial a construção por diversos atores sociais e políticos de uma rede de apoio, com o intuito de disponibilizar oportunidades de formação

---

[19] Segundo dados de outubro/2018 da Casa Civil (anexo e *link* acima), até outubro de 2018, 85 mil imigrantes venezuelanos solicitaram regularização migratória no Brasil. Informação disponível em: http://www.casacivil.gov.br/operacao-acolhida/documentos/20181015_segundo-relatorio-tr-consolidando.pdf/@@download/file/20181015_Segundo%20Relato%CC%81rio%20Tr%20consolidando.pdf. Apesar do intenso fluxo migratório, o Brasil recebe somente 2% dos imigrantes venezuelanos. Informações disponível em: https://www.bbc.com/portuguese/brasil-45251779.

profissional e de oferta de vagas de trabalho para os imigrantes, de modo a possibilitar-lhes inserção socioeconômica.

Por fim, é indispensável a formulação de uma política efetiva de interiorização dos imigrantes,[20] seja por via terrestre ou aérea, com o objetivo de amenizar não apenas os impactos do fluxo migratório sobre determinada cidade, como também de evitar o surgimento de sentimentos de animosidade em relação aos imigrantes ou mesmo de conflitos diretos como aqueles observados em Pacaraima no final de 2018.

Considerações finais

O que se deflui da construção e da promulgação da nova Lei de Migração é que, a despeito do avanço na proteção do imigrante e de adoção do paradigma dos direitos humanos na legislação migratória, a resolução dos problemas concretos decorrentes especialmente da migração em massa ainda ocorre de forma casuísta, e não mediante a formulação de um projeto de acolhimento e integração do imigrante na sociedade brasileira (ALVES; SILVA, 2018, p. 216). Embora tal prática fosse compreensível em face do anterior marco legal – o Estatuto do Estrangeiro – em razão do seu descompasso em relação aos princípios constitucionais de ampliação da rede de proteção, a manutenção de políticas destinadas à solução de problemas específicos não mais se justifica em face da nova Lei de Migração (ALVES; SILVA, 2018, p. 219).

A ausência de uma verdadeira política migratória reflete-se nos problemas observados quando da análise das discussões postas na ACO nº 3.121, pois, apesar da observância das normas legais de entrada no país, a intensidade dessa onda de imigração acabou por gerar conflitos com a população local, além do próprio conflito federativo entre a União e o estado de Roraima.

É urgente que a política migratória brasileira seja formulada com o intuito de estabelecer planos e metas de curto, médio e longo prazo para o acolhimento dos imigrantes que venham a escolher o Brasil como destino. Ademais, se se considerar que pesquisas recentes apontam que as regras legais de migração favoráveis aos estrangeiros

---

[20] Segundo dados apresentados em outubro de 2018 pelo Comitê Federal de Assistência Emergencial, não obstante os significativos avanços na prestação e auxílio dos entes locais quanto ao acolhimento, abrigamento e prestação de serviços públicos, o número de imigrantes interiorizados ainda se mostra reduzido se comparado ao número de imigrantes que aportaram em território nacional, sendo este o maior desafio atual das autoridades federais.

constituem fator determinante nos padrões de migração internacional (FITZGERALD *et al.*, 2014; CALAVITA, 2006, p. 116), o que se observa é uma tendência de aumento do fluxo imigratório no país.

No caso, a retirada do Brasil do Pacto Global para migração sinaliza um primeiro movimento do país no sentido de alinhamento das políticas migratórias fundadas na segurança nacional, como já acontece nos Estados Unidos e na maioria dos países europeus. Entretanto, apesar dessa intenção demonstrada pelo atual governo brasileiro, o que se percebe das tratativas de resolução do problema venezuelano é uma preocupação real do governo federal em concretizar os princípios humanitários previstos tanto na Lei de Migração como no restante do ordenamento jurídico brasileiro. O que se espera, assim, é a manutenção desse histórico brasileiro de acolhida dos imigrantes, avançando na formulação de políticas públicas voltadas para uma melhor distribuição do fluxo migratório, evitando que as cidades fronteiriças sejam sobrecarregadas.

Referências

ALVES, Laís Azeredo; SILVA, João Carlos Jarochinski. A migração internacional enquanto tema político entre os anos de 2010-2017 no Brasil. *Revista del CESLA. International Latin American Studies Review*, n. 22, p. 203-226, 2018.

ASANO, Camila Lissa; TIMO, Pétalla Brandão. *A nova Lei de Migração no Brasil e os direitos humanos*. Heinrich Böll Stiftung Brasil, 2017.

CALAVITA, Kitty. Gender, Migration, and Law: Crossing Borders and Bridging Disciplines. *The International Migration Review*, v. 40, n. 1, Gender and Migration Revisited, p. 104-132, 2006.

CALDAS, Evandro Pereira. A Crise da Migração: uma breve análise jurídica sobre os deslocamentos humanos no Brasil e na Europa. *Revista Publicações da Escola da AGU*, n. 1, p. 1-22, 2015.

FITZGERALD, Jennifer; LEBLANG, David; TEETS, Jessica C. Defying the law of gravity: The political economy of international migration. *World Politics*, v. 66, n. 33, p. 406-445, 2014.

GAMA, Stephanie. Direito ao refúgio no Brasil e a nova lei de migração Lei n° 13.445, de 24 de maio de 2017. *Unisanta Law and Social Science*, v. 7, n. 1, p. 1-18, 2018.

GREENHILL, Kelly M. Weapons of Mass Migration: Forced Displacement, Coercion, and Foreign Policy. *Cornell University Press*, 2011.

GUERRA, Sidney (2017). A nova lei de migração no Brasil: avanços e melhorias no campo dos direitos humanos. *Revista de Direito da Cidade*, v. 09, n. 4, p. 1.717-1.737, 2017.

GUIA, Maria; PEDROSO, João. A insustentável resposta da "crimigração" face à irregularidade dos migrantes: uma perspectiva da União Europeia. *Revista Interdisciplinar de Mobilidade Humana*, ano XXIII, n. 45, p. 129-144, 2015.

MARDER, Lev (2018). Refugees Are Not Weapons: The "Weapons of Mass Migration" Metaphor and Its Implications. *International Studies Review*, n. 20, p. 576-588, 2018.

OLIVEIRA, Antônio Tadeu Ribeiro de. Nova lei brasileira de migração: avanços, desafios e ameaças. *Revista Brasileira de Estudos de População*, n. 1, v. 34, p. 171-179, 2017.

ROSA, William Torres Laureano. Vinhos novos em odres velhos – A volta da lógica de segurança na política nacional de migrações. *Jota*, 2017.

Informação bibliográfica deste texto, conforme a NBR 6023:2018 da Associação Brasileira de Normas Técnicas (ABNT):

ECHEVERRIA, Andrea de Quadros Dantas; ARRUDA, Isadora Maria B. R. Cartaxo de. O novo paradigma migratório inaugurado pela Lei de Migração (Lei nº 13.445/2017) e os desafios resultantes da judicialização da migração em massa de venezuelanos em Roraima (ACO nº 3.121). *In*: VELLOSO, Ana Flavia; JARDIM, Tarciso Dal Maso (Coord.). *A nova lei de migração e os regimes internacionais*. Belo Horizonte: Fórum, 2021. p. 77-95. ISBN 978-65-5518-167-8.

A MEDIDA DE DEPORTAÇÃO NA NOVA LEI DE MIGRAÇÃO BRASILEIRA

JOÃO GUILHERME CASAGRANDE
MARTINELLI LIMA GRANJA XAVIER DA SILVA

1 Introdução

A deportação é um instituto migratório antigo e com uma história longa e influências variadas. Em essência, está associada à retirada compulsória de pessoas não nacionais de um país que se encontrem em seu território sem a autorização regulamentar ou legal para lá permanecerem. Seu conteúdo específico é determinado por legislações nacionais e, no Brasil, durante a vigência do chamado Estatuto do Estrangeiro (1980-2017), era comum que sua execução, inteiramente a cargo da Polícia Federal, se confundisse com seu efeito mais visível: a saída do território. Por essa razão, durante as tratativas de elaboração da Lei de Migração (Lei nº 13.445/2017) ora em vigor, um debate crescente emergiu em torno da ampliação do instituto da deportação no nível legal, elevando regras administrativas anteriormente adstritas a portarias ou mesmo a orientações internas contidas em memorandos-circulares da própria Polícia Federal.

Esse movimento de institucionalização legislativa do instituto como parte da reforma migratória brasileira de 2017 teve duas características fundamentais: I) a estabilização normativa de regras, em especial voltadas à fixação de garantias procedimentais, definição de garantias e salvaguardas para os deportandos, bem como maior previsibilidade para os agentes administrativos encarregados do processamento da referida medida; e II) uma diferenciação mais definida entre esse instituto e outras medidas de caráter compulsório relacionadas à retirada do país, em especial distinguindo a repatriação por sua elevação como instituto legal e delimitando a aplicabilidade e procedimento legal da deportação.

Ao longo do século XX, o termo deportação é utilizado reiteradamente em especial para descrever os procedimentos abusivos implementados por regimes autoritários e não democráticos ao redor do mundo, vinculados a princípios muitas vezes enraizados em práticas racistas, nacionalistas e xenofóbicas, de recorte autoritário, como o nazismo e o fascismo.

É importante notar que, internacionalmente, como registrado na *Max Planck Encyclopedia of Public International Law* (2018), obra de referência editada pela *Oxford University Press*,[1] existe uma relação conceitual difusa que marca as noções históricas e particularmente o significado da terminologia internacional dos termos expulsão e deportação. A compreensão desse horizonte é fundamental para contextualizar qualquer análise comparativa no âmbito nacional ou internacional. Como se observa no excerto abaixo, a terminologia varia conforme as legislações domésticas e não é incomum que a expulsão seja compreendida como o processo conducente à decisão de promover uma retirada de pessoa do território nacional, enquanto a deportação seja interpretada como a implementação dessa decisão. O trecho a seguir é heurístico a esse respeito:

> *Expulsions and deportations are a State's unilateral acts of ordering a person to leave its territory and, if necessary, of forcefully removing him or her. The terminology used at the domestic or international level is not uniform but there is a clear tendency to call expulsion the legal order to leave the territory of a State, and deportation the actual implementation of such order in cases where the person concerned does not follow it voluntarily.*

---

1 *Max Planck Encyclopedia of Public International Law*. Disponível em: https://opil.ouplaw.com/page/About%20(EPIL)/about.

A partir desse verbete, cumpre ressaltar, como destacado acima, que a legislação brasileira sempre concebeu tais institutos como distintos. Em outros países em que tal diferenciação não se deu completamente, também não é raro encontrar terminologias híbridas, como a referência à deportação criminal para se referir àquela retirada que, em semelhança à expulsão brasileira, decorre do cometimento prévio de um crime. Não é incomum, no entanto, que documentos internacionais que sirvam de referência para a aplicação nacional do instituto da deportação não se refiram a esse termo explicitamente, mas ao gênero de retiradas compulsórias que em diversos contextos ficou conhecido sob o rótulo genérico de expulsões.

Assim, é preciso ter essa nota terminológica em mente para se compreender a legislação internacional produzida após a Segunda Guerra Mundial, que se estrutura em reação aos abusos autoritários de décadas anteriores, dentre os quais as deportações coletivas realizadas por regimes autoritários, como no caso do Nazismo em face de populações judaicas, ciganas e de diversos grupos sociais perseguidos na Alemanha naquele momento, como as pessoas atualmente identificadas dentro do universo LGBTQI+. Em reação a esses terríveis episódios históricos que um número crescente de convenções internacionais, inclusive a Convenção Americana de Direitos Humanos, estabeleceu como uma das principais vedações que define os limites de aplicabilidade prática ao instituto, a vedação às deportações (junto às expulsões) coletivas, conforme presente em seu artigo 22.9: "É proibida a expulsão coletiva de estrangeiros".

Como pontua o próprio Supremo Tribunal Federal, em comentário à Convenção Americana de Direitos Humanos, "procedimentos que podem resultar na expulsão ou deportação de estrangeiros devem ser individualizados sob pena de violação do art. 22.9 da Convenção Americana", consolidando a abrangência conceitual do termo presente no artigo 22.9, como de resto, procedem na sua aplicação cotidiana tanto o STF brasileiro, a Corte Interamericana de Direitos Humanos e outros tribunais internacionais em face da referida questão.

Feita essa primeira introdução, cumpre passar a uma análise detida do instituto e das novas características impressas pela lei migratória vigente à sua aplicação, bem como dos novos desafios advindos de um contexto social de renovados movimentos migratórios, bem como da intensificação dos intercâmbios internacionais. Não é sem motivo que iniciamos pela afirmação do princípio basilar da vedação às deportações coletivas. Esse princípio fornece uma trilha para compreender o amadurecimento da deportação como instituto jurídico vigente e compatível com a moldura de princípios democráticos de democracias liberais em todo o mundo.

A individualização do processo que se opõe à massificação das deportações coletivas implica mais que a mera nomeação dos indivíduos, mas se associa à consolidação de um devido processo legal individualizado, à incorporação de princípios de não discriminação pela proibição de critérios e de procedimentos discriminatórios, notadamente, mas sem se limitar às discriminações por raça, religião, nacionalidade, grupo social, opiniões políticas, orientação sexual e de gênero, entre outras. Como veremos, o fortalecimento do devido processo legal impõe uma trajetória de fixação de garantias processuais típicas do Estado Liberal, caracterizadas pelo ímpeto de refrear a ação policial do Estado sobre as pessoas, como parte do reconhecimento de limites deste sobre a integridade e dignidade dos indivíduos. Concretamente, pela gradativa institucionalização de mecanismos recursais, processos de escuta e contraditório, fixação de prazos, supressão de conceitos juridicamente voláteis, como, por exemplo, a primazia do "interesse nacional", como gatilho justificador da suspensão de direitos e liberdades básicas.

A trajetória institucional e normativa brasileira reafirma essa tendência, como veremos, tentando seguir os parâmetros apresentados no parágrafo anterior.

2 Breve trajetória institucional e normativa

A compreensão da trajetória institucional da deportação no Brasil ao longo do século XX passa especificamente pela mudança no regime migratório mantido desde o século XIX, caracterizado por uma abertura à imigração com orientação à colonização via trabalho agrícola. Uma viragem na histórica abertura à imigração para o Brasil ocorre com a instauração do Estado Novo, com estabelecimento de quotas migratórias e um discurso mais hostil e seletivo, para não dizer discriminatório, em face da imigração. A análise dessas causas e fatores encontra referências já consagradas na historiografia brasileira, como na obra da historiadora Giralda Seyferth (1997), entre outros.

Em relação mais estrita com a dinâmica de formulação legislativa, é relevante notar que um conjunto mais ou menos restrito de normas foi editado entre os anos 1930 e 1960, estruturando a conformação do regime migratório brasileiro ao longo de todo o século XX. Essa produção normativa ocorreu quase que totalmente em momentos ditatoriais, portanto, de suspensão das liberdades democráticas em geral, sendo as consequências desses momentos legislativos igualmente notadas sobre a seara migratória. Como analisado em outra obra (XAVIER DA SILVA, 2017), por diversas razões, os períodos de redemocratização vividos pelo país geraram efeitos mais lentamente sobre as comunidades e grupos de migrantes no território, sendo as áreas de retiradas compulsórias um dos aspectos mais evidentes dessa normatividade.

No Decreto-Lei n° 406, de 4 de maio de 1938, não há menção ao instituto da deportação, que se encontra sobreposto pelos mecanismos da expulsão e da repatriação, ora aplicados conjuntamente, ora de maneira separada. Nesse diploma legal, carreado pela ótica de migração dirigida ao trabalho, a expulsão emerge como uma sanção administrativa frequentemente aplicada ao imigrante que tente burlar as então vigentes cotas de migração por categoria profissional ou cometa infrações à legislação e regulamento.

O Decreto-Lei n° 7.967, de 27 de agosto de 1945, introduz uma garantia mínima a respeito da deportação, que seria vedada quando importasse uma extradição na prática, ocultando agendas bilaterais que deveriam, por consequência, seguir rito próprio. Simultaneamente prescreve, como pena acessória em circunstância advinda da impossibilidade de dar cumprimento à deportação, o recolhimento em colônia agrícola ou condução a atividades de trabalho (forçado) em obras públicas.

Seguindo a formação institucional da deportação, em 1969, menos de um ano após a edição do Ato Institucional n° 5, foi editado o Decreto-Lei n° 941, de 13 de outubro de 1969, que "define a situação jurídica do estrangeiro" e é um dos elementos estruturais praticamente transplantados para o arcabouço da Lei n° 6.815/1980, o Estatuto do Estrangeiro. Virtualmente, todo o texto normativo referente às medidas compulsórias presente no Estatuto do Estrangeiro pode ser mapeado textualmente em sua origem no corpo normativo do decreto-lei. A persistência de referidos dispositivos em vigor, bem como sua origem no período militar brasileiro, pode também ser relacionada ao *ethos* referente às formas de aplicação desses instrumentos. Como se percebe, tratava-se de enquadrar a deportação praticamente como um efeito institucional que muitas vezes era descrito como tendo resultados práticos *imediatos*, em detrimento da oferta de garantias processuais.

Assim, uma das disposições mais sintomáticas do Estatuto do Estrangeiro (art. 57) presentes no decreto-lei de 1969 (art. 104) apresenta a deportação, sem defini-la diretamente, como:

> Art. 57. Nos casos de entrada ou estada irregular de estrangeiro, se este não se retirar voluntariamente do território nacional no prazo fixado em Regulamento, será promovida sua deportação.
> §1º (...)
> §2º Desde que conveniente aos interesses nacionais, a deportação far-se-á independentemente da fixação do prazo de que trata o caput deste artigo.

Trata-se de uma perspectiva que traça como parâmetros decisórios o decurso de prazo, firmado, conforme apontado no *caput*, como elemento para ativação automática da possibilidade de deportação, e uma cláusula de flexibilização desse prazo. Esse mecanismo de flexibilização do prazo de execução da deportação, como observado, se vincula a um juízo subjetivo, o qual, ausente qualquer definição mais precisa em lei, se presume como pertinente à esfera de atuação da autoridade a cargo da qual se processa a deportação. Não restando parâmetros mais objetivos, a avaliação de conveniência aos interesses nacionais restou, por décadas, um parâmetro jurídico vazio.

Avançando nessa tipologia da deportação, o Estatuto do Estrangeiro reiterava, no seu artigo 58, que a deportação consiste na "saída compulsória do estrangeiro", ou seja, a legislação vigente durante décadas no Brasil reduz o procedimento de deportação a um efeito automaticamente derivado de uma circunstância fática e normativa sem fornecer os parâmetros, o repertório e a linguagem adequados ao enquadramento dessa decisão administrativa em um quadro procedimentalizado, portanto controlável externamente – por outras instituições administrativas e pelo próprio Judiciário – acerca de suas bases e consequências. Essa elaboração conceitual, ao contrário, entendia que qualquer formalidade ou procedimento poderiam ser afastados para promoção da deportação, conforme disposto no art. 60 da referida legislação:

> Art. 60. O estrangeiro poderá ser dispensado de quaisquer penalidades relativas à entrada ou estada irregular no Brasil ou formalidade cujo cumprimento possa dificultar a deportação.

Originalmente, a deportação, conforme prevista em ambos os diplomas legais editados em 1969 e em 1980, previa a hipótese da prisão administrativa para manutenção da deportação. O referido comando foi ajustado, às vésperas das Constituição Federal de 1988, através de parecer interno da estrutura do Ministério da Justiça, que reorganizou o pedido através de um fluxo judicial, classificando sua execução quando necessária à realização da retirada compulsória.

Tal atuação se estendeu ao longo das décadas de 1990 a 2010 por meio de um equilíbrio de aplicação caracterizado por níveis específicos de execução da deportação, que gradualmente ficou limitada a situações que chamavam maior atenção das delegacias de imigração da Polícia Federal. Em seu lugar, a promoção de outros mecanismos de retirada compulsória, especialmente com execução dentro das áreas primárias de fronteira, ganhou premência. Trata-se de uma forma institucional inominada em termos legais, sendo habitualmente chamada de repatriação, que permaneceu em vigor até o advento da legislação de 2017, a qual consagra esse termo.

A deportação, em especial após a intensificação dos chamados novos fluxos migratórios para o Brasil e notadamente após o início da década de 2010, passou a adquirir crescente visibilidade, inclusive na imprensa. Com o incremento de canais de diagnóstico e participação de pessoas migrantes por meio de órgãos como o Conselho Nacional de Imigração (CNIg) e de processos de participação social nacionais como a Conferência Nacional de Migração e Refúgio (COMIGRAR), realizada em 2014, cresceu também a *expertise* técnica e as capacidades de defesa jurídica e de debate público sobre esse tema. Essa atmosfera influenciou a profundidade atingida pelos debates da elaboração legislativa que marcou a elaboração da Lei nº 13.445/2017. Destaca-se nesse processo o aparecimento de instituições de defesa de direitos, como a Defensoria Pública da União e o Ministério Público, além de organizações não governamentais gradualmente mais especializadas nos meandros do debate técnico-jurídico. Esse debate resultou em uma sistemática renovada para o instituto na atual Lei de Migração brasileira, a qual passamos a analisar. Avanços semelhantes podem ser encontrados em decisões paradigmáticas do Poder Judiciário, que elevaram o nível geral da proteção de direitos e a afirmação de garantias.

Em uma dessas decisões, referente a agravo interno interposto no Recurso Especial nº 1.570.388 – PB proposto pela Defensoria Pública da União argumentando que a verificação da reunião familiar afaste não só a possibilidade de retirada compulsória do país, mas também a de aplicação de multa por permanência irregular no país, ao que o ministro Og Fernandes reafirmou, acolhendo o primeiro ponto, a preponderância da reunião familiar como elemento capaz de impedir a efetivação da retirada.

Ainda durante a vigência da legislação migratória de 1980, deram-se também os fatos-chaves da governança das duas mais importantes crises migratórias brasileiras, a imigração haitiana e a chegada, ainda em desenvolvimento, do fluxo de migrantes originados da Venezuela. Tal como na chamada crise migratória haitiana, que analiso mais detalhadamente em outro trabalho (XAVIER DA SILVA, 2017), o de recepção de fluxos de pessoas migrantes com origem na Venezuela, processo ainda em curso em 2019, testemunha acentuado crescimento desde 2016 e vem produzindo tensões de aplicação normativa que oportunizam os potenciais da nova moldura legal vigente e pressionam por aperfeiçoamentos e fortalecimentos de capacidades institucionais para uma melhor governança migratória.

A imigração venezuelana, no entanto, já se intensificava a partir de 2016, caracterizando-se pela definição de novos territórios e circulação de pessoas, com diferentes padrões e possibilidades de planificação de seus itinerários: enquanto algumas pessoas se instalam na região de fronteira, notadamente no encontro entre o território venezuelano e o estado brasileiro de Roraima, outros grupos buscam uma interiorização, conseguindo êxito nesse itinerário ora autonomamente, ora com apoio de políticas públicas do governo brasileiro. Ainda assim, episódios iniciais de tensão local eclodiram no início do processo de intensificação, entre os anos de 2015 e 2016, em que as solicitações de refúgio registradas nessa localidade passaram de 821 a 5.354, alcançando, em 2017, a marca de 17.865 solicitações, segundo dados da Organização Internacional para as Migrações (2018).

Nesse contexto, conforme noticiado pela imprensa local, identificamos situações limítrofes em que o poder público local se envolveu em procedimentos potencialmente discriminatórios de deportação:

> Uma operação conjunta da Guarda Civil Municipal (GCM) e a Polícia Federal (PF), realizada na manhã de ontem, retirou das ruas 68 índios venezuelanos, entre adultos e crianças, que viviam em situação de vulnerabilidade social e de forma irregular na Capital. Eles foram encaminhados à sede da PF e, de lá, deportados ao país vizinho.[2]

A referida situação foi levada ao Poder Judiciário pela Defensoria Pública da União por meio da impetração de *habeas corpus*[3] obtendo decisão liminar em dezembro de 2016, suspendendo a deportação de centenas de pessoas migrantes indígenas para o território da Venezuela.

---

[2] Disponível em: https://folhabv.com.br/noticia/Indigenas-venezuelanos-sao-deportados/12463.

[3] HC nº 0006447-87.2016.4.01.4200.

Trata-se de dois exemplos que visibilizam o crescente amadurecimento na produção normativa ocorrida entre os anos 2016 e 2019 e que se alinham a uma ampliação da sensibilidade jurídica na direção consolidada legislativamente na nova Lei de Migração.

3 Lei de Migração (Lei n° 13.445/2017): refundação da deportação

Como já discutido em outras análises (XAVIER DA SILVA, 2017), o processo de elaboração legislativa alcançado na preparação e aprovação da Lei n° 13.445/2017 pode ser apontado como o mais profundo modelo de discussão já implementado nesse contexto. A maior parte das legislações brasileiras nessa área foi elaborada no século XX em momentos de reduzido escrutínio público. Debates estratégicos sobre a definição legal de institutos como a deportação sintetizados na seção anterior eram recorrentemente realizados dentro de órgãos e instituições sem necessariamente contar com o envolvimento de especialistas com distintas visões sobre o tema e virtualmente contavam com nenhuma participação de outras comunidades profissionais ou grupos sociais. Dessa maneira, pode-se afirmar que tais debates nunca foram explorados anteriormente com a amplitude e profundidade tomada pela discussão legislativa presente na elaboração da Lei de Migração atual.

Como reflexo desse quadro, observa-se um elevado grau de continuidade, para não dizer inércia institucional e normativa, com mudanças textuais pontuais, localizadas e genéricas nos dispositivos legais analisados. Tanto em termos de substância quanto de topologia legal – relação consciente entre os dispositivos específicos e seu posicionamento em face da estrutura da legislação, considerando elementos como sua interpretação sistemática e carga programática como um todo –, é notável a baixa variabilidade e baixa inovação legal nessa área por décadas. Décadas em que, em contraste, foram testemunhadas intensas mudanças sociais e transformações das ordens constitucionais que justificariam profunda revisão desses dispositivos, o que não ocorreu.

Inicialmente, é relevante destacar que, estruturalmente, a Lei de Migração (Lei n. 13.445/2017) revisa a forma de articulação normativa dos seus principais institutos, em especial afirmando coerentemente uma vinculação entre princípios e regras referentes aos principais dispositivos operativos. Essa estratégia pode ser notada igualmente no que tange à deportação. O texto normativo alinha inicialmente os princípios orientadores da deportação, regras globais aplicáveis às medidas de retirada compulsória, além das medidas específicas que delineiam o instituto, determinam sua estrutura procedimental, garantias e parâmetros de decisão e controle para sua implementação, permitindo mais facilmente dinâmicas de revisão administrativa e judicial.

A própria definição do instituto da deportação introduz no ordenamento jurídico brasileiro uma noção mais complexa sobre seu funcionamento e relação com um procedimento administrativo, o qual se reveste de garantias e se orienta por uma principiologia e parâmetros de decisão. Inicialmente, essa definição pode ser apresentada sucintamente abaixo:

> Art. 50. A deportação é medida decorrente de procedimento administrativo que consiste na retirada compulsória de pessoa que se encontre em situação migratória irregular em território nacional.
> §1° A deportação será precedida de notificação pessoal ao deportando, da qual constem, expressamente, as irregularidades verificadas e prazo para a regularização não inferior a 60 (sessenta) dias, podendo ser prorrogado, por igual período, por despacho fundamentado e mediante compromisso de a pessoa manter atualizadas suas informações domiciliares.
> §2° A notificação prevista no §1° não impede a livre circulação em território nacional, devendo o deportando informar seu domicílio e suas atividades.

Trata-se de uma concepção distinta das provisões sobre deportação, cujo destinatário, o agente estatal, se vê munido de instruções mais detalhadas acerca da natureza e funcionamento da deportação. Em lugar da perspectiva de mero efeito jurídico engatilhado automaticamente, reposiciona-se a deportação como medida administrativa precedida por procedimento administrativo, portanto regido por um conjunto de regras previsíveis, conhecidas e, portanto, cotejáveis.

Evidencia-se a necessidade de elementos básicos para concretizar uma relação processual mediada por garantias, fixando-se prazos, notificação pessoal, necessidade de informação acerca dos fundamentos e alegadas irregularidades que dão margem à medida de deportação. Em complemento, deixa-se clara a garantia à liberdade de circulação no território nacional, permitindo que sejam balanceadas necessidades de acompanhamento do Estado brasileiro que não firam garantias individuais e, em especial, não estabeleçam tratamento discriminatório, o que é afirmado globalmente como parte dos princípios globais da legislação.

Decorre dessa relação com os princípios centrais para aplicação da deportação a necessidade de identificarem-se um princípio explícito e um conjunto de princípios que, embora implícitos, afetam e detalham os contornos da aplicabilidade de medidas que afetam liberdades e direitos das pessoas migrantes. O princípio que aborda explicitamente a deportação reenuncia o princípio internacional explicitado na seção introdutória deste capítulo e se coloca como diretriz da política brasileira para migrações, o "repúdio a práticas de expulsão ou de deportação coletivas" (XXIII, art. 3°). O referido princípio se desdobra em uma série de outras garantias derivadas em nível legal, bem como em instruções operativas presentes no regulamento (o Decreto n° 9.199/2017). Nessa seara, a definição procedimental das garantias que implementam essa vedação se encadeia com as possibilidades concretas de estabelecimento do contraditório e da ampla defesa, com o detalhamento das causas ensejadoras do procedimento de deportação e com a garantia de tratamento não discriminatório dispensado ao deportando. Concentradas em seu artigo 183, o decreto regulamentador organiza os aspectos institucionais desses preceitos:

> Art. 183. As medidas de retirada compulsória não serão feitas de forma coletiva.
> §1° Entende-se por repatriação, deportação ou expulsão coletiva aquela que não individualiza a situação migratória irregular de cada migrante.
> §2° A individualização das medidas de repatriação ocorrerá por meio de termo do qual constarão:
> I–os dados pessoais do repatriando;
> II–as razões do impedimento que deu causa à medida; e
> III- a participação de intérprete, quando necessária.
> §3° A individualização das medidas de deportação e expulsão ocorrerá por meio de procedimento administrativo instaurado nos termos estabelecidos nos art. 188 e art. 195 (Decreto n° 9.199/2017).

Esse encadeamento entre estrutura de princípios, comandos legais e diretrizes regulamentares pode ser observado ao longo dos grandes eixos normativos da nova sistemática migratória. Em relação aos demais princípios que afetam a conformação da deportação, podemos destacar um conjunto selecionado de normas-princípios inscritos na legislação e igualmente mapear seu enraizamento ao longo da cadeia normativa de implementação do instituto da deportação:

> Art. 3° A política migratória brasileira rege-se pelos seguintes princípios e diretrizes:
> III – não criminalização da migração;
> V – não discriminação em razão dos critérios ou dos procedimentos pelos quais a pessoa foi admitida em território nacional;

V – promoção de entrada regular e de regularização documental;
VIII – garantia do direito à reunião familiar;
XVII – proteção integral e atenção ao superior interesse da criança e do adolescente migrante;

Nesse curto apanhado de princípios, observa-se um acervo de noções centrais para a aplicação cotidiana da deportação a guiar a atuação das autoridades a quem sejam delegadas as funções migratórias e a seu controle externo. Em lugar do laconismo em relação a princípios e garantias presentes em ordens legais migratórias anteriormente vigentes, observam-se diretrizes claras para a ação e um adensamento das conexões normativas referentes a microssistemas normativos e institutos específicos, como o respeito à reunião e unidade familiar e o superior interesse da criança, que se sobrepõe à situação de regularidade ou irregularidade migratória, que, afinal, se reduz à condição de irregularidade administrativa em face de princípios e valores mais caros à sociedade e à ordem jurídica. No que tange à infância e à família, como veremos em seção seguinte deste capítulo, trata-se de um processo de sopesamento jurídico de princípios cuja ponderação já foi equalizada pela legislação, privilegiando o interesse e proteção da criança. Nesses termos, igualmente o decreto regulamentador propõe uma fórmula e um parâmetro de ação para a autoridade migratória encarregada da deportação, nomeadamente a Polícia Federal, critérios prudenciais de atuação em seu art. 184:

> Art. 184. O imigrante ou o visitante que não tenha atingido a maioridade civil, desacompanhado ou separado de sua família, não será repatriado ou deportado, exceto se a medida de retirada compulsória for comprovadamente mais favorável para a garantia de seus direitos ou para a reintegração a sua família ou a sua comunidade de origem (Decreto nº 9.199/2017).

Produz-se assim um quadro em que princípios se articulam e se reforçam mutuamente ao longo da concretização normativa, assegurando coerência e uma hierarquia clara de valores que sustenta a ação do Estado, conferindo segurança ao agente implementador, na ponta, para decisões que se baseiem nos elementos fáticos encontrados na rotina. Trata-se de assegurar os instrumentos para proteger os grupos sociais conforme suas necessidades e na proporção dos recursos à disposição do Estado.

Em todos os itens retratados mais acima, depreende-se, coletivamente, a centralidade da documentação migratória como possibilidade aberta às pessoas migrantes eventualmente notificadas sobre abertura do procedimento que pode conduzir à deportação, em lugar do primado da retirada compulsória sem alternativas que marcava a aplicação do instrumento em ordens normativas anteriores. Através de elementos normativos objetivos, como o imperativo da não criminalização da migração, insere-se um conjunto amplo de especificações institucionais e hermenêuticas: separação clara entre seara administrativa e criminal, retração dos mecanismos de privação de liberdade em conjunto com o art. 123 da legislação: "Art. 123. Ninguém será privado de sua liberdade por razões migratórias, exceto nos casos previstos nesta Lei".

Simultaneamente, o comando de vedação a medidas de privação de liberdade por razões migratórias reorienta a função de tais pedidos, que, segundo a nova legislação, devem ser reduzidos a um mínimo. A própria legislação migratória não prevê hipótese explícita para privação de liberdade para a execução da deportação, virtualmente extinguindo essa modalidade de maneira autônoma. De maneira complementar, resta aberta a possibilidade de requisição de outras medidas que possam ser necessárias para garantir a aplicação do processo de deportação, nos termos do art. 48:

> Art. 48. Nos casos de deportação ou expulsão, o chefe da unidade da Polícia Federal poderá representar perante o juízo federal, respeitados, nos procedimentos judiciais, os direitos à ampla defesa e ao devido processo legal.

Da leitura conjunta de ambos os dispositivos, observa-se que, dentre essas medidas previstas no art. 48, não se encontra, por silêncio intencional da legislação a respeito, a hipótese de privação de liberdade. Dito isso, a atual regulamentação da legislação migratória, o Decreto nº 9.199, de 20 de novembro de 2017, que regulamenta a Lei nº 13.445/2017, introduz a possibilidade de prisão ou de outra medida cautelar ligada à execução de medida de retirada compulsória (deportação ou expulsão):

> Art. 211. O delegado da Polícia Federal poderá representar perante o juízo federal pela prisão ou por outra medida cautelar, observado o disposto no Título IX do Decreto-Lei nº 3.689, de 3 de outubro de 1941–Código de Processo Penal (Decreto nº 9.199/2017).

A respeito da relação entre regulamento e moldura legislativa, cumpre observar que o referido art. 211 contém o rol mais detalhado de medidas referentes à implementação de tais medidas. Além do *caput* acima destacado, os demais parágrafos detalham um fluxo de comunicação específico para as medidas compulsórias entre Polícia Federal, deportando, entre outras instituições:

> Art. 211. (...)
> §1° A medida cautelar aplicada vinculada à mobilidade do imigrante ou do visitante deverá ser comunicada ao juízo federal e à repartição consular do país de nacionalidade do preso e registrada em sistema próprio da Polícia Federal.
> §2° Na hipótese de o imigrante sobre quem recai a medida estar preso por outro motivo, o fato deverá ser comunicado ao juízo de execuções penais competente, para determinar a apresentação do deportando ou do expulsando à Polícia Federal.
> §3° O deportando ou o expulsando preso será informado de seus direitos, observado o disposto no inciso LXIII do caput do art. 5° da Constituição *e, caso ele não informe o nome de seu defensor, a Defensoria Pública da União será notificada.* (Grifo do autor)

Da leitura do *caput* do art. 211 e de certos trechos do decreto regulamentador, em especial o §3° acima citado, torna-se evidente uma posição do decreto regulamentador, dentro do quadro de implementação da normativa legal, que muitas vezes se coloca como adaptação de rotinas já previamente existentes. Esse caráter quase transicional do regulamento, apontam muitos leitores pertencentes a instituições de defesa de direitos, parece mitigar a extensão das garantias ofertadas pela legislação. Em relação à atuação da própria Defensoria Pública da União, é fundamental retratar o respectivo artigo legal (art. 51) que dita as principais normas procedimentais que caracterizam os contornos do devido processo legal referente à deportação:

> Art. 51. Os procedimentos conducentes à deportação devem respeitar o contraditório e a ampla defesa e a garantia de recurso com efeito suspensivo.
> *§1° A Defensoria Pública da União deverá ser notificada, preferencialmente por meio eletrônico, para prestação de assistência ao deportando em todos os procedimentos administrativos de deportação.*
> *§2° A ausência de manifestação da Defensoria Pública da União, desde que prévia e devidamente notificada, não impedirá a efetivação da medida de deportação.*
> (Grifo do autor)

O referido artigo 51 consagra, avançando muito além de legislações anteriores, expressamente os princípios processuais da ampla defesa e do contraditório. As consequências dessas medidas implicam a possibilidade de mobilização e atuação em prol dos interesses do deportando diretamente ou com representação por advogado, com pleno acesso e conhecimento de todos os atos integrantes da instrução processual.

Fica evidente o contraste entre o mecanismo proposto em regulamento, que prescreve a consulta acerca da existência prévia de defensor constituído a fim de determinar a necessidade de notificação de defensor público, e a dicção prescrita na legislação no §2°, que indica a notificação por meio eletrônico da DPU para envolvimento em todos os procedimentos administrativos. Do cotejo das proposições de regulamento e legislação, entende-se que há espaço para uma atuação harmônica, feita nos limites de ambos os dispositivos normativos, atentando-se, sempre, para a necessidade de efetiva representação jurídica do deportando.

Relevante notar que tanto na legislação quanto no regulamento a disciplina da deportação inscrita na Lei de Migração vigente desloca o instituto para uma posição acessória ou complementar, com medidas que se apresentam necessárias residualmente, mais claramente como mecanismo de dissuasão. O elemento principal que sobressai na dinâmica e procedimento da deportação, conforme acentuado na própria notificação inicial a respeito, é o da possibilidade de regularização migratória, que concretiza o princípio acima referido, gravado no art. 3°, inciso V, que preza pela documentação e regularização do *status* migratório.

Nesse sentido, o decreto regulamentador avança igualmente nesse detalhamento, que perpassa a definição das hipóteses que embasam a situação de irregularidade a ser sanada para obtenção de referida regularização, reduzidas a circunstâncias exaustivas discriminadas no art. 176, §1°, do decreto:

> Art. 176. (...)
> §1° A irregularidade migratória poderá ocorrer em razão de:
> I – entrada irregular;
> II – estada irregular; ou
> III – cancelamento da autorização de residência.
> §2° (...)
> §3° As irregularidades verificadas na situação migratória constarão, expressamente, da notificação de que trata o *caput*.

Ou seja, nenhuma outra hipótese pode desencadear referido processo, nem pode ser ocultada da pessoa migrante a base fática e normativa em face das quais deverá proceder sua defesa. O referido artigo detalha ainda, reforçando as garantias legais, a liberdade de circulação no território nacional, que muitas vezes é essencial para buscar obtenção ou documentação dos elementos que garantam a devida regularização do *status* migratório.

Conjuntamente, observa-se a consagração de um patamar de proteção de direitos crescente, além de mecanismos legais que permitem um gradual processo de aprendizagem institucional e normativa por meio do acréscimo de experiência prática e pela interveniência construtiva da jurisprudência. Constitui-se de um repertório crescente e progressivamente mais harmônico entre as diferentes fontes normativas, conduzindo a um processo igualmente articulado de aprimoramento de posturas estatais, seja do Executivo federal, seja de órgãos estaduais e locais, muitas vezes envolvidos na resolução de situações migratórias complexas, e em especial nos cada vez mais frequentes cenários de crise e emergências migratórias vivenciados pelo país como parte inerente à sua crescente integração e projeção internacionais. Seguimos através de uma breve análise de dois casos paradigmáticos que sugerem as potencialidades do aprendizado e do diálogo institucional-jurisprudencial a partir das aquisições normativas assentadas na nova legislação migratória. Diferentes em termos de objeto e de origem decisória, ambos produzem notáveis oportunidades de análise e amadurecimento, e seguramente se desdobram para outras leituras posteriores que possibilitam um aprofundamento da análise em função de novas complexidades e das dinâmicas dos fluxos migratórios em nosso país.

4 Considerações finais

Como ponderado ao longo deste capítulo, a reformulação normativa representada pela aprovação e posterior regulamentação da Lei nº 13.445/2017 propõe um conjunto de novos referentes normativos para a implementação da governança migratória brasileira. Um dos pressupostos metodológicos dessa atualização que podem ser observados também na aplicação dos dispositivos relativos à deportação é o da assimilação construtiva de todo o acervo jurídico produzido pelos operadores do Poder Executivo e pelas contribuições e definições geradas pela atividade cotidiana do Poder Judiciário em interação com a base normativa existente.

Recentemente, episódios como o da ainda vigente crise migratória venezuelana produzem especiais momentos de desafios e consequentemente de aprendizagem, gerando, pela ampliação de demandas específicas, um número crescente de circunstâncias sociais que requerem interpretação, complementação e inovação a partir dos referentes legais dados. Essa também se caracteriza como uma das diferenças estruturais que contrastam a nova Lei de Migração com legislações anteriores, qual seja, o diálogo com as especificidades do meio social e institucional em torno, oferecendo para institutos como o da deportação um conjunto de princípios e regras que embasam mais fortemente a ação estatal e a formação de expectativas dos atores sociais. As pessoas migrantes podem mais facilmente saber que o Estado opera com base em normas claras, legíveis e previsíveis, cuja imperiosidade é equilibrada em termos de aplicação e que é viável, sem produzir distorções ou resultados tão desproporcionalmente prejudiciais ao Estado ou às pessoas migrantes que terminem por gerar um desestímulo à sua aplicação mais linear e direta.

No que tange a institutos como a deportação, tais elementos são cruciais, assegurando liberdades e salvaguardando garantias processuais de modo a se obter um claro referencial de proteção do indivíduo sem sacrificar as capacidades estatais para implementar sua perspectiva concreta dos princípios norteadores da política nacional para migrações, refúgio e apatridia, inscrita na Lei nº 13.445/2017.

Referências

BRASIL. *Decreto nº 9.199, de 20 de novembro de 2017*. Regulamenta a Lei nº 13.445, de 24 de maio de 2017, que institui a Lei de Migração.

BRASIL. *Lei nº 6.815, de 19 de agosto de 1980*. Define a situação jurídica do estrangeiro no Brasil, cria o Conselho Nacional de Imigração.

BRASIL. *Decreto-Lei nº 941, de 13 de outubro de 1969*. Define a situação jurídica do estrangeiro no Brasil, e dá outras providências.

BRASIL. *Lei nº 13.445, de 24 de maio de 2017*. Institui a Lei de Migração.

International Organization for Migration. National Migration Trends in South America. Bolivarian Republic of Venezuela. February, 2018. p. 5.

SEYFERTH, Giralda. A assimilação dos imigrantes como questão nacional. *Mana*, Rio de Janeiro, v. 3, n. 1, p. 95-131, abr. 1997. Disponível em: http://dx.doi.org/10.1590/S0104-93131997000100004. Acesso em: 02 jun. 2019.

STF. *Convenção Americana Sobre Direitos Humanos Interpretada pelo Supremo Tribunal Federal e pela Corte Inter Americana de Direitos Humanos*. 2018. Disponível em: http://www.stf.jus.br/arquivo/cms/jurisprudenciaInternacional/anexo/ConvenoAmericanasobreDireitosHumanos10.9.2018.pdf.

XAVIER DA SILVA, João Guilherme Casagrande Martinelli Lima Granja. *Por Razões Humanitárias*: cidadanias, políticas públicas e sensibilidades jurídicas na reforma migratória brasileira. Unb, Tese de Doutorado. 2017.

Informação bibliográfica deste texto, conforme a NBR 6023:2018 da Associação Brasileira de Normas Técnicas (ABNT):

XAVIER DA SILVA, João Guilherme Casagrande Martinelli Lima Granja. A medida de deportação na nova Lei de Migração brasileira. *In*: VELLOSO, Ana Flavia; JARDIM, Tarciso Dal Maso (Coord.). *A nova lei de migração e os regimes internacionais*. Belo Horizonte: Fórum, 2021. p. 97-114. ISBN 978-65-5518-167-8.

PRISÃO PARA DEPORTAR E SEU JUÍZO DE CAUTELARIDADE

ANTONIO HENRIQUE GRACIANO SUXBERGER

Introdução

O direito brasileiro apresenta um quadro mal resolvido sobre os parâmetros jurídicos de utilização da prisão processual. Seja pela prática, cujos dados evidenciam um sistema de justiça criminal longe de cumprir minimamente as missões que lhe são outorgadas como instrumento de materialização do meio de controle social mais grave de que se dispõe (o direito penal), seja pela discussão teórica mal resolvida, a temática da prisão processual no Brasil encontra severa e alentada discussão, ainda que passados mais de trinta anos da atual ordem constitucional.

Com especial ênfase após fevereiro de 2016, o Supremo Tribunal Federal (STF) tem se debatido com a discussão a respeito do momento de início da execução da pena imposta por sentença condenatória. O próprio texto constitucional brasileiro, cuja redação guarda influência direta do art. 32 da Constituição portuguesa de 1976 (REPÚBLICA PORTUGUESA, 1976) ao reproduzir a fórmula "até o trânsito em julgado de sentença penal condenatória" para se referir ao afastamento da presunção de inocência, traz redação que enseja controvérsia a respeito do momento de exigibilidade da sentença condenatória no Brasil.

Como pano de fundo dessa discussão, encontra-se o adágio segundo o qual as prisões ou são aquelas decorrentes de pena imposta por título que reconhece a culpa de alguém, ou decorre de uma razão *cautelar* a autorizar que, processualmente, alguém tenha sua liberdade restringida pelo instrumento excepcional da prisão.

A Constituição brasileira (BRASIL, 1988) traz diversos preceitos que versam sobre a prisão, seja a prisão penal, imposta quando da definição de culpa do acusado de prática criminosa, seja a prisão processual, cujo conteúdo é definido e estabelecido no lídimo espaço de conformação normativa exercido pelo legislador ordinário. É válido rememorar os preceitos positivados no rol do art. 5º da Constituição, que enumera destacadamente os seguintes incisos a respeito da prisão: inciso LXI ("ninguém será preso senão em flagrante delito ou por ordem escrita e fundamentada de autoridade judiciária competente, salvo nos casos de transgressão militar ou crime propriamente militar, definidos em lei"); inciso LXII ("a prisão de qualquer pessoa e o local onde se encontre serão comunicados imediatamente ao juiz competente e à família do preso ou à pessoa por ele indicada"); inciso LXIII ("o preso será informado de seus direitos, entre os quais o de permanecer calado, sendo-lhe assegurada a assistência da família e de advogado"); inciso LXIV ("o preso tem direito à identificação dos responsáveis por sua prisão ou por seu interrogatório policial"); inciso LXV ("a prisão ilegal será imediatamente relaxada pela autoridade judiciária"); inciso LXVI ("ninguém será levado à prisão ou nela mantido, quando a lei admitir a liberdade provisória, com ou sem fiança"); e inciso LXVII ("não haverá prisão civil por dívida, salvo a do responsável pelo inadimplemento voluntário e inescusável de obrigação alimentícia e a do depositário infiel").

A Constituição não se ocupa, expressamente, do instituto da deportação do estrangeiro. No entanto, tem-se como possível impor a prisão do estrangeiro justamente para assegurar a deportação daquele que se encontre irregularmente em território nacional. Na sequência, surge o questionamento: dentro da sistemática constitucional, a prisão para deportação guarda conformidade com o direito interno ou ela se apresenta como exceção ao regime das prisões processuais que a Constituição brasileira positiva?

Para responder a esse questionamento, propomos a seguinte abordagem: inicialmente, apresentaremos as linhas gerais do instituto da deportação. Na sequência, abordaremos as prisões processuais no Brasil, nos termos do que preveem os dispositivos legais brasileiros e como eles se cotejam com o que igualmente positivado nas convenções já internalizadas pelo Brasil. Seguidamente, responderemos à problematização que versa sobre o regime de cautelaridade (ou não) que incide sobre as prisões processuais em geral. Há razão de cautelaridade na prisão para deportação? Ao fim, indicaremos como o STF equacionou a questão.

Por meio de levantamento bibliográfico e documental, este último referente aos diplomas legais aplicáveis à questão e aos julgados do STF que enfrentaram a problemática aqui delimitada, o trabalho se vale de investigação do tipo jurídico-compreensivo, isto é, realiza um procedimento analítico que decompõe o problema jurídico em seus diversos aspectos, relações e níveis (GUSTIN; DIAS, 2010, p. 28).

A maneira como o direito interno mantém a coerência de seus institutos em face dos reclamos advindos da cooperação internacional e igualmente das obrigações assumidas entre os Estados-Nações demanda sofisticação teórica e pensamento de justificação dirigida a uma realidade já verificada. Os países, em geral, se comprometem com o exercício de um poder, advindo de sua própria soberania, para fazer valer as normas internas de ingresso e mantença regular em seu território. Daí a preocupação de instrumentalizar a prisão para deportação, a partir da ideia de que, para assegurar o respeito às normas de migração regular no território nacional, há de se dotar o Estado de meios e ferramentas para tanto, desde que em compatibilidade com o primado do direito e com as cláusulas do devido processo legal.

1 Deportação: seu procedimento e o uso da prisão

O estudo da deportação insere-se nas hipóteses em que se possa impor a um estrangeiro ingresso no território nacional o dever de sair do país, isto é, a deportação consiste numa das espécies de retirada forçada do país. A obrigação de deixar o Brasil pode derivar de violações de ordem administrativa ou criminal.

As modalidades de retirada forçada do país são as seguintes: deportação; expulsão (por prática de crime no Brasil ou por questões de segurança nacional); extradição (por prática de crime no estrangeiro para que lá possa ser julgado ou para que lá cumpra pena já imposta); e entrega (por crime contra a humanidade a fim de viabilizar o julgamento pelo Tribunal Penal Internacional). Interessa-nos a deportação de modo mais detido para, então, questionarmos quais são os títulos de eventual medida restritiva da liberdade do estrangeiro por força dessa hipótese de retirada forçada do país.

Deportação é a retirada do território nacional do estrangeiro irregular no país (VARELLA, 2018, p. 205). O cenário de irregularidade do estrangeiro pode decorrer de várias situações. É possível enumerar algumas delas: ingresso irregular no território nacional; circulação em municípios brasileiros para os quais o estrangeiro não tenha autorização de ir; expiração do visto concedido (situação inicialmente regular que, por conta da expiração do prazo de validade do ato, torna-se irregular); exercício de atividade remunerada por aquele que detém visto de turista, trânsito ou temporário. Nas mais das vezes, a ocorrência da deportação dá-se por entrada irregular, geralmente clandestina, ou por irregularidade na estadia, seja em razão do excesso de prazo, seja pelo exercício de trabalho remunerado a quem não detinha qualidade para tanto (REZEK, 2005, p. 195).

O procedimento da deportação é simples. Sua disciplina encontra-se detalhada na Lei nº 13.445/2017 e pode ser assim explicado: verificada a irregularidade do estrangeiro, a Polícia Federal o notifica para que regularize sua situação em prazo não inferior a 60 dias ou saia do país. O estrangeiro, portanto, sujeito à deportação encontra-se em situação migratória irregular no território brasileiro. Uma vez notificado, é a ele assegurado o direito de livre circulação no território nacional; entretanto, é dever do estrangeiro informar seu domicílio e suas atividades à autoridade da Polícia Federal.

Se vencido o prazo, sem prorrogação regularmente decidida pela autoridade administrativa, a deportação do estrangeiro passa a ser exigível e, portanto, passível de execução. A execução da deportação dá-se justamente por meio de *representação* deduzida pela autoridade da Polícia Federal ao juízo federal com competência na área em que se encontra o estrangeiro. A Lei nº 13.445/2017 expressamente preceitua: "O chefe da unidade da Polícia Federal poderá representar perante o juízo federal, respeitados, nos procedimentos judiciais, os direitos à ampla defesa e ao devido processo legal" (art. 48).

A prisão do deportando será determinada automaticamente? Quais os parâmetros a serem considerados pelo juízo federal perante o qual for deduzida a representação da autoridade policial? Para responder a essas perguntas, convém registrar os principais pontos que conformam o uso da prisão processual em geral no Brasil.

2 Contornos gerais da prisão processual: a prisão preventiva

Se a prisão não se destina ao cumprimento de uma pena que derive do reconhecimento de culpa do acusado, ela só pode ser processual. Para tratarmos do tema da prisão para deportar, o retorno às categorias do direito processual penal pode se revelar instrumento útil. No entanto, se a deportação se apresenta como medida extremada de garantia ao respeito às normas migratórias em território brasileiro, é de notar que a prisão para assegurar a deportação não se insere livre de anotações ou cuidados no microssistema processual penal.

A Constituição brasileira funda um microssistema para o direito processual penal, mas as garantias específicas deste, por si só, não excluem ou restringem a base principiológica uníssona do processo, vista como garantia constitucional. Tem-se um "círculo virtuoso" nessa relação, "(...) entre as garantias gerais, como o contraditório, ampla argumentação, terceiro imparcial e fundamentação e as garantias próprias e específicas do processo penal, permitindo que a base de princípios se consolidem com as garantias do processo penal" (BARROS, 2018, p. 10). Por isso, não é possível simplesmente desconsiderar a sistemática geral da prisão processual em favor de uma prisão para deportar que seja automática e imposta sempre que o Judiciário se veja provocado pela autoridade da Polícia Federal.

Não fosse só por essa relação necessária com o direito processual penal, é preciso indicar que a prisão para deportar igualmente deve guardar conformidade com o regime convencional da prisão processual. Vale lembrar o que registra o art. 7º da Convenção Americana de Direitos Humanos. Seguidamente à afirmação de que toda pessoa tem direito à liberdade pessoal (item 1), a Convenção destaca, no item 2 do art. 7º, que "ninguém pode ser privado de sua liberdade física, salvo pelas causas e nas condições previamente fixadas pelas constituições políticas dos Estados Partes ou pelas leis de acordo com elas promulgadas". Ainda, a Convenção, para afirmar o óbvio, pois necessário, proíbe detenção ou encarceramento arbitrário (item 3). Ainda, o item 4 estabelece o direito da pessoa detida ou presa de "ser informada das razões da sua detenção e notificada, sem demora, da acusação ou acusações formuladas contra ela". Ademais disso, impõe-se a observância do direito de "ser conduzida, sem demora, à presença de um juiz ou outra autoridade autorizada pela lei a exercer funções judiciais" (item 5). O item 7 do art. 7º, por fim, menciona a garantia da inafastabilidade da jurisdição quando diz que "toda pessoa privada da liberdade tem direito a recorrer a um juiz ou tribunal competente, a fim de que este decida, sem demora, sobre a legalidade de sua prisão ou detenção e ordene sua soltura se a prisão ou a detenção forem ilegais" (BRASIL, 1992).

No direito processual penal brasileiro, as prisões processuais observam as seguintes espécies ou modalidades: (i) prisão em flagrante; (ii) prisão temporária; (iii) prisão preventiva. A prisão em flagrante (i) é modalidade de custódia que excepciona a reserva de jurisdição: qualquer pessoa pode conduzir alguém que se encontre em situação de flagrante delito à presença da autoridade. No entanto, não se cuida propriamente de um título de custódia autônoma processual, pois sua mantença se dá até o momento em que judicializada. É dizer: a prisão a título flagrancial só dura até o momento em que seja apreciada por um juiz. Ainda que a pessoa seja mantida em detenção, o título da custódia se converterá em outro. A prisão temporária (ii) é modalidade de prisão processual prevista em lei esparsa (Lei n° 7.960, de 1989) e guarda estrita incidência para os casos em que a restrição da liberdade do investigado se mostre imprescindível à realização de diligência investigatória. A prisão preventiva (iii), principal modalidade de prisão processual no Brasil, que observa detalhamento normativo, ocupa-se dos casos em que a restrição excepcional do investigado ou do acusado seja necessária e urgente para a tutela jurisdicional ou para prevenir a salvaguarda da ordem pública.

A prisão processual atende, pois, a pressupostos que dizem respeito à indicação mínima de elementos informativos para vincular o investigado ou acusado a prática de crime. Trata-se do chamado *fumus comissi delicti* (fumaça do cometimento de crime). Ainda, atende a requisitos ou circunstâncias autorizadoras, que, por sua vez, se materializam na necessidade da medida e sua adequação ao caso concreto. A necessidade se projeta na exigência de assegurar a própria resposta penal do Estado (a maior parte das vezes, para evitar os casos de fuga e frustração da resposta penal); de tutelar a investigação preparatória ou a instrução probatória em juízo; ou de garantir a ordem pública. Esta última, reconhecidamente um dos temas mais sensíveis na abordagem das prisões processuais, guarda pertinência com a evitação de reiteração delitiva e com a (controvertida) presença de clamor público.

É certo, contudo, que a prisão preventiva guarda a mais relevante lição sobre as prisões processuais: trata-se de medida excepcional. É solução a que se chega quando inevitavelmente todas as outras respostas e possibilidades menos gravosas se mostraram inadequadas ao caso concreto. O juízo de adequação é informado pela previsão do art. 282, inciso II, do Código de Processo Penal (CPP) (BRASIL, 1941).

E para deixar isso ainda mais claro, o §6° do mesmo art. 282 preceitua assim: "A prisão preventiva somente será determinada quando não for cabível a sua substituição por outra medida cautelar, observado o art. 319 deste Código, e o não cabimento da substituição por outra medida cautelar deverá ser justificado de forma fundamentada nos elementos presentes do caso concreto, de forma individualizada" (BRASIL, 1941). Sem a demonstração de razão de cautelaridade, "a prisão processual se transmudará em antecipação de pena, violadora do princípio da presunção de inocência" (MENDONÇA, 2011, p. 37).

Essa projeção normativa de cautelaridade, conformada pelo legislador ordinário no CPP, pode ser encontrada quando tratamos da prisão para deportar o estrangeiro irregular no território nacional? Essa é a pergunta que a próxima seção buscará responder.

3 A conformação de cautelaridade da prisão para deportar

É certo que toda prisão processual deriva de uma razão de cautelaridade. No entanto, é igualmente relevante ter em conta que essa cautelaridade se conforma de distintas maneiras nas diversas espécies de prisão processual no ordenamento pátrio. É dizer: a prisão para deportar guarda cautelaridade, mas a conformação normativa dessa cautelaridade é própria, específica, igualmente estabelecida pelo legislador ordinário. Essa cautelaridade informará a atuação jurisdicional quando da apreciação da representação da autoridade policial mencionada no art. 48 da Lei de Migração (BRASIL, 2017).

A cláusula de subsidiariedade é atendida na conformação legislativa da prisão para deportar. Verificada a situação de irregularidade do estrangeiro em território nacional, procede-se à notificação pessoal do estrangeiro, na qual lhe são apontadas as irregularidades e lhe é assinalado prazo para corrigi-las ou atendê-las (§1° do art. 50). O §2° do art. 50 registra expressamente: "A notificação prevista no § 1.° não impede a livre circulação em território nacional, devendo o deportando informar seu domicílio e suas atividades".

Da leitura dessa parte final do §2° do art. 50, tem-se verdadeiramente a imposição ao estrangeiro de dever que guarda muita similitude com o chamado *compromisso* que se impõe ao afiançado na fase de investigação ou no curso do processo penal. O compromisso consiste na obrigação imposta ao investigado ou acusado de manter seu endereço atualizado perante o juízo criminal e informar previamente qualquer deslocamento que importe afastamento do juízo da culpa (expressão veiculada para informar a abrangência territorial da competência do juízo criminal a que se encontra distribuída a investigação ou perante o qual tramita o processo-crime).

No processo penal, ao preso em flagrante que se veja beneficiado pela restituição de sua liberdade, impõe-se o compromisso de manter seu endereço atualizado perante o juízo criminal (arts. 327 e 328 do CPP). Ademais, o próprio CPP prevê a imposição de cautelares ao investigado ou acusado em juízo, consistentes no "comparecimento periódico em juízo, no prazo e nas condições fixadas pelo juiz, para informar e justificar atividades" e "proibição de ausentar-se da Comarca" (incisos I e IV do art. 319 do CPP).

O dever imposto ao estrangeiro, a partir da notificação para responder à irregularidade ensejadora de deportação, consiste justamente em cautela de restrição pessoal que previne a imposição desnecessária de detenção (prisão). É certo que essa obrigação não deriva de ordem judicial, mas de determinação da autoridade administrativa responsável pela medida administrativa de deportação. No entanto, veja-se que a deportação não resulta num juízo de culpa do estrangeiro, como se verá mais adiante, tampouco guarda natureza propriamente jurisdicional. Deportação é "medida decorrente de procedimento administrativo" (art. 50 da Lei de Migração): conquanto possa ensejar medida de força, consistente na retirada compulsória do estrangeiro em situação de irregularidade, isso não confere a ela o atributo de materializar a incidência de resposta *penal* pelo Estado. A medida, pois, insere-se no campo próprio da sanção administrativa.

Dada a natureza administrativa da deportação, faz sentido que a *cautela* que busca evitar a medida extremada da prisão derive de atuação igualmente administrativa do Estado (e não de ordem judicial). A Lei de Migração assegura o mais relevante: o respeito inafastável à cláusula do devido processo legal. Trata-se da dicção da cabeça do art. 51 da Lei de Migração, quando afirma que "os procedimentos conducentes à deportação devem respeitar o contraditório e a ampla defesa e a garantia de recurso com efeito suspensivo".

A prisão para deportar, portanto, observa uma gradação de cautela que parte de cautelas impostas *ope legis* até a imposição da medida extrema da prisão como resposta *ope judicis*. É dizer: notificado o estrangeiro do procedimento administrativo de deportação, a ele já se impõe, por força de lei, a medida cautelar consistente no dever de "informar seu domicílio e suas atividades" (parte final do §2º do art. 50

da Lei de Migração). Desrespeitada essa cautela, o caso passa a atrair a incidência da resposta última da prisão.

Frustrada, então, a cautela legal, derivada de ordem estabelecida pela autoridade administrativa e imposta ao estrangeiro, consistente no dever de "informar seu domicílio e suas atividades", a hipótese será de prisão processual a ser decidida pelo juiz federal com competência territorial no local onde se encontre o estrangeiro. Essa provocação jurisdicional dá-se por meio de representação do chefe da unidade da Polícia Federal (art. 48 da Lei de Migração).

Não se cuida de prisão decretada automaticamente. Como dito, a prisão cautelar no direito brasileiro não deriva de mera chancela jurisdicional, mas de observância de cláusula de reserva de jurisdicional. É dizer: incumbirá, pois, ao julgador avaliar a subsidiariedade da medida e, para tanto, aferir a regularidade do próprio procedimento administrativo de deportação para então dizer da legitimidade de imposição da cautela. Se lídima a cautela, a apreciação então se dirige ao eventual descumprimento da medida pelo estrangeiro. Ao fim, a hipótese só autorizará a prisão se esta se revelar imprescindível e inevitável como medida de garantia da efetividade da deportação propriamente dita (a retirada do estrangeiro do território nacional).

A cautela, então, deriva de lei e incide automaticamente como consequência da instauração do procedimento de deportação. A prisão, por sua vez, deriva de ordem judicial, que afere a regularidade do procedimento administrativo, a necessidade de medida extremada e a sua adequação por força da frustração da medida que lhe antecedeu e buscou evitar a prisão.

Mutatis mutandis, veja-se que a apreciação de cautelaridade da prisão para deportar não é como a análise da prisão preventiva. No entanto, veja-se que o *iter* decisório não é tão distante ou diferente. Aprecia-se o *fumus* de direito adjacente à medida pleiteada. Na prisão preventiva, cuida-se do lastro empírico indicativo de crime e da autoria atribuída ao investigado ou acusado (juízo de probabilidade, e não de certeza). Na prisão para deportar, a regularidade do procedimento administrativo de deportação.

Na sequência, a apreciação do risco que a liberdade do sujeito representa ao caso. Na prisão preventiva, a avaliação desse *periculum libertatis* ampara-se na *necessidade* da prisão para assegurar a investigação ou instrução, a própria resposta final do processo ou a ordem pública (reiteração delitiva, em sua mais reduzida compreensão). Na prisão para deportar, na exigência de que o estrangeiro esteja à disposição para a retirada compulsória do território. O juízo de *adequação*, na prisão preventiva, diz respeito à "gravidade do crime, circunstâncias do fato e condições pessoais do indiciado ou acusado" (art. 282, inc. II, do CPP). Na prisão para deportar, adequada será a medida quando a cautela anterior (dever de informar seu domicílio e suas atividades) não tenha se mostrado suficiente.

A cláusula de subsidiariedade, que é o elemento central da resposta cautelar do Estado, em ambos os casos, resta atendida quando se tem situação que as soluções menos gravosas não se mostraram suficientes à salvaguarda da resposta penal, no caso da prisão preventiva, ou à efetividade da medida de deportação, no caso da prisão para deportar.

Em termos simples, a previsão do art. 48 da Lei de Migração, quando menciona que a autoridade da Polícia Federal representará pela prisão do estrangeiro para deportação, nada mais faz que retraduzir a cláusula de subsidiariedade do processo penal ao tema da deportação. A proximidade é clara quando se lê o §4° do art. 282 do CPP: "No caso de descumprimento de qualquer das obrigações impostas, o juiz, mediante requerimento do Ministério Público, de seu assistente ou do querelante, poderá substituir a medida, impor outra em cumulação, ou, em último caso, decretar a prisão preventiva, nos termos do parágrafo único do art. 312 deste Código". Cabe um destaque para o texto do CPP: com a alteração do Código pela Lei n° 13.964/2019, a necessidade de representação pela autoridade policial fica mais fortalecida, dado que o juiz não poderá determinar de ofício a prisão processual ou mesmo medida cautelar que robusteça o caso concreto em caso de descumprimento de medida anterior.

Assim, como se vê, a prisão para deportar não é uma espécie de prisão que seja imposta como regra. Ela guarda cautelaridade – com conformação própria, destaque-se uma vez mais – e atende exatamente o que exige a ordem constitucional brasileira, além de, igualmente, atender aos reclamos convencionais, com especial ênfase à Convenção Americana de Direitos Humanos, que versa sobre o uso da prisão processual. Vejamos, na sequência, como o tema da prisão processual, especialmente o cotejo da prisão para deportar com a Constituição, recebe conformação no Supremo Tribunal Federal.

4 A visão do STF sobre o tema

Por ocasião do julgamento do HC n° 126.292, em fevereiro de 2016, o Plenário do Supremo Tribunal Federal teve a oportunidade de indicar quais os pressupostos para a decretação da prisão no direito brasileiro (BRASIL, 2016). O caso, que se tornou célebre e marcou o precedente indicativo da retomada da orientação jurisprudencial da Corte a respeito do momento inicial para o cumprimento da pena no Brasil (a chamada "execução provisória da pena"), permitiu ao tribunal aprofundar a discussão sobre as espécies de prisão processual e quais são exatamente seus fundamentos.

No voto condutor do julgamento, o relator do caso, ministro Teori Zavascki, destacou que, ao contrário do que uma "leitura apressada" do inciso LVII do art. 5º da Constituição ("ninguém será considerado culpado até o trânsito em julgado de sentença penal condenatória") poderia sugerir, a presunção de inocência ali positivada não impede a ocorrência de prisão antes do trânsito em julgado de sentença condenatória (BRASIL, 2016, p. 35). Valendo-se exatamente do texto constitucional, o ministro Teori Zavascki destacou que a exigência para a decretação de prisão é, em verdade, ordem escrita e fundamentada da autoridade judiciária competente – exigência veiculada no inciso LXI do art. 5º do mesmo diploma constitucional.

Na sequência, destacou o ministro que a exigência de interpretação sistemática da Constituição, de modo a reconhecer a conexão existente entre seus diversos preceitos e assim autorizar sua visualização como um conjunto orgânico e integrado de normas, impede uma leitura isolada de seus dispositivos. O ponto de destaque, na leitura desses dois preceitos (incisos LVII e LXI do art. 5º), consiste na distinção entre o regime de culpabilidade e da prisão. Anotou o ministro, em seu voto condutor da decisão final, que esse ponto é reforçado pelo fato de que, uma vez mais, a Constituição igualmente menciona que a prisão pode ser excepcionada diante da concessão de benefício processual consistente na liberdade provisória. É o que estabelece o inciso LXVI do art. 5º quando menciona que "ninguém será levado à prisão ou nela mantido, quando a lei admitir a liberdade provisória, com ou sem fiança".

Cabe aqui uma consideração a respeito desse ponto específico. A liberdade provisória, em rigor, não é "provisória". Provisória é a prisão processual. A liberdade, verdadeiramente, é a regra geral, o *status* usual e natural do cidadão, que só admite restrição, como já mencionado, por meio de ordem judicial escrita e fundamentada. De qualquer forma, veja-se que a Constituição bem esclarece que a prisão processual guarda caráter de excepcionalidade: tanto assim que poderá (*rectius*: deverá) ser afastada se cabível a liberdade provisória, com ou sem a imposição de cautela (fiança).

A liberdade (chamada) provisória não é propriamente benefício processual, pois, por se tratar de regra geral, sua leitura não deriva exatamente de um benefício. A prisão, sim, é que eventualmente restringe a liberdade. Daí a conclusão inarredável de que, em rigor, a prisão é medida de exceção (*extrema ratio*), da qual a liberdade restringida resulta como direito que cede ou se limita em razão de interesse ou direito no caso concreto, fundamentadamente, mais urgente e relevante. Não é por outra razão que a processual observa cláusula *ante tempu*, isto é, sua imposição dá-se na exata e atual medida de mantença dos requisitos indicativos de sua urgência e necessidade.

Retomando o que deduzido no precedente do STF, o ministro Teori Zavascki destacou, então, o fato de que a restrição da liberdade, no direito interno, condiciona-se e amolda-se ao monopólio da jurisdição reconhecido pela Constituição, que afastou a possibilidade de imposição de prisão administrativa (salvo as prisões que derivam de punições militares) (BRASIL, 2016, p. 36).

Na sequência, o ministro destacou a tipologia que interessa ao tema ora apresentado. A Constituição brasileira, assim, autoriza as prisões processuais típicas – prisão preventiva e prisão temporária – e outras espécies de prisão processual: a prisão para fins de extradição (decretada pelo STF), a prisão para fins de expulsão (decretada por juiz de primeiro grau, federal ou estadual, desde que competente para a execução penal) e a prisão para fins de deportação (decretada por juiz federal de primeiro grau) (BRASIL, 2016, p. 36-37).

A prisão processual, sem declaração de culpa, submete-se a requisitos e fundamentos legais que não esvaziam ou contrariam a presunção de inocência. A presunção de inocência, pois, guarda referência ao juízo de culpabilidade do particular submetido a imposição de prisão (ou de qualquer incidência de preceito sancionatório). A exigência constitucional para imposição de prisão processual guarda pertinência, rigorosamente, com o *controle jurisdicional*. Observada a cláusula de reserva de jurisdição, a impor que a prisão derive de ordem escrita e fundamentada da autoridade judiciária, a Constituição restará atendida para a imposição de prisão processual. O conteúdo desse ato jurisdicional, que obviamente se submete a controle pelo próprio Judiciário, observará exatamente a conformação legal atribuída ao tema pelo legislador ordinário.

Vale anotar, a título de conclusão, que a competência para a prisão, que tenha por finalidade assegurar a deportação de estrangeiro, é de juízo federal de primeiro grau. O STF já teve oportunidade de indicar, em diversos casos, que não é da Corte Constitucional a competência para apreciar esse título de prisão, salvo nos casos em que a prisão para deportação se converter naquilo que se denomina "extradição indireta".

A extradição indireta encontra-se prevista na proibição veiculada no inciso I do art. 55 da Lei de Migração (BRASIL, 2017). Trata-se da situação em que o estrangeiro, após expulsão – que é a medida administrativa de retirada compulsória de migrante ou visitante do território nacional, conjugada com o impedimento de reingresso por prazo determinado –, seja entregue ao país que tenha experimentado indeferimento de pedido de extradição ou cuja extradição a lei brasileira proíba. A extradição indireta, pois, seria uma burla à vedação de extradição, concretizada por meio da prévia expulsão do estrangeiro.

Somente nesse caso, incumbiria ao STF conhecer de eventual impetração ou socorro judicial da situação do estrangeiro. É precisa a lição de Rezek a respeito do tema quando afirma, após o destaque de não há envolvimento da cúpula do governo brasileiro no procedimento de deportação, que a medida "(...) não é exatamente 'punitiva', nem deixa sequelas. O deportado pode retornar ao país desde o momento em que se tenha provido de documentação regular para o ingresso" (REZEK, 2005, p. 195). Nessa regularização para reingresso no território nacional, por exemplo, exige-se do estrangeiro que ressarça o Tesouro Nacional das despesas efetuadas com a medida prévia de deportação, além de recolher multa imposta por descumprimento dos deveres administrativos que lhe eram exigíveis.

A utilização de eventual remédio jurídico contra as medidas de deportação, se dirigido aos atos praticados pela autoridade da Polícia Federal, será de competência da Justiça Federal de primeira instância. Se a medida de constrição efetuada em desfavor do estrangeiro decorrer de decisão judicial, aí o caso ser de manejo de *habeas corpus* dirigido ao Tribunal Regional Federal da respectiva região, em observância ao que estabelece o art. 108, inciso I, alínea "d", da Constituição Federal. Certo é que a hipótese não será de competência do STF, como já teve oportunidade de destacar o próprio tribunal quando afirmou, no sentido já mencionado, o seguinte: "Competência, na espécie, da Justiça Federal de primeira instância, exceto se ocorrente hipótese de extradição indireta" (BRASIL, 2005).

Considerações finais

A prisão para deportação, como desenvolvido, é espécie de prisão processual. Se é certo que toda prisão processual deve amparar-se numa razão de cautelaridade, mostra-se igualmente inatacável a conclusão de que a prisão para deportar tem sua cautelaridade conformada na legislação brasileira com contornos próprios. Essa conformação, vale mencionar, atende à moldura mínima que estabelece a Constituição, pois exige atenção à cláusula de reserva de jurisdição. Vale anotar que a cláusula de reserva de jurisdição apresenta-se como a mais elevada medida de proteção insculpida na Constituição para flexibilização ou conformação de garantias fundamentais, como é o caso do *status libertatis* do cidadão (nacional ou estrangeiro).

A cautelaridade própria da prisão para deportar, no entanto, admite paralelos com a prisão preventiva que se mostram não só úteis, mas efetivamente adequados para melhor conformação da decisão judicial que autoriza a medida extremada da prisão. A aferição da cautelaridade da prisão para deportar passa pela imposição de medidas de cautela pessoal *ope legis*, isto é, cuja incidência se dá automaticamente, por força de comando legal, tão logo seja instaurado o procedimento administrativo de deportação. Na sequência, pode vir a ensejar medida cautelar extremada *ope judicis*, ou seja, quando a decisão judicial que atende à representação da autoridade da Polícia Federal afere regularidade do procedimento administrativo, legalidade da cautela pessoal menos gravosa imposta ao estrangeiro e o descumprimento injustificado dessa cautela no caso. A aferição da prisão, pois, guarda juízo que se ocupa de impor a medida extremada quando ela se mostrar como resposta última a evitar a frustração da medida de retirada compulsória do estrangeiro em situação migratória irregular no Brasil.

Referências

BARROS, Flaviane de Magalhães. A atual crise do processo penal brasileiro, direitos fundamentais e garantias processuais. *Duc In Altum - Cadernos de Direito*, v. 10, n. 21, 18 set. 2018. Disponível em: http://www.faculdadedamas.edu.br/revistafd/index.php/cihjur/article/view/716. Acesso em: 26 fev. 2019.

BRASIL. *Constituição da República Federativa do Brasil de 1988*. Texto compilado. 5 out. 1988. Disponível em: http://www.planalto.gov.br/ccivil_03/constituicao/constituicaocompilado.htm. Acesso em: 15 set. 2018.

BRASIL. *Decreto n. 678*, de 6 de novembro de 1992. Promulga a Convenção Americana sobre Direitos Humanos (Pacto de São José da Costa Rica), de 22 de novembro de 1969. Convenção Americana sobre Direitos Humanos (Pacto de São José da Costa Rica). DOU, Seção 1, 9 nov. 1992. Disponível em: http://www.planalto.gov.br/ccivil_03/decreto/d0678.htm. Acesso em: 26 fev. 2019.

BRASIL. *Decreto-Lei n. 3.689*, de 3 de outubro de 1941. Código de Processo Penal. Texto compilado. Disponível em: http://www.planalto.gov.br. Acesso em: 26 fev. 2019.

BRASIL. *Lei n. 13.445*, de 24 de maio de 2017. Institui a Lei de Migração. Texto compilado. DOU, Seção 1, de 25 maio de 2017. Disponível em: http://www.planalto.gov.br/ccivil_03/_ato2015-2018/2017/lei/L13445.htm. Acesso em: 26 fev. 2019.

BRASIL. Supremo Tribunal Federal (STF). *Habeas Corpus 126.292 (HC 126.292)*. São Paulo. Pleno. Rel. Min. Teori Zavascki. Julgado em 17 fev. 2016. DJ de 17 maio de 2016. Disponível em: http://stf.jus.br. Acesso em: 26 fev. 2019.

BRASIL. Supremo Tribunal Federal (STF). *Medida Cautelar no Habeas Corpus n. 87.007 (HC 87.007 MC)*. São Paulo. Decisão Monocrática. Rel. Min. Celso de Mello. Julgado em 26 out. 2005. DJ de 8 novembro de 2005. Disponível em: http://stf.jus.br. Acesso em: 26 fev. 2019.

GUSTIN, Miracy Barbosa de Sousa; DIAS, Maria Tereza Fonseca. *(Re)pensando a pesquisa jurídica*: teoria e prática. 3. ed. Belo Horizonte: Del Rey, 2010.

MENDONÇA, Andrey Borges de. *Prisão e outras medidas cautelares pessoais*. Rio de Janeiro; São Paulo: Forense; Método, 2011.

REPÚBLICA PORTUGUESA. *Constituição da República Portuguesa*, de 2 de abril de 1976. Texto compilado. Disponível em: https://www.parlamento.pt/Legislacao/Paginas/ConstituicaoRepublicaPortuguesa.aspx. Acesso em: 26 fev. 2019.

REZEK, José Francisco. *Direito Internacional Público*. 10. ed. São Paulo: Saraiva, 2005.

VARELLA, Marcelo Dias. *Direito Internacional Público*. 7. ed. São Paulo: Saraiva, 2018.

Informação bibliográfica deste texto, conforme a NBR 6023:2018 da Associação Brasileira de Normas Técnicas (ABNT):

SUXBERGER, Antonio Henrique Graciano. Prisão para deportar e seu juízo de cautelaridade. *In*: VELLOSO, Ana Flavia; JARDIM, Tarciso Dal Maso (Coord.). *A nova lei de migração e os regimes internacionais*. Belo Horizonte: Fórum, 2021. p. 115-129. ISBN 978-65-5518-167-8.

A NOVA LEI DE MIGRAÇÃO (LEI Nº 13.445/2017) E A RESPONSABILIDADE DO TRANSPORTADOR AÉREO NA REPATRIAÇÃO

RICARDO FENELON JUNIOR

LUIZ FERNANDO PIMENTA

1 Introdução

Em maio de 2017, após aproximadamente quatro anos de discussão e com aprovação da matéria no Senado Federal e na Câmara do Deputados, foi sancionada a nova Lei de Migração (Lei nº 13.445, de 24 de maio de 2017). A norma, que entrou em vigor em novembro de 2017, dispõe sobre os direitos e os deveres do migrante e do visitante, regula a sua entrada no país e estabelece princípios e diretrizes para as políticas públicas para o emigrante. Em 21 de novembro de 2017, também foi publicado o Decreto nº 9.199, que regulamenta a Lei de Migração.

Até serem revogados pela nova lei, o ingresso e a permanência de estrangeiros no Brasil eram regulados pela Lei nº 6.815, de 19 de agosto de 1980, mais conhecida como Estatuto do Estrangeiro. Editado no início da década de 1980, durante o regime militar, esse estatuto tinha como principal foco a segurança nacional, razão pela qual o imigrante era tratado sob uma ótica negativa, como uma ameaça ao país.

A Lei de Migração, por outro lado, instituiu uma nova política migratória no Brasil, que passou a ser regida por diretrizes mais humanitárias e por princípios gerais de direitos humanos. A legislação teve origem no Projeto de Lei do Senado nº 288, de 2013, e desde o início, conforme justificação[1] apresentada no momento de sua submissão ao Congresso Nacional, um dos principais objetivos era o repúdio à xenofobia e ao racismo, bem como a descriminalização da imigração.

Apesar da mudança de enfoque, para uma visão mais positiva e inclusiva do imigrante, a nova legislação continua prevendo algumas hipóteses em que pessoas serão impedidas de ingressar no país, como, por exemplo, caso tenham sido expulsas anteriormente ou caso não apresentem documento de viagem. Após o impedimento, essas pessoas são repatriadas ao país de procedência ou de nacionalidade.

Nesse sentido, o presente artigo tem como objetivo apresentar uma análise sobre a responsabilidade do transportador aéreo nos casos em que imigrantes ou visitantes são impedidos de entrar no Brasil e, consequentemente, são repatriados.

2 Medidas de retirada compulsória

A nova Lei de Migração (Lei nº 13.445/2017) prevê três medidas de retirada compulsória de pessoas do Brasil: a deportação, a expulsão e a repatriação. Por serem congêneres, as três medidas são, por vezes, confundidas e abordadas de forma equivocada. Como o presente artigo trata sobre a responsabilidade do transportador aéreo apenas nos casos de repatriação, para que não haja distorções de entendimento, faz-se necessário distinguir as três diferentes formas de retirada compulsória.

A deportação, nos termos do artigo 50 da Lei nº 13.445/2017, é uma "medida decorrente de procedimento administrativo que consiste na retirada compulsória de pessoa que se encontre em situação migratória irregular em território nacional". Esse procedimento, conforme previsto no artigo 188 do Decreto nº 9.199/2017, que regulamentou a Lei de Migração, será instaurado pela Polícia Federal. Sobre a deportação, Francisco Rezek (2013) afirma que:

---

[1] Projeto de Lei do Senado nº 288, de 2013. Texto inicial. Senador Aloysio Nunes Ferreira. Disponível em: https://legis.senado.leg.br/sdleg-getter/documento?dm=4000103&ts=1553279619613&disposition=inline. Acesso em: 15 fev. 2019.

> A deportação é uma forma de exclusão, do território nacional, daquele estrangeiro que aqui se encontre após uma *entrada irregular* – geralmente clandestina –, ou cuja *estada* tenha-se tornado irregular – quase sempre por excesso de prazo, ou por exercício de trabalho remunerado, no caso do turista. Cuida-se de exclusão por iniciativa das autoridades locais, sem envolvimento da cúpula do governo: no Brasil, policiais federais têm competência para promover a deportação de estrangeiros, quando entendam que não é o caso de regularizar sua documentação. A medida não é exatamente *punitiva*, nem deixa sequelas. O deportado pode retornar ao país desde o momento em que se tenha provido de documentação regular para o ingresso.[2]

Por outro lado, a expulsão é uma medida administrativa de retirada compulsória mais grave, pois, segundo o artigo 54 da Lei de Migração, consiste na "retirada compulsória de migrante ou visitante do território nacional, conjugada com o impedimento de reingresso por prazo determinado". Nos casos de expulsão, há um trâmite mais complexo, tendo em vista que as consequências são mais graves. Além de ser garantido ao expulsando o direito ao contraditório e à ampla defesa, a decisão final só pode ser tomada pelo ministro de Estado da Justiça e Segurança Pública.

A terceira medida de retirada compulsória prevista na Lei de Migração é a repatriação, que ocorre quando o imigrante é impedido de ingressar em território nacional pela fiscalização de fronteira brasileira, realizada pela Polícia Federal, sendo determinado o seu retorno, ou seja, a sua retirada compulsória. De acordo com o artigo 49 da Lei nº 13.445/2017 e com o artigo 185 do Decreto nº 9.199/2017, a repatriação consiste em medida administrativa de devolução ao país de procedência ou de nacionalidade da pessoa em situação de impedimento de ingresso, identificada no momento da entrada no território nacional. A medida deve respeitar certas condições, conforme previsto no artigo 49 da nova Lei de Migração, transcrito a seguir:

> Art. 49. A repatriação consiste em medida administrativa de devolução de pessoa em situação de impedimento ao país de procedência ou de nacionalidade.
> §1º Será feita imediata comunicação do ato fundamentado de repatriação à empresa transportadora e à autoridade consular do país de procedência ou de nacionalidade do migrante ou do visitante, ou a quem o representa.

---

2 REZEK, Francisco. *Direito Internacional Público*. 14. ed. Editora Saraiva, 2013. p. 235.

> §2º A Defensoria Pública da União será notificada, preferencialmente por via eletrônica, no caso do §4º deste artigo ou quando a repatriação imediata não seja possível.
> §3º Condições específicas de repatriação podem ser definidas por regulamento ou tratado, observados os princípios e as garantias previstos nesta Lei.
> §4º Não será aplicada medida de repatriação à pessoa em situação de refúgio ou de apatridia, de fato ou de direito, ao menor de 18 (dezoito) anos desacompanhado ou separado de sua família, exceto nos casos em que se demonstrar favorável para a garantia de seus direitos ou para a reintegração a sua família de origem, ou a quem necessite de acolhimento humanitário, nem, em qualquer caso, medida de devolução para país ou região que possa apresentar risco à vida, à integridade pessoal ou à liberdade da pessoa.
> §5º (VETADO).

Ressalta-se que a repatriação é um novo termo, que não constava do antigo Estatuto do Estrangeiro. Conforme se observa, a repatriação tem uma diferença significativa em relação às outras duas medidas administrativas. Enquanto nos casos de deportação e de expulsão, a pessoa passou pela zona fronteiriça e encontra-se em território brasileiro, nos casos de repatriação, a pessoa é impedida de entrar no país logo após o seu desembarque e deve aguardar as medidas administrativas do Estado brasileiro para o retorno ao país de nacionalidade ou de procedência, ou para outro país que a aceite, em observância aos tratados internacionais.

As situações de impedimento estão previstas na Lei de Migração, que possui um capítulo que trata especificamente sobre a entrada e a saída de pessoas ("Capítulo IV – Da Entrada e da Saída do Território Nacional"). Nesse capítulo, há uma primeira seção sobre a fiscalização marítima, aeroportuária e de fronteira e, posteriormente, uma segunda seção que trata sobre o impedimento de ingresso no Brasil. As hipóteses de impedimento estão previstas no artigo 45, que segue:

> Art. 45. Poderá ser impedida de ingressar no País, após entrevista individual e mediante ato fundamentado, a pessoa:
> I - anteriormente expulsa do País, enquanto os efeitos da expulsão vigorarem;
> II - condenada ou respondendo a processo por ato de terrorismo ou por crime de genocídio, crime contra a humanidade, crime de guerra ou crime de agressão, nos termos definidos pelo Estatuto de Roma do Tribunal Penal Internacional, de 1998, promulgado pelo Decreto no 4.388, de 25 de setembro de 2002;

> III - condenada ou respondendo a processo em outro país por crime doloso passível de extradição segundo a lei brasileira;
> IV - que tenha o nome incluído em lista de restrições por ordem judicial ou por compromisso assumido pelo Brasil perante organismo internacional;
> V - que apresente documento de viagem que:
> a) não seja válido para o Brasil;
> b) esteja com o prazo de validade vencido; ou
> c) esteja com rasura ou indício de falsificação;
> VI - que não apresente documento de viagem ou documento de identidade, quando admitido;
> VII - cuja razão da viagem não seja condizente com o visto ou com o motivo alegado para a isenção de visto;
> VIII - que tenha, comprovadamente, fraudado documentação ou prestado informação falsa por ocasião da solicitação de visto; ou
> IX - que tenha praticado ato contrário aos princípios e objetivos dispostos na Constituição Federal.
> Parágrafo único. Ninguém será impedido de ingressar no País por motivo de raça, religião, nacionalidade, pertinência a grupo social ou opinião política.

Na prática, nos casos de repatriação envolvendo transporte aéreo, o que ocorre é que a pessoa desembarca no aeroporto e, ao se dirigir à fiscalização da Polícia Federal, por alguma das razões supracitadas, entre outras, é impedida de ingressar no país, devendo ser repatriada a algum outro país. Como veremos adiante, esse procedimento de retorno é de responsabilidade do transportador aéreo.

Por fim, conforme disposto na Lei nº 13.445/2017 e no Decreto nº 9.199/2017, é importante destacar que a extradição, apesar de ser um instrumento de retirada forçada do país, não deve ser confundida com as medidas de retirada compulsória, pois trata-se de "medida de cooperação internacional". Segundo Jacob Dolinger,[3] "a extradição é o processo pelo qual um Estado atende ao pedido de outro Estado, remetendo-lhe pessoa processada no país solicitante por crime punido na legislação de ambos os países, não se extraditando, via de regra, nacional do país solicitado".

Ao contrário das medidas de retirada compulsória (deportação, expulsão e repatriação), que são de iniciativa das autoridades locais, a

---

3 DOLINGER, Jacob. *Direito Internacional Privado – Parte Geral*. 4. ed. Editora Renovar, 1997.

extradição é um ato político-judicial requerido por outro país ao Estado em que se encontra o extraditando.[4]

3 A responsabilidade do transportador aéreo na repatriação

Ao longo dos anos, o transporte aéreo passou por uma evolução significativa, o que permitiu uma maior integração entre países e um expressivo crescimento do número de pessoas transportadas em aviões. De acordo com dados da Associação Internacional de Transporte Aéreo (IATA),[5] só em 2017 foram 4,1 bilhões de passageiros aéreos, número que, segundo as previsões da associação, deve praticamente dobrar em vinte anos, atingindo 7,8 bilhões em 2036.

No Brasil, segundo informações disponibilizadas pela Agência Nacional de Aviação Civil (ANAC),[6] nos últimos dez anos, o número de passageiros transportados para o país por empresas aéreas brasileiras e estrangeiras praticamente dobrou. Enquanto em 2008 aproximadamente 6,5 milhões de passageiros desembarcaram no território brasileiro, em 2018, foram cerca de 11,5 milhões pessoas.

Não obstante a ampla maioria dos passageiros ser transportada em segurança e desembarcar sem intercorrências no Brasil, há algumas situações, conforme mencionado no tópico anterior, em que pessoas de outras nacionalidades são impedidas pela Polícia Federal de ingressarem no país e devem retornar ao país de procedência ou de nacionalidade, ou seja, devem ser repatriadas. Nesse sentido, um caso emblemático foi o do cubano Ifrain Pas Ramirez Morales, que, em 2013, foi barrado ao tentar entrar no Brasil. Morales permaneceu por mais de cinco meses no Aeroporto de Guarulhos em São Paulo, conforme noticiado[7] pela mídia à época.

---

[4] MAZZUOLI, Valério de Oliveira. *Curso de Direito Internacional Público*. 7. ed. Editora Revista dos Tribunais, 2013. p. 753.

[5] INTERNATIONAL AIR TRANSPORT ASSOCIATION – IATA. *Página Institucional*. Disponível em: https://www.iata.org/pressroom/pr/Pages/2017-10-24-01.aspx. Acesso em: 30 mar. 2019.

[6] AGÊNCIA NACIONAL DE AVIAÇÃO CIVIL – ANAC. *Página Institucional*. Disponível em: http://www.anac.gov.br/assuntos/dados-e-estatisticas/mercado-de-transporte-aereo/consulta-interativa/demanda-e-oferta-origem-destino. Acesso em: 24 mar. 2019.

[7] GORCZESKI, Vinicius. A história do cubano que viveu cinco meses no aeroporto de Guarulhos. *Revista* Época, 5 out. 2013. Disponível em: https://epoca.globo.com/vida/noticia/2013/10/historia-do-cubano-que-viveu-cinco-meses-no-baeroporto-de-guarulhosb.html. Acesso em: 2 mar. 2019.

Nessas hipóteses, a Lei nº 13.445/2017 e o Decreto nº 9.199/2017 estabelecem que a repatriação é de responsabilidade do transportador aéreo. Da leitura do artigo 212 do decreto, por exemplo, é possível concluir que o custeio das despesas com a retirada compulsória provavelmente recairá sobre o transportador:

> Art. 212. O custeio das despesas com a retirada compulsória correrá com recursos da União somente depois de esgotados todos os esforços para a sua efetivação com recursos da pessoa sobre quem recair a medida, do transportador ou de terceiros.

Além das despesas diretas com a repatriação do passageiro, tanto a lei quanto o decreto em comento determinam que a companhia aérea também será responsável nas hipóteses em que a repatriação não for imediatamente possível e o passageiro tiver que ingressar de forma condicional no Brasil. Nessas situações, o transportador aéreo será obrigado a custear as despesas com a permanência da pessoa durante o prazo fixado pela Polícia Federal, bem como a custear as despesas com o transporte de retorno. É o que está previsto no artigo 41 da Lei de Migração e no 185 do decreto que a regulamenta, transcritos a seguir:

> LEI Nº 13.445/2017
> 41. A entrada condicional, em território nacional, de pessoa que não preencha os requisitos de admissão poderá ser autorizada mediante a assinatura, *pelo transportador* ou por seu agente, de termo de compromisso de custear as despesas com a permanência e com as providências para a repatriação do visitante ou do imigrante.
>
> DECRETO Nº 9.199/2017
> Art. 185. A repatriação consiste em medida administrativa da devolução ao país de procedência ou de nacionalidade da pessoa em situação de impedimento de ingresso, identificada no momento da entrada no território nacional.
> §1º Caso a repatriação imediata não seja possível, a entrada do imigrante poderá ser permitida, desde que atenda ao disposto no §2º.
> §2º Na hipótese prevista no §1º, o transportador ou o seu agente deverá assinar termo de compromisso que assegure o custeio das despesas com a permanência e com as providências para a repatriação do imigrante, do qual constarão o seu prazo de estada, as condições e o local em que o imigrante.

Destaca-se, ainda, que a nova lei também trata sobre a responsabilidade do transportador aéreo no capítulo das infrações e das penalidades administrativas. O artigo 109 prevê que a empresa aérea será penalizada administrativamente caso transporte passageiros para o Brasil sem a documentação adequada ou caso deixe de atender o compromisso de manter e repatriar estrangeiro admitido no país de forma condicional.

> Art. 109. Constitui infração, sujeitando o infrator às seguintes sanções:
> (...)
> V - transportar para o Brasil pessoa que esteja sem documentação migratória regular:
> Sanção: multa por pessoa transportada;
> VI - deixar a empresa transportadora de atender a compromisso de manutenção da estada ou de promoção da saída do território nacional de quem tenha sido autorizado a ingresso condicional no Brasil por não possuir a devida documentação migratória:
> Sanção: multa;

Dessa forma, fica evidente não só a obrigação do transportador de manter o passageiro admitido de forma condicional, conforme previsto no artigo 41 transcrito acima, mas também a obrigação de conferir a regularidade da documentação dos passageiros antes do embarque. Cumpre mencionar ainda que, nos casos em que infrações administrativas forem cometidas, o artigo 108 da mesma lei estabelece que as multas aplicadas ao transportador poderão chegar ao montante de um milhão de reais.

Ademais, ressalta-se que um dos dispositivos da Lei nº 13.445/2017 que tratava sobre o presente tema, o §5º do artigo 49, foi vetado pelo então presidente da República antes da norma ser sancionada. Esse dispositivo previa a responsabilidade do transportador aéreo somente nos casos de dolo ou culpa, conforme segue:

> LEI Nº 13.445/2017
> Art. 49. A repatriação consiste em medida administrativa de devolução de pessoa em situação de impedimento ao país de procedência ou de nacionalidade.
> (...)
> §5º Comprovado o dolo ou a culpa da empresa transportadora, serão de sua responsabilidade as despesas com a repatriação e os custos decorrentes da estada da pessoa sobre quem recaia medida de repatriação. (VETADO)

Nas razões de veto comunicadas ao presidente do Senado Federal, foi apresentada a seguinte justificativa:

> O dispositivo é contrário ao interesse público, na medida em que a Convenção sobre Aviação Civil Internacional assegura que as empresas recebam valores por intermédio de seguros obrigatórios para cobrir as despesas com repatriação, e seus custos decorrentes, de maneira objetiva, sem necessidade de comprovação de dolo ou culpa. Entendimento diverso representaria ônus indevido ao Estado Brasileiro, além de poder representar uma procrastinação da estada do imigrante ou visitante impedido de entrar no País.[8]

Sob esse aspecto, entende-se que, além de ser mais eficiente, o transportador aéreo está mais preparado do que o Estado para gerenciar todo o processo de retorno da pessoa inadmitida. Ocorre, no entanto, que a Convenção sobre Aviação Civil Internacional, mencionada na justificativa de veto e que será abordada mais adiante, não trata sobre a obrigatoriedade da contratação de seguros pelas empresas aéreas com a finalidade de cobrir custos com a repatriação de passageiros. Dessa forma, seria necessário desenvolver uma avaliação mais profunda para verificar a possibilidade de se incluirem as situações de repatriação como risco do negócio "transporte aéreo" ou se os custos deveriam ser arcados pelo Estado brasileiro quando não for comprovado dolo ou culpa do transportador.

Ainda no que tange ao veto, observa-se que havia a intenção do legislador de responsabilizar o transportador aéreo apenas nos casos em que fosse comprovado o dolo ou a culpa da empresa. Caso o dispositivo não tivesse sido vetado, a nova lei traria uma importante inovação em relação à Lei nº 6.815/1980 (Estatuto do Estrangeiro) e ao Decreto nº 86.715/1980, que traziam de forma clara as responsabilidades do transportador em qualquer hipótese.

> LEI Nº 6.815/1980
> Art. 11. A empresa transportadora deverá verificar, por ocasião do embarque, no exterior, a documentação exigida, sendo responsável, no caso de irregularidade apurada no momento da entrada, pela saída do estrangeiro, sem prejuízo do disposto no artigo 125, item VI.

[8] PRESIDÊNCIA DA REPÚBLICA. *Mensagem nº 163, de 24 de maio de 2017*. Razões de veto da Lei nº 13.445/2017. Disponível em: http://www.planalto.gov.br/ccivil_03/_ato2015-2018/2017/Msg/VEP-163.htm. Acesso em: 2 mar. 2019.

Art. 27. A empresa transportadora responde, a qualquer tempo, pela saída do clandestino e do impedido.
Parágrafo único. Na impossibilidade da saída imediata do impedido ou do clandestino, o Ministério da Justiça poderá permitir a sua entrada condicional, mediante termo de responsabilidade firmado pelo representante da empresa transportadora, que lhe assegure a manutenção, fixados o prazo de estada e o local em que deva permanecer o impedido, ficando o clandestino custodiado pelo prazo máximo de 30 (trinta) dias, prorrogável por igual período.

DECRETO Nº LEI Nº 86.715/1980
Art. 55 - A empresa transportadora responde, a qualquer tempo, pela saída do clandestino e do impedido.
§1º - Na impossibilidade de saída imediata do impedido, o Departamento de Polícia Federal poderá permitir a sua entrada condicional, fixando-lhe o prazo de estada e o local em que deva permanecer.
§2º - Na impossibilidade de saída imediata do clandestino, o Departamento de Polícia Federal o manterá sob custódia pelo prazo máximo de trinta dias, prorrogável por igual período.
§3º - A empresa transportadora, ou seu agente, nos casos dos parágrafos anteriores, firmará termo de responsabilidade, perante o Departamento de Polícia Federal, que assegure a manutenção do estrangeiro.
(...)
Art. 125. Constitui infração, sujeitando o infrator às penas aqui cominadas:
VI - transportar para o Brasil estrangeiro que esteja sem a documentação em ordem:
Pena: multa de dez vezes o Maior Valor de Referência, por estrangeiro, além da responsabilidade pelas despesas com a retirada deste do território nacional.

Finalmente, é possível afirmar que, exceto pela inclusão do termo repatriação, a nova Lei de Migração (Lei nº 13.445/2017) ou o Decreto nº 9.199/2017 que a regulamenta não resultaram em grandes inovações em relação à responsabilidade do transportador aéreo nas hipóteses em que pessoas são impedidas de ingressar no Brasil. Não obstante o antigo Estatuto do Estrangeiro ser mais claro e prescritivo, em uma interpretação conjunta dos dispositivos da nova legislação, não se pode concluir que houve alteração em relação às obrigações das empresas aéreas. Ocorrendo uma situação de impedimento com um passageiro, permanece o entendimento de que a empresa aérea será responsável pelos custos e pelo retorno do passageiro, independentemente desse retorno ser imediato ou de haver a entrada condicional.

4 A Convenção de Chicago de 1944 e a Organização de Aviação Civil Internacional

A nova Lei de Migração (Lei nº 13.445/2017) não é o único instrumento legal presente no ordenamento jurídico brasileiro que trata sobre a questão da entrada de estrangeiros pelos aeroportos do país. Há também a Convenção sobre Aviação Civil Internacional, mais conhecida como Convenção de Chicago de 1944, internalizada no Brasil pelo Decreto nº 21.713, de 1946. No entanto, antes de abordar o tema específico, faz-se necessário contextualizar o significado e a importância desse tratado internacional para a aviação civil mundial.

Em 1944, próximo ao fim da Segunda Guerra Mundial e em razão do desenvolvimento tecnológico proporcionado pela guerra em relação à fabricação de aeronaves, 54 Estados se reuniram em Chicago, nos Estados Unidos, para participar de uma Conferência Internacional sobre Aviação Civil. O encontro tinha como objetivo estabelecer princípios fundamentais que permitissem o desenvolvimento seguro, sistemático e eficiente do transporte aéreo internacional.

Após 37 dias de negociação, ao final da conferência, foi assinada não só a Convenção de Aviação Civil Internacional, mas também foi determinada a criação da Organização de Aviação Civil (OACI), também conhecida por sua sigla em inglês, ICAO (*International Civil Aviation Organization*), com o objetivo de organizar e apoiar o desenvolvimento de uma nova rede de transporte aéreo internacional, com base nos princípios definidos pela convenção.

Atualmente, a OACI é constituída por 191 Estados signatários da convenção e tem sua sede em Montreal, no Canadá. A entidade dispõe de corpo técnico específico e instâncias consultivas nas quais atuam as autoridades de aviação civil de seus Estados-Membros, bem como outros órgãos interessados, como associações de classe e organizações não governamentais.

Uma das principais responsabilidades da OACI é o estabelecimento de normas e práticas recomendadas para a aviação civil internacional, as quais balizam a atuação das autoridades de aviação civil em todo o mundo. Mais conhecidos como SARPs (*Standards and Recommended Practices*), essas normas tratam de aspectos técnicos e operacionais da aviação civil internacional, como, por exemplo, segurança, licença de pessoal, operação de aeronaves, aeródromos, serviços de tráfego aéreo, investigação de acidentes e meio ambiente.

No Brasil, por exemplo, os SARPs estão inseridos no arcabouço normativo por meio dos Regulamentos Brasileiros de Aviação Civil, aprovados por resoluções da ANAC. Atualmente, existem mais de 10 mil SARPs distribuídos nos 19 anexos complementares à Convenção de Chicago, que tratam sobre os seguintes temas:

Anexo 1 – Licenças de pessoal
Anexo 2 – Regras do ar
Anexo 3 – Serviço meteorológico para a navegação aérea internacional
Anexo 4 – Cartas aeronáuticas
Anexo 5 – Unidades de medida utilizadas nas operações aéreas e terrestres
Anexo 6 – Operação de aeronaves
Anexo 7 – Marcas de nacionalidade e de matrícula de aeronaves
Anexo 8 – Aeronavegabilidade
Anexo 9 – Facilitação
Anexo 10 – Telecomunicações aeronáuticas
Anexo 11 – Serviços de tráfego aéreo
Anexo 12 – Busca e salvamento
Anexo 13 – Investigação de acidentes de aviação
Anexo 14 – Aeródromos
Anexo 15 – Serviços de informação aeronáutica
Anexo 16 – Proteção ao meio ambiente
Anexo 17 – Segurança: proteção da aviação civil internacional contra atos de interferência ilícita
Anexo 18 – Transporte de mercadorias perigosas
Anexo 19 – Sistema de gerenciamento da segurança operacional

É importante destacar que o Anexo 9 trata sobre a facilitação no transporte aéreo, ou seja, sobre medidas que, segundo Filippi Pecoraro,[9] têm por objeto padronizar os procedimentos que possam contribuir para a melhor relação entre os controles de segurança, fronteira e trânsito fluído de passageiros, bagagens, cargas e aeronaves nos aeroportos, reduzindo assim os tempos mínimos de espera. Nesse sentido, tanto as questões migratórias relacionadas à chegada de passageiros nos aeroportos quanto as questões sobre a responsabilidade do transportador são abordadas no Anexo 9, que traz importantes SARPs sobre o tema.

Os itens 3.44 e 3.46, por exemplo, estabelecem que o transportador aéreo é responsável pela custódia e pelos cuidados com os passageiros e membros da tripulação que desembarcam, desde o momento em que se retiram da aeronave até o ponto de controle migratório realizado pela autoridade competente do Estado. Além disso, preveem que a

9 PECORARO, Filippi. *Direito Aeronáutico*. Editora D'Plácido, 2018, p. 168.

responsabilidade do transportador só cessa a partir do momento em que o passageiro for legalmente admitido no Estado brasileiro:

> *3.44 The aircraft operator shall be responsible for the custody and care of disembarking passengers and crew members from the time they leave the aircraft until they are accepted for examination as provided in 3.43.*
> *3.46 The responsibility of an aircraft operator for custody and care of passengers and crew members shall terminate from the moment such persons have been admitted into that State.*

Já nos casos de não admissibilidade de passageiro ou tripulante, os itens 5.9 e 5.91 estabelecem que o transportador será responsável pelos custos referentes à custodia e estadia das pessoas que não portarem a documentação adequada, enquanto o Estado será responsável pelos custos em todos os outros casos de não admissibilidade:

> *5.9. The aircraft operator shall be responsible for the cost of custody and care of an improperly documented person from the moment that person is found inadmissible and returned to the aircraft operator for removal from the State.*
> *5.9.1 The State shall be responsible for the cost of custody and care of all other categories of inadmissible persons, including persons not admitted due to document problems beyond the expertise of the aircraft operator or for reasons other than improper documents, from the moment these persons are found inadmissible until they are returned to the aircraft operator for removal from the State.*

Ademais, a OACI dispõe de um Manual de Facilitação[10] com as diretrizes para implementação do Anexo 9. Segundo o documento, no mesmo sentido do Anexo 9, o transportador deverá ser responsabilizado pelos custos apenas nas hipóteses em que houver problema com a documentação dos passageiros, pois nessas situações estava ao alcance da empresa aérea realizar a verificação. Por outro lado, nos demais casos de impedimento, o manual recomenda que o Estado seja o responsável pelos custos relacionados a todas as pessoas não admitidas.

Assim, conclui-se que o Anexo 9 da Convenção de Chicago difere da Lei de Migração. Conforme abordado no tópico anterior, embora a lei tenha sido aprovada no Congresso Nacional com uma proposta semelhante à do Anexo 9, o dispositivo acabou sendo vetado pelo presidente da República e permaneceu o entendimento de que, no

---

[10] INTERNACIONAL CIVIL AVIATION ORGANIZATION - ICAO. *DOC 9957, Manual de Facilitación. Primera Edición*. 2011.

Brasil, o transportador será responsável em todos os casos nos quais pessoas forem impedidas de ingressar no país.

Por fim, apesar da Convenção de Chicago ter sido internalizada no Brasil, não há conflito entre normas, pois essa parte específica do Anexo 9 ainda não foi internalizada e, portanto, vale o que está disposto na nova Lei de Migração. Como acontece nos casos em que um país não aplica os padrões da OACI, o Brasil provavelmente terá que declarar a diferença de cumprimento em relação a esses requisitos do Anexo 9 perante à organização.

5 Programa de Facilitação do Transporte Aéreo (PROFAL)

Além da Lei de Migração e das normas da OACI, em agosto de 2017 foi publicada a Resolução nº 1 da Comissão Nacional de Autoridades Aeroportuárias (CONAERO), que aprovou o Programa Nacional de Facilitação do Transporte Aéreo (PROFAL).

O objetivo do programa, conforme estabelecido em seu artigo 1º, é promover medidas que facilitem "o movimento de aeronaves civis, tripulantes, passageiros, bagagens, cargas, malas postais e provisões de bordo, eliminando-se os obstáculos desnecessários e reduzindo ao mínimo possível os tempos de espera".

Nesse sentido, o PROFAL inseriu no normativo nacional uma parte das práticas e recomendações previstas no Anexo 9 da Convenção de Chicago, como, por exemplo, o artigo 59, que trata sobre a responsabilidade do transportador.

> Art. 59. A autoridade competente, ao estabelecer procedimentos relacionados à remoção de impedidos, deverá assegurar que:
> IX. haja responsabilização do operador de aeronave pelo fornecimento da assistência necessária para manutenção do impedido sem a documentação apropriada desde o momento em que for recusada a sua admissão e a pessoa for entregue ao operador de aeronave para remoção do território nacional.

De toda forma, é importante ressaltar que o PROFAL foi aprovado antes da vigência da nova Lei de Migração, razão pela qual, em algum momento, será necessária uma reavaliação do regulamento para atualizar os pontos que foram incluídos na legislação, como, por exemplo, o instituto da repatriação.

Referências

AGÊNCIA NACIONAL DE AVIAÇÃO CIVIL – ANAC. Página Institucional. Disponível em: http://www.anac.gov.br/assuntos/dados-e-estatisticas/mercado-de-transporte-aereo/consulta-interativa /demanda-e-oferta-origem-destino. Acesso em: 24 mar. 2019.

DOLINGER, Jacob. *Direito Internacional Privado – Parte Geral*. 4. ed. Editora Renovar, 1997.

GORCZESKI, Vinicius. A história do cubano que viveu cinco meses no aeroporto de Guarulhos. *Revista Época*, 5 out. 2013. Disponível em: https://epoca.globo.com/vida/noticia/2013/10/historia-do-cubano-que-viveu-cinco-meses-no-baeroporto-de-guarulhosb.html. Acesso em: 2 mar. 2019.

INTERNACIONAL CIVIL AVIATION ORGANIZATION – ICAO. *DOC 9957, Manual de Facilitación*. Primera Edición. 2011.

INTERNATIONAL AIR TRANSPORT ASSOCIATION – IATA. *Página Institucional*. Disponível em: https://www.iata.org/pressroom/pr/Pages/2017-10-24-01.aspx. Acesso em: 30 mar. 2019.

MAZZUOLI, Valério de Oliveira. *Curso de Direito Internacional Público*. 7. ed. Editora Revista dos Tribunais, 2013, p. 753.

PECORARO, Filippi. *Direito Aeronáutico*. Editora D'Plácido, 2018, p. 168.

PRESIDÊNCIA DA REPÚBLICA. *Mensagem nº 163, de 24 de maio de 2017*. Razões de veto da Lei nº 13.445/2017. Disponível em: http://www.planalto.gov.br/ccivil_03/_ato2015-2018/2017/Msg/VEP-163.htm. Acesso em: 2 mar. 2019.

Projeto de Lei do Senado nº 288, de 2013. Texto inicial. Senador Aloysio Nunes Ferreira. Disponível em: https://legis.senado.leg.br/sdleg- getter/documento?dm=4000103&ts=1553279619613&disposition=inline>. Acesso em: 15 fev. 2019.

REZEK, Francisco. *Direito Internacional Público*. 14. ed. Editora Saraiva, 2013, p. 235.

Informação bibliográfica deste texto, conforme a NBR 6023:2018 da Associação Brasileira de Normas Técnicas (ABNT):

FENELON JUNIOR, Ricardo; PIMENTA, Luiz Fernando. A nova Lei de Migração (Lei nº 13.445/2017) e a responsabilidade do transportador aéreo na repatriação. *In*: VELLOSO, Ana Flavia; JARDIM, Tarciso Dal Maso (Coord.). *A nova lei de migração e os regimes internacionais*. Belo Horizonte: Fórum, 2021. p. 131-145. ISBN 978-65-5518-167-8.

A EXPULSÃO DE ESTRANGEIROS FRENTE À NOVA LEI DE MIGRAÇÃO

SÉRGIO LUÍZ KUKINA

CLEANTO DE A. C. FERNANDES

1 Introdução

O vocábulo "expulsão" remete à ideia de ato coercitivo, marcado por irresistível compulsoriedade. Na perspectiva do cristianismo, já nas primeiras linhas do Antigo Testamento, desenha-se eloquente passagem sobre a extrusão do homem de seu *habitat* paradisíaco – "o Senhor Deus expulsou-o do jardim do Éden, para que ele cultivasse a terra donde tinha sido tirado" (Gênesis, 3:23) – em resposta ao fato de o primeiro casal humano ter experimentado do fruto da árvore proibida, cujo contexto, entre outras relevantes manifestações artísticas, inspirou o afresco *Adão e Eva expulsos do Paraíso*, de Tommaso Masaccio (1401-1428), gravado na Capela Brancacci, em Florença.

Ainda em sua conotação depreciativa, pode-se imaginar os exemplos da expulsão do aluno indisciplinado do respectivo ambiente escolar ou, ainda, do desligamento do sócio transgressor do quadro associativo de sua agremiação. Em atividades desportivas oficiais, como ocorre no futebol, jogadores são expulsos de campo em razão de comportamentos agressivos que afrontam as respectivas regras disciplinares. Há não muito tempo, vale lembrar, era mesmo comum que genitores, sentindo-se desonrados, expulsassem de casa filhas solteiras que, nessa condição, engravidassem. Já no âmbito do sistema penal positivado, o cumprimento de pena privativa de liberdade, por assim dizer, implica em se expungir o condenado do meio social livre.

Não surpreende, pois, que o fenômeno da expulsão de pessoa estrangeira tenha galgado larga acolhida pelas nações soberanas, em feitio de normatização que viabiliza a retirada de estrangeiros indesejados do território de determinado Estado. Nesse sentido, consoante longevo ensinamento de Hildebrando Accioly, "o Estado tem o direito de expulsar os estrangeiros que se não submetam às leis locais ou às medidas de polícia que lhe são impostas".[1]

Vale, aqui, lembrar o conteúdo do terceiro artigo definitivo para a paz perpétua, no qual Immanuel Kant propõe que "o direito cosmopolita deve limitar-se às condições da hospitalidade universal", cuja proposição vem assim justificada pelo genial filósofo germânico: "Fala-se, aqui, como nos artigos anteriores, não de filantropia, mas de direito, e hospitalidade significa aqui o direito de um estrangeiro a não ser tratado com hostilidade em virtude da sua vinda ao território de outro. Este pode rejeitar o estrangeiro, se isso puder ocorrer sem a ruína dele, mas enquanto o estrangeiro se comportar amistosamente no seu lugar, o outro não o deve confrontar com hostilidade. Não existe nenhum direito de hóspede sobre o qual se possa basear esta pretensão (para isso seria preciso um contrato especialmente generoso para dele fazer um hóspede por certo tempo), mas um direito de visita, que assiste todos os homens para se apresentar à sociedade, em virtude do direito da propriedade comum da superfície da Terra, sobre a qual, enquanto superfície esférica, os homens não podem estender-se até ao infinito, mas devem finalmente suportar-se um aos outros, pois originariamente ninguém tem mais direito do que outro a estar num determinado lugar da Terra".[2]

É natural, nesse contexto, que o tema da expulsão de estrangeiro se revista de singular importância, sendo bastante emblemática, aliás,

---

1 ACCIOLY, Hidelbrando. *Manual de direito internacional público*. 3. ed. São Paulo: Saraiva, 1956. p. 122.

2 KANT, Immanuel. *A paz perpétua e outros opúsculos*. Trad. Artur Morão. Lisboa: Edições 70, 2002. p. 137.

a histórica circunstância de que, ainda na década de 1960, sob a batuta do ministro Victor Nunes Leal, o Supremo Tribunal Federal tenha-lhe reservado espaço logo na primeira súmula de seu repertório, que exsurgiu assim redigida: "É vedada a expulsão de estrangeiro casado com brasileira, ou que tenha filho brasileiro, dependente da economia paterna" (aprovada na Sessão Plenária de 13.12.1963, publicada na Súmula da Jurisprudência Predominante do Supremo Tribunal Federal – anexo ao Regimento Interno. Edição: Imprensa Nacional, 1964, p. 33), sinalizando, com isso, a elevada frequência com que tal assunto frequentava a Corte Suprema de nosso país.

2 Retrospecto das normativas internacional e constitucional

No espaço legiferante global, o Pacto Internacional sobre Direitos Civis e Políticos (ONU/1966), em seu art. 13, preceitua que "um estrangeiro que se ache legalmente no território de um Estado-parte do presente Pacto só poderá dele ser expulso em decorrência de decisão adotada em conformidade com a Lei e, a menos que razões imperativas de segurança nacional a isso se oponham, terá a possibilidade de expor as razões que militem contra sua expulsão e de ter seu caso reexaminado pelas autoridades competentes, ou por uma ou várias pessoas especialmente designadas pelas referidas autoridades, e de fazer-se representar com esse objetivo".

Em âmbito regional, a Convenção Americana sobre Direitos Humanos – o Pacto de San Jose da Costa Rica (OEA/1969), em seu art. 22, item 6, prescreve que "o estrangeiro que se ache legalmente no território de um Estado-parte nesta Convenção só poderá dele ser expulso em cumprimento de decisão adotada de acordo com a Lei".

Já na platitude constitucional, a primeira Carta Republicana brasileira (1891) não continha, em sua redação original, qualquer alusão ao instituto da expulsão, o que veio ocorrer somente por instância da emenda constitucional de 3 de setembro de 1926, que fez agregar ao art. 72 (rol dos direitos individuais) o §33, assim escrito: "É permitido ao Poder Executivo expulsar do território nacional os súditos estrangeiros perigosos á ordem pública ou nocivos aos interesses da Republica".

Na Constituição Federal de 1934, o art. 5º, XIX, "g", dispunha competir privativamente à União legislar sobre a "entrada e expulsão de estrangeiros", estabelecendo o art. 113, "15", em acréscimo, que "a

União poderá expulsar do território nacional os estrangeiros perigosos à ordem pública ou nocivos aos interesses do País".

Nos termos da Constituição Federal de 1937, o art. 16, III, prescreveu competir privativamente à União o poder de legislar sobre "a expulsão de estrangeiros do território nacional e proibição de permanência ou de estada no mesmo".

Pela Constituição Federal de 1946, na forma de seu art. 5°, XV, "n", ficou assentado ser da competência da União legislar sobre "expulsão de estrangeiros", enquanto o art. 143 estabeleceu que "o Governo federal poderá expulsar do território nacional o estrangeiro nocivo à ordem pública, salvo se o seu cônjuge for brasileiro, e se tiver filho brasileiro (art. 129, I e II) dependente da economia paterna".

Consoante a Constituição Federal de 1967, competia à União, na forma do art. 8°, XVII, "p", legislar sobre "expulsão de estrangeiros".

Já a teor da Emenda Constitucional n° 01/69, art. 8°, XVII, "p", tocava à União legislar sobre a "expulsão de estrangeiros".

Por fim, a vigente Constituição Federal (1988), por seu art. 22, XV, estabelece competir privativamente à União legislar sobre "expulsão de estrangeiros", nada mais esclarecendo a respeito do instituto.

3 Panorama evolutivo da legislação infraconstitucional

De há muito que o instituto da expulsão habita o cenário normativo pátrio. A tanto, cumpre fazer alusão ao vetusto Decreto n° 406, de 1938 (art. 61), tanto quanto aos Decretos-Lei sob números 417 e 941, ambos de 1969 (arts. 73/86), todos igualmente revogados pelo subsequente Estatuto do Estrangeiro, diploma esse consubstanciado na Lei n° 6.815, de 1980, a qual, ressalte-se, dispunha sobre a expulsão em seus arts. 65 a 75. Este último estatuto, por fim, quedou revogado pela ora vigente Lei de Migração, versada na Lei n° 13.445, de 24 de maio de 2017, a qual entrou em vigor seis meses depois de sua publicação (D.O.U. de 25.5.2017), achando-se já devidamente regulamentada pelo Decreto n° 9.199, de 20 de novembro de 2017.

No âmbito da nova Lei de Migração, o tema em comento aparece disciplinado nos arts. 54 a 60, dispondo o legislador, textualmente, que "a expulsão consiste em medida administrativa de retirada compulsória de migrante ou visitante do território nacional, conjugada com o impedimento de reingresso por prazo determinado" (art. 54), seguindo-se, logo após, um rol de específicas hipóteses em que se veda a utilização dessa grave medida de extrusão (art. 55), em ordem a humanizar sua imposição na realidade empírica. No ponto, reveste-se de inteira pertinência a observação expendida por Reynaldo Soares da Fonseca, ao lembrar, com inspiração no preâmbulo da Carta Republicana de 1988, que "no Brasil há uma promessa constitucional que nos compele ao tratamento digno do imigrante, ao prever que visamos assegurar o exercício dos direitos de modo a formar uma 'sociedade fraterna, pluralista e sem preconceitos, fundada na harmonia social e comprometida, na ordem interna e internacional, com a solução pacífica das controvérsias'".[3]

Passa-se, em seguida, ao exame de questões práticas ligadas à expulsão de estrangeiro, mediante uma abordagem atenta à relevante jurisprudência formada no STF e no STJ, seja à luz do revogado Estatuto do Estrangeiro (Lei nº 6.815/80), seja à luz da novel Lei de Migração (Lei nº 13.445/17).

4 Autoridade competente para deliberar sobre a expulsão

Definir a autoridade administrativa detentora da atribuição para decidir sobre a expulsão de estrangeiro é imprescindível, entre outros reflexos, para se poder fixar a competência do órgão jurisdicional, a que caberá apreciar ações questionadoras da validade de atos expulsórios.

Pois bem, nos termos da Lei nº 6.815/80 (Estatuto do Estrangeiro), tal atribuição tocava ao presidente da República. Veja-se, a propósito, o art. 66 do referido diploma:

> Art. 66. Caberá exclusivamente ao Presidente da República resolver sobre a conveniência e a oportunidade da expulsão ou de sua revogação. Parágrafo único. A medida expulsória ou a sua revogação far-se-á por decreto.

Ocorre que, por meio do Decreto nº 3.447, de 5 de maio de 2000, o presidente da República delegou competência ao ministro de Estado da Justiça "para decidir sobre a expulsão de estrangeiro do País e sua revogação" (art. 1º).

Convém ressaltar que essa delegação não implicou na disposição da competência por parte do presidente da República, razão pela qual a legitimidade desse decreto foi reconhecida pelo Supremo Tribunal Federal e pelo Superior Tribunal de Justiça, como bem demonstram os seguintes precedentes:

---

[3] FONSECA, Reynaldo Soares da. *O princípio constitucional da fraternidade – seu resgate no sistema de justiça*. Belo Horizonte: D'Plácido, 2019. p. 160.

HABEAS CORPUS. CONSTITUCIONAL. DIREITO INTERNACIONAL PÚBLICO. EXPULSÃO DE ESTRANGEIRO. ALEGAÇÃO DE INCOMPETÊNCIA DO MINISTRO DE ESTADO DA JUSTIÇA PARA EXPULSAR ESTRANGEIRO DO TERRITÓRIO NACIONAL. IMPROCEDÊNCIA. [...] ORDEM DENEGADA. 1. Não implica disposição de competência legal a delegação pelo Presidente da República do ato de expulsão de estrangeiro. 2. *O Supremo Tribunal Federal sempre reputou válido o decreto de expulsão de estrangeiro subscrito pelo Ministro de Estado da Justiça por delegação do Presidente da República. Precedentes* [...] Ordem denegada. (HC 101269/DF, Relatora Ministra CÁRMEN LÚCIA, PRIMEIRA TURMA, julgado em 03/08/2010, DJe 20/08/2010) (Sem destaques no original).
HABEAS CORPUS. EXPULSÃO. PORTARIA DO MINISTRO DE ESTADO DA JUSTIÇA. DELEGAÇÃO. [...]–*Na linha da jurisprudência desta Corte e do Supremo Tribunal Federal, é plenamente válido o Decreto n. 3.447/2000, no qual o Presidente da República delegou ao Ministro de Estado da Justiça a competência para "decidir sobre a expulsão de estrangeiro do País e a sua revogação" (art. 1º).* Habeas corpus conhecido e denegado. (HC 184.415/DF, Relator Ministro CESAR ASFOR ROCHA, PRIMEIRA SEÇÃO, julgado em 22/06/2011, DJe 05/08/2011) (Sem destaques no original).

Presentemente, dúvidas não há quanto à atribuição do ministro de Estado da Justiça para decidir sobre a expulsão de migrantes ou visitantes, isso por força da Lei de Migração[4] e do Decreto nº 9.199/2017,[5] que a regulamentou.

Para exemplificar, em 12 de janeiro de 2019, foram expedidas pelo ministro de Estado da Justiça e Segurança Pública as Portarias números 24, 25, 26, 27, 28, 29, 30, 31, 32, 33 e 34, todas expulsando migrantes ou visitantes do território nacional.

---

[4] Art. 54. [...]
§2º Caberá à autoridade competente resolver sobre a expulsão, a duração do impedimento de reingresso e a suspensão ou a revogação dos efeitos da expulsão, observado o disposto nesta Lei.

[5] Art. 202. O relatório final com a recomendação técnica pela efetivação da expulsão ou pelo reconhecimento de causa de impedimento da medida de retirada compulsória será encaminhado para apreciação e deliberação do Ministro de Estado da Justiça e Segurança Pública.
Art. 203. Publicado o ato do Ministro de Estado da Justiça e Segurança Pública que disponha sobre a expulsão e o prazo determinado de impedimento para reingresso no território nacional, o expulsando poderá interpor pedido de reconsideração no prazo de dez dias, contado da data da sua notificação pessoal.
Art. 206. [...]
§4º Caberá ao Ministro de Estado da Justiça e Segurança Pública decidir sobre a revogação da medida de expulsão.

5 Medida judicial cabível contra a expulsão

Inegavelmente, o ato de expulsão, que acarreta no afastamento compulsório do estrangeiro do território nacional, gera restrição à sua liberdade de locomoção.[6]

Sem prejuízo da utilização de ações de cunho ordinário, é certo que o manejo do *habeas corpus*, enquanto instrumento vocacionado à célere tutela da liberdade de locomoção, traduz-se em eficaz remédio constitucional para fins de controle jurisdicional do procedimento administrativo de expulsão.

Com efeito, o Supremo Tribunal Federal já teve ensejo de assentar o seguinte:[7]

> O meio processual adequado para se impugnar decreto expulsório é o habeas corpus. Assim se firmou a jurisprudência do Supremo, seja porque o expulsando via de regra está preso, seja porque se trata de remédio mais expedito. Conversão do mandado de segurança originalmente interposto em habeas corpus. Prejudicada, em consequência, a ação mandamental.

Entretanto, por sua feição expedita, a via estreita do remédio heroico não contempla dilação probatória, constituindo ônus da parte impetrante a demonstração, mediante prova pré-constituída, da alegada coação ilegal, que deve ser aferível de plano.[8] Nesse sentido, pode-se reportar o seguinte precedente do Supremo Tribunal Federal: HC nº 154.821-AgR, relator ministro Ricardo Lewandowski, Segunda Turma, DJe 16.05.2018.

6 Competência jurisdicional para apreciar medidas voltadas contra atos expulsórios

As premissas até aqui fixadas podem ser assim resumidas: (i) nos termos da legislação em vigor (Lei nº 13.445/17 e Decreto nº 9.199/17), é atribuição do ministro de Estado da Justiça e Segurança Pública expedir portarias determinando a expulsão de migrantes ou

---

6 CAHALI, Yussef Said. *Estatuto do estrangeiro*. 2. ed. São Paulo: Revista dos Tribunais, 2010. p. 199-200.

7 BRASIL. Supremo Tribunal Federal. HC nº 72.082/RJ, relator ministro Francisco Rezek, Plenário, DJ 01.03.1996.

8 BRASIL. Superior Tribunal de Justiça. HC nº 422.680/DF, relator ministro Sérgio Kukina, Primeira Seção, DJe 22.02.2018.

visitantes; (ii) o meio processual mais adequado para se impugnar o ato expulsório é o *habeas corpus*.

Por consequência, daí desponta competir ao Superior Tribunal de Justiça processar e julgar, originariamente, os *habeas corpus* que visem à anulação de portarias ministeriais ensejadoras de expulsão, nos termos do art. 105, I, "c", da Constituição Federal, que tem a seguinte dicção:

> Art. 105. Compete ao Superior Tribunal de Justiça:
> I–processar e julgar, originariamente:
> [...]
> c) os *habeas corpus*, quando o coator ou paciente for qualquer das pessoas mencionadas na alínea "a", ou quando o coator for tribunal sujeito à sua jurisdição, *Ministro de Estado* ou Comandante da Marinha, do Exército ou da Aeronáutica, ressalvada a competência da Justiça Eleitoral. (Grifos nossos)

Nessa altura, uma observação se faz necessária. É que o procedimento expulsório tem início com a abertura de inquérito policial (o chamado inquérito policial de expulsão), cujo relatório é encaminhado pela autoridade policial ao ministro da Justiça para que este decida, em momento final, sobre a expulsão.

Ora, no transcurso do aludido inquérito poderão ocorrer vícios ou nulidades procedimentais que não guardem relação direta e imediata com as atribuições próprias do ministro da Justiça. Nessas hipóteses, é curial, eventuais ações mandamentais intentadas para resguardar os direitos do estrangeiro, antes da materialização do ato de expulsão propriamente dito, por certo que ainda não estarão inseridas na órbita da competência originária do Superior Tribunal de Justiça.

Lado outro, releva destacar que, mesmo nos casos em que o ato expulsório seja atribuível ao ministro de Estado da Justiça (nos quais, como visto, a competência originária para processar e julgar *habeas corpus* será do Superior Tribunal de Justiça), a controvérsia, ainda assim, poderá ser guindada ao crivo do Supremo Tribunal Federal, seja por meio do cabível recurso ordinário em *habeas corpus* (art. 102, II, "a", da CF), seja no fio de anômalo *habeas corpus* substitutivo de recurso ordinário, seja, enfim, por intermédio de recurso extraordinário agitado pela autoridade coatora ou pelo órgão a que pertença em face da decisão do STJ que tenha concedido a ordem postulada pelo estrangeiro expulsando.

Dito isto, reconhecida a natural competência do STJ para processar e julgar originariamente *habeas corpus* impetrado com o objetivo anular ato de expulsão de estrangeiro, assim editado por ministro de Estado da Justiça, impende desvendar o órgão fracionário do Tribunal da Cidadania, internamente responsável pelo julgamento.

De acordo com o *caput* do art. 9° do Regimento Interno do Superior Tribunal de Justiça (RISTJ), a competência de suas seções e respectivas turmas é fixada em função da natureza da relação jurídica litigiosa. Nos termos do §3° desse mesmo dispositivo regimental, "à Terceira Seção cabe processar e julgar os feitos relativos à matéria penal em geral, salvo os casos de competência originária da Corte Especial e os *habeas corpus* de competência das Turmas que compõem a Primeira e a Segunda Seção".

Ora, em inúmeros casos, o *habeas corpus* impetrado perante o STJ visa, exclusivamente, à anulação do ato expulsório pelo seu flanco administrativo, sem que haja discussão a respeito do seu conteúdo penal (como ocorreria, por exemplo, se o *writ* objetivasse a revogação de eventual prisão decretada no curso do procedimento administrativo de expulsão ou visasse à obtenção de progressão de regime de cumprimento de pena).

Nessas situações, a competência, desenganadamente, será da Primeira Seção, à qual cabe processar e julgar feitos relativos à "nulidade e anulabilidade de atos administrativos", "direito público em geral", bem como aos "habeas corpus referentes às matérias de sua competência" (art. 9°, §1°, II, XIV e XII, do Regimento Interno do STJ).

7 Limites ao exame realizado pelo Poder Judiciário

Como pondera Luis Vanderlei Pardi, a expulsão tem natureza de ato administrativo discricionário que visa proteger o Estado, dele retirando o estrangeiro que esteja causando problemas.[9]

Pois bem, tanto o pretérito Estatuto do Estrangeiro quanto a atual Lei de Migração, em maior ou menor grau, possuem dispositivos reveladores desse caráter discricionário.

No revogado estatuto, a margem de discricionariedade do Poder Executivo era ampla. As hipóteses em que se revelava possível a expulsão traziam conceitos vagos, tais como "segurança nacional", "ordem pública ou social", "tranquilidade ou moralidade pública e economia popular", "procedimento nocivo à convivência e aos interesses

[9] PARDI, Luis Vanderlei. *O regime jurídico da expulsão de estrangeiros no Brasil*: uma análise à luz da Constituição Federal e dos tratados de direitos humanos. São Paulo: Almedina, 2015. p. 78.

nacionais", "vadiagem" e "mendicância" (art. 65, *caput* e parágrafo único). Além disso, a vedação de reingresso decorrente da expulsão não possuía prazo certo.

A seu turno, a hodierna Lei de Migração restringiu sensivelmente a margem de liberdade do Poder Executivo ao elencar alguns crimes que podem dar ensejo à expulsão (inc. I do §1° do art. 54). Porém, em relação aos crimes dolosos passíveis de pena privativa de liberdade, o campo de discricionariedade permaneceu amplo, já que, nesses casos, deverão ser consideradas, na decisão acerca da expulsão, "a gravidade e as possibilidades de ressocialização em território nacional" (inc. II do §1° do art. 54). Ademais, a nova lei estabeleceu que o impedimento de reingresso deve observar prazo determinado, proporcional e nunca superior ao dobro da pena aplicada em relação ao crime que deu ensejo à medida.

De qualquer sorte, tanto pelas normas do revogado Estatuto do Estrangeiro como nos termos da vigente Lei de Migração, a discricionariedade do Poder Executivo encontrava e encontra limites nos motivos que dão causa à expulsão; por isso que a liberdade de atuação administrativa não afasta o controle jurisdicional da legalidade do ato, porquanto não se pode confundir discricionariedade com arbitrariedade.

Nesse mesmo diapasão, Yussef Said Cahali afirma que, na generalidade das legislações modernas, o direito de expulsão pertence à administração, e não ao Poder Judiciário.[10] Ainda segundo o respeitável doutrinador, o Poder Executivo só possui margem para decidir se expulsa o estrangeiro nos exatos limites das causas legais que assim autorizem; não deterá arbítrio, evidentemente, para decretar expulsão fora desses quadrantes. Em suma, arbítrio e discrição não se confundem com arbitrariedade, sendo certo que resvalaria para os domínios da arbitrariedade a expulsão que não decorresse de qualquer das causas legais que a justificam.[11]

Corroborando com a ideia de que a discricionariedade na expulsão é limitada, a Suprema Corte já teve ensejo de assinalar, *verbis*:[12]

> A expulsão é ato discricionário do Poder executivo. Não se admite, no entanto, ofensa à lei e falta de fundamentação. Contra o ato expulsório

---

[10] CAHALI, Yussef Said. *Estatuto do estrangeiro*. 2. ed. São Paulo: Revista dos Tribunais, 2010. p. 210.

[11] Obra citada, p. 211.

[12] BRASIL. Supremo Tribunal Federal. HC 72.082/RJ, relator o ministro Francisco Rezek, Plenário, DJ 01.03.1996.

são possíveis recurso administrativo – pedido de reconsideração – e apelo ao Poder Judiciário. Quanto a este, o escopo de intervenção é muito estreito. Cuida o judiciário apenas do exame da conformidade do ato com a legislação vigente. Não examina a conveniência e a oportunidade da medida, circunscrevendo-se na matéria de direito: observância dos preceitos constitucionais e legais (HHCC 58.926 – RTJ 98/1045 e 61.738 – RTJ 110/650, entre outros).

Mais recentemente, o mesmo STF reafirmou essa linha de percepção, consignando que o exame realizado pelo Poder Judiciário estará adstrito à conformidade do ato expulsório com o ordenamento jurídico em vigor, não sendo permitida a incursão em aspectos atinentes à oportunidade e à conveniência, cabendo esse papel exclusivamente ao Poder Executivo.[13]

Em suma, como destacado pelo ministro Celso de Mello, em didática decisão, a discricionariedade do Poder Executivo, em tema de expulsão, sofre limitações de ordem jurídica, como aquelas previstas no revogado Estatuto do Estrangeiro ou na Lei de Migração (a qual restringiu ainda mais a liberdade de escolha do Poder Executivo para a prática do ato expulsório).[14]

8 Hipóteses de inexpulsabilidade – evolução legislativa e jurisprudencial

Como já delineado, a expulsão de estrangeiro é medida administrativa de proteção à ordem pública e ao interesse social fundada na prerrogativa de que dispõem os Estados para, de modo soberano, admitirem ou não em seus territórios pessoas juridicamente estranhas à comunhão nacional.

Na mão inversa, uma vez configurada qualquer das denominadas hipóteses de inexpulsabilidade, surge, para o estrangeiro, o direito subjetivo à permanência em solo brasileiro.

Nessa marcha, passa-se em revista a cada uma das hipóteses impeditivas de expulsão, mediante a análise da evolução jurisprudencial experimentada durante a vigência do Estatuto do Estrangeiro, a qual, em considerável medida, inspirou a Lei de Migração.

[13] BRASIL. Supremo Tribunal Federal. HC nº 101.269/DF, relatora a ministra Cármen Lúcia, Plenário, DJe 14.04.2011.

[14] BRASIL. Supremo Tribunal Federal. HC nº 114.901/DF, relator ministro Celso de Mello, DJe 04.02.2019.

9 Causas impeditivas de expulsão previstas no Estatuto do Estrangeiro

1ª) Não se procederá à expulsão se implicar extradição inadmitida pela lei brasileira – art. 75, inc. I, da Lei 6.815/80

Num primeiro momento, cumpre realçar a distinção pontuada por Roberto Rosas, no sentido de que "os dois institutos (expulsão e extradição) são diversos. A extradição é pedido formulado por Estado estrangeiro em virtude de crime cometido no Exterior. Já a expulsão decorre de atentado à segurança nacional, à ordem política ou social ou nocividade aos interesses nacionais. Num, o fato motivador ocorreu no Exterior. No outro, o motivo ocorreu no Brasil".[15]

Dito isso, tem-se que a hipótese ora examinada firmava a impossibilidade da expulsão quando esta, por via oblíqua, pudesse implicar em extradição proscrita pela lei brasileira. Nesse passo, o art. 77 da Lei nº 6.815/80 enumerava ao menos oito hipóteses em que o ato extradicional restava vedado pelo Estado brasileiro,[16] tendo o legislador, contudo, reservado certa margem de discricionariedade para o STF, no tocante à valoração e qualificação que essa corte houvesse de outorgar à infração atribuída ao extraditando (§§1º a 3º do mencionado art. 77).

Enfim, o inescondível objetivo da norma era o de obviar a possibilidade de que o emprego de um instituto (no caso, a expulsão), desavisadamente, pudesse dar lugar à indevida aplicação de outro (no caso, a extradição), com inegável prejuízo para o expulsando.

2ª) Não se procederá à expulsão quando o estrangeiro tiver cônjuge brasileiro do qual não esteja divorciado ou separado, de fato ou de direito, e desde que o casamento tenha sido celebrado há mais de 5 (cinco) anos – art. 75, inc. II, alínea a, da Lei nº 6.815/80

---

[15] ROSAS, Roberto. *Direito sumular*. 14. ed. São Paulo: Malheiros, 2012. p. 17.

[16] Art. 77. Não se concederá a extradição quando:
I – se tratar de brasileiro, salvo se a aquisição dessa nacionalidade verificar-se após o fato que motivar o pedido;
II – o fato que motivar o pedido não for considerado crime no Brasil ou no Estado requerente;
III – o Brasil for competente, segundo suas leis, para julgar o crime imputado ao extraditando;
IV – a lei brasileira impuser ao crime a pena de prisão igual ou inferior a 1 (um) ano;
V – o extraditando estiver a responder a processo ou já houver sido condenado ou absolvido no Brasil pelo mesmo fato em que se fundar o pedido;
VI – estiver extinta a punibilidade pela prescrição segundo a lei brasileira ou a do Estado requerente;
VII – o fato constituir crime político; e
VIII – o extraditando houver de responder, no Estado requerente, perante Tribunal ou Juízo de exceção.

Como visto na parte introdutória do presente estudo, a Constituição de 1946, em seu artigo 143,[17] vedava a expulsão de estrangeiro que tivesse cônjuge brasileiro. Essa vedação se repetiu na Súmula nº 1 do Supremo Tribunal Federal,[18] no Decreto-Lei nº 417/1969[19] e no Decreto-Lei nº 941/1969,[20] com o acréscimo, neste último caso, da exigência de que o casal não se encontrasse desquitado ou separado.

Com a edição do Estatuto do Estrangeiro, em 1980, essa cláusula impeditiva da expulsão de estrangeiros manteve-se restrita ao casamento, tendo havido, em relação ao diploma anterior, o acréscimo de um requisito: o lapso temporal superior a cinco anos.

Percebe-se assim que, desde a Constituição de 1946 até ao Estatuto do Estrangeiro, todos os atos normativos que trataram do tema fizeram referência apenas a "casamento" e "cônjuge", ao estabelecerem as causas que impediam a expulsão de estrangeiro do território nacional.

A propósito, como enaltecido por Yussef Said Cahali, o Supremo Tribunal Federal, em 1975, assentou que a simples existência de sociedade familiar de fato não impedia a expulsão de estrangeiro do território nacional, porque a situação da companheira não era contemplada pela legislação pertinente.[21]

Apenas com a promulgação da Constituição Federal de 1988 é que esse cenário foi modificado, pois a união estável passou a ser reconhecida como entidade familiar.[22]

Como consequência dessa mais arejada disciplina constitucional da família, o Estatuto do Estrangeiro não mais poderia ser interpretado de forma literal ou restritiva, sendo de rigor a sua compatibilização com a Carta Cidadã por meio de uma interpretação flexibilizada, que elevasse a união estável à condição de causa impeditiva de expulsão.

---

17 Art. 143 – O Governo federal poderá expulsar do território nacional o estrangeiro nocivo à ordem pública, salvo se o seu cônjuge for brasileiro, e se tiver filho brasileiro (art. 129, nºs I e II) dependente da economia paterna.

18 Súmula 1 do STF: "É vedada a expulsão de estrangeiro casado com brasileira, ou que tenha filho brasileiro, dependente da economia paterna".

19 Art. 3º Não será expulso estrangeiro que tenha cônjuge ou filho brasileiro, dependente de economia paterna.

20 Art. 74. Não será expulso o estrangeiro que tiver: I – Cônjuge brasileiro do qual não esteja desquitado ou separado;

21 Obra citada, p. 238.

22 Art. 226
[...]
§3º Para efeito de proteção do estado, é reconhecida a união estável entre o homem e a mulher como entidade familiar, devendo a lei facilitar a sua conversão em casamento.

Convém, no entanto, ressaltar que o casamento ou a união estável, por si sós, não bastavam para a configuração da excludente de expulsabilidade. Era necessário que ambos tivessem duração superior a cinco anos.

Sobre tal ponto, é interessante lembrar que a Lei nº 8.971/94 estabeleceu, como requisito para o reconhecimento da "união estável", o prazo de cinco anos, cujo lustro, portanto, coincidia com aquele já previsto no Estatuto do Estrangeiro.

Ocorre que a posterior Lei nº 9.278/96 deixou de arbitrar um tempo mínimo de convivência para fins de configuração da união estável (opção adiante mantida pelo Código Civil de 2002, nos termos de seu art. 1.723).

Nada obstante, o Poder Judiciário continuou reputando válido e exigível o critério temporal do Estatuto do Estrangeiro. Nessa linha de percepção, em 06.09.2000 (portanto, mais de quatro anos após a entrada em vigor da Lei nº 9.278/96), a Excelsa Corte denegou *habeas corpus*, ressaltando que a união estável alegada pelo impetrante não tinha cumprido a duração de cinco anos, como exigido pela Lei nº 6.815/80, art. 75, inc. II, alínea a, enquanto razão impeditiva da expulsão.[23]

Na mesma esteira, o Superior Tribunal de Justiça, em decisão proferida em 13.09.2017 (ou seja, pouco antes da entrada em vigor da nova e atual Lei de Migração, que se deu em 21.11.2017), manteve válida portaria de expulsão por entender que, na hipótese então examinada, inexistia prova pré-constituída de casamento ou união estável há mais de cinco anos.[24]

Qual seria, então, a justificativa para que, na visão das cortes de topo, esse lapso temporal mínimo de cinco anos continuasse a ser exigido para a configuração da hipótese dessa específica hipótese de inexpulsabilidade se, desde 1996, tal quinquênio deixou de ser exigido pelo ordenamento jurídico pátrio para fins de caracterização da união estável?

Na doutrina, alguns estudiosos enxergaram nessa exigência uma cautela adotada pelo legislador, com o nítido propósito de coibir fraudes, ou seja, com o intuito de evitar que casamentos fictícios, simulados ou arranjados tivessem o condão de obstar atos expulsórios.[25]

---

[23] BRASIL. Supremo Tribunal Federal. HC nº 80.291/SP, relator ministro Octavio Gallotti, Plenário, DJ 06.09.2000.

[24] BRASIL. Superior Tribunal de Justiça. HC nº 404.251/DF, relator ministro Benedito Gonçalves, Primeira Seção, DJe 22.09.2017.

[25] Por todos, CAHALI, Yussef Said. Obra citada, p. 240.

Ainda no que respeita à letra "a" do inc. II do art. 75 do Estatuto do Estrangeiro, é possível verificar que outro requisito deveria ser satisfeito: o expulsando não podia estar divorciado ou separado do cônjuge brasileiro.

De fato, a subsistência do vínculo matrimonial (ausência de divórcio entre o estrangeiro e a brasileira) ou a integridade da coabitação/convivência conjugal (ausência de separação judicial ou de fato) deveriam persistir enquanto não revogado o ato expulsório.[26]

A esse respeito, o Supremo Tribunal Federal, no julgamento do HC nº 122.682/DF, afirmou que a união estável, além de ter duração mínima de cinco anos, deveria subsistir à época do ato de expulsão.[27]

Outrossim, é possível colher da jurisprudência do Supremo Tribunal Federal, ainda, outra exigência, aplicável especificamente à união estável. De acordo com o voto condutor do ministro Marco Aurélio no HC nº 100.793/SP,[28] "o óbice à expulsão, previsto na alínea 'a' do inc. II do art. 75 da Lei nº 6.815/80, pressupõe [...], em se tratando de união estável, não haver impedimento para a transformação em casamento".

Por fim, nos termos do §2º do art. 75 do Estatuto do Estrangeiro, verificados o divórcio ou a separação do casal, de fato ou de direito, a expulsão do estrangeiro ou estrangeira poderia ser implementada a qualquer tempo.

À luz dessa regra, o Supremo Tribunal Federal chegou a manter decreto expulsório, por entender estar "plenamente caracterizada a separação de fato do casal".[29]

3ª) Não se procederá à expulsão quando o estrangeiro tiver filho brasileiro que, comprovadamente, esteja sob sua guarda e dele dependa economicamente; não constituem impedimento à expulsão a adoção ou o reconhecimento de filho brasileiro supervenientes ao fato que o motivar – art. 75, inc. II, alínea b e §1º, da Lei nº 6.815/80

Essa hipótese inibitória da expulsão, atinente à existência de filho brasileiro, exigia a presença dos seguintes requisitos: (a) guarda; e (b) dependência econômica.

---

26 CAHALI, Yussef Said. Obra citada, p. 242.

27 BRASIL. Supremo Tribunal Federal. RHC nº 121.682/MG, relator ministro Dias Toffoli, Primeira Turma, DJe 18.11.2014.

28 BRASIL. Supremo Tribunal Federal. HC nº 100.793/SP, relator ministro Marco Aurélio, Plenário, DJe 01.02.2011.

29 BRASIL. Supremo Tribunal Federal. HC nº 69.488/SP, relator ministro Octavio Gallotti, Plenário, DJ 30.09.1992.

Chama a atenção a presença da conjunção aditiva "e" no texto legal, a indicar que se cuidava de requisitos a serem atendidos de modo cumulativo.

De fato, o Supremo Tribunal Federal[30] e o Superior Tribunal de Justiça,[31] na vigência do Estatuto do Estrangeiro, entendiam necessária a presença concomitante dos requisitos guarda e dependência econômica para que a expulsão não se viabilizasse.

Como se percebe, o texto do Estatuto do Estrangeiro fazia referência, tão somente, ao requisito da dependência econômica, sem fazer alusão à dependência socioafetiva. Tal previsão legal, todavia, estava em descompasso com a Constituição Federal de 1988 e o Estatuto da Criança e do Adolescente de 1990.

Com efeito, a Carta Magna alçou a dignidade da pessoa humana ao patamar de fundamento da República (art. 1°, inc. III), consagrou a família como base da sociedade e garantiu-lhe especial proteção do Estado (art. 226), bem como assegurou à criança e ao adolescente absoluta prioridade e proteção integral no atendimento de seus direitos e interesses (art. 227).

A seu turno, o Estatuto da Criança e do Adolescente (Lei n° 8.069/90), em conformidade com a universal doutrina da proteção integral (art. 1°), densificou os princípios da prioridade absoluta, da proteção integral e do reconhecimento peculiar da condição de pessoa em desenvolvimento, os quais podem ser resumidos no postulado do melhor interesse do infante.

Nesse cenário, a existência de vínculo puramente afetivo entre a prole brasileira e o estrangeiro não mais poderia ser desconsiderada.

Forte nessa inovadora perspectiva, o Superior Tribunal de Justiça, a exemplo do que ocorreu com a causa impeditiva de expulsão examinada no tópico anterior (casamento do estrangeiro com brasileira), passou a emprestar uma interpretação sistemática à letra "b" do inciso II do art. 75 do Estatuto do Estrangeiro, considerando, como causa que impedia a expulsão, ao lado da dependência econômica, a dependência afetiva.

---

[30] BRASIL. Supremo Tribunal Federal. HC n° 82.893/SP, relator ministro Cezar Peluso, Plenário, DJ 17.12.2004.

[31] BRASIL. Superior Tribunal de Justiça, AgRg HC n° 276.884/DF, relator ministro Mauro Campbell Marques, Primeira Seção, DJe 17.10.2013.

Por sintetizar essa verdadeira evolução interpretativa da Corte Superior, a ementa do HC nº 32.756/DF[32] constitui-se em leitura indispensável:

> HABEAS CORPUS. EXPULSÃO. FILHO NASCIDO E REGISTRADO APÓS O FATO CRIMINOSO. LEI Nº 6.815/80, ART. 75, §1º. DEPENDÊNCIA SÓCIO-AFETIVA. FATOR IMPEDITIVO. IMPOSSIBILIDADE DE CONCEDER PROGRESSÃO DE REGIME.
> 1. A Constituição de 1988, de natureza pós-positivista e principiológica, tutela a família, a infância e a adolescência, tudo sob o pálio da dignidade da pessoa humana, fundamento jus-político da República.
> 2. Deveras, entrevendo a importância dos laços sócio-afetivos incorporou a família estável, fruto de união espontânea.
> 3. Sob esse enfoque, inegável que a família hoje está assentada na paternidade sócio-afetiva por isso que, absolutamente indiferente para a manutenção do filho junto ao pai alienígena, a eventual dependência econômica; posto se sobrepor a dependência moral-afetiva.
> 4. Sob esse ângulo, escorreito o entendimento desta Corte de que: "A vedação a que se expulse estrangeiro que tem filho brasileiro atende, não apenas o imperativo de manter a convivência entre pai e filho, mas um outro de maior relevo, qual seja, do de manter o pai ao alcance da cobrança de alimentos. Retirar o pai do território brasileiro é dificultar extremamente eventual cobrança de alimentos, pelo filho". (HC nº 22.446/RJ, 1ª Seção, Min. Humberto Gomes de Barros, DJ de 31.03.2003).
> 5. Essa deve ser a leitura principiológica da Súmula n.º 01 do E. STF e da Lei n.º 6.815/80, exsurgente em ambiente ideologicamente diverso daquele que norteou a Carta Magna de 1988.
> 6. Deveras, na ponderação dos interesses em tensão, há sempre de prevalecer a hodierna doutrina do best interest of the child.
> 7. A pretensão relativa à progressão do regime escapa à competência ratione materiae desta Seção.
> 8. Ordem parcialmente concedida para os fins de impedir a expulsão do estrangeiro. Agravo Regimental prejudicado.
> (HC nº 32.756/DF, rel. ministro Luiz Fux, Primeira Seção, julgado em 23.04.2004, DJ 22.05.2006, p. 137)

Corroborando essa nova orientação jurisprudencial, no julgamento do HC nº 31.449/DF, no voto do saudoso ministro Teori Albino Zavascki, ao tratar do art. 75, inc. II, "b", da Lei nº 6.815/80, advertiu-se que "a interpretação literal e estrita, que enfatiza mecanicamente a

---

32 BRASIL. Superior Tribunal de Justiça. HC nº 32.756/DF, relator ministro Luiz Fux, Primeira Seção, DJ 22.05.2006.

dependência econômica", não se compatibilizava "com os princípios decorrentes do novo quadro normativo".[33]

Em momento posterior, o STJ teve ensejo de reiterar que a dependência familiar não é necessariamente econômica, podendo ser tão somente afetiva.[34]

Nada obstante isso, não se pode afirmar tenha havido uma consolidação da jurisprudência do Tribunal da Cidadania no sentido de admitir que a tão só comprovação do vínculo afetivo entre o expulsando e a prole brasileira já seria suficiente para obstar a retirada compulsória do genitor ou genitora do território nacional.

Com efeito, em processos apreciados posteriormente ao julgamento dos precedentes acima referenciados, mas ainda na vigência do Estatuto do Estrangeiro, o STJ, muito embora tenha admitido como causa de permanência de estrangeiro a dependência afetiva da prole brasileira, não deixou de exigir a comprovação cumulativa da dependência econômica. Nesse diapasão, destaca-se o voto condutor do acórdão relatado pelo ministro Benedito Gonçalves, no âmbito do HC nº 404.251/DF: "Ausente prova pré-constituída de que os filhos brasileiros dependam economicamente do impetrante, bem como de que mantiveram convivência, ainda que eventual, até a presente data, é caso de denegação da ordem".[35]

Noutra face, o reconhecimento da existência de filho brasileiro como causa de inexpulsabilidade tem ainda outro ponto controvertido, qual seja, o momento do nascimento da prole.

O Supremo Tribunal Federal reiteradamente decidia pela aplicabilidade das disposições constantes do §1º do art. 75 da Lei nº 6.815/80, como, por exemplo, no julgamento do HC nº 68.324/DF,[36] no qual restou assentado que "o reconhecimento de filho brasileiro após o decreto de expulsão não impede que este se efetive. Sobretudo quando há sérias dúvidas sobre a motivação do reconhecimento e sobre a relação de

---

[33] BRASIL. Superior Tribunal de Justiça. HC nº 31.449/DF, relator para o acórdão ministro Teori Albino Zavascki, Primeira Seção, DJ 31.05.2004.

[34] BRASIL. Superior Tribunal de Justiça. HC nº 104.849/DF, relator ministro Herman Benjamin, Primeira Seção, DJe 23.10.2008.

[35] BRASIL. Superior Tribunal de Justiça. HC nº 404.251/DF, relator ministro Benedito Gonçalves, Primeira Seção, DJe 22.09.2017.

[36] BRASIL. Supremo Tribunal Federal. HC nº 68.324, relator ministro Sydney Sanches, Plenário, DJ 14.06.1991.

dependência econômica". Na mesma esteira, vale mencionar o HC nº 79.749/SP.[37]

Mais recentemente, o STF fez assentar que "a existência de filha brasileira só constitui causa impeditiva de expulsão de estrangeiro, quando sempre a teve sob sua guarda e dependência econômica, mas desde que a tenha reconhecido antes do fato que haja motivado a expedição do decreto expulsório".[38]

Essa jurisprudência, num primeiro momento, foi seguida pelo Superior Tribunal de Justiça quando, ao analisar o HC nº 144/DF,[39] assim decidiu: "O nascimento de filho ocorrido após o fato, que ensejou o ato expulsório, não pode ter o condão de impedir a concretização deste".

Contudo, diante do novo quadro normativo pós-Constituição de 1988, o STJ passou a impedir a expulsão de estrangeiro pai de criança brasileira nascida após a condenação penal que deu causa à expulsão e mesmo que nascida após a decretação da medida.

Na elucidativa ementa do HC nº 104.849/DF,[40] julgado em 13.08.2008, o ministro Herman Benjamin fez ressaltar:

> No plano da justiça material, é irrelevante o ato ilícito que deu origem ao Decreto de Expulsão haver sido praticado antes do nascimento do menor dependente, pois os laços econômicos ou afetivos não reverberam na caracterização do *prius* (o crime), mas, sim, no *posterius* (as consequências administrativo-processuais); sem falar que o sujeito que se protege com a revogação do ato administrativo não é o expulsando, mas a criança e o adolescente.

Desde então, a jurisprudência do STJ tornou-se uníssona quanto à não distinção entre filhos nascidos antes ou depois do ato que ensejou a edição da medida expulsória. Confiram-se, a título de exemplo, as seguintes ementas:

> ADMINISTRATIVO E PROCESSUAL CIVIL. HABEAS CORPUS. EXPULSÃO DE ESTRANGEIRO DO TERRITÓRIO NACIONAL. CONDENAÇÕES CRIMINAIS. FILHA NASCIDA NO BRASIL APÓS

---

[37] BRASIL. Supremo Tribunal Federal. HC nº 79.749/SP, relator ministro Maurício Corrêa, Plenário, DJ 01.03.2000.

[38] BRASIL. Supremo Tribunal Federal. HC nº 82.893/SP, relator ministro Cezar Peluso, Plenário, DJ 04.02.2005.

[39] BRASIL. Superior Tribunal de Justiça. HC nº 144/DF, relator ministro Jesus Costa Lima, Terceira Seção, DJ 19.03.1990.

[40] BRASIL. Superior Tribunal de Justiça. HC nº 104.849/DF, relator ministro Herman Benjamin, Primeira Seção, DJe 23.10.2008.

A CONDENAÇÃO PENAL E A EXPEDIÇÃO DO ATO EXPULSÓRIO. ARTIGO 75 DA LEI 6.815/90. CONVIVÊNCIA SÓCIO-AFETIVA E DEPENDÊNCIA ECONÔMICA DEMONSTRADAS. OCORRÊNCIA DE HIPÓTESE DE EXCLUSÃO DE EXPULSABILIDADE. ART. 75, II, DA LEI N. 6.815/80.
1. A jurisprudência do Superior Tribunal de Justiça flexibilizou a interpretação do art. 75, inciso II, da Lei 6.815/80, para manter no país o estrangeiro que possui filho brasileiro, mesmo que nascido posteriormente à condenação penal e ao decreto expulsório, no afã de tutelar a família, a criança e o adolescente.
2.
3.
4. As provas evidenciam estar o paciente abrigado pelas excludentes de expulsabilidade, previstas no inciso II do artigo 75 da Lei n. 6.815/80, razão pela qual a ordem deve ser concedida. Precedentes: HC 157.829/SP, Relator Ministro Benedito Gonçalves, Primeira Seção, DJe 14/9/2010; e AgRg no HC 115603/DF, Relator Ministro Castro Meira, Primeira Seção, DJ de 18 de setembro de 2009.
5. Ordem concedida.
(HC n° 289.637/DF, Rel. Ministro Benedito Gonçalves, Primeira Seção, julgado em 11.6.2014, DJe 20.6.2014)

HABEAS CORPUS. ADMINISTRATIVO. EXPULSÃO DE ESTRANGEIRO DO TERRITÓRIO NACIONAL. CONDENAÇÃO PELO CRIME DE TRÁFICO INTERNACIONAL DE ENTORPECENTES. FILHOS NASCIDOS NO BRASIL APÓS A CONDENAÇÃO PENAL E O ATO EXPULSÓRIO. CONVIVÊNCIA SÓCIO-AFETIVA E DEPENDÊNCIA ECONÔMICA SUFICIENTEMENTE DEMONSTRADAS. OCORRÊNCIA DA HIPÓTESE DE EXCLUSÃO. ART. 75, II, B, DA LEI 6.815/80. PRECEDENTES DO STJ (HC 182.834/DF, REL. MIN. CASTRO MEIRA, DJe 11.05.11; HC 166.496/DF, REL. MIN. HERMAN BENJAMIN, DJe 01.02.11; HC 157.829/SP, REL. MIN. BENEDITO GONÇALVES, DJe 14.09.10; HC 157.829/SP, REL. MIN. BENEDITO GONÇALVES, DJe 14.09.10). PARECER DO MPF PELA DENEGAÇÃO DA ORDEM. ORDEM CONCEDIDA, TODAVIA, PARA REVOGAR A PORTARIA MINISTERIAL DE EXPULSÃO 1.030/03 (PUBLICADA NO DJ DE 09.07.03). AGRAVO REGIMENTAL INTERPOSTO CONTRA O DEFERIMENTO DA LIMINAR JULGADO PREJUDICADO.
1. Em situações como a que se apresenta nos presentes autos, a jurisprudência do STJ firmou entendimento no sentido da impossibilidade de expulsão de estrangeiro que possua filho brasileiro, desde que evidenciada a dependência econômica ou afetiva. Verifica-se a juntada aos autos de certidão de nascimento de dois filhos, comprovando que o ora paciente é genitor dos menores em questão. Além disso, consta dos

> autos documentos que demonstram a existência de efetiva dependência econômica dos menores em relação ao paciente.
> 2. Desimportante o fato de os nascimentos dos filhos ter ocorrido após a condenação penal e o ato expulsório. Precedentes.
> 3. Parecer do MPF pela denegação da ordem.
> 4. Ordem concedida, nada obstante o parecer ministerial, com arrimo no art. 75, II, b da Lei 6.815/80, para revogar a Portaria Ministerial de expulsão 1.030/03 (publicada no DJ de 09.07.03).
> Agravo regimental interposto contra o deferimento da liminar julgado prejudicado.
> (HC nº 212.454/DF, Rel. Ministro Napoleão Nunes Maia Filho, Primeira Seção, julgado em 28.9.2011, DJe 26.10.2011).

Nessa toada, relevante destacar que o Supremo Tribunal Federal, em vista da relevância jurídica e social da matéria, reconheceu a presença de repercussão geral na controvérsia que envolve a exegese do art. 75, §1º, da Lei nº 6.815/80 ("§1º - não constituem impedimento à expulsão a adoção ou o reconhecimento de filho brasileiro supervenientes ao fato que o motivar"), a ser dirimida no RE nº 608.898-RG/SP.[41]

O julgamento de mérito desse extraordinário apelo ainda não havia sido concluído até a finalização do presente trabalho, mas já contava com sete votos no sentido de proclamar a não recepção, pela Constituição Federal de 1988, do §1º do art. 75 do hoje revogado Estatuto do Estrangeiro.

No voto do relator do caso, ministro Marco Aurélio, constam as seguintes passagens:

> [...]
> A Carta de 1988 inaugurou nova quadra no tocante ao patamar e intensidade da tutela da família e da criança, assegurando-lhes cuidado especial, concretizado, pelo legislador, na edição do Estatuto da Criança e do Adolescente. Direcionou-se o sistema para a absoluta prioridade dos menores e adolescentes, enquanto pressuposto inafastável de sociedade livre, justa e solidária.
> É imperioso articular com a noção de interesse nacional inerente à expulsão de estrangeiro quando essa atuação estatal alcança a situação da criança, sob os ângulos econômico e psicossocial. O §1º do artigo 75 da Lei nº 6.815/1980 encerra quebra da relação familiar, independentemente da situação econômica do menor e dos vínculos socioafetivos desenvolvidos. A família, respaldo maior da sociedade e da criança, é colocada em

---

[41] BRASIL. Supremo Tribunal Federal. RE nº 608.898/RG, relator ministro Marco Aurélio, Plenário, DJe 30.11.2018.

> segundo plano, superada pelo interesse coletivo em retirar do convívio nacional estrangeiro nocivo, embora muitas vezes ressocializado. Priva-se perpetuamente a criança do convívio familiar, da conformação da identidade. Dificulta-se o acesso aos meios necessários à subsistência, presentes os obstáculos decorrentes da cobrança de pensão alimentícia de indivíduo domiciliado ou residente em outro país. É dizer, impõe-se à criança ruptura e desamparo, cujos efeitos repercutem nos mais diversos planos da existência, em colisão não apenas com a proteção especial conferida à criança, mas também com o âmago do princípio da proteção à dignidade da pessoa humana.
> O preceito da Lei nº 6.815/1980 afronta o princípio da isonomia, ao estabelecer tratamento discriminatório entre filhos havidos antes e após o fato ensejador da expulsão. Há justificativa constitucionalmente adequada para tal distinção? A resposta é negativa. Os prejuízos associados à expulsão do genitor independem da data do nascimento ou da adoção, muito menos do marco aleatório representado pela prática da conduta motivadora da expulsão. Se o interesse da criança deve ser priorizado, é de menor importância o momento da adoção ou concepção.
> [...]
> O §1º do artigo 75 da Lei nº 6.815/1980, considerada a especial proteção constitucional à família e à criança, não foi recepcionado pela Constituição Federal de 1988.

Em suma, a tendência é que seja veja confirmado pela Suprema Corte o novo entendimento do Superior Tribunal de Justiça acerca da matéria.

De qualquer sorte, como adiante se poderá constatar, a novel Lei de Migração pôs fim a essa controvérsia, ampliando a hipótese impeditiva de expulsão em comento.

10 A nova Lei de Migração: noções introdutórias

Como consta da justificação do relator do Projeto de Lei do Senado nº 288/2013,[42] o qual deu origem à Lei nº 13.445/2017, o regime jurídico do estrangeiro, como consubstanciado na Lei nº 6.815/80, apresentava evidente defasagem, porquanto foi concebido num período autoritário, marcado pela preocupação com a segurança nacional, em que o estrangeiro era relacionado a fator de perigo externo.

---

[42] Documento disponível em: https://www25.senado.leg.br/web/atividade/materias/-/materia/113700.

Ainda de acordo com o citado expediente, era necessária uma nova lei que não mais refletisse concepções sectárias, mas que estivesse em conformidade com a perspectiva constitucional da matéria, a evolução jurisprudencial e uma visão mais humanista das relações internacionais.

Nesse rumo de ideias, buscando dar efetividade aos incs. II e VII do art. 4º da Constituição Federal (segundo os quais a República Federativa do Brasil rege-se nas suas relações internacionais pelos princípios da prevalência dos direitos humanos e do repúdio ao racismo), a nova lei procurou consagrar a não criminalização da imigração, estabelecendo um cabedal normativo de proteção a esse fenômeno social.

O novo estatuto, enfim, não trata o imigrante como um criminoso simplesmente por se deslocar, mas oferece o caminho para a sua entrada regular e para a regularização migratória.

No que respeita ao instituto da expulsão e, particularmente, às causas de inexpulsabilidade, pode-se afirmar que a Lei de Migração foi inspirada pela evolução da jurisprudência do Superior Tribunal de Justiça e do Supremo Tribunal Federal, como se verificará em seguida.

11 Causas impeditivas de expulsão previstas na Lei de Migração (Lei nº 13.445/17)

1ª) Não se procederá à expulsão quando a medida configurar extradição inadmitida pela legislação brasileira – art. 55, inc. I

Valem, aqui, as mesmas considerações já expendidas no tópico referente às causas impeditivas de expulsão listadas no pretérito Estatuto do Estrangeiro. Quanto à Lei de Migração, seu art. 55, I, impede a expulsão quando possa ela configurar extradição inadmitida pela legislação brasileira. E é exatamente o art. 82 do novo diploma que enuncia ao menos nove hipóteses em que a extradição não será permitida pelo Estado brasileiro,[43] as quais, como visto, também desautorizarão, por via reflexa, a expulsabilidade do estrangeiro.

---

[43] Art. 82. Não se concederá a extradição quando:
I – o indivíduo cuja extradição é solicitada ao Brasil for brasileiro nato;
II – o fato que motivar o pedido não for considerado crime no Brasil ou no Estado requerente;
III – o Brasil for competente, segundo suas leis, para julgar o crime imputado ao extraditando;
IV – a lei brasileira impuser ao crime pena de prisão inferior a 2 (dois) anos;
V – o extraditando estiver respondendo a processo ou já houver sido condenado ou absolvido no Brasil pelo mesmo fato em que se fundar o pedido;
VI – a punibilidade estiver extinta pela prescrição, segundo a lei brasileira ou a do Estado requerente;
VII – o fato constituir crime político ou de opinião;

2ª) Não se procederá à expulsão quando o expulsando tiver filho brasileiro que esteja sob sua guarda ou dependência econômica ou socioafetiva ou tiver pessoa brasileira sob sua tutela – art. 55, inc. II, alínea a

Nesse ponto, constatam-se significativas inovações veiculadas pela Lei de Migração frente ao que dispunha o Estatuto do Estrangeiro.

O referido art. 55, II, "a", exsurge compartimentado em duas causas independentes de inexpulsabilidade.

A primeira delas, alusiva à existência de filho brasileiro, é constituída dos seguintes requisitos: (a) guarda; (b) dependência econômica; (c) dependência socioafetiva.

Já a segunda resume-se à existência de pessoa outra sob a tutela do expulsando.

Nota-se, relativamente à primeira espécie, que o novo diploma substituiu a conjunção aditiva "e" pela conjunção alternativa "ou", a sinalizar, sem maior esforço interpretativo, que foi abandonada a exigência de comprovação simultânea ou cumulativa dos requisitos. É dizer: basta a presença de qualquer dos eventos, isoladamente, para que a expulsão seja vedada.

Foi nesse sentido, aliás, que o Superior Tribunal de Justiça já logrou deliberar: "À luz do novo regramento, é preciso demonstrar, no momento da impetração, que a prole brasileira do expulsando está sob sua guarda ou dependência econômica ou convivência socioafetiva, de modo alternativo e não mais cumulativo, como dantes se entendia".[44]

De outra parte, ao prestigiar a dependência socioafetiva entre o expulsando e a prole brasileira, a nova lei alinhou-se à consagrada jurisprudência do STJ e do STF.

De fato, como visto no tópico referente ao art. 75, inc. II, letra b, da Lei nº 6.815/80, a partir de uma virtuosa evolução jurisprudencial, a dependência socioafetiva, muito embora não constasse do texto legal, passou a ser reconhecida como causa obstativa da retirada compulsória do estrangeiro do território nacional.

VIII – o extraditando tiver de responder, no Estado requerente, perante tribunal ou juízo de exceção; ou IX – o extraditando for beneficiário de refúgio, nos termos da Lei nº 9.474, de 22 de julho de 1997, ou de asilo territorial.

[44] BRASIL. Superior Tribunal de Justiça. HC nº 441.090/DF, relator ministro Gurgel de Faria, Primeira Seção, DJe 02.08.2018.

3ª) Não se procederá à expulsão quando o expulsando tiver cônjuge ou companheiro residente no Brasil, sem discriminação alguma, reconhecido judicial ou legalmente – art. 55, inc. II, alínea b

Vê-se, inicialmente, que essa cláusula se encontra afinada com o conceito constitucional de entidade familiar, porquanto não se limita ao instituto do casamento, incluindo expressamente a existência do companheirismo, sem discriminação alguma, como motivo idôneo a impedir a expulsão do território nacional.

Ademais, foi suprimido o requisito temporal (mais de cinco anos), antes presente no Estatuto do Estrangeiro, bastando, doravante, que haja reconhecimento judicial ou legal da união para a configuração da causa de inexpulsabilidade.

A esse propósito, o STJ, examinando caso anterior à vigência da Lei de Migração, decidiu:[45]

> A Lei n. 13.445/2017 – cujas disposições aboliram o interregno temporal superior a cinco anos para o reconhecimento do casamento com o fito de inibir o decreto de expulsão – não vigia ao tempo da impetração e, em *obter dictum*, também desabriga o pedido, porquanto não comprovado o reconhecimento judicial ou legal da união informada, como exige o novo regramento.

4ª) Não se procederá à expulsão quando o expulsando tiver ingressado no Brasil até os 12 (doze) anos de idade, residindo no país desde então – art. 55, inc. II, alínea c

Essa causa de inexpulsabilidade não encontra correspondente no revogado Estatuto do Estrangeiro e visa, por certo, proteger o expulsando que, residindo no Brasil desde tenra idade, já tenha laços presumidamente consolidados no país, incumbindo ao já adulto, nessa hipótese, o encargo de fazer idônea prova de que satisfaz aos requisitos em questão, a saber, ter ingressado no Brasil até os doze anos de idade e nele residido desde então.

Pode-se, mesmo, compreender que o legislador da migração, com tal cláusula vedatória, fez por emprestar, em favor do adulto expulsando, eficácia ultra-ativa às regras protetoras da infanto-adolescência, nomeadamente aquelas sediadas no art. 227 da Constituição Federal e no Estatuto da Criança e do Adolescente, no que consagram os

---

45 BRASIL. Superior Tribunal de Justiça. HC nº 422.680/DF, relator ministro Gurgel de Faria, Primeira Seção, DJe 22.02.2018.

ditames da proteção integral e da prioridade absoluta no atendimento dos elementares interesses da população de baixa idade.

5ª) Não se procederá à expulsão quando o expulsando for pessoa com mais de 70 (setenta) anos que resida no país há mais de 10 (dez) anos, considerados a gravidade e o fundamento da expulsão – art. 55, inc. II, alínea d

A exemplo da hipótese anterior, também essa última causa impeditiva da expulsão não possui modelo equivalente na antiga Lei nº 6.815/80.

Ao contrário das demais hipóteses de inexpulsabilidade, cuja imposição pode e deve ser aferida de modo objetivo, essa última assegura ao Poder Executivo certa margem de discricionariedade, que recai na valoração a ser feita em torno da gravidade e do fundamento da expulsão. Vale dizer, não se descarta a possibilidade de a expulsão alcançar estrangeiro com mais de setenta anos de idade, ainda que faça ele prova satisfatória de que residia no Brasil por mais de uma década.

Sem embargo, também nessa hipótese se descortina um cuidado diferenciado do legislador para com essa particular categoria de pessoas que, por sua ancianidade, são detentoras de uma atenção adicional no ambiente jurídico positivado, o que se expressa, nomeadamente, no seio da Constituição Federal (art. 230) e do Estatuto do Idoso (Lei nº 10.741/03), cujas diretrizes concitam a que a família, a sociedade e o Estado implementem mecanismos orientados ao integral amparo das pessoas idosas, em compasso com a sua dignidade.

12 Conclusão

Como visto ao longo do presente escrito, o legislador brasileiro tem devotado permanente atenção ao tema da expulsão de estrangeiro, bem assim o Superior Tribunal de Justiça e o Supremo Tribunal Federal. A meritória jurisprudência dessas duas cortes, aliás, foi percebida e considerada pelos autores da Lei de Migração, máxime no que se reivindicava a necessidade de promover uma releitura das novas relações familiares, em fina conformidade com o figurino constitucional. O mesmo se pode afirmar em relação ao reposicionamento axiológico conferido às crianças e aos adolescentes, enquanto filhos do expulsando, tanto quanto ao expulsando idoso, sempre na indissociável perspectiva da dignidade da pessoa humana.

A contemporânea intensificação dos movimentos migratórios demandará, mais e mais, a comprometida atuação dos poderes constituídos, que precisarão responder com eficiência, qualidade e humanidade aos interesses relacionados a estrangeiros que acorram ao território brasileiro. Nessa medida, a expulsão do imigrante deverá ser deflagrada apenas em situações limite, em viés que valorize, antes, o sentimento de fraternidade para com a grande Família Terrestre.

Nesse ambiente, revela-se alvissareiro o acontecimento assim divulgado pelo ministro Reynaldo Soares da Fonseca: "O princípio da fraternidade ganhou evidência recentemente na questão da migração, para os países europeus, de pessoas que fogem seja de cenários de guerra seja de condições de pobreza em seus países de origem. Pela primeira vez, o Conselho Constitucional francês, em julho/2018, recordando o lema da República Francesa ('Liberdade, Igualdade e Fraternidade'), declarou que a ajuda a imigrantes em condição ilegal no país não mais será considerada ilegal e punida com 5 (cinco) anos de prisão e multa de 30 (trinta) mil euros".[46]

Enfim, lícito esperar que a Lei de Migração, sucessora do Estatuto do Estrangeiro, possa, em sua cotidiana aplicação, erigir-se em ferramenta garantidora dos legítimos interesses de todos aqueles estrangeiros que elejam o Brasil como sua casa.

Referências

ACCIOLY, Hildebrando. *Manual de direito internacional público*. 3. ed. São Paulo: Saraiva, 1956.

CAHALI, Yussef Said. *Estatuto do estrangeiro*. 2. ed. São Paulo: Revista dos Tribunais, 2010.

DOLINGER, Jacob; TIBURCIO, Carmen. *Direito internacional privado*. 13. ed. Rio de Janeiro: Forense, 2017.

DORINI, João Paulo de Campos. Considerações sobre a expulsão. *Revista da Defensoria Pública da União*, v. 1, p. 42-61, 2009.

FONSECA, Reynaldo Soares da. *O princípio constitucional da fraternidade – seu resgate no sistema de justiça*. Belo Horizonte: D'Plácido, 2019.

FRAGA, Mirtô. *O novo estatuto do estrangeiro comentado*. Rio de Janeiro: Forense, 1985.

GUIMARÃES, Francisco Xavier da Silva. *Medidas compulsórias, a deportação, a expulsão e a extradição*. Rio de Janeiro: Forense, 2002.

KANT, Immanuel. *A paz perpétua e outros opúsculos*. Trad. Artur Morão. Lisboa: Edições 70, 2002.

PARDI, Luis Vanderlei. *O regime jurídico da expulsão de estrangeiros no Brasil*: uma análise à luz da Constituição Federal e dos tratados de direitos humanos. São Paulo: Almedina, 2015.

[46] Obra citada, p. 157.

ROSAS, Roberto. *Direito sumular*. 14. ed. São Paulo: Malheiros, 2012.

Informação bibliográfica deste texto, conforme a NBR 6023:2018 da Associação Brasileira de Normas Técnicas (ABNT):

KUKINA, Sérgio Luíz; FERNANDES, Cleanto de A. C. A expulsão de estrangeiros frente à nova Lei de Migração. *In*: VELLOSO, Ana Flavia; JARDIM, Tarciso Dal Maso (Coord.). *A nova lei de migração e os regimes internacionais*. Belo Horizonte: Fórum, 2021. p. 147-174. ISBN 978-65-5518-167-8.

O INQUÉRITO DE EXPULSÃO E SUA RELAÇÃO COM O INQUÉRITO POLICIAL

GEORGES CARLOS FREDERICO MOREIRA SEIGNEUR

1 A expulsão e a Lei nº 13.445/2017

A Lei nº 13.445/2017 instituiu a Lei de Migração, revogando o antigo Estatuto do Estrangeiro, disposto na Lei nº 6.815/1980. Publicada em 25 de maio daquele ano, sua entrada em vigor se deu 180 dias após tal data.

Em seu corpo de 125 artigos, chamam a atenção diversos dispositivos que modernizaram o antigo Estatuto do Estrangeiro e adaptaram os direitos e deveres do migrante e visitante no país aos regramentos trazidos na Constituição de 1988.

Dentre as inúmeras alterações trazidas pela norma, uma delas chama a atenção. É o inquérito policial de expulsão. A expulsão vem prevista na lei em seu artigo 54, que assim dispõe: "A expulsão consiste em medida administrativa de retirada compulsória de migrante ou visitante do território nacional, conjugada com o impedimento de reingresso por prazo determinado". O mesmo artigo, em seu §1°, dispõe quais seriam as causas de expulsão, a saber:

> I – crime de genocídio, crime contra a humanidade, crime de guerra ou crime de agressão, nos termos definidos pelo Estatuto de Roma do Tribunal Penal Internacional, de 1998, promulgado pelo Decreto n° 4.388, de 25 de setembro de 2002; ou
> II – crime comum doloso passível de pena privativa de liberdade, consideradas a gravidade e as possibilidades de ressocialização em território nacional.

Tal rol torna muito mais restritivas as hipóteses de expulsão, especialmente se compararmos ao antigo artigo 65 do Estatuto do Estrangeiro.[1] Interessante que a antiga lei determinava que a conveniência ou não da expulsão do estrangeiro ou da revogação do decreto seria atribuição exclusiva do presidente da República (art. 66). No texto atual, tem-se que "caberá à autoridade competente resolver sobre a expulsão, a duração do impedimento de reingresso e a suspensão ou a revogação dos efeitos da expulsão",[2] sendo que a lei deixou para que fosse regulamentada a matéria em posterior decreto.

Dessa forma, aquilo que, por lei, era ato do presidente da República, ou seja, a análise de conveniência da expulsão do estrangeiro, passou a ser tratado de forma mais objetiva, respeitando-se assim os ditames constitucionais, vinculando-se de forma mais próxima ao processo penal, aproximando-se da taxatividade da lei penal. Ante a lacuna legal, foi editado o Decreto n° 9.199, de 20 de novembro de 2017, exatamente após os 180 dias exigidos para entrada em vigor da nova Lei de Migração, a qual, em seus artigos 202 e 203, transferiu para o ministro de Estado da Justiça e da Segurança Pública a assinatura do ato de expulsão, afastando-se assim a antiga atribuição presidencial, normatizando a prática já existente de que o ato seria praticado por delegação do ministro de Estado, e não pelo presidente da República,

---

[1] Art. 65. É passível de expulsão o estrangeiro que, de qualquer forma, atentar contra a segurança nacional, a ordem política ou social, a tranqüilidade ou moralidade pública e a economia popular, ou cujo procedimento o torne nocivo à conveniência e aos interesses nacionais.
Parágrafo único. É passível, também, de expulsão o estrangeiro que:
a) praticar fraude a fim de obter a sua entrada ou permanência no Brasil;
b) havendo entrado no território nacional com infração à lei, dele não se retirar no prazo que lhe for determinado para fazê-lo, não sendo aconselhável a deportação;
c) entregar-se à vadiagem ou à mendicância; ou
d) desrespeitar proibição especialmente prevista em lei para estrangeiro.

[2] §2° do artigo 54 da Lei n° 13.445/2017.

trazendo, assim, mais segurança jurídica por afastar a ideia de mera delegação.

Outra alteração significativa está na duração da expulsão. Antes, o decreto de expulsão tinha vigência até que fosse feita sua revogação, tendo, de certa forma, tempo indeterminado de duração. A Lei nº 13.445/2017 dispõe no §4º do artigo 54 que: "O prazo de vigência da medida de impedimento vinculada aos efeitos da expulsão será proporcional ao prazo total da pena aplicada e nunca será superior ao dobro de seu tempo". Dessa forma, torna-se cada vez mais clara a relação entre a expulsão e o processo penal brasileiro, pois, além de se afastar como causa daquelas condutas ilícitas não criminais, não há mais o caráter perpétuo da medida, havendo uma aproximação com o disposto no artigo 5º, XLVII, "b", da Constituição Federal.

Vale lembrar que o §3º do artigo 54 da Lei nº 13.445/2017 dispõe que:

> O processamento da expulsão em caso de crime comum não prejudicará a progressão de regime, o cumprimento da pena, a suspensão condicional do processo, a comutação da pena ou a concessão de pena alternativa, de indulto coletivo ou individual, de anistia ou de quaisquer benefícios concedidos em igualdade de condições ao nacional brasileiro.

O dispositivo legal acima transcrito demonstra que a expulsão em nada interfere no regular cumprimento de pena em território nacional do migrante ou do visitante no território nacional, podendo, com a assinatura da portaria de expulsão, ser esta efetivada a qualquer tempo. Há de se lembrar que a expulsão só se concretiza com a saída do imigrante do país, contando, a partir dessa data, o tempo de impedimento de retorno, conforme dispõe o §1º do artigo 204 do Decreto nº 9.199. Se a referida saída ocorrer antes do término do procedimento de expulsão, este não se suspende, não havendo, entretanto, impedimento para que o expulsando saia do país, se assim quiser (art. 205 do Decreto nº 9.199).

O artigo 55 da Lei nº 13.445/2017 também fala de forma expressa sobre as condições de inexpulsabilidade, termo este utilizado no artigo 195 do decreto regulamentador. São estas as condições:

> Art. 55. Não se procederá à expulsão quando:
> I – a medida configurar extradição inadmitida pela legislação brasileira;
> II – o expulsando:
> a) tiver filho brasileiro que esteja sob sua guarda ou dependência econômica ou socioafetiva ou tiver pessoa brasileira sob sua tutela;

b) tiver cônjuge ou companheiro residente no Brasil, sem discriminação alguma, reconhecido judicial ou legalmente;
c) tiver ingressado no Brasil até os 12 (doze) anos de idade, residindo desde então no País;
d) for pessoa com mais de 70 (setenta) anos que resida no País há mais de 10 (dez) anos, considerados a gravidade e o fundamento da expulsão; ou
e) (VETADO).

Em comparação com o artigo 75[3] do revogado Estatuto do Estrangeiro, tem-se uma clara ampliação das referidas condições, resultado do avanço jurisprudencial e legislativo ocorrido em quase quarenta anos de vigência da Lei nº 6.815/80. Agora foi incluído como causa o filho socioafetivo, além da proibição da expulsão do migrante caso tenha pessoa brasileira sob sua tutela. O novo texto também exclui o lapso temporal mínimo de casamento, ampliando-se para companheiro sem qualquer discriminação, o que permite, por exemplo, relações homoafetivas.

Como grande novidade, tem-se a impossibilidade de expulsão de migrante que ingressou no Brasil até os doze anos de idade, bem como do maior de 70 anos que resida no país há mais de dez anos, neste caso sendo analisados a gravidade e o fundamento da expulsão. Em ambos os casos, fortalece-se a ideia de que o indivíduo possui já certa identidade brasileira, não devendo estar sujeito à portaria de expulsão.

Verifica-se, então, claramente a ideia do legislador em modernizar e compatibilizar o instituto da expulsão com as regras previstas na Constituição de 1988. Afasta-se de um modelo em que o estrangeiro possuía diversas restrições para uma ideia mais democrática, a qual o imigrante e o visitante têm maior segurança jurídica dentro do território nacional.

---

3 Art. 75. Não se procederá à expulsão:
I – se implicar extradição inadmitida pela lei brasileira; ou
II – quando o estrangeiro tiver:
a) Cônjuge brasileiro do qual não esteja divorciado ou separado, de fato ou de direito, e desde que o casamento tenha sido celebrado há mais de 5 (cinco) anos; ou
b) filho brasileiro que, comprovadamente, esteja sob sua guarda e dele dependa economicamente.
§1º. não constituem impedimento à expulsão a adoção ou o reconhecimento de filho brasileiro supervenientes ao fato que o motivar.
§2º. Verificados o abandono do filho, o divórcio ou a separação, de fato ou de direito, a expulsão poderá efetivar-se a qualquer tempo.

2 Inquérito de expulsão

Mantendo a lógica de ampliar os direitos do imigrante e do visitante, os artigos 56 a 58 da Lei nº 13.445/2017 trazem previsões relativas ao procedimento de expulsão:

> Art. 56. Regulamento definirá procedimentos para apresentação e processamento de pedidos de suspensão e de revogação dos efeitos das medidas de expulsão e de impedimento de ingresso e permanência em território nacional.
> Art. 57. Regulamento disporá sobre condições especiais de autorização de residência para viabilizar medidas de ressocialização a migrante e a visitante em cumprimento de penas aplicadas ou executadas em território nacional.
> Art. 58. No processo de expulsão serão garantidos o contraditório e a ampla defesa.
> §1º A Defensoria Pública da União será notificada da instauração de processo de expulsão, se não houver defensor constituído.
> §2º Caberá pedido de reconsideração da decisão sobre a expulsão no prazo de 10 (dez) dias, a contar da notificação pessoal do expulsando.

No modelo anterior, do Estatuto do Estrangeiro, o inquérito de expulsão era previsto nos artigos 102 a 109 do Decreto nº 86.715/1981. Importante ressaltar que o momento de edição, tanto do decreto como do próprio Estatuto, era de exceção, em pleno regime militar, apesar de já se ter iniciado, ainda de forma tímida, o processo de democratização do país.

Com a edição da Lei nº 13.445/2017, o decreto regulamentador precisou atualizar, do mesmo modo, o inquérito de expulsão, fazendo isso nos artigos 195 a 203. Nesses artigos, a Presidência da República se utilizou dos parâmetros do decreto anterior, do Código de Processo Penal e, especialmente, das regras constitucionais trazidas em 1988.

No §1º do artigo 195, há a previsão das formas de instauração do inquérito de expulsão pela Polícia Federal. São elas:

1. De ofício;
2. Por determinação do Ministro de Estado da Justiça e Segurança Pública;
3. Requisição ou requerimento fundamentada em sentença.

Não há como afastar o paralelismo entre tal artigo e o artigo 5º do Código de Processo Penal, que prevê as formas de instauração do inquérito policial. Diferentemente do modelo anterior, o qual determinava que a instauração competia ao ministro da Justiça, agora a instauração compete à Polícia Federal, mais especificamente a um delegado da Polícia Federal, cuja atribuição está vinculada à Polícia de Imigração.

A aproximação com o modelo comum do processo penal se torna mais evidente. A autoridade presidente do inquérito policial e do inquérito de expulsão são delegados de carreira, sendo que, por óbvio, o inquérito de expulsão só pode ser presidido por um delegado da Polícia Federal, em razão da natureza da matéria discutida.

O §1° acima mencionado traz como similaridade com o artigo 5° a possibilidade da instauração de ofício, além da determinação por ministro de Estado da Justiça, chefe mediato, assemelhando-se à hipótese de instauração de inquérito policial por requisição do próprio ministro de Estado da Justiça. Obviamente, enquanto a forma de instauração do inquérito policial é restrita a poucas hipóteses, como crimes contra a honra, contra o presidente da República ou chefe de Estado estrangeiro (art. 145, parágrafo único, do Código Penal) e crimes praticados por brasileiros no exterior (art. 7°, §3°, "b", do Código Penal), o inquérito de expulsão não possui essa limitação de tipos, devendo-se respeitar, é claro, as hipóteses de cabimento do artigo 54 da Lei n° 13.445/2017, como visto acima.

A terceira hipótese decorre de requisição ou requerimento fundamentado em sentença, permitindo que o Poder Judiciário provoque a Polícia Federal, sendo um claro paralelismo com o artigo 5°, II, do Código de Processo Penal, o qual permite a instauração de inquérito policial em razão de requisição do Ministério Público ou do Poder Judiciário e por requerimento do ofendido. Dessa forma, interpreta-se que o §1° repete o artigo 5°, II, do CPP, com a ressalva de que tal requisição ou requerimento fundamentado venha apenas na sentença, em razão da vinculação já demonstrada acima, da expulsão com a prática de crime.

O objetivo do inquérito de expulsão, por sua vez, difere um pouco do inquérito comum. O §1° do artigo 195 prevê que seu objetivo é produzir relatório final sobre a pertinência ou não da medida de expulsão, enquanto o inquérito policial tem como fundamento a colheita de elementos para dar base à ação penal. Enquanto o inquérito de expulsão permite que o ministro da Justiça e Segurança Pública decida, o inquérito policial ordinário não possui fase probatória em si, sendo, por uma simples leitura do artigo 155 do Código de Processo Penal,[4]

---

[4] Art. 155. O juiz formará sua convicção pela livre apreciação da prova produzida em contraditório judicial, não podendo fundamentar sua decisão exclusivamente nos elementos informativos colhidos na investigação, ressalvadas as provas cautelares, não repetíveis e antecipadas.

um momento em que se buscam meros elementos informativos. Não há e nem deve ter no inquérito de expulsão uma fase "processual", haja vista a natureza administrativa da decisão. Entretanto, tal diferenciação é fundamental para que entendamos que, exatamente por não termos uma fase processual com contraditório de ampla defesa, esses princípios constitucionais sejam trazidos para o inquérito de expulsão, conforme se vê expressamente no artigo 58 da Lei nº 13.445/2017, a fim de se garantir um mínimo de correlação com a Constituição Federal.

Ressalte-se que a prática de crime em si não resulta em uma expulsão automática. O próprio artigo 54, em seu §1º, inciso II, prevê expressamente que a expulsão decorre da prática de crime doloso, consideradas a gravidade e as possibilidades de ressocialização em território nacional. Dessa forma, o inquérito de expulsão precisa analisar, com a condenação do estrangeiro, além da existência de condição de inexpulsabilidade, a gravidade do ilícito praticado e das eventuais medidas de ressocialização, como dispõem os incisos do §1º do artigo 195 do Decreto nº 9.199.

O §2º do artigo 195 do decreto regulamentador lembra que a motivação da instauração do inquérito de expulsão pressupõe o recebimento de sentença definitiva expedida pelo Tribunal Penal Internacional, pela via diplomática, no caso de genocídio, crime contra a humanidade, crime de guerra ou de agressão definido pelo Estatuto de Roma, bem como pela simples existência de sentença no caso de crime doloso praticado pelo estrangeiro.

Interessante verificar que não se exige trânsito em julgado, valendo-se apenas da existência de sentença contra o estrangeiro, a fim de que se inicie o inquérito. Entretanto, a expulsão só se procederá após o trânsito em julgado da ação (§6º do artigo 195 do Decreto nº 9.199). Há aí uma questão interessante. O inquérito de expulsão pode concorrer simultaneamente com a ação penal nos tribunais. Poder-se-á, inclusive, encerrar-se o inquérito, ficando no aguardo apenas o trânsito em julgado para que se expeça a portaria de expulsão.

Por óbvio, caso o imigrante ou visitante seja absolvido em alguma decisão posterior à sentença, transitando em julgado o acórdão, não há como se proceder com a expulsão.

O §4º do artigo 195 do decreto regulamentador prevê que serão notificados da instauração do inquérito de expulsão:

> I – o expulsando;
> II – a repartição consular do país de origem do imigrante;
> III – o defensor constituído do expulsando, quando houver; e
> IV – a Defensoria Pública da União.

Aqui se tem preceito muito mais amplo do que o inquérito policial ordinário. Mostrando a compatibilidade com a ideia de ampla defesa, prevista do mesmo modo no artigo 30 do anteprojeto do novo Código de Processo Penal (PL nº 8.045/2010), há a necessidade de notificação do expulsando, da repartição consular do país, para que auxilie em eventual defesa, além da defesa formal ou da Defensoria Pública da União, quando não houver defensor constituído, para que se tomem medidas a fim de garantir o contraditório e a ampla defesa.

Como procedimento administrativo, a informalidade está presente na previsão de notificação preferencialmente por meio eletrônico (art. 195, §4º). Tal medida se assemelha e se coaduna com as alterações trazidas pela Lei nº 11.690/2008 ao Código de Processo Penal, que permite a comunicação da vítima pelo mesmo meio.

A participação da defesa técnica no procedimento do inquérito de expulsão mostra a natureza mista desse procedimento. Fazendo um comparativo com o inquérito administrativo disciplinar, apesar deste também prever o contraditório e a ampla defesa, o servidor tem o direito de acompanhar o processo pessoalmente ou por intermédio de procurador (art. 156 da Lei nº 8.112/90). No inquérito de expulsão, a diferença está na inexistência de alternatividade. Tanto o expulsando como a sua defesa técnica acompanharão o feito. Em outras palavras, não há nulidade se não houver defensor técnico constituído no inquérito administrativo disciplinar. Entretanto, no inquérito de expulsão, o feito exige a atuação da defesa técnica, como se vê dos artigos 197 e seguintes do decreto regulamentador.

A comparação com o inquérito policial comum torna mais clara essa natureza mista. Como é sabido, sequer há contraditório e ampla defesa no inquérito policial,[5] havendo algumas medidas que, de forma indireta, garantem alguns direitos de defesa ao indiciado, como na Súmula Vinculante nº 14 do Supremo Tribunal Federal, que prevê o livre acesso ao defensor, se constituído, aos elementos já documentados em procedimento investigatório realizado por órgão com competência de polícia judiciária.

A diferença entre esses procedimentos pode parecer incoerente, mas decorre da falta de um procedimento posterior, comum no inquérito administrativo disciplinar e no inquérito policial, já que nesses há tanto o PAD (processo administrativo disciplinar) como a ação penal, momentos

---

[5] Como se percebe, por exemplo, no julgamento do Superior Tribunal de Justiça: HC nº 410.942/SP, Rel. Ministro Sebastião Reis Júnior, Sexta Turma, julgado em 19.03.2019, DJe 26.03.2019.

em que seriam regularmente juntadas as provas para julgamento final. Diferentemente, no inquérito de expulsão, como dito anteriormente, tal fase não existe, sendo um misto de inquérito e processo em um mesmo procedimento.

Outra característica importante está na do fato do inquérito de expulsão ser o meio necessário pelo qual se iniciará a expulsão, enquanto, no processo penal, o inquérito sequer é obrigatório.[6] Dessa

---

[6] PROCESSO PENAL. RECURSO EM HABEAS CORPUS. CRIME CONTRA A ORDEM TRIBUTÁRIA. DENÚNCIA. INÉPCIA DA INICIAL. INOCORRÊNCIA. TRANCAMENTO DA AÇÃO PENAL. EXCEPCIONALIDADE. INQUÉRITO POLICIAL. DESNECESSIDADE. DENÚNCIA BASEADA NAS CONCLUSÕES DE PROCEDIMENTO ADMINISTRATIVO-FISCAL. CONSTRANGIMENTO ILEGAL NÃO DEMONSTRADO DE PLANO. RECURSO DESPROVIDO.
1. Nos termos do entendimento consolidado desta Corte, o trancamento da ação penal por meio do habeas corpus é medida excepcional, que somente deve ser adotada quando houver inequívoca comprovação da atipicidade da conduta, da incidência de causa de extinção da punibilidade ou da ausência de indícios de autoria ou de prova sobre a materialidade do delito. 2. A alegação de inépcia da denúncia deve ser analisada de acordo com os requisitos exigidos pelos arts. 41 do CPP e 5º, LV, da CF/1988. Portanto, a peça acusatória deve conter a exposição do fato delituoso em toda a sua essência e com todas as suas circunstâncias, de maneira a individualizar o quanto possível a conduta imputada, bem como sua tipificação, com vistas a viabilizar a persecução penal e o exercício da ampla defesa e do contraditório pelo réu. 3. Hipótese na qual as condutas tidas por ilícitas foram apuradas em procedimento administrativo da Receita Estadual, que concluiu terem sido praticados diversos crimes contra a ordem tributária no âmbito da sociedade empresária, atribuindo a autoria dos crimes aos ora recorrentes, na medida em que eram sócios com poderes de gerência da empresa, sendo responsáveis pela redução, em tese, do tributo, através do uso de notas fiscais ideologicamente falsas. 4. No caso, a peça acusatória descreveu 49 (quarenta e nove) crimes tributários, os quais teriam sido perpetrados entre os meses de novembro de 2010 e novembro de 2012, tendo imputado a autoria dos crimes aos sócios-gestores da empresa no momento de cada prática delitiva. Com efeito, aos réus José Antonio Silva, José Ronmanoel Mendes e Norberto Antônio de Oliveira foi imputada a autoria apenas das condutas praticadas entre 25/2/2012 e novembro do mesmo ano, ou seja, aquelas consumadas enquanto exerciam a gerência da sociedade empresária.
5. A teor da jurisprudência desta Corte, "nos chamados crimes societários, embora a vestibular acusatória não possa ser de todo genérica, é válida quando, apesar de não descrever minuciosamente as atuações individuais dos acusados, demonstra um liame entre o seu agir e a suposta prática delituosa, estabelecendo a plausibilidade da imputação e possibilitando o exercício da ampla defesa, caso em que se consideram preenchidos os requisitos do artigo 41 do Código de Processo Penal." (RHC nº 47.193/SC, Rel. Ministro Jorge Mussi, Quinta Turma, Dje 17.05.2017).
6. Provas conclusivas da materialidade e da autoria do crime são necessárias apenas para a formação de um eventual juízo condenatório. Embora não se admita a instauração de processos temerários e levianos ou despidos de qualquer sustentáculo probatório, nessa fase processual deve ser privilegiado o princípio do in dubio pro societate. De igual modo, não se pode admitir que o julgador, em juízo de admissibilidade da acusação, termine por cercear o jus accusationis do Estado, salvo se manifestamente demonstrada a carência de justa causa para o exercício da ação penal.
7. Nos termos do pacífico entendimento desta Corte, o inquérito policial não é pressuposto para a propositura da ação penal, por ser peça meramente informativa, sendo dispensável diante da existência de elementos suficientes de convicção para fundamentar a denúncia. Precedente.

forma, o inquérito de expulsão, não só pelo disposto expressamente na Lei de Migração, mas pela falta de outros procedimentos que deem eventual continuidade, precisa se revestir de forma efetiva da ampla defesa e do contraditório.

Em sendo assim, o artigo 196 prevê o prazo de dez dias para que seja apresentada defesa técnica, tendo o mesmo prazo para o pedido de reconsideração. Tal prazo se assemelha ao prazo de dez dias para a defesa técnica não do inquérito policial, mas da ação penal, como se vê no artigo 396 do Código de Processo Penal. O parágrafo único do artigo 196 concede prazo em dobro para a Defensoria Pública da União, em respeito ao disposto no artigo 44, I, da Lei Complementar nº 80/1994, que estabelece o prazo em dobro em qualquer prazo processual ou de instância administrativa.

Diferentemente do disposto no Código de Processo Penal, caso o expulsando não seja encontrado, a publicidade da instauração será dada em seu sítio eletrônico, sendo a publicação considerada notificação (art. 197, parágrafo único, do Decreto nº 9.199). Pressupondo que ele já respondeu e teve ciência da ação penal, em razão do disposto no artigo 366 do Código de Processo Penal, o decreto regulamentador não o reprisou no inquérito de expulsão, não garantindo, assim, eventual suspensão do feito e da prescrição. O parágrafo único do artigo 199 dispõe que, se o expulsando estiver em lugar incerto e não sabido, a Polícia Federal providenciará sua qualificação indireta.

A revelia do processo penal (artigo 367 do CPP) se reflete no artigo 199 do Decreto nº 9.199, ao dispor que o expulsando regulamente intimado que não comparecer aos autos será considerado revel. Interessante que o texto do referido artigo dá uma natureza da revelia similar à processual penal, cabendo à Defensoria Pública ou a defensor dativo sua defesa, o que não torna, como no processo civil, eventual fato alegado como verdadeiro.

Caso o expulsando esteja preso fora das dependências da Polícia Federal, o auto de qualificação e interrogatório pode ser feito no próprio estabelecimento penitenciário ou poderá ser solicitada sua presença na repartição policial ao juízo de execuções penais. Aqui se tem uma ideia bem similar à do inquérito policial, a qual o ato pode ser realizado por qualquer autoridade policial, não havendo aqui um princípio de identidade física da autoridade policial, como ocorre na ação penal, a

---

8. Recurso ordinário desprovido.
(RHC 99.543/MG, Rel. Ministro Ribeiro Dantas, Quinta Turma, julgado em 19.02.2019, DJe 26.02.2019)

qual exige a expedição de precatória para realização de atos fora da comarca.

De forma similar ao disposto no artigo 367 do Código de Processo Penal, o art. 199 do decreto prevê que ocorrerá a revelia caso o expulsando seja notificado e não compareça ao seu interrogatório, cabendo sua defesa à Defensoria Pública ou a eventual defensor dativo. Cumpre ressaltar que a notificação não possui a mesma exigência de citação pessoal do processo penal, podendo ser realizada até por meio eletrônico.

Entretanto, o decreto é omisso com relação à hipótese do expulsando foragido. Não há, nem no decreto, nem na Lei nº 13.445/2017, a menção à eventual notificação por edital nesse caso, o que dificulta eventual interpretação sobre uma notificação ficta, como ocorre, por exemplo, no processo civil. Porém, o parágrafo único do artigo 199 prevê que, na hipótese de revelia e o expulsando se encontrar em lugar incerto e não sabido, a Polícia Federal providenciará a qualificação indireta do expulsando.

A lógica do processo penal pós CF-88 tem reforçado a ideia de que o poder do Estado deve ser restringido pelos direitos e garantias previstos na Carta Magna. A ampla defesa e o contraditório são princípios que cada vez devem ser mais respeitados e assegurados ao acusado, dentro do processo penal. Dentro dessa ideia, os artigos 366 e 367, ambos do Código de Processo Penal, tiveram a redação alterada para que o indivíduo tivesse clara ciência da acusação feita contra si, podendo dela se defender.

Como tanto a Lei de Migração (art. 58) quanto o decreto regulamentador (art. 195, §3°) preveem o contraditório e a ampla defesa, não há como imaginar que o migrante ou o visitante que venha a ser condenado penalmente tenha automaticamente iniciado contra si o processo de expulsão, até porque, se assim fosse, não haveria a necessidade da notificação inicial prevista no §4° do artigo 195 do Decreto nº 9.199. Pois bem, em sendo assim, em respeito a essa similitude com o processo penal e aos princípios acima mencionados, o não nacional foragido que esteja em lugar desconhecido e que não possua endereço eletrônico válido nos autos do processo penal não poderia ter iniciado contra si o procedimento de expulsão, sob pena de se fazer tábula rasa dos princípios constitucionais a serem protegidos. Com isso, o parágrafo único do artigo 199 deveria ser interpretado a fim de não se caracterizar a revelia do estrangeiro sujeito ao processo de expulsão. Todavia, como se sabe, a qualificação indireta do expulsando tem sido interpretada pela Polícia Federal como uma verdadeira notificação por edital, afastando-se os preceitos do processo penal do processo de expulsão.

O artigo 200 do decreto prevê os documentos que instruirão o inquérito policial de expulsão,[7] sendo um rol básico, não taxativo, podendo ele ser instruído por outros documentos, a critério da autoridade presidente. O referido artigo permite que sejam realizadas diligências requeridas pela defesa, que só poderão ser indeferidas pelo delegado que a preside por meio de despacho fundamentado (§5º), garantindo assim a ampla defesa e o contraditório, haja vista que o referido despacho, caso abusivo, poderá ser questionado judicialmente.

De forma muito mais avançada que o regular inquérito policial, no que tange às garantias constitucionais, o artigo 201 do decreto prevê que o expulsando e seu defensor terão direito à palavra na oitiva de testemunhas e no interrogatório, antes do encerramento do inquérito de expulsão. Tem-se o respeito aqui ao direito à ampla defesa, até porque não haveria processo posterior, como ocorre no direito processual penal, para que fosse oportunizada à defesa o direito a fazer seus questionamentos. Cabe aqui uma consideração, confirmando essa natureza mista do inquérito policial de expulsão: não há que se falar

---

[7] Art. 200. O Inquérito Policial de Expulsão será instruído com os seguintes documentos:
I – o ato a que se refere o art. 195, §1º, e a documentação que fundamentou a sua edição;
II – a cópia da sentença penal condenatória e a certidão de trânsito em julgado, se disponíveis;
III – o documento do juízo de execução penal que ateste se o expulsando é beneficiário de medidas de ressocialização em cumprimento de penas cominadas ou executadas no território nacional, se já houver execução;
IV – o termo de notificação pessoal do expulsando ou a cópia da notificação publicada no sítio eletrônico da Polícia Federal;
V – os termos de notificação:
a) do representante consular do país de nacionalidade do expulsando; e
b) do defensor constituído do expulsando ou, em sua ausência, da Defensoria Pública da União ou de defensor dativo;
VI – o auto de qualificação e interrogatório;
VII – a defesa técnica apresentada:
a) pelo defensor constituído do expulsando, quando houver; ou
b) pela Defensoria Pública da União ou por defensor dativo;
VIII – o termo das diligências realizadas; e
IX – o relatório final.
§1º O Inquérito Policial de Expulsão poderá ser instruído com outros documentos, a critério da autoridade que o presidir.
§2º O documento a que se refere o inciso VII do caput será dispensado quando não for apresentado pela defesa do expulsando, desde que os termos de notificação tenham sido devidamente apresentados.
§3º O termo de compromisso assinado pelo expulsando constará do auto de qualificação e interrogatório, no qual assegurará que manterá as suas informações pessoais e relativas ao local de domicílio atualizadas.
§4º Durante o inquérito, suscitada a hipótese de inexpulsabilidade, as diligências para a sua confirmação serão providenciadas.
§5º Na hipótese de indeferimento das diligências requeridas pela defesa do expulsando, a autoridade que presidir o Inquérito Policial de Expulsão deverá elaborar despacho fundamentado.

em contraditório no disposto no artigo 201, haja vista que não há bem uma parte acusadora, como ocorre no processo penal. O delegado de Polícia atua com funções inquisitórias, presidindo o procedimento, não sendo tal atividade jurisdicional. Todavia, é extremamente louvável que a participação do expulsando e de seu defensor não seja apenas presente na norma de forma passiva, como quer evitar o referido artigo.

Encerrada a instrução, o delegado de Polícia fará relatório final com a recomendação técnica pela efetivação da expulsão ou pelo reconhecimento de causa de impedimento da medida, encaminhando-o para apreciação do ministro de Estado da Justiça e Segurança Pública, destinatário final do procedimento (art. 202 do Decreto nº 9.199/2017), o qual tomará a decisão, que será publicada, juntamente com o prazo determinado de impedimento para reingresso no território nacional (art. 203). Mais uma vez, a norma prevê o direito à ampla defesa com o direito do expulsando interpor pedido de reconsideração, dentro do prazo de dez dias, contado da notificação pessoal.

Aqui, comparando com o processo penal, permite, tranquilamente, que seja aplicada a notificação por edital, caso restasse infrutífera a notificação pessoal. Ciente do feito, uma vez determinada a expulsão, do mesmo modo que a intimação da sentença, não teria o Estado a obrigatoriedade de aguardar eventual notificação pessoal para que se iniciasse o prazo para pedido de reconsideração. Note-se que não se trata mais da ciência do início do procedimento, mas, sim, de seu desfecho, devendo o expulsando sempre informar à autoridade o local para sua regular intimação. Ressalte-se que a notificação pode ser feita por meio eletrônico (art. 203, parágrafo único).

Como visto acima, o prazo de vigência de impedimento de reingresso será proporcional, não podendo ser maior do que o dobro da pena aplicada na esfera penal, sendo o prazo contado da saída do imigrante expulso do país. Cumpre ressaltar que a expulsão se efetiva com o decurso em branco do prazo para pedido de reconsideração ou com o indeferimento do pedido (art. 204), não sendo proibida a saída do país do expulsando, por vontade própria, durante qualquer fase do procedimento (art. 205). Ressalte-se que a saída voluntária não resultará na suspensão do processo de expulsão, até para fins de se evitar uma eventual fraude ante a proibição do reingresso.

Por fim, o decreto estabelece que podem ser requeridas tanto a suspensão como a revogação da medida de expulsão já determinada, tendo como fundamento o fato de o estrangeiro ter filho que esteja sob a sua guarda ou dependência econômica ou socioafetiva, ou tiver pessoa brasileira sob a sua tutela, ou se o estrangeiro tiver mais de 70 anos e viver há mais de dez anos, considerando a gravidade da expulsão. O estrangeiro poderá apresentar o pedido em representação diplomática brasileira no exterior e será dirigida ao ministro da Justiça e Segurança Pública (art. 206 do Decreto nº 9.199/2017). Tem-se uma possibilidade aí de se analisar eventual situação que não tenha sido verificada no inquérito de expulsão, atuando-se de modo similar à revisão criminal do processo penal.

3 Conclusão

Após essa análise do inquérito de expulsão, tem-se, com justiça, a normatização das práticas já existentes e que contrariavam o antigo Estatuto do Estrangeiro, atualizando e trazendo as leis restritivas, mas necessárias da expulsão ao ordenamento constitucional trazido em 1988. A lei ordinária, de forma sucinta, buscou traçar regras gerais sobre a expulsão, fortalecendo especialmente as garantias de ampla defesa e do contraditório.

Seguindo essa tônica, o decreto regulamentador seguiu esse modelo, trazendo um sistema que se aproxima do processo penal brasileiro, respeitando as especificidades do procedimento administrativo da medida. Tal caminho é de extrema coerência, por inúmeros motivos, inicialmente a vinculação da expulsão à prática de um crime doloso, não havendo mais os conceitos amplos e subjetivos do artigo 65 da Lei nº 6.815/80. A maior precisão das hipóteses de cabimento de expulsão traz em si a necessária segurança jurídica que o migrante ou visitante precisa ter quando presentes em um país democrático como o Brasil.

Além das hipóteses de cabimento, que mostram uma profunda sintonia com o direito penal e processual penal, relativa à taxatividade da norma de expulsão, o inquérito policial de expulsão é muito mais compatível com a Constituição Federal de 1988 do que o próprio inquérito policial previsto no Código de Processo Penal. Pode-se dizer que há uma natureza mista no procedimento de expulsão, tamanha a presença dos princípios da ampla defesa e do contraditório.

Entretanto, a mudança não deve ser apenas normativa. Há a necessidade clara de que os agentes atuantes em todo o procedimento entendam a necessidade de se garantirem ao expulsando o respeito e os princípios previstos no ordenamento jurídico a fim de que a efetividade das mudanças trazidas não fique apenas no campo da inovação legislativa e que, assim como deve ser no processo penal, seja instrumento para o fortalecimento da democracia e de suas instituições.

Referências

BRASIL. Presidência da República. *Decreto 9.199, de 20 de novembro de 2017*. Regulamenta a Lei nº 13.445, de 24 de maio de 2017, que institui a Lei de Migração. Disponível em: http://www.planalto.gov.br/ccivil_03/_ato2015-2018/2017/Decreto/D9199.htm. Acesso em: 07 out. 2019.

BRASIL. Presidência da República. *Decreto-Lei 3.689, de 3 de outubro de 1941*. Código de Processo Penal. Disponível em: http://www.planalto.gov.br/ccivil_03/decreto-lei/Del3689Compilado.htm. Acesso em: 07 out. 2019.

BRASIL. Presidência da República. *Lei Federal 6.815, de 19 de agosto de 1980*. Define a situação jurídica do estrangeiro no Brasil, cria o Conselho Nacional de Imigração. Disponível em: http://www.planalto.gov.br/ccivil_03/LEIS/L6815.htm. Acesso em: 07 out. 2019.

BRASIL. Presidência da República. *Lei Federal 13.445, de 24 de maio de 2017*. Institui a Lei de Migração. Disponível em: http://www.planalto.gov.br/ccivil_03/_ato2015-2018/2017/lei/l13445.htm. Acesso em: 07 out. 2019.

BRASIL. Superior Tribunal de Justiça. HC 410.942/SP, Rel. Ministro Sebastião Reis Júnior, Sexta Turma, julgado em 19.03.2019, DJe 26.03.2019.

BRASIL. Superior Tribunal de Justiça. RHC 99.543/MG, Rel. Ministro Ribeiro Dantas, Quinta Turma, julgado em 19.02.2019, DJe 26.02.2019.

Informação bibliográfica deste texto, conforme a NBR 6023:2018 da Associação Brasileira de Normas Técnicas (ABNT):

SEIGNEUR, Georges Carlos Frederico Moreira. O inquérito de expulsão e sua relação com o inquérito policial. *In*: VELLOSO, Ana Flavia; JARDIM, Tarciso Dal Maso (Coord.). *A nova lei de migração e os regimes internacionais*. Belo Horizonte: Fórum, 2021. p. 175-189. ISBN 978-65-5518-167-8.

COOPERAÇÃO PENAL INTERNACIONAL NA NOVA LEI DE MIGRAÇÃO: ATRIBUIÇÃO E COMPETÊNCIA PARA OS PEDIDOS ATIVOS E PASSIVOS

VLADIMIR ARAS

1 Introdução

A cooperação internacional em matéria penal é um tema em constante renovação. Há registros históricos bastante antigos sobre instrumentos para a captura de foragidos, sendo a extradição a mais tradicional das ferramentas cooperacionais. Nos últimos tempos, aumentou a preocupação dos Estados soberanos com a persecução criminal transnacional devido às ameaças da criminalidade organizada e globalizada.

Organizações criminosas desconhecem fronteiras. As soberanias, vendo-se limitadas na proteção dos interesses nacionais, inclusive na preservação do respeito à suas leis penais, viram-se na obrigação de cooperar. Inicialmente, isto se fazia na base da reciprocidade, um dos princípios elementares do direito internacional. Com a maior complexidade das relações internacionais e das questões criminais, avançou-se para a formação de vínculos convencionais bilaterais ou multilaterais, vocacionados ao cumprimento do *rule of law*.

Ao fenômeno da criminalidade organizada acrescentou-se a necessidade de combater eficazmente a lavagem de dinheiro, inclusive mediante a recuperação de ativos e, a partir dos ataques terroristas de 11 de setembro de 2001, cresceu a preocupação com o financiamento do terrorismo. Em correspondência ao princípio da justiça penal universal, ampliou-se assim a percepção da necessidade de fazer o império da lei em todas as partes do globo. Todos esses elementos trouxeram a cooperação penal internacional para a ordem do dia e também para a Agenda 2030 das Nações Unidas.

Em resposta ao fenômeno da criminalidade transnacional, assistimos a duas reações no plano legislativo: uma resulta na formação ou ampliação de redes de tratados e convenções para a cooperação internacional aduaneira, tributária, em inteligência e no campo jurídico-penal; outra incentiva o surgimento de diplomas legais para regular novos institutos jurídicos ou para aperfeiçoar a regência jurídica de velhas ferramentas de cooperação.

A inovação da produção legislativa, nos campos interno e externo, fez-se sentir no Brasil, com a ampliação do potencial cooperacional das agências de persecução e de órgãos correlatos do Estado brasileiro, mediante a internalização de certas convenções multilaterais para a cooperação no campo fiscal e policial, por exemplo. No plano interno, se o PL nº 8.045/2010, que institui o novo Código de Processo Penal, ainda não saiu do papel, o Congresso Nacional aprovou nos últimos anos dois textos legais que causaram forte impacto no direito da cooperação internacional, a saber, o Código de Processo Civil (Lei nº 13.105/2015) e a nova Lei de Migrações (Lei nº 13.445/2017).

A grande inovação do CPC/2015 foi a regulação em lei do "auxílio direto", modalidade de cooperação internacional que surgiu na praxe forense brasileira no início do século XX e que inicialmente fora objeto da Resolução nº 9/2005, do Superior Tribunal de Justiça.

O CPC/2015 também trouxe importantes marcos principiológicos (art. 26) para a cooperação jurídica internacional brasileira e lineamentos sobre a tramitação e a autenticação (legalização) documental nesse âmbito.

A Lei Migratória avançou um pouco mais. Tendo substituído o Estatuto do Estrangeiro (Lei nº 6.815/1980) e a Lei de Nacionalidade (Lei nº 818/1949), a Lei nº 13.445/2017 trouxe regras sobre extradição, transferência de pessoas condenadas e transferência de execução penal.

Porém, convém dizer que uma lei de direito migratório não é o *locus* adequado para regular instrumentos de cooperação internacional em matéria penal, que são objeto dos seus arts. 81 a 105.

Com isso, o legislador repetiu o equívoco dos anos 1980 ao regular num diploma migratório temas estranhos a esse campo do direito administrativo, tendo misturado[1] tal disciplina com o direito internacional público e o direito processual penal, na sua feição transnacional.

2 A nova Lei de Migração (Lei nº 13.445/2017)

A Lei de Migração ou Lei Migratória (LM) dispõe sobre os direitos e deveres do migrante e do visitante, regula a sua entrada e estada no país, estabelece princípios e diretrizes para as políticas públicas para o emigrante e cuida do asilo e da nacionalidade. É um estatuto que lida com os direitos de estrangeiros e apátridas que se deslocam para o Brasil e de brasileiros que deixam o país rumo ao exterior.

Além de dispositivos sobre vistos, direito de reunião familiar, nacionalidade e naturalização, a LM regula as chamadas medidas compulsórias, como a repatriação, a deportação e a expulsão (arts. 46 a 62). São estas medidas compulsórias ou de retirada compulsória, de natureza administrativa, que só se aplicam a estrangeiros, sempre respeitados os limites dos tratados e regras impositivas, como o *non-refoulement*. O respeito aos direitos humanos e o cumprimento dos tratados são um norte importante da LM, estando fincados no art. 3º, I e XVIII, que também se estende à parte cooperacional.

Nesse sentido, é evidente a interação entre a primeira parte da LM e os tratados de direitos humanos, notadamente os que protegem os migrantes, apátridas e refugiados, a saber: a Convenção nº 97 da OIT sobre Trabalhadores Migrantes (1949); a Convenção das Nações Unidas sobre o Estatuto dos Refugiados (1951) e seu Protocolo (1967); a Convenção sobre o Estatuto dos Apátridas (1954); a Convenção para a Redução dos Casos de Apatridia (1961); o Pacto Internacional de Direitos Civis e Políticos (1966); a Convenção nº 143 da OIT relativa às Migrações em Conduções Abusivas e à Promoção da Igualdade de Oportunidades e de Tratamento de Trabalhadores Migrantes (1975); a

---

[1] Em nota técnica de 2016, a Procuradoria-Geral da República sugeriu ao Congresso Nacional que houvesse cisão das matérias para que o conteúdo de cooperação internacional fosse tratado num projeto de lei próprio.

Convenção sobre a Proteção dos Direitos de Todos os Trabalhadores Migrantes e dos Membros de Suas Famílias (1990) etc.

Na sua segunda parte (capítulo VIII, arts. 81 a 105), a LM cuida de instrumentos do direito da cooperação internacional: extradição (arts. 81 a 99), transferência de execução de pena (arts. 100 a 102) e transferência de pessoas condenadas (arts. 103 a 105). Embora tenha trazido algum avanço para as ferramentas de cooperação internacional, melhor seria que tais matérias houvessem sido tratadas num projeto de lei autônomo, no qual se pudesse introduzir toda a principiologia da cooperação jurídica internacional. Vários países têm leis específicas de cooperação, como a lei suíça de 1981, a lei portuguesa de 1999 e a lei cabo-verdiana de 2011. O Brasil ainda não.

3 Cooperação internacional em matéria penal

Por cooperação penal internacional, entende-se o conjunto de mecanismos jurídicos postos à disposição de Estados e organizações internacionais especializadas para viabilizar a persecução criminal ou a execução penal. Trata-se de modalidade do gênero cooperação internacional, que engloba os instrumentos civis de ajuda interetática e também a cooperação técnica (não jurídica).

Na cooperação penal, também chamada de assistência jurídica em matéria penal, há medidas que interessam à elucidação da materialidade ou da autoria de uma infração penal, além de outras que dizem respeito ao sujeito da infração, que pode ser alvo de medidas que lhe cerceiam a liberdade, como a extradição e a entrega, assim como instrumentos de transferência de condenados. Logo, há uma forte relação das medidas de cooperação com o direito processual penal dos Estados envolvidos, que podem lançar mão de tratados ou de promessas de reciprocidade para obter a eficácia transnacional de sua atividade de persecução criminal.

Existem várias ferramentas de cooperação penal internacional. Todas elas têm a finalidade de atender a necessidades da persecução criminal (investigação ou processo) e da execução penal, podendo incidir sobre fatos, bens ou pessoas, a depender do tipo de auxílio pretendido.

Os pedidos podem servir para a localização de pessoas, a coleta de provas documentais, a tomada de depoimentos presenciais ou por videoconferência, a realização de atos periciais, assim como para a concretização de medidas de busca e apreensão ou de indisponibilidade de bens ou outros atos de investigação criminal, como quebras de sigilo bancário e fiscal e interceptação de comunicações telefônicas. A mais grave das medidas de cooperação penal é a extradição, que incide sobre pessoa determinada, que deve ser presa e enviada ao Estado requerente para ali responder a um procedimento criminal ou para sujeitar-se à execução de pena. Outro mecanismo que também recai sobre pessoa é a transferência de condenados, destinada a propiciar a execução penal no país de origem ou de residência do sentenciado, embora lá não tenha ocorrido o crime.

Pode-se classificar os pedidos de cooperação em ativos e passivos. Parte-se da análise de um dos Estados envolvidos na relação internacional para identificar a nação requerente (a que emite o pedido de auxílio mútuo) e a nação requerida (a que o recebe). Do ponto de vista brasileiro, a cooperação penal será ativa, quando o Brasil for o Estado requerente. Ao revés, ter-se-á cooperação passiva quando o país for o Estado requerido.

3.1 Legitimidade e competência para a expedição de pedidos ativos de cooperação internacional

Na cooperação internacional em matéria penal no modo ativo, os pedidos podem ser expedidos por juízes federais, de direito, eleitorais ou militares, nas ações penais de sua competência, ou por membros do Ministério Público (estadual, federal, militar, distrital ou eleitoral) nas investigações criminais que conduzam ou acompanhem e nas ações penais que promovam. Tribunais e órgãos superiores do *parquet* também podem emitir pedidos de cooperação nos inquéritos e nas ações penais originárias.

Em alguns tratados, policiais, sejam delegados ou não, não estão legitimados a emitir pedidos de cooperação internacional. Certos países europeus só aceitam tramitar pedidos de *mutual legal assistance* (MLA) expedidos por "autoridades judiciárias", isto é, por juízes ou membros do Ministério Público, categorias que gozam do *status* de magistratura. O tratado bilateral em matéria penal entre Brasil e França (Decreto nº 3.324/1999) também não admite pedidos de autoridades policiais. Conforme o art. 3.1. do acordo, o Estado requerido "fará executar, nas formas previstas por sua legislação, os pedidos de cooperação relativos a um caso penal que lhe forem dirigidos pelas autoridades judiciárias do Estado requerente".

Para assegurar a ampla defesa, pedidos no interesse de investigados e réus devem ser enviados ao exterior, quando necessário, como requerimentos de assistência firmados por juízes ou membros do

Ministério Público. É que alguns tratados de auxílio mútuo só podem ser utilizados pelo Estado. O acordo bilateral entre Brasil e Estados Unidos é um exemplo. O art. I.5 do tratado (Decreto nº 3.810/2001) estatui que esse acordo "destina-se tão-somente à assistência judiciária mútua entre as Partes. Seus dispositivos não darão direito a qualquer indivíduo de obter, suprimir ou excluir qualquer prova ou impedir que uma solicitação seja atendida". Tais limitações soam inconstitucionais. Daí a importância de instituir canais de assistência penal em prol da defesa (*legal aid networks*). A 5ª Turma do Superior Tribunal de Justiça enfrentou esse tema e decidiu que nada impede que a defesa se valha do tratado por intermédio do juiz (HC nº 147.375/RJ, rel. ministro Jorge Mussi, julgado em 22.11.2011).

Os pedidos das autoridades competentes devem ser encaminhados à autoridade central,[2] acompanhados de tradução para a língua oficial do Estado requerido (art. 38 do CPC). No âmbito federal, os pedidos de interesse do MPF são traduzidos pela Secretaria de Cooperação Internacional da Procuradoria-Geral da República.

3.2 Legitimidade e competência para a execução de pedidos passivos de cooperação internacional

A execução dos pedidos de cooperação internacional recebidos pelo Brasil compete às autoridades centrais (arts. 26, IV, e 32 do CPC),[3] à Polícia Federal, ao Ministério Público Federal ou aos juízes federais (art. 109, X, da CF).[4] Autoridades judiciárias federais terão competência sempre que a medida pretendida pela autoridade estrangeira requerente estiver submetida, conforme a lei brasileira, à reserva de jurisdição (art. 34 do CPC). Perante eles atuarão o Ministério Público Federal e a Defensoria Pública da União, neste caso se não houver advogado constituído.

---

2 O Departamento de Recuperação de Ativos e Cooperação Jurídica Internacional (DRCI), órgão do Ministério da Justiça, é a autoridade central para a maior parte dos tratados em matéria penal firmados pelo Brasil. A Secretaria de Cooperação Internacional (SCI) da Procuradoria-Geral da República exerce papel de autoridade central no tratado bilateral com o Canadá e no tratado multilateral de cooperação penal com os países membros da Comunidade dos Países de Língua Portuguesa (CPLP).

3 DRCI e SCI. Vide o art. 26, §4º, e o art. 33, parágrafo único, do CPC/2015, que admitem a designação do Ministério Público como autoridade central, o que ocorre em dois tratados de cooperação em matéria penal e um em matéria cível.

4 Na extradição passiva, a competência é do STF (art. 102, inciso I, da CF) e atribuição da PGR.

A cooperação não judiciária encontra suporte no art. 3°, inciso V, da Portaria Conjunta MJ/PGR/AGU n° 1, de 27 de outubro de 2005, que atribui ao DRCI a tarefa de "providenciar junto à Advocacia-Geral da União ou às autoridades competentes o atendimento dos pedidos passivos que não demandem decisão judicial para seu cumprimento".

Em 2015, o art. 32 do CPC chancelou tal procedimento ao determinar que, no caso de auxílio direto para a prática de atos que, segundo a lei brasileira, não necessitem de prestação jurisdicional, a autoridade central adotará as providências necessárias para seu cumprimento. Assim, tanto o DRCI/SNJ/MJ quanto a SCI/PGR/MPF podem aviar pedidos passivos em tal hipótese.

Segundo o STJ, para a execução da assistência judiciária, "tem significativa importância, no Brasil, o papel do Ministério Público Federal e da Advocacia Geral da União, órgãos com capacidade postulatória para requerer, perante o Judiciário, essas especiais medidas de cooperação jurídica" (STJ, Corte Especial, Recl. n° 2645/SP, rel. min. Teori Zavascki, j.em 16.12.2009). Assim, seja na cooperação passiva cível (art. 33 do CPC), seja na cooperação passiva penal, somente o MPF e a AGU podem postular em juízo para cumprimento de pedidos estrangeiros de assistência mútua em matéria penal.

Tal solução, aliás, condiz com o disposto na Portaria Conjunta MJ/PGR/AGU n° 1, de 27 de outubro de 2005, segundo a qual "os pedidos de cooperação jurídica internacional passiva em matéria penal, que se sujeitam à competência da Justiça Federal e que não ensejam juízo de delibação do Superior Tribunal de Justiça, serão encaminhados pelo DRCI ao CCJI[5] para que este proceda à distribuição dos pedidos às unidades do Ministério Público Federal com atribuição para promover judicialmente os atos necessários à cooperação". Tal regra é compatível com os arts. 32 a 34 do CPC, no âmbito do "auxílio direto".

Pedidos emitidos por membros do Ministério Público devem ser cumpridos no Brasil pelo MPF, conforme o ato conjunto de 2005, que observa o art. 129, inciso I, da Constituição. As atribuições do MPF na execução de pedidos passivos são complementadas pelas disposições do art. 33, incisos XII, XIII, XVIII, XXII-A, XXIII, XXV e XXVIII, e dos arts. 90 a 105 da Portaria PGR-MPF n° 556, de 13 de agosto de 2014, que instituiu o Regimento Interno do Gabinete do Procurador-Geral da República, e pela Resolução CSMPF n° 178, de 5 de setembro de 2017,

---

[5] Atualmente Secretaria de Cooperação Internacional (SCI).

que regulamenta o procedimento de cooperação jurídica internacional (PCI) em matéria cível e criminal.

A Polícia Federal pode executar atos de cooperação penal que não demandem intervenção judicial e que tenham sido expedidos por autoridades policiais no exterior. A atividade do DPF está regulada pela Portaria MJ nº 503, de 2 de maio 2019,[6] que revogou a Portaria MJ nº 1.876, de 2006, segundo a qual "os pedidos de cooperação jurídica internacional passiva em matéria penal, que se sujeitam à competência da Justiça Federal, não ensejam juízo de deliberação do Superior Tribunal de Justiça e não se inserem no âmbito de atribuições exclusivas do Ministério Público Federal, nos termos da Portaria Conjunta MJ nº 1, de 27 de outubro de 2005, poderão ser encaminhados pelo DRCI ao DPF para que este proceda à distribuição dos pedidos às unidades do Departamento de Polícia Federal com atribuição para promover os atos necessários à cooperação".

Ademais, a Polícia Federal tem seu *locus* próprio de cooperação internacional pelo canal da Organização Internacional de Polícia Criminal (Interpol), que reúne agências policiais de cerca de 200 países e mantém um sistema global e eletrônico de comunicação de informações relacionadas a foragidos, antecedentes, pessoas desaparecidas, bens e outros dados relevantes para a segurança pública e investigações criminais.

4 Instrumentos de cooperação penal internacional na Lei de Migração (Lei nº 13.445/2017)

Vigente desde 21 de novembro de 2017, a Lei nº 13.445/2017 ou Lei de Migração (LM) revogou o Estatuto do Estrangeiro (Lei nº 6.815/1980), que regulava a extradição no Brasil. Ao mesmo tempo, a LM inovou em cooperação penal internacional ao regular dois institutos, que careciam de disciplina no ordenamento jurídico brasileiro.

Vejamos os três com mais detalhe a seguir:

---

[6] Alterada pela Portaria MJ nº 514, de 6 de maio de 2019.

INSTITUTO	DISPOSITIVOS DA LM	FINALIDADE
Extradição	Arts. 81 a 99	Submissão compulsória de pessoa à jurisdição competente para julgamento ou execução penal.
Transferência de pessoa condenada	Arts. 103 a 105	Traslado voluntário de pessoa condenada ao país de sua nacionalidade ou residência habitual para facilitar sua ressocialização.
Transferência de execução de pena	Arts. 100 a 102	Transferência da sentença penal condenatória de um país a outro para que seja reconhecida e neste se realize a execução penal compulsoriamente.

4.1 Extradição

A extradição é o mais tradicional instrumento da cooperação penal internacional. Regulada por tratados bilaterais ou multilaterais e, na falta deles, por leis nacionais supletivas ou ainda por promessa de reciprocidade, a extradição é instituto que recai sobre a pessoa do investigado, do réu ou do apenado. Presta-se a sujeitar à jurisdição do Estado requerente indivíduo localizado no território de outro Estado sempre que o procurado tenha cometido infração penal sujeita à jurisdição territorial ou extraterritorial do país requerente.

A pessoa procurada pode ser extraditada para responder a processo criminal (extradição instrutória) ou para cumprir pena (extradição executória). Do ponto de vista do Estado requerente, a extradição será ativa; do ponto de vista do Estado requerido, é dita passiva.

Antes regulada pela Lei n° 6.815/1980 e pelo Decreto n° 394/1938, a extradição agora é objeto dos arts. 81 a 99 da Lei n° 13.445/2017, dos arts. 262 a 280 do Decreto n° 9.199/2017 e da Portaria MJ n° 217/2018.

O procedimento extradicional passivo é regido pelos arts. 5° e 102 da Constituição, pelos arts. 81 a 87 e arts. 89 a 99 da Lei Migratória, pelos arts. 266 a 277 do Decreto n° 9.199/2017, assim como pelo Regimento Interno do STF. Os tratados bilaterais ou multilaterais aplicáveis servem como lei especial.

O procedimento ativo, que antes seguia o Decreto-Lei nº 394, de 28 de abril de 1938, agora se guia pelos arts. 81 e 88 da LM, pelos arts. 278 a 280 do Decreto nº 9.199/2017, pela Portaria MJ nº 217/2018 e pelos tratados aplicáveis.

Em função do princípio da especialidade, os tratados internacionais firmados pelo Brasil em matéria extradicional sobrepõem-se às normas internas, mormente à Lei nº 13.445/2017, devendo-se respeitar em qualquer caso as limitações constitucionais que vedam a extradição por crimes políticos e de opinião e crimes militares, assim como proíbem a extradição de nacionais, salvo do naturalizado em certas situações (art. 82, §5º, da LM).

Atualmente,[7] o Brasil é parte de 30 tratados bilaterais[8] e de 3 tratados multilaterais específicos (dois do MERCOSUL e um da CPLP)[9] em matéria extradicional. As mais importantes convenções multilaterais nesse tema são o Acordo de Extradição entre os Estados Partes do Mercosul, a República da Bolivia e a República do Chile, concluído no Rio de Janeiro em 1998 (Decreto nº 5.867/2006) e a Convenção de Extradição entre os Estados Membros da Comunidade dos Países de Língua Portuguesa, firmada em Cidade da Praia, República do Cabo Verde, em 23 de novembro de 2005 (Decreto nº 7.935/2013). No entanto, outros tratados multilaterais podem funcionar como normas subsidiárias ou supletivas para extradição, como é o caso das convenções das Nações Unidas contra o narcotráfico (Viena, 1988), contra a corrupção (UNCAC) e contra o crime organizado transnacional (UNTOC), além dos vários tratados antiterrorismo.

---

7 Em 4 de março de 2019.

8 Argentina, Decreto nº 62.979/1968; Austrália, Decreto nº 2.010/1996; Bélgica, Decreto nº 41.909/1957; Bolívia, Decreto nº 9.920/1942; Chile, Decreto nº 1.888/1937; China, Decreto nº 8.431/2015; Colômbia, Decreto nº 6.330/1940; Coreia do Sul, Decreto nº 4.152/2002; Equador, Decreto nº 2.950/1938; Espanha, Decreto nº 99.340/1990; Estados Unidos, Decreto nº 55.750/1965; França, Decreto nº 5.258/2004; Índia, Decreto nº 9.055/2017; Israel, Decreto nº 9.728/2019; Itália, Decreto nº 863/1993; Lituânia, Decreto nº 4528/1939; México, Decreto nº 2.535/1938; Panamá, Decreto nº 8.045/2013; Paraguai, Decreto nº 16.925/1925; Peru, Decreto nº 5.853/2006; Portugal, Decreto nº 1.325/1994; Reino Unido, Decreto nº 2.347/1997; República Dominicana, Decreto nº 6.738/2009; Romênia, Decreto nº 6.512/2008; Rússia, Decreto nº 6056/2007; Suíça, Decreto nº 23.997/1934; Suriname, Decreto nº 7.902/2013; Ucrânia, Decreto nº 5.938/2006; Uruguai, Decreto nº 13.414/1919 (vigência: vide Extradição nº 991, de 27.07.2013); Venezuela, Decreto nº 5.362/1940.

9 Os tratados do MERCOSUL e da CPLP substituem os tratados bilaterais firmados com os mesmos países-membros. Assim, o tratado bilateral do Brasil com Portugal é superado pela Convenção da Praia, de 2005, acordo multilateral da CPLP em matéria extradicional.

a) Extradição passiva

Em nosso país, a extradição passiva é de competência do Supremo Tribunal Federal (STF), na forma do art. 102, inciso I, alínea g, da Constituição e dos arts. 6°, 9°, 68, 77-C, 145, 207 a 214 do Regimento Interno da Corte. Rege-se também pela Lei n° 13.445/2017, pelo Decreto n° 9.199/2017 e pelos arts. 4° a 15 da Portaria MJ n° 217/2018.

Os pedidos oriundos do exterior são recebidos pelo Ministério das Relações Exteriores ou pelo Ministério da Justiça, que, por sua vez, os redireciona ao STF para decisão. Embora a provocação da jurisdição criminal do STF devesse caber à Procuradoria-Geral da República, em regra esse papel tem sido desempenhado pelo Ministério da Justiça, mediante aviso ministerial (art. 269 do Decreto n° 9.199/2017 e art. 7° da Portaria MJ n° 217/2018).

Os pedidos de prisão preventiva para fins de extradição (passiva) podem ser apresentados ao STF pelo DRCI ou pela Interpol, como esclarecem o art. 4°, §2°, da Portaria MJ n° 217/2018 e o art. 275 do Decreto n° 9.199/2017, normas de duvidosa constitucionalidade, tanto no que diz respeito ao princípio da legalidade (art. 5°) quanto ao aspecto da capacidade postulatória dessas entidades para requerimentos ao STF.

Fato é que a Procuradoria-Geral da República (PGR) atua nas extradições passivas como *custos legis* e pode requerer a decretação de prisões preventivas de foragidos em proveito de nações estrangeiras, na forma dos arts. 127 e 129 da Constituição, da Lei Complementar n° 75/1993, do art. 84 da Lei de Migração e do Regimento Interno do STF.

O Estado requerente pode solicitar ao Ministério da Justiça – diretamente ou via MRE – a prisão do extraditando antes da formalização do pedido de extradição ou simultaneamente a ele. A pasta da Justiça limita-se a averiguar sua admissibilidade e a encaminhar o pedido ao STF para decisão. Em casos urgentes, nos termos do art. 129, inciso I, da CF, a Procuradoria-Geral da República também pode receber pedidos de extradição e encaminhá-los ao STF com pedido de prisão cautelar. Para a Interpol, tal atribuição está no art. 84, §2°, da LM e no art. 274, §3°, do Decreto n° 9.199/2017.

Nos pedidos de extradição passiva, agora é obrigatória a oitiva prévia da Procuradoria-Geral da República, já no momento do pedido de prisão extradicional (art. 84 da LM). Anteriormente, as prisões cautelares extradicionais eram decretadas num inusitado diálogo entre o Ministério da Justiça (MJ) ou a Interpol e o relator do caso no STF, sem qualquer intervenção do PGR, seja como *custos legis*, seja como parte por excelência nos procedimentos de cunho criminal. O art. 84 da LM é solução legislativa consentânea com a CF/1988.

Segundo o art. 86 da LM, após ouvir o Ministério Público, o STF pode autorizar prisão albergue ou domiciliar ou determinar que o extraditando responda ao processo de extradição em liberdade, com retenção do documento de viagem ou outras medidas cautelares necessárias, até o julgamento da extradição ou a entrega do extraditando. Para isto, a corte deve ter em conta a situação migratória e os antecedentes do extraditando e as circunstâncias do caso. Com isso, a prisão extradicional deixa de ser uma condição *sine qua non* para a prosseguimento do processo extradicional, embora ainda o seja para o seu início.

O processo extradicional passivo tem curso perante uma das turmas do STF, com a participação da PGR, que ali atua por meio de subprocuradores-gerais da República, com o apoio da Secretaria de Cooperação Internacional.

Na extradição passiva, o contraditório é restrito, isto é, há contenciosidade limitada. Não há revolvimento do mérito da acusação estrangeira. Uma vez autorizada a extradição, cabem apenas embargos de declaração. Transitada em julgado a decisão, a pessoa deve ser entregue pela Polícia Federal ao Estado requerente. Caso o STF estabeleça condições para a entrega, a transferência de custódia só pode ocorrer após a assunção de compromisso formal pelo Estado estrangeiro. Normalmente, as condições impostas pela Suprema Corte dizem respeito à restrição da pena capital e da pena de prisão perpétua e à proibição de cumprimento de sanção privativa de liberdade superior a 30 anos de prisão.

Com a Lei nº 13.445/2017, passou a ser atribuição do MPF diligenciar a complementação de pedidos passivos de extradição mal instruídos (art. 91, §§2º e 3º, da LM), devendo fazê-lo em 60 dias. A PGR pode, para isso, valer-se do Itamaraty ou de providências diretas perante a embaixada estrangeira pertinente ou a autoridade criminal competente no exterior, ou ainda lançar mão de seu poder requisitório ou de medidas judiciais no Brasil, conforme o caso.

Outra novidade da LM está no art. 87, que agora permite expressamente, de forma genérica, e não mais apenas no âmbito de tratados vigentes, a extradição voluntária, aquela na qual o extraditando concorda com sua imediata entrega ao Estado requerente. Antes da decisão do STF, ouvem-se a defesa e a PGR, e não há possibilidade de negativa de entrega pelo presidente da República.

b) Extradição ativa

Na extradição ativa, tomemos o Brasil como Estado requerente. Tal modalidade pode ser iniciada por qualquer juiz ou tribunal brasileiro, federal ou estadual, eleitoral ou militar, de ofício ou por provocação do Ministério Público, do assistente ou do querelante, se for o caso.

Apesar da má redação da parte final do art. 81 da LM, o juiz ou o membro do Ministério Público brasileiro poderá deflagrar o procedimento extradicional ainda na fase pré-processual, isto é, antes da denúncia, durante a investigação criminal. Basta que o juiz seja provocado pelo Ministério Público e haja decreto de prisão preventiva válido, de acordo com a legislação vigente. Esse mandado é comunicado à Interpol para sua inclusão no sistema informático daquela organização como uma difusão vermelha (*red notice*). A inclusão é determinada pela unidade central da Interpol em Lyon, na França, mas o procedimento tem início nas representações regionais da Interpol, nas superintendências da Polícia Federal nas capitais brasileiras.

A "difusão vermelha" pode resultar, em alguns países e territórios, na execução direta do mandado de prisão expedido pela autoridade judiciária brasileira. O mandado também deverá ser inscrito na base de dados do Conselho Nacional de Justiça (CNJ).

Consumada a detenção do procurado ou foragido, a autoridade judiciária competente deve remeter o pedido extradicional, com os documentos já traduzidos, ao DRCI, que o reenvia à autoridade estrangeira competente diretamente ou por intermédio do Ministério das Relações Exteriores, observando-se os requisitos postos no art. 88 da Lei nº 13.445/2017, nos arts. 278 a 280 do Decreto nº 9.199/2017 e nos arts. 16 a 27 da Portaria MJ nº 217/2018.

A remessa à autoridade central brasileira pode ser feita pela autoridade judiciária ou pelo Ministério Público que perante ela oficie, desde que haja prévia autorização do juízo. A limitação constante do §2º do art. 279 do Decreto nº 9.199/2017 foge da razoabilidade ao tentar cercear atribuição do órgão responsável pela persecução penal, conforme a Constituição. O Ministério Público é a autoridade estatal que tem interesse jurídico na captura do foragido para que tenha curso a ação ou a execução penal.

Para tramitação do pedido, é necessário remeter cópia dos textos da lei brasileira que tipifiquem o crime praticado pelo extraditando, cópia dos textos sobre a pena aplicável e sobre a prescrição, além do relato do fato e dados qualificativos do procurado e a decisão que determinou sua prisão ou que o condenou. Os documentos a serem apresentados são apontados nos tratados bilaterais ou multilaterais pertinentes e, subsidiariamente, na Lei nº 13.445/2017 e nos atos infralegais que a regulamentam.

Nos pedidos ativos, a tradução da documentação e do pedido costuma ser feita pelo Ministério Público ou pela Polícia. Na instância federal, a SCI propicia aos procuradores naturais a tradução, oficial ou juramentada, dos documentos necessários à tramitação do pedido no exterior e os encaminha ao DRCI ou ao juízo competente. Segundo o §4° do art. 88 da LM, o encaminhamento do pedido de extradição ao órgão competente do Poder Executivo confere autenticidade aos documentos.

O §4° do art. 279 do Decreto n° 9.199/2017 reflete essa realidade ao dispor em linguagem tortuosa que cabe aos "órgãos do sistema de Justiça vinculados ao processo gerador do pedido de extradição" (*sic*) a apresentação dos documentos, manifestações e demais elementos necessários ao processamento do pedido, acompanhada das traduções. Esse dispositivo regulamenta o art. 88, §2°, da LM, que também tem redação sofrível.

Nas extradições ativas, as autoridades competentes do Judiciário e do Ministério Público podem requerer ao Estado estrangeiro que, uma vez deferida a extradição, os bens, objetos, documentos que houverem sido encontrados com o extraditando sejam remetidos ao Estado requerente quando da entrega do preso. Essa possibilidade diz respeito aos bens que estiverem em poder do extraditando no momento da prisão extradicional. Outros bens e documentos mantidos pelo extraditando no exterior também podem ser apreendidos e confiscados, mas deve-se observar procedimento autônomo de assistência jurídica, paralela ou posteriormente à extradição.

4.2 Transferência de execução penal

A Lei de Migrações (LM) introduziu no ordenamento jurídico brasileiro dispositivos sobre a eficácia de sentenças penais alienígenas (transferência de execução da pena), dando maior densidade ao princípio do reconhecimento mútuo de decisões estrangeiras, um elemento essencial à reciprocidade internacional em casos de *enforcement of foreign judgments*.

A transferência pode ser ativa ou passiva. Essa medida, aplicável quando o sentenciado já está na jurisdição onde deverá cumprir pena que lhe tenha sido aplicada no estrangeiro, é muito útil para países que, como o Brasil, não permitem a extradição de nacionais.

Assim, desde a vigência da LM, sentenças condenatórias impostas no exterior poderão ser reconhecidas no Brasil para imposição de penas privativas de liberdade, penas restritivas de direitos e penas pecuniárias, sem necessidade de início da persecução penal, a partir da estaca zero no Brasil, como se dava sob a égide da legislação anterior.

De fato, o art. 100 da Lei de Migração tem impacto sobre o art. 9° do CP, que só admitia o reconhecimento dos efeitos de sentença penal estrangeira para aplicação de medida de segurança e para reparação civil do dano e outros efeitos civis. Agora, qualquer sentença penal estrangeira que respeite os requisitos do *caput* do art. 100 da LM pode ser homologada pelo STJ, desde que observadas as limitações constitucionais e convencionais no tocante à pena de morte, à prisão perpétua e às penas degradantes, cruéis ou desumanas e desde que a condenação estrangeira tenha observado o devido processo legal, isto é, ao menos as garantias mínimas universalmente aceitas para um processo penal justo.

Com a possibilidade de reconhecimento da decisão estrangeira transitada em julgado, também ganham maior corpo os princípios da duração razoável do processo e da economia processual devido ao aproveitamento dos atos processuais praticados no exterior, desde a investigação e o julgamento e até a condenação. Brasileiros condenados no exterior e que procurem abrigo no Brasil não serão rejulgados aqui. Evita-se também o *bis in idem* internacional. Tais indivíduos poderão ser intimados para o cumprimento da pena, após a homologação, que haverá de ser requerida pela Procuradoria-Geral da República, nos termos do art. 789 do CPP.

A transferência de execução penal (*enforcement of foreign judgments*) não se confunde com a transferência de condenados (*transfer of convicted/sentenced persons*). Esse instituto tem cunho humanitário e faz-se no interesse do apenado, sendo necessário o seu consentimento. Aquele é medida de cooperação internacional, que serve ao interesse do Estado, sendo dispensável o consentimento do sentenciado.

Assim, no *enforcement of foreign judgements*, que é objeto dos arts. 100 a 102 da LM, o Estado requerente pretende fazer valer noutra jurisdição uma sentença transitada em julgado que tenha sido prolatada por um seu tribunal, ou seja, o Ministério Público do Estado requerente pretende garantir noutro país a eficácia da condenação que obteve em sua própria jurisdição. Nesse tipo de procedimento, a pessoa sentenciada em regra não estará sob custódia do Estado requerente. Normalmente, tal condenado já estará no território do Estado requerido, que não precisa ser o seu país de origem ou de residência habitual.

A transferência da execução penal, que depende da homologação da sentença estrangeira, servirá como alternativa a um pedido de extradição, isto é, em lugar de pedir ao Estado requerido que traslade a pessoa para que cumpra a pena no país da condenação, o Estado requerente (aquele onde se deu a condenação) pedirá ao outro país (aquele onde o sentenciado estiver) que reconheça a sentença condenatória que proferiu e a execute.

No Brasil, esse tema é objeto dos arts. 100 a 102 da Lei Migratória, do art. 15 da Lei de Introdução às Normas do Direito Brasileiro (LINDB), do art. 9º do Código Penal (eficácia da sentença penal estrangeira), dos arts. 787 a 790 do CPP (homologação de sentença penal estrangeira) e dos arts. 24, 26 e 960 a 965 do novo CPC, estes no que diz respeito aos efeitos civis da sentença penal condenatória.

Até a entrada em vigor da LM, o art. 9º do CP só admitia a eficácia da sentença penal estrangeira, após sua homologação perante o STJ, para o reconhecimento dos seus efeitos civis, especialmente a obrigação de reparar o dano (execução civil *ex delicto*), na forma do art. 91, inciso I, do Código Penal; do art. 63 do CPP; e dos arts. 515, inciso VI, e 516, inciso III, do novo CPC, a pedido da pessoa física ou jurídica interessada.

A sentença penal estrangeira também podia ser reconhecida no Brasil para a imposição de medida de segurança (arts. 96 a 99 do CP) à pessoa inimputável (art. 26 do CP) nos casos de absolvição imprópria (art. 386, inciso VI, e parágrafo único, inciso III, do CPP). Agora, o escopo da homologação é mais amplo, podendo abarcar mesmo as condenações a penas privativas de liberdade. Fica superado no particular o entendimento limitativo, professado pela 2ª Turma do STF, em 2011, quando do julgamento da Ext nº 1.223/DF, da relatoria do ministro Celso de Mello.

A autoridade central para a tramitação de pedidos de homologação de sentenças penais estrangeiras é o Departamento de Recuperação de Ativos e Cooperação Jurídica Internacional (DRCI) do Ministério da Justiça. Para o Canadá e os Estados-Membros da CPLP, a tramitação também pode ser feita pela Secretaria de Cooperação Internacional da Procuradoria-Geral da República.

a) Transferência passiva de execução penal

A execução da sentença penal estrangeira no Brasil terá curso perante a Justiça Federal (art. 102, único da LM), já que se trata de hipótese que se encaixa no art. 109, X, da CF.

No seu aspecto passivo, a homologação de sentenças penais estrangeiras tem curso perante o Superior Tribunal de Justiça, nos termos do art. 105, inciso I, alínea i, da Constituição, do art. 101, §1º, da LM, do art. 15 da LINDB e dos arts. 216-A a 216-N do Regimento Interno do STJ. É procedimento de cunho processual penal e, no plano passivo, a iniciativa é do Procurador-Geral da República, nas ações penais públicas, conforme o art. 789 do CPP. Uma vez homologada a decisão, a execução da sentença compete à Justiça Federal, nos termos do art. 109, inciso X, da Constituição; do art. 102, parágrafo único, da LM; e do art. 965 do novo CPC. Perante o juízo federal atuarão o MPF e a DPU, se não houver advogado constituído.

O pressuposto básico de eficácia (condicional) de sentença estrangeira é a dupla incriminação. Só é homologável a decisão alienígena quando houver compatibilidade entre as soluções jurisdicionais possíveis, tomando como premissa o mesmo fato. Segundo o art. 100, parágrafo único, da LM, são também requisitos a nacionalidade brasileira ou a residência do condenado no Brasil ou a existência de vínculo pessoal com o país; o trânsito em julgado da sentença estrangeira; e prazo de pena a cumprir não inferior a um ano. O pedido pode basear-se em tratado ou em promessa de reciprocidade.

Obviamente, a decisão a ser homologada deve ter sido proferida pela autoridade competente. A competência se verifica de acordo com a lei estrangeira, não se podendo aplicar as regras de competência da lei brasileira para a identificação de tal autoridade. A regra está no art. 788, inciso II, do CPP e no art. 963, inciso I, do novo CPC.

Uma vez homologada a sentença e em consonância com o art. 109, inciso X, da Constituição e com o art. 102, parágrafo único, da LM, o art. 216-N do RISTJ manda que se expeça carta de sentença para execução perante o juiz federal competente, em razão do território ou em razão da matéria, nos termos do art. 789, §§6° e 7°, do CPP.

No regime do CPP (art. 790), a homologação de sentença penal estrangeira para a reparação do dano, restituição e outros efeitos civis observa o que a respeito prescreve o Código de Processo Civil. Se o interessado na execução for um Estado, a legitimidade pode também recair na PGR ou na AGU. Organizações internacionais e Estados estrangeiros também podem constituir advogados e atuar em juízo. Já para as medidas de segurança, sanções alternativas e penas privativas de liberdade, a iniciativa é sempre do procurador-geral da República *ex officio* ou por requisição do ministro da Justiça, na forma prevista no art. 789 do CPP e do art. 101, §1°, da LM.

Em se tratando de incidente de persecução criminal, a titularidade ainda será do Ministério Público em decorrência do art. 129, inciso I, da CF. Assim que os autos chegam do Ministério da Justiça (art. 101, §1°), cabe vista ao MPF perante o STJ.

b) Transferência ativa de execução penal

No plano ativo, a iniciativa de requerer a Estado estrangeiro a execução penal de sentença criminal proferida no Brasil é do juízo ou tribunal competente, ou do "promotor natural", membro do Ministério Público estadual, federal, eleitoral ou militar, o que se faz por intermédio da autoridade central. A entrada em vigor do art. 100 da LM tornou possível ao Brasil oferecer reciprocidade a outros Estados soberanos quanto à execução de sentenças penais condenatórias, o que não era possível no regime do art. 9º do CP.

Quando se tratar de sentença penal proferida no Brasil e executável no exterior, o Ministério Público deve providenciar sua remessa ao país de execução para o seu reconhecimento em todos os efeitos, se a legislação local permitir. Muitos Estados dão eficácia ampla a decisões condenatórias estrangeiras. Assim, pode-se pedir a transferência internacional da execução para os efeitos civis e para os efeitos próprios da condenação. Se for exigível a reciprocidade, o Estado brasileiro poderá prometê-la para os fins do art. 9º do CP e do art. 100 da LM.

A remessa da decisão condenatória ao exterior sempre se faz por via diplomática ou por intermédio da autoridade central brasileira competente (art. 101 da LM). No âmbito do MERCOSUL, admite-se a tramitação direta para os fins cíveis *ex delicto* previstos no art. 19.2 do Acordo de Cooperação e Assistência Jurisdicional em Matéria Civil, Comercial, Trabalhista e Administrativa entre os Estados Partes do MERCOSUL, a República da Bolívia e a República do Chile (Decreto nº 6.891/2009).

O procedimento de transferência ativa da execução penal é bastante útil em duas situações: a) quando houver um sentenciado foragido e este for inextraditável (por ser nacional do país requerido ou por qualquer outro motivo) ou, ainda, quando a extradição houver sido negada; ou b) quando não for conveniente nem oportuno requerer a extradição de um condenado foragido ou residente no exterior. Nessas situações, o *enforcement of a foreign conviction* é a alternativa mais viável, se prevista em tratado ou regulada pelo direito local do Estado requerido.

Em qualquer dos casos, pode-se invocar os tratados bilaterais ou multilaterais aplicáveis, como o art. 6º, §10, da Convenção de Viena de 1988 sobre narcotráfico, ou o art. 44, §13, da Convenção das Nações Unidas contra a Corrupção (UNCAC), ou o art. 16, §12, da Convenção das Nações Unidas contra o Crime Organizado Transnacional (UNTOC), sem prejuízo da indicação de regras de direito interno do Estado requerido que admitam esse tipo de cooperação.

Uma vez transitada em julgado a condenação e sabendo-se o paradeiro do sentenciado, o Ministério Público dá início ao procedimento mediante requerimento ao juízo competente para a execução penal, antecipada ou definitiva. A autoridade judiciária competente ouvirá a defesa e dará curso ao pedido que, uma vez deferido, implicará renúncia condicional à jurisdição brasileira sobre o fato.

Se o Estado estrangeiro reconhecer a sentença condenatória, dando início à execução penal, a jurisdição brasileira sobre o fato estará encerrada.

4.3 Transferência de condenados

Pela primeira vez, uma lei brasileira disciplinou a transferência de condenados. O instituto é agora objeto dos arts. 103 a 105 da Lei de Migração, dos arts. 285 a 299 do Decreto n° 9.199/2017 e da Portaria MJ n° 89/2018. Antes da Lei n° 13.445/2017, esse instituto era regulado apenas por tratados de que o Brasil é parte.

A transferência de condenados não é uma medida de cooperação internacional em sentido estrito. É procedimento de cunho humanitário que recai sobre pessoas que visa à recuperação do interno e à promoção de sua reinserção social. Pode ser ativa ou passiva.

Difere da extradição por ser voluntária, ou seja, o condenado é quem geralmente toma a iniciativa de pedir sua remoção de um país a outro, com destino ao seu país de nacionalidade ou ao de sua residência habitual. É muito útil para a transferência da custódia de presos estrangeiros, em nome de sua reabilitação. A pessoa condenada e presa em um país - que não o seu - concorda em ver-se transferida para o país de sua nacionalidade ou de sua residência para lá cumprir sua pena.

Ao requerer sua remoção ou concordar com ela, o transcondenado deverá estar a cumprir pena no território de um Estado estrangeiro, onde se deu a condenação. A decisão condenatória deve ser definitiva, isto é, deve ter transitado em julgado, compreendida na forma do art. 1.3. da Convenção Interamericana sobre o Cumprimento de Sentenças Penais no Exterior (Convenção de Manágua de 1993), promulgada pelo Decreto n° 5.919/2006. No ponto, vale lembrar que, no HC n° 126.292/SP (STF, Pleno, HC n° 126.292/SP, rel. min. Teori Zavascki, julgado em 17.02.2016), o STF passou a considerar plenamente executável a sentença condenatória após o esgotamento dos recursos ordinários em segundo grau de jurisdição.

Deferida a medida de assistência, o condenado é enviado ao país de destino (receptor) juntamente com a documentação necessária à execução penal. No Brasil, a autoridade central para esse tema é sempre o Departamento de Recuperação de Ativos e Cooperação Jurídica Internacional (DRCI) do Ministério da Justiça.

O procedimento da transcondenação era regulado pela Portaria nº 572/2016, do Ministério da Justiça, que foi revogada pela Portaria MJ nº 89/2018. A transferência ativa,[10] isto é, para o Brasil, está prevista no art. 13 da portaria e "ocorre quando a pessoa condenada pela Justiça do Estado estrangeiro solicita ou concorda com a transferência para o Brasil, por possuir a nacionalidade brasileira ou residência habitual, ou vínculo pessoal no território brasileiro, para cumprir o restante da pena".

O art. 5º da Portaria MJ nº 89/2018 esclarece que a transferência passiva[11] "tem início quando a pessoa condenada pela justiça brasileira solicita ou concorda com a transferência para seu país de nacionalidade ou país em que tenha residência habitual ou vínculo pessoal para cumprir o restante da pena". É a transferência ao exterior.

Segundo a lei, não há necessidade de prévia homologação da sentença estrangeira perante o STJ nos casos de transferência ao Brasil. Quando o Brasil é o Estado receptor, amplia-se o escopo do art. 9º do CP, que cuida da eficácia da sentença penal estrangeira no Brasil.

Como todos os pedidos passivos de cooperação internacional são de competência federal (art. 109, X, da CF), a execução penal em caso de transferência de condenados ao Brasil também compete à Justiça Federal. Contudo, como não há um verdadeiro sistema penitenciário federal no país, excepcionalmente a execução da transcondenação compete às varas de execuções penais dos estados, por delegação, aplicando-se subsidiariamente a Súmula nº 192 do STJ. No entanto, se o transcondenado se encaixar nos critérios da Lei nº 11.671/2008 para inclusão no sistema penitenciário federal, a execução penal será inteiramente de competência federal.

Desde a Portaria MJ nº 572/2016 (revogada pela Portaria MJ nº 89/2018), passou-se a aceitar pedidos baseados em tratados ou em promessa de reciprocidade. O art. 103 da LM resolveu a questão no plano legislativo ao estabelecer que a transferência poderá ser concedida quando o pedido se fundar em tratado ou houver promessa de reciprocidade.

Atualmente,[12] estão em vigor para o Brasil 17 tratados bilaterais de transferência de condenados, firmados com Argentina (Decreto

---

[10] Esta deveria ser a forma "passiva", mas os atos infralegais pertinentes a denominam de "ativa".

[11] Deveria ser a "passiva".

[12] Em 22 de outubro de 2019.

nº 3.875/2001), Bélgica (Decreto nº 9.239/2017), Bolívia (Decreto nº 6.128/2007), Canadá (Decreto nº 2.547/1998), Chile (Decreto nº 3.002/1999), Espanha (Decreto nº 2.576/1998), Índia (Decreto nº 9.900/2019), Japão (Decreto nº 8.718/2016), Panamá (Decreto nº 8.050/2013), Países Baixos (Decreto nº 7.906/2013), Paraguai (Decreto nº 4.443/2002), Peru (Decreto nº 5.931/2006), Polônia (Decreto nº 9.749/2019), Reino Unido da Grã-Bretanha e Irlanda do Norte (Decreto nº 4.107/2002), Suriname (Decreto nº 8.813/2016), Turquia (Decreto nº 9.752/2019) e Ucrânia (Decreto nº 9.153/2017). Os tratados bilaterais firmados com Angola (Decreto nº 8.316/2014) e Portugal (Decreto nº 5.767/2006) foram substituídos pela Convenção da CPLP de 2005, na forma do seu art. 19.

No plano multilateral, podem ser invocados o Acordo sobre a Transferência de Pessoas Condenadas entre os Estados Partes do MERCOSUL (1º Acordo de Belo Horizonte, de 1994) (Decreto nº 8.315/2014), o Acordo sobre a Transferência de Pessoas Condenadas entre os Estados Partes do MERCOSUL e a República da Bolívia e a República do Chile (2º Acordo de Belo Horizonte, de 1994) (Decreto nº 9.566/2018), a Convenção Interamericana sobre o Cumprimento de Sentenças Penais no Exterior (Convenção de Manágua de 1993) (Decreto nº 5.919/2006) e a Convenção sobre a Transferência de Pessoas Condenadas entre os Estados Membros da Comunidade dos Países de Língua Portuguesa (Convenção da Praia, de 2005) (Decreto nº 8.049/2013).

Com o nome de "transferência de pessoas condenadas", o instituto também é objeto do artigo 17 da Convenção das Nações Unidas contra o Crime Organizado Transnacional (Convenção de Palermo), promulgada pelo Decreto nº 5.015/2004. Na Convenção de Mérida (Decreto nº 5.687/2006), o tema é objeto do artigo 45, sob o título "traslado de pessoas condenadas a cumprir uma pena". Tais convenções podem ser aplicadas subsidiariamente, na falta de tratados específicos.[13]

Assim, uma vez presente uma condenação transitada em julgado, a Defensoria Pública, um advogado ou o Ministério Público poderão requerer, sempre em favor do condenado estrangeiro, sua transferência para o exterior para prosseguir no cumprimento da pena aplicada no Brasil.

Convém não confundir a transferência de condenados (envio de sentenciados ao exterior ou recebimento de sentenciados do exterior)

---

[13] O Brasil iniciou o processo de adesão à Convenção do Conselho da Europa sobre Transferência de Pessoas Condenadas (ETS nº 112), de 1983. A MSC nº 481 foi enviada ao Congresso Nacional em outubro de 2019.

com a transferência de execução penal (execução de condenações estrangeiras).

No antigo regulamento infralegal baixado pelo Ministério da Justiça (Portaria n° 572, de 11 de maio de 2016), a transferência para o Brasil de sentenciados que estivessem cumprindo pena no exterior vinha sendo tratada erroneamente, exclusivamente entre o Ministério da Justiça, por meio do DRCI, e as varas de execuções penais estaduais. Aplicava-se acriticamente a Súmula n° 192 do STJ, ignorando-se o art. 109, inciso X, da Constituição Federal, assim como a necessidade de homologação da sentença estrangeira pelo STJ (art. 105, inciso I, letra i, da CF), providência que foi vetada (§3° do art. 105 da LM) pelo presidente Michel Temer, mas que se impõe pela força mesma da Constituição. Ainda que tal transferência seja instrumento em favor do condenado, como realmente é, não se pode ignorar o fato de que a vinda do preso ao território brasileiro se faz para cumprir uma decisão penal estrangeira que precisa ser reconhecida pelo órgão competente do Poder Judiciário para ter eficácia.

5 Conclusão

Embora a Lei de Migração de 2017 e, antes dela, o Código de Processo Civil de 2015 tenham representado avanços na sedimentação de institutos e ritos de cooperação jurídica internacional, o Brasil ainda carece de uma legislação específica, que consagre a principiologia da matéria e discipline adequadamente as ferramentas cooperacionais.

Na falta de uma lei geral de cooperação internacional, como as que existem na Suíça, em Portugal ou em Cabo Verde, a Lei n° 13.445/2017, o CPP e o CPC continuaram regendo debilmente a prática brasileira, em conjunto com um emaranhando de portarias e resoluções de tribunais e órgãos executivos, que trazem insegurança jurídica para essa área tão importante do direito internacional e do direito processual.

Referências

BRASIL. Código de Processo Civil. *Lei 13.105, de 2015*. Disponível em: http://www.planalto.gov.br/ccivil_03/_ato2015-2018/2015/lei/l13105.htm. Acesso em: 22 out. 2019.

BRASIL. Lei de Migração. *Lei 13.445, de 2017*. Disponível em: http://www.planalto.gov.br/ccivil_03/_ato2015-2018/2017/lei/l13445.htm. Acesso em: 22 out. 2019.

BRASIL. Estatuto do Estrangeiro. *Lei 6.815, de 1980*. Disponível em: http://www.planalto.gov.br/ccivil_03/LEIS/L6815.htm. Acesso em: 22 out. 2019.

BRASIL. Lei de Nacionalidade. *Lei 818, de 1949*. Disponível em: http://www.planalto.gov.br/ccivil_03/LEIS/L0818.htm. Acesso em: 22 out. 2019.

BRASIL. Acordo de Assistência Judiciária em Matéria Penal entre o Governo da República Federativa do Brasil e o Governo dos Estados Unidos da América, celebrado em Brasília, em 14 de outubro de 1997. *Decreto 3.810, de 2001*. Disponível em: http://www.planalto.gov.br/ccivil_03/decreto/2001/D3810.htm. Acesso em: 22 out. 2019.

BRASIL. Superior Tribunal de Justiça. *HC 147.375/RJ, relator ministro Jorge Mussi, julgado em 22/11/2011*. Disponível em: http://www.stj.jus.br. Acesso em: 22 out. 2019.

BRASIL. Ministério da Justiça. Procuradoria-Geral da República. Advocacia-Geral da União. *Portaria Conjunta MJ/PGR/AGU n. 1, de 27 de outubro de 2015*. Disponível em: http://www.mpf.mp.br/atuacao-tematica/sci/normas-e-legislacao. Acesso em: 22 out. 2019.

BRASIL. Superior Tribunal de Justiça. Corte Especial. *Reclamação 2645/SP, rel. min. Teori Zavascki, julgado em 16/12/2009*. Disponível em: http://www.stj.jus.br. Acesso em: 22 out. 2019.

BRASIL. Procuradoria-Geral da República. Regimento Interno do Gabinete do Procurador-Geral da República. *Portaria PGR-MPF 556, de 13 de agosto de 2014*. Disponível em: http://www.mpf.mp.br/atuacao-tematica/sci/normas-e-legislacao. Acesso em: 22 out. 2019.

BRASIL. Procuradoria-Geral da República. *Resolução CSMPF 178, de 5 de setembro de 2017*. Disponível em: http://www.mpf.mp.br/atuacao-tematica/sci/normas-e-legislacao. Acesso em: 22 out. 2019.

BRASIL. Ministério da Justiça. *Portaria MJSP 503, de 2 de maio de 2019*. Disponível em: http://www.in.gov.br/en/web/dou/-/portaria-n°-503-de-2-de-maio-de-2019-86525217. Acesso em: 22 out. 2019.

BRASIL. Ministério da Justiça. *Portaria MJ 217, de 2018*. Disponível em: https://www.justica.gov.br/sua-protecao/lavagem-de-dinheiro/institucional-2/legislacao/portaria-217-extradicao/view. Acesso em: 22 out. 2019.

BRASIL. *Decreto 9.199, de 20 de novembro de 2017*. Disponível em: http://www.planalto.gov.br/ccivil_03/_ato2015-2018/2017/Decreto/D9199.htm. Acesso em: 22 out. 2019.

BRASIL. *Constituição Federal, Brasilia, 5 de outubro de 1988*. Disponível em: http://www.planalto.gov.br/ccivil_03/constituicao/constituicao.htm. Acesso em: 22 out. 2019.

BRASIL. Supremo Tribunal Federal. *Regimento Interno*. Disponível em: www.stf.jus.br. Acesso em: 22 out. 2019.

BRASIL. Superior Tribunal de Justiça. *Regimento Interno*. Disponível em: www.stj.jus.br. Acesso em: 22 out. 2019.

BRASIL. Lei de Introdução às Normas do Direito Brasileiro. *Decreto-Lei 4.657, de 1942*. Disponível em: http://www.planalto.gov.br/ccivil_03/decreto-lei/Del4657compilado.htm. Acesso em: 22 out. 2019.

BRASIL. Código Penal. *Decreto-lei 1.848/1940*. Disponível em: http://www.planalto.gov.br/ccivil_03/decreto-lei/del2848compilado.htm. Acesso em: 22 out. 2019.

BRASIL. Código de Processo Penal. *Decreto-Lei 3.689, de 1941*. Disponível em: http://www.planalto.gov.br/ccivil_03/decreto-lei/Del3689.htm. Acesso em: 22 out. 2019.

BRASIL. Supremo Tribunal Federal. *Extradição 1223, Equador, rel. Min. Celso de Mello, j. em 22/11/2011*. Disponível em: http://stf.jus.br/portal/jurisprudencia/listarJurisprudencia.asp?s1=%28Ext%24%2ESCLA%2E+E+1223%2ENUME%2E%29+OU+%28Ext%2EACMS%2E+ADJ2+1223%2EACMS%2E%29&base=baseAcordaos&url=http://tinyurl.com/al9ylgp. Acesso em: 22 out. 2019.

BRASIL. Supremo Tribunal Federal. *HC 126.292/SP, rel. Min. Teori Zavascki, j. em 17/02/2016*. Disponível em: http://stf.jus.br/portal/jurisprudencia/listarJurisprudencia.asp?s1=%28HC%24%2ESCLA%2E+E+126292%2ENUME%2E%29+OU+%28HC%2EACMS%2E+ADJ2+126292%2EACMS%2E%29&base=baseAcordaos&url=http://tinyurl.com/mlh37hv. Acesso em: 22 out. 2019.

BRASIL. Ministério da Justiça. *Portaria MJ 89, de 14 de fevereiro de 2018*. Disponível em: https://www.justica.gov.br/sua-protecao/lavagem-de-dinheiro/institucional-2/legislacao/portaria-89-tpc. Acesso em: 22 out. 2019.

Informação bibliográfica deste texto, conforme a NBR 6023:2018 da Associação Brasileira de Normas Técnicas (ABNT):

ARAS, Vladimir. Cooperação penal internacional na nova Lei de Migração: atribuição e competência para os pedidos ativos e passivos. *In*: VELLOSO, Ana Flavia; JARDIM, Tarciso Dal Maso (Coord.). *A nova lei de migração e os regimes internacionais*. Belo Horizonte: Fórum, 2021. p. 191-214. ISBN 978-65-5518-167-8.

A TRANSFERÊNCIA INTERNACIONAL DE PESSOAS CONDENADAS

VLADIMIR ARAS

1 Introdução

Um brasileiro que cometa um crime no exterior e seja lá condenado pode cumprir sua pena no Brasil. De igual modo, um estrangeiro que seja condenado em nossa jurisdição pode cumprir sua pena no seu país de origem ou naquele onde tem sua residência habitual.

O Brasil costuma cooperar com outras nações para o aperfeiçoamento da execução de penas aplicadas a brasileiros residentes no exterior ou de estrangeiros aqui residentes.

O instituto que viabiliza a cooperação para esse tipo de execução penal transnacionalizada denomina-se transferência de pessoas condenadas ou transferência de condenados ou transcondenação. E não se confunde com a extradição, uma ferramenta mais antiga da cooperação internacional para a captura de foragidos. Tampouco se confunde com o procedimento previsto na Lei nº 11.671/2008, que dispõe sobre a transferência (interna) e inclusão de presos em estabelecimentos penais federais de segurança máxima.

O primeiro tratado firmado pelo Brasil que previu tal modalidade de cooperação internacional de cunho humanitário foi o acordo com o Canadá. O Decreto nº 2.547/1998 promulgou o Tratado sobre Transferência de Presos, celebrado em Brasília, em 15 de julho de 1992, entre o governo da República Federativa do Brasil e o governo do Canadá.

Com a entrada em vigor da Lei nº 13.445/2017, nova Lei de Migração, a transferência de condenados ganhou disciplina mais clara no ordenamento jurídico brasileiro.

É este o objeto do presente artigo, no qual examinaremos o conceito do instituto, a competência para processá-lo e seu procedimento.

2 Conceito da transferência internacional de pessoas condenadas

Condenados podem ser transferidos, internamente, num mesmo Estado ou dentro de um mesmo país pelas mais variadas razões, no interesse da execução penal, por motivos de segurança ou em proveito do próprio preso.

Quando a movimentação da pessoa presa se dá entre países estamos diante da transferência internacional de condenados, que é motivada sempre pela necessidade de facilitar a reinserção social do preso.

Essa modalidade de transferência internacional de custódia não se confunde com a extradição ou com a entrega. Nestas, há a prática de um crime num país, e esse Estado soberano requer a outro a vinda compulsória de um indivíduo acusado de um crime ou por ele já condenado para que ali se proceda ao julgamento ou para que se inicie ou que se retome a execução penal, ou seja, extradição e entrega em regra aplicam-se a foragidos, e o Estado que tem jurisdição para o julgamento ou para a execução penal reclama a custódia de alguém que está fora de seu território.

Na transferência de condenados, por sua vez, um Estado pede que uma pessoa que já cumpre pena em seu território seja aceita no sistema prisional de outro Estado soberano para que aí prossiga a execução penal. Esse mecanismo pode basear-se em tratado ou em promessa de reciprocidade e é sempre voluntário, processado mediante requerimento do apenado ou com sua concordância. Em regra, aplica-se a detentos.

Esquematicamente, temos:

INSTITUTOS	SUJEITOS A QUE SE APLICA	QUANTO À VONTADE DO SUJEITO	QUANTO À FINALIDADE	QUANTO AO INTERESSE	QUANTO À TRAMI-TAÇÃO	FUNDAMENTO
EXTRADIÇÃO	Foragidos (em regra)	Compulsória	Julgamento ou execução penal	Do Ministério Público	Intermediada pela autoridade central ou diplomática	Tratado ou promessa de reciprocidade
ENTREGA	Foragidos (em regra)	Compulsória	Julgamento ou execução penal	Do Ministério Público	Direta, em espaços regionais de cooperação	Tratado
TRANSFERÊNCIA DE CONDENADOS	A detentos	Voluntária	Execução penal	Do senten-ciado preso	Intermediada pela autoridade central ou diplomática	Tratado ou promessa de reciprocidade

3 Marco normativo na transferência de condenados

Há uma série de tratados bilaterais e multilaterais sobre a transferência internacional de condenados. O Brasil também coopera mediante promessa de reciprocidade, isto é, sem tratado.

Em outubro de 2019, estavam em vigor para o Brasil 17 tratados bilaterais de transferência de condenados, firmados com Argentina (Decreto nº 3.875/2001), Bélgica (Decreto nº 9.239/2017), Bolívia (Decreto nº 6.128/2007), Canadá (Decreto nº 2.547/1998), Chile (Decreto nº 3.002/1999), Espanha (Decreto nº 2.576/1998), Índia (Decreto nº 9.900/2019), Japão (Decreto nº 8.718/2016), Panamá (Decreto nº 8.050/2013), Países Baixos (Decreto nº 7.906/2013), Paraguai (Decreto nº 4.443/2002), Peru (Decreto nº 5.931/2006), Polônia (Decreto nº 9.749/2019), Reino Unido da Grã-Bretanha e Irlanda do Norte (Decreto nº 4.107/2002), Suriname (Decreto nº 8.813/2016), Turquia (Decreto nº 9.752/2019) e Ucrânia (Decreto nº 9.153/2017).

Os tratados bilaterais firmados com Angola (Decreto nº 8.316/2014) e Portugal (Decreto nº 5.767/2006) foram substituídos pela Convenção da CPLP de 2005, na forma do seu art. 19.

No plano multilateral, podem ser invocados o Acordo sobre a Transferência de Pessoas Condenadas entre os Estados Partes do MERCOSUL (1º Acordo de Belo Horizonte, de 1994), (Decreto nº 8.315/2014), o Acordo sobre a Transferência de Pessoas Condenadas entre os Estados Partes do MERCOSUL, a República da Bolívia e a República do Chile (2º Acordo de Belo Horizonte, de 1994) (Decreto nº 9.566/2018), a Convenção Interamericana sobre o Cumprimento de Sentenças Penais no Exterior ou Convenção de Manágua de 1993 (Decreto nº 5.919/2006) e a Convenção sobre a Transferência de Pessoas Condenadas entre os Estados Membros da Comunidade dos Países de Língua Portuguesa (Convenção da Praia, de 2005) (Decreto nº 8.049/2013).

Naquele mesmo mês, o Brasil iniciou o processo interno de adesão à Convenção Europeia sobre Transferência de Pessoas Condenadas (*COE Convention on the Tranfer of Sentenced Persons*), concluída em Estrasburgo em 1983 e conhecida por CETS 112.[1] Quarenta e seis países-membros do Conselho da Europa (COE) são partes, com exceção de Mônaco. Presentemente, vinte e dois países não europeus também integram esse tratado, que é o mais importante acordo internacional vigente nessa temática.

---

[1] O governo enviou ao Congresso Nacional a MSC nº 481, de 4 de outubro de 2019, para a adesão do Brasil ao tratado europeu.

Os dois Acordos do Belo Horizonte, a Convenção da Praia e a Convenção de Manágua estabelecem um direito fundamental à transferência de condenados nos espaços jurídicos do MERCOSUL, da CPLP e da Organização dos Estados Americanos (OEA), respectivamente. No âmbito desta última, vê-se que a transferência somente pode ser consumada se presentes os requisitos do art. 3°, isto é: a existência de sentença firme e definitiva; a existência de consentimento do sentenciado; presença do requisito da dupla incriminação; que a pessoa seja nacional do Estado receptor; que a pena a ser cumprida não seja pena de morte; que a pena ainda a ser cumprida tenha duração superior a seis meses; e que a sentença não contrarie a ordem pública do Estado receptor.

Com o nome de "transferência de pessoas condenadas", o instituto também é objeto do artigo 17 da Convenção das Nações Unidas contra o Crime Organizado Transnacional (Convenção de Palermo), promulgada pelo Decreto n° 5.015/2004: "Os Estados Partes poderão considerar a celebração de acordos ou protocolos bilaterais ou multilaterais relativos à transferência para o seu território de pessoas condenadas a penas de prisão ou outras penas de privação de liberdade devido a infrações previstas na presente Convenção, para que aí possam cumprir o resto da pena". Na Convenção de Mérida (Decreto n° 5.687/2006), o tema é objeto do artigo 45, sob o título "traslado de pessoas condenadas a cumprir uma pena".

Para todos esses tratados, a autoridade intermediária é o Departamento de Recuperação de Ativos e Cooperação Jurídica Internacional (DRCI), órgão da Secretaria Nacional de Justiça (SNJ). Na transcondenação, o DRCI deve cuidar apenas da etapa administrativa internacional. A atribuição para a atuação em juízo no Brasil é dos órgãos da execução penal.

O procedimento interno brasileiro é regulado pelos arts. 103 a 105 da Lei n° 13.445/2017 (Lei de Migração), pelos arts. 285 a 299 do Decreto n° 9.199/2017 e pela Portaria MJ n° 89/2018.

4 Procedimento da transferência internacional de condenados

Segundo o art. 103 da Lei de Migração, a transferência de pessoa condenada poderá ser concedida com base em tratado ou em promessa de reciprocidade.

Desde que com seu consentimento, a pessoa condenada no território de um Estado poderá ser transferida para seu país de nacionalidade, ou para o país em que tenha residência habitual, ou para país com o qual tenha vínculo pessoal suficiente. A mudança de custódia levará a que tal pessoa cumpra no exterior pena a ela imposta por outro Estado soberano. A condenação deve ter transitado em julgado, ou seja, deve haver uma "decisão condenatória firme", sendo assim considerada aquela da qual não caiba mais recurso ordinário, sentido semelhante ao que deu o STF no HC n° 126.292/SP (STF, Pleno, rel. min. Teori Zavascki, j. em 17.02.2016).

O art. 1.3 da Convenção Interamericana sobre o Cumprimento de Sentenças Penais no Exterior (Convenção de Manágua), promulgada pelo Decreto n° 5.919/2006, oferece a definição de sentença transitada em julgado para fins de transferência internacional de condenados: "3. Sentença: a decisão judicial definitiva mediante a qual se imponha a uma pessoa, como pena pela prática de um delito, a privação da liberdade ou a restrição da mesma, em regime de liberdade vigiada, pena de execução condicional ou outras formas de supervisão sem detenção. Entende-se que uma sentença é definitiva se não estiver pendente apelação ordinária contra a condenação ou sentença no Estado Sentenciador, e se o prazo previsto para a apelação estiver expirado".

Conforme o art. 104 da Lei Migratória, a transferência de pessoa condenada depende ainda de outros requisitos, a saber: a duração da condenação a cumprir ou que restar a cumprir deve ser de, pelo menos, 1 (um) ano, na data de apresentação do pedido ao Estado da execução (e não ao Estado da condenação). Deve estar presente a dupla incriminação, isto é, o fato que originou a condenação deve constituir infração penal em ambos os Estados, e ambos aceitem a transferência pedida pelo condenado ou em seu favor. Se houver tratado, este será a *lei especial* para regular os requisitos da transcondenação.

A transferência só ocorrerá se a pena privativa de liberdade for compatível com os limites previstos na lei penal do Estado receptor ou após a harmonização da pena imposta no Estado da condenação com a ordem jurídica do Estado da execução, tarefa que compete aos órgãos da execução penal, nos termos da legislação interna.

Assim, uma pena de prisão perpétua imposta a um brasileiro no exterior pode ser transferida ao Brasil para execução, desde que o juízo federal competente a amolde aos limites do art. 75 do Código Penal. O próprio Estado da sentença pode já fazê-lo, ao dar início ao procedimento.

Por outro lado, a pena aplicada no Estado da condenação não pode ser majorada ou estendida no Estado receptor, porque isso violaria a coisa julgada e os princípios da legalidade e da ampla defesa. Cabe aos órgãos da execução e ao órgão de intermediação velar para que o Estado receptor não agrave, de qualquer modo, a pena imposta no Estado da condenação (remetente).

Uma vez concluída a transferência, em conjunto com a mudança de custódia, pode ser aplicada à pessoa condenada uma medida migratória similar à expulsão, da qual resultará o impedimento de reingresso no território nacional. Neste momento, a responsabilidade pela execução penal passa ao Estado receptor.

O art. 105 da Lei de Migração remete ao regulamento a forma e o rito do pedido de transferência de condenados. Tal regulamento foi aprovado pelo Decreto nº 9.199/2017. Seus artigos 285 a 299 tratam da transferência em geral, da transferência ativa e da transferência passiva.

Segundo o decreto, as autoridades responsáveis pela tramitação dos pedidos são o Ministério da Justiça, por intermédio do DRCI e da Polícia Federal, a quem cabe providenciar o perfil biográfico e biométrico do condenado. Os órgãos da execução penal indicados na Lei nº 7.210/1984 são legitimados para funcionar nos pedidos ativos e passivos.

A transferência de condenado entre os Estados remetente e receptor se dá sem interrupção da execução penal. Uma vez cumprida a pena no Estado receptor, o condenado poderá retornar ao Estado da condenação, caso seu reingresso não tenha sido vedado. Evidentemente, não é admitido o *bis in idem*, pois os efeitos da sentença original no Estado da condenação terão sido esgotados.

Os órgãos da execução penal, como o Ministério Público e a Defensoria, e o Ministério da Justiça poderão solicitar informações a suas contrapartes no exterior sobre o cumprimento da pena e seus incidentes. Igualmente, deverão prestar informações aos órgãos do Estado da condenação, quando a pena houver sido transferida para o Brasil.

A execução da pena observará a lei do Estado receptor, inclusive quanto às causas de extinção da punibilidade, exceto se o tratado pertinente contiver dispositivo diverso, caso em que prevalecerá em função da regra de especialidade (art. 1º, inciso I, do CPP).

Diz o art. 290 do decreto que "ato do Ministro de Estado da Justiça e Segurança Pública disporá sobre os procedimentos necessários para efetivar a transferência de pessoas condenadas". Trata-se da Portaria MJ nº 89/2018, que regula em 25 artigos a transferência ativa e a passiva.

4.1 Competência na transferência de condenado ao exterior

A transferência ao exterior de pessoa condenada no Brasil é denominada de cooperação "passiva" pelo Decreto nº 9.199/2017 e pela Portaria MJ nº 89/2018.

A transferência classificada como "passiva" é objeto dos arts. 291 a 295 do decreto e dos arts. 5º a 12 da Portaria MJ nº 89/2018. Diz o decreto que a "transferência passiva ocorre quando a pessoa condenada pela Justiça brasileira solicitar ou concordar com a transferência para o seu país de nacionalidade ou para o país em que tiver residência habitual ou vínculo pessoal para cumprir o restante da pena". Esta parece ser a definição de transferência ativa, já que o Brasil, sendo o Estado da condenação, será o Estado requerente ou remetente.

Se estiverem presentes os requisitos legais, o Ministério da Justiça encaminha o pedido, que terá vindo da justiça criminal brasileira, ao exterior, em tramitação puramente administrativa.

Caso os requisitos não sejam atendidos, o pedido de transcondenação será arquivado e o interessado será comunicado imediatamente, sem prejuízo de nova solicitação de transferência. Não há coisa julgada, sequer no plano administrativo.

Em sendo necessária uma promessa de reciprocidade, esta será enviada, por via diplomática, ao Estado recebedor pelo Ministério das Relações Exteriores, sem prejuízo do envolvimento dos órgãos de execução penal aos quais caiba defender os direitos do preso.

A cooperação para cumprimento da pena no exterior é de competência do juízo da condenação, isto é, de qualquer juízo criminal do país ou de qualquer tribunal brasileiro de competência penal.

A atribuição para funcionar no incidente de transferência, que será instaurado no curso da execução penal, é dos Ministérios Públicos e das Defensorias Públicas que atuam perante tais juízos ou tribunais. Além do próprio sentenciado, são esses os órgãos com legitimidade para provocar a instauração de um incidente de transferência. Por isso, descumpre a Lei nº 7.210/1984 (LEP) e o art. 292 do Decreto nº 9.199/2017, ao atribuir à pessoa condenada ou a qualquer pessoa ou autoridade, brasileira ou estrangeira, a legitimidade para provocar a transferência ao exterior, bastando que tenha interesse da pessoa condenada em ser transferida. Um decreto não pode alterar a LEP. Desse modo, os legitimados para os incidentes de execução são listrados no art. 61 da LEP.

O DRCI/SNJ/MJ é somente o órgão auxiliar de intermediação da tramitação dos pedidos. Não tem função jurisdicional, limitando-se a encaminhar os pedidos ao exterior, por ordem judicial, quando presentes os requisitos legais. Dada a natureza e objeto dessa forma de cooperação, sua tramitação poderia ficar a cargo do Departamento Penitenciário Nacional (DEPEN) ou de um órgão como o Conselho Nacional de Justiça (CNJ).

Nos casos de estrangeiros condenados que cumprem pena no Brasil, o incidente será iniciado por petição do advogado constituído ou da Defensoria Pública ou mesmo do Ministério Público, mas sempre no interesse do apenado. Este deve manifestar sua concordância prévia ou ser intimado para dizer de seu interesse.

Instruído o incidente com os documentos a que alude o Decreto nº 9.199/2017, o juízo da execução penal enviará os autos ao DRCI, a autoridade central, para que o Estado requerido informe se aceita a transferência de custódia para prosseguimento da execução penal. Havendo tratado multilateral ou bilateral, este deverá prevalecer sobre os requisitos da lei brasileira. Se não houver tratado, pode-se buscar a transferência mediante promessa de reciprocidade, cabendo ao Brasil oferecê-la quando a condenação aqui se der.

A pessoa a ser transferida ao exterior é um estrangeiro condenado no Brasil e que é nacional do Estado de destino ou pessoa que tem ali sua residência habitual.

Questão peculiar a examinar é a da possibilidade de transferência ao exterior de brasileiro condenado no Brasil para cumprimento de pena no país de sua residência habitual ou de sua segunda nacionalidade. Não havendo vedação no tratado de regência, esse tipo de remoção pode ser possível, já que não se confunde com extradição de brasileiro nato, esta, sim, uma medida não autorizada pela Constituição.

Embora o §2º do art. 105 da Lei Migratória determine que "não se procederá a transferência quando inadmitida a extradição", tal dispositivo não é suficiente para impedir a transferência ao exterior de brasileiro condenado no Brasil, desde que haja seu consentimento. Basta, repita-se, que não exista vedação convencional e que o preso também seja nacional do outro país ou que ali tenha sua residência habitual. Lembremos: o instituto tem caráter humanitário e visa facilitar a ressocialização do condenado no seu país de origem ou no país no qual vivia.

4.2 Competência na transferência de condenados para o Brasil

A transferência de condenado em Estado estrangeiro (remetente) ao Brasil (Estado recebedor), erroneamente classificada pelo Decreto nº 9.199/2017 (arts. 296 a 299) como sendo "ativa", é objeto dos arts. 13 a 21 da Portaria MJ nº 89/2018:

> Art. 13. O pedido de transferência ativa ocorre quando a pessoa condenada pela Justiça do Estado estrangeiro solicita ou concorda com a transferência para o Brasil, por possuir a nacionalidade brasileira ou residência habitual, ou vínculo pessoal no território brasileiro, para cumprir o restante da pena.

O processo de transferência de pessoa condenada ao Brasil inicia-se por meio de solicitação ao Ministério da Justiça e Segurança Pública, de inciativa do condenado ou de qualquer pessoa ou autoridade, brasileira ou estrangeira, que tenha conhecimento do interesse da pessoa condenada em ser transferida. Assim, a Defensoria Pública e o Ministério Público brasileiros podem provocar a tramitação na instância administrativa, cabendo ao MJSP verificar o preenchimento dos requisitos, especialmente a nacionalidade brasileira ou a residência em nosso território, a concordância do apenado, a dupla incriminação e o trânsito em julgado da condenação estrangeira, isto é, o esgotamento das vias ordinárias de impugnação.[2]

O Ministério da Justiça deve informar ao juízo competente da Justiça Federal sobre o pedido de transferência recebido do exterior para que providencie a vaga em estabelecimento prisional onde a pessoa condenada cumprirá o restante da pena no território nacional. A vaga pode ser indicada ao MJSP pela Defensoria Pública da União ou pelo Ministério Público Federal, que são órgãos da execução penal.

O §2º do art. 298 do Decreto nº 9.199/2017 tenta dar ao MJ atribuições que não são suas, na instrução probatória dos pedidos de transferência, pois são competências não previstas em lei. Cabe ao Ministério Público e à Defensoria Pública ou ao advogado do apenado

---

[2] Nos mesmos termos do HC nº 126.292/SP, o art. 1.3 da Convenção Interamericana sobre o Cumprimento de Sentenças Penais no Exterior (Convenção de Manágua) oferece a definição de sentença transitada em julgado para fins de transferência internacional de condenados: decisão judicial definitiva é aquela da qual não caiba mais recurso ordinário. Segundo o art. 298, §3º, do decreto, se não houver sentença transitada em julgado, o processo será sobrestado até a sentença condenatória definitiva.

"atuar junto ao Poder Judiciário, aos estabelecimentos penitenciários (...) a fim de obter informações" para cumprimento dos requisitos a serem analisados pelo MJ, em decisão meramente administrativa, que não é final (§4°), já que o juízo competente pode entender cabível a transferência. O princípio da inafastabilidade da tutela judicial impede que o MJ arquive um pedido que diz respeito à limitação do direito de liberdade.

Por esse e outros motivos, o ideal seria que a transferência de condenado ao Brasil passasse por homologação do Superior Tribunal de Justiça (STJ), nos termos do art. 105, inciso I, alínea i, da Constituição, porque se trata de um sentença penal estrangeira.

4.3 A competência federal na transferência de condenados

O art. 105, §1°, da Lei n° 13.445/2017 (Lei de Migração) determina que a Justiça Federal é competente para a execução de penas de presos transcondenados. O que isso significa na prática?

No Brasil, não existe uma verdadeiro sistema penitenciário federal (SPF), já que as cinco unidades existentes destinam-se ao acolhimento de presos sujeitos a regime de segurança máxima, ainda que condenados pela justiça dos estados, na forma da Lei n° 11.671/2008, que dispõe sobre a transferência (interna) e inclusão de presos em estabelecimentos penais federais de segurança máxima.

Segundo o art. 3° do Decreto n° 6.049/2007, os estabelecimentos penais federais destinam-se a promover a execução de medidas privativas de liberdade dos presos, provisórios ou condenados, "cuja inclusão se justifique no interesse da segurança pública ou do próprio preso". Pelo seu art. 4°, as penitenciárias federais também podem abrigar presos provisórios ou condenados sujeitos ao regime disciplinar diferenciado (RDD).

Assim, sabe-se que, nas cinco unidades federais existentes em Brasília/DF, Campo Grande/MS, Catanduvas/PR, Mossoró/RN e Porto Velho/RO, não há apenas presos condenados pela Justiça Federal.

Sabe-se também que a Súmula n° 192 do STJ determina que "compete ao Juízo das Execuções Penais do Estado a execução das penas impostas a sentenciados pela Justiça Federal, Militar ou Eleitoral, quando recolhidos a estabelecimentos sujeitos à administração estadual".

Então, qual o propósito do §1° do art. 105 da Lei de Migração ("§1°. Nos casos previstos nesta Seção, a execução penal será de competência da Justiça Federal")?

A gênese do dispositivo está no art. 105, inciso I, "i", e no art. 109, inciso X, da Constituição Federal.

O primeiro confere ao STJ a competência para homologar decisões estrangeiras; o segundo dá aos juízes federais a competência para cumpri-las, determinando-lhes a execução.

Assim, o art. 105, §1°, da Lei Migratória simplesmente realça o interesse da União na cooperação jurídica internacional passiva como um todo e para a transferência de condenados especificamente. Reafirma que, em todos os casos de assistência penal passiva, quando o Brasil é o Estado requerido, a competência é da Justiça Federal (inciso X do art. 109 da CF).

Desse modo, ao receber um pedido de transferência de condenado, que é sempre uma medida voluntária concretizada no interesse do apenado, o Ministério da Justiça, autoridade central receptora no Brasil, deve enviá-lo ao juízo federal do provável domicílio do sentenciado. Em regra, o Itamaraty somente intervém na tramitação dos procedimentos quando o pedido é baseado em promessa de reciprocidade.

Um bom exemplo é a transferência do professor pernambucano Eduardo Chianca Rocha. O detento foi trasladado da Rússia ao Brasil por acordo de reciprocidade firmado pelas chancelarias dos dois países em 2018. A transferência foi efetivada em dezembro daquele ano, e o condenado foi posto em livramento condicional pela Justiça Federal do Recife. Chianca fora condenado em Moscou por posse da substância entorpecente *ayahuasca*, contida em alguns litros de infusão que ele transportara à Rússia por via aérea.[3]

Como a finalidade da transferência de condenados é facilitar a ressocialização do sentenciado, o juízo federal competente será o da seção ou subseção mais próxima da residência de seus familiares (art. 15, II, e art. 18, §1°, da Portaria n° 89/2018). Não se aplica o art. 88 do CPP, que tem premissa distinta.

Os primeiros atos relativos à transcondenação no Brasil são praticados por órgão do Poder Executivo brasileiro, o que não é suficiente, do pronto de vista constitucional, para validar a sentença estrangeira a ser cumprida em nosso território. Verificados os requisitos no plano administrativo, o pedido é enviado à justiça brasileira:

---

[3] Aparentemente, na transferência não foi cumprido o requisito da dupla incriminação, embora, estranho dizer, o que se fez em proveito do apenado, que, com isso, pôde voltar ao Brasil.

> Art. 18. Presentes os requisitos previstos nos arts. 15 e 16, o Departamento de Recuperação de Ativos e Cooperação Jurídica Internacional solicitará ao juízo federal competente que providencie vaga em estabelecimento prisional para que a pessoa condenada cumpra o restante da pena.

Impressiona o esforço de redação do autor da Portaria nº 89 para não fazer qualquer menção ao MPF ou à DPU no seu texto, embora, inequivocamente, se trate de execução penal que depende de promoção pelo *parquet* federal ou por defensores federais, como é de se esperar num sistema acusatório. As duas instituições também atuarão como *custos legis* ou *custos juris* nas transcondenacões, sempre no interesse do apenado, cabendo-lhes, se for necessário, controlar mediante recursos os atos administrativos dos titulares do DRCI e da SNJ, até porque, diferentemente do MP e da Defensoria Pública, esse departamento não é órgão da execução penal (art. 61 da LEP).

Tampouco se trata apenas de localizar vaga em estabelecimento prisional. Como dito acima, a Portaria nº 89 peca por autoconceder ao MJ atribuições que não são suas, porque o campo é de atuação criminal em atividade jurisdicional típica. O excesso de regulamentação na Portaria nº 89 se evidencia do simples exame dos arts. 103 a 105 da Lei de Migração, que não permitem tal extensão contrariamente à Constituição e à LEP.

4.4 O procedimento em juízo

Assim que os autos da transcondenação chegam ao juízo competente, deve-se dar vista ao MPF, para que diga sobre o reconhecimento da decisão estrangeira, nos termos do art. 67 da LEP:

> Art. 67. O Ministério Público fiscalizará a execução da pena e da medida de segurança, oficiando no processo executivo e nos incidentes da execução.
> Se o apenado for hipossuficiente, deve-se observar o art. 81-A da LEP, com intervenção da Defensoria Pública da União, pois a ela cabe velar pela "regular execução da pena".

A decisão inicial da jurisdição brasileira sobre o acolhimento do transcondenado será proferida pelo juiz federal e destina-se exatamente a validar o título estrangeiro e harmonizar a decisão alienígena aos limites do poder punitivo no Brasil, o que somente um juiz pode fazer.

Na verdade, a decisão do juiz federal corresponde à homologação de decisão estrangeira, mas proferida em primeira instância, tarefa que deveria ser cumprida pelo STJ, mas cuja especificação à luz do art. 105, I, "h", da CF deixou de constar da Lei de Migração por veto ao §3° do seu art. 105: "§3°. Compete ao Superior Tribunal de Justiça a homologação da sentença dos casos previstos nesta Seção".

Eis a razão do veto ao dispositivo acima, que evidentemente não procede:

> O Ministério da Justiça e Segurança Pública juntamente com a Advocacia-Geral da União opinaram pelo veto ao dispositivo (...). "Não há que se falar em sentença estrangeira a ser homologada, posto tratar-se de transferência, feita voluntariamente pelo condenado e em seu próprio benefício, e cujos tratados e convenções a respeito visam simplificar, e não burocratizar, a transferência internacional de presos."

A homologação pelo STJ não burocratizaria o procedimento; ao contrário contribuiria para uniformizar os critérios nacionais de transcondenação. Ademais, a exigência constitucional de homologação é expressa, o que torna o procedimento adotado pelo Ministério da Justiça patentemente inconstitucional à luz do art. 105, inciso I, "h", da CF.

Para compatibilizar a sentença estrangeira com a lei penal brasileira, para aquela mesma infração penal, o juiz federal deve ter em conta as penas vedadas pela Constituição (art. 5°, incisos III e XLVII), as especificações do tratado como lei especial (art. 1°, inciso I, do CPP), se houver, os intervalos de pena previstos no preceito secundário da norma incriminadora brasileira e o princípio da proporcionalidade.

A desconcentração dos atos homologatórios em juízos distintos pode prejudicar a uniformidade e a justiça extrínseca dos procedimentos confirmatórios para execução de pena estrangeira no Brasil. Assim, insisto na importância de observar-se a homologação pelo STJ, por força mesma da Constituição.

Os arts. 288 e 289 do Decreto n° 9.199/2017 oferecem alguns pouco parâmetros para a atividade compatibilizadora do juiz federal brasileiro, nesse juízo de adequação:

> Art. 288. A aplicação da pena será regida pela lei do Estado recebedor, inclusive quanto às formas de extinção da punibilidade, exceto se previsto de maneira diversa em tratado de que o País seja parte.
> Art. 289. Nenhuma pessoa condenada será transferida, a menos que a sentença seja de duração e natureza exequíveis ou que tenha sido

adaptada a duração exequível no Estado recebedor por suas autoridades competentes, nos termos da legislação interna.

Obviamente, a autoridade competente a que se refere o art. 289 do Decreto nº 9.199/2017, que regulamenta a Lei de Migração, não é o juiz estadual. Muito menos é o DRCI (autoridade administrativa). É, sim, o juiz federal (art. 105, §1º, da Lei Migratória).

Exemplifico a necessidade de intervenção judicial (art. 5º, XXXV, da CF) citando o art. 8.2 do tratado bilateral firmado em 1998 entre Londres e Brasília para a transferência de condenados (Decreto nº 4.107/2002), que vale como lei especial:

> 2. O Estado recebedor deverá respeitar a natureza legal e a duração da pena como determinado pelo Estado remetente. Nenhum preso será transferido a menos que a sentença seja de duração exeqüível no Estado recebedor ou que tenha sido adaptada a uma duração exeqüível no Estado recebedor, pelas autoridades competentes do Estado recebedor. O Estado recebedor não deverá agravar, por sua natureza ou duração, a pena imposta no Estado remetente.

No cenário ideal, após o reconhecimento e parametrização da condenação estrangeira conforme a lei penal brasileira, os presos transcondenados deveriam ser mantidos em unidades federais, devido à responsabilidade internacional do país e à potencial responsabilidade internacional do Estado da condenação (por ricochete), caso alguma violação ocorra na jurisdição brasileira durante a execução penal.

É a Justiça Federal que deve prestar contas ao Estado estrangeiro, por meio do Ministério da Justiça ou do Itamaraty, sobre a execução penal transferida à nossa jurisdição, sem prejuízo da interlocução direta entre os ministérios públicos e as defensorias dos dois países, em sendo o caso.

Como não há unidade prisional federal para o acolhimento de transcondenados, na prática é como se essas pessoas houvessem sido condenadas pela Justiça Federal e a execução da pena de prisão fosse então passada à Vara das Execuções Penais do Estado brasileiro de residência.

Até que tenhamos um sistema penitenciário federal de fato, o §1º do art. 105 da Lei Migratória não muda nada na praxe forense atual para as condenações federais ordinárias nem altera o sentido da Súmula nº 192 do STJ.

Como dito, o dispositivo em questão reafirma a competência federal para a cooperação jurídica internacional passiva e confere aos magistrados federais as tarefas de realizar os juízos de acolhimento e compatibilização do julgado alienígena.

Depois, porém, do reconhecimento da sentença condenatória estrangeira pelo juiz federal, segue-se o roteiro comum da execução criminal de penas privativas de liberdade aplicadas pela Justiça Federal em processos penais nacionais. O título executivo vindo do exterior (a sentença penal estrangeira) passa a ser uma decisão condenatória "federal".

5 O cumprimento da pena no Brasil

Ao receber o transcondenado, o juiz federal deve realizar a audiência de custódia, como reflexo indireto do art. 13 da Resolução nº 213/2015 do CNJ.[4] Respeitando os limites do tratado regente, se houver, será do juiz federal a decisão de conceder *sursis* ou livramento condicional, se cabíveis, converter a pena privativa em medida de segurança, conceder a prisão domiciliar *in limine* etc., sempre ouvidos o MPF e a defesa.

Se a pena tiver de ser cumprida com o sentenciado preso, a execução será delegada à Justiça Estadual, nos termos da Súmula nº 192 do STJ. Se o cumprimento se der diretamente em estabelecimento federal, não se aplicará tal enunciado, e a execução penal será inteiramente federal *ab origine*.

Já a execução de pena não privativa de liberdade – aplicada em sentença penal proferida no exterior e depois transferida ao Brasil – deve ficar com o juiz federal, não sendo o caso de se aplicar a Súmula nº 192. No entanto, há quem considere inadmissível a transferência de condenado quando não haja pena privativa de liberdade a cumprir (art. 104, III, da LM).

Em suma, quando o Brasil é o Estado receptor na transferência de condenados, a competência para o reconhecimento e compatibilização da sentença estrangeira e para a execução penal é da Justiça Federal, após a transmissão dos documentos pela autoridade central (DRCI).

Todavia, se a pena tiver de ser cumprida em estabelecimento prisional estadual, delega-se a competência à Vara de Execução Penal mais próxima da residência do apenado.

---

[4] Ao tempo em que escrevo, as hipóteses em que se deve realizar audiência de custódia estão em debate no plenário do STF na RCL nº 29.303/RJ, de relatoria do ministro Edson Fachin.

6 Conclusão

A transferência de condenados é um instituto de cunho humanitário que se processa entre dois Estados soberanos a pedido de uma pessoa condenada ou no seu interesse para promover mais facilmente sua ressocialização no seu país de origem ou no país de sua residência habitual.

Nos casos de cooperação para cumprimento da pena no exterior, a competência será do juízo da condenação, isto é, de qualquer juízo criminal ou tribunal de competência penal brasileiro, com atribuição dos ministérios públicos e defensorias públicas que perante eles atuem.

Quando for necessário o cumprimento de pena no Brasil, a competência para execução penal será da Justiça Federal, com atribuição do MPF e da DPU, sem prejuízo da Súmula nº 192 do STJ.

Em ambos os casos, o procedimento é intermediado por uma autoridade administrativa central, o DRCI/SNJ/MJ, e baseia-se nos arts. 103 a 105 da Lei nº 13.445/2017, nos arts. 285 a 299 do Decreto nº 9.199/2017 e na Portaria MJ nº 89/2018 e nos tratados bilaterais ou multilaterais aplicáveis. Quando a cooperação se dá mediante promessa de reciprocidade também intervém o Itamaraty.

Referências

BRASIL. Conselho Nacional de Justiça. *Resolução 213, de 15 de dezembro de 2015*. Disponível em: https://atos.cnj.jus.br/atos/detalhar/atos-normativos?documento=2234. Acesso em: 22 out. 2019.

BRASIL. *Constituição Federal, Brasilia, 5 de outubro de 1988*. Disponível em: http://www.planalto.gov.br/ccivil_03/constituicao/constituicao.htm. Acesso em: 22 out. 2019.

BRASIL. *Decreto 2.547, de 14 de abril de 1998*. Disponível em: http://www.planalto.gov.br/ccivil_03/decreto/1998/D2547.htm. Acesso em: 22 out. 2019.

BRASIL. *Decreto 4.107, de 28 de janeiro de 2002*. Disponível em: http://www.planalto.gov.br/ccivil_03/decreto/2002/D4107.htm. Acesso em: 22 out. 2019.

BRASIL. *Decreto 6.049, de 27 de fevereiro de 2007*. Disponível em: http://www.planalto.gov.br/ccivil_03/_Ato2007-2010/2007/Decreto/D6049.htm. Acesso em: 22 out. 2019.

BRASIL. *Decreto 9.199, de 20 de novembro de 2017*. Disponível em: http://www.planalto.gov.br/ccivil_03/_ato2015-2018/2017/Decreto/D9199.htm. Acesso em: 22 out. 2019.

BRASIL. *Lei 7.210, de 11 de julho de 1984*. Disponível em: http://www.planalto.gov.br/ccivil_03/leis/l7210.htm. Acesso em: 22 out. 2019.

BRASIL. *Lei 11.671, de 8 de maio de 2008*. Disponível em: http://www.planalto.gov.br/ccivil_03/_Ato2007-2010/2008/Lei/L11671.htm. Acesso em: 22 out. 2019.

BRASIL. *Lei 13.445, de 24 de maio de 2017*. Disponível em: http://www.planalto.gov.br/ccivil_03/_ato2015-2018/2017/lei/l13445.htm. Acesso em: 22 out. 2019.

BRASIL. Ministério da Justiça. *Portaria MJ 89, de 14 de fevereiro de 2018*. Disponível em: https://www.justica.gov.br/sua-protecao/lavagem-de-dinheiro/institucional-2/legislacao/portaria-89-tpc. Acesso em: 22 out. 2019.

BRASIL. Superior Tribunal de Justiça. *Súmula 192, de 1º de agosto de 1997*. Disponível em: https://scon.stj.jus.br/SCON/sumanot/toc.jsp?livre=(sumula%20adj1%20%27192%27).sub. Acesso em: 22 out. 2019.

BRASIL. Supremo Tribunal Federal. *HC 126.292/SP, rel. Min. Teori Zavascki, j. em 17 de fevereiro de 2016*. Disponível em: http://stf.jus.br/portal/jurisprudencia/listarJurisprudencia.asp?s1=%28HC%24%2ESCLA%2E+E+126292%2ENUME%2E%29+OU+%28HC%2EACMS%2E+ADJ2+126292%2EACMS%2E%29&base=baseAcordaos&url=http://tinyurl.com/mlh37hv. Acesso em: 22 out. 2019.

COMUNIDADE DOS PAÍSES DE LÍNGUA PORTUGUESA. Convenção sobre Transferência de Pessoas Condenadas, Praia, 2005. *Decreto 8.049, de 11 de julho de 2013*. Disponível em: http://www.planalto.gov.br/ccivil_03/_ato2011-2014/2013/decreto/D8049.htm. Acesso em: 22 out. 2019.

CONSELHO DA EUROPA. Convenção Europeia sobre Transferência de Pessoas Condenadas (*COE Convention on the Tranfer of Sentenced Persons*), concluída em Estrasburgo em 21 de março de 1983. Disponível em: https://rm.coe.int/1680079529. Acesso em: 22 out. 2019.

NAÇÕES UNIDAS. Convenção das Nações Unidas contra a Corrupção, Mérida, 2003. *Decreto 5.687, de 11 de janeiro de 2006*. Disponível em: http://www.planalto.gov.br/ccivil_03/_Ato2004-2006/2006/Decreto/D5687.htm. Acesso em: 22 out. 2019.

NAÇÕES UNIDAS. Convenção das Nações Unidas contra o Crime Organizado Transnacional, Palermo, 2000. *Decreto 5.015, de 12 de março de 2004*. Disponível em: http://www.planalto.gov.br/ccivil_03/_ato2004-2006/2004/decreto/d5015.htm. Acesso em: 22 out. 2019.

ORGANIZAÇÃO DOS ESTADOS AMERICANOS. Convenção Interamericana sobre o Cumprimento de Sentenças Penais no Exterior, Manágua, 1993. *Decreto 5.919, de 3 de outubro de 2006*. Disponível em: http://www.planalto.gov.br/ccivil_03/_Ato2004-2006/2006/Decreto/D5919.htm. Acesso em: 22 out. 2019.

Informação bibliográfica deste texto, conforme a NBR 6023:2018 da Associação Brasileira de Normas Técnicas (ABNT):

ARAS, Vladimir. A transferência internacional de pessoas condenadas. *In*: VELLOSO, Ana Flavia; JARDIM, Tarciso Dal Maso (Coord.). *A nova lei de migração e os regimes internacionais*. Belo Horizonte: Fórum, 2021. p. 215-232. ISBN 978-65-5518-167-8.

COOPERAÇÃO INTERNACIONAL PARA FINS PENAIS: CONSTITUCIONALIDADE DA REGULAÇÃO POR DECRETO DAS REGRAS PARA TRANSFERÊNCIA DE CONDENADOS

CHRISTINE OLIVEIRA PETER DA SILVA

1 Prolegômenos

Não há muita controvérsia em torno da compreensão de que o constitucionalismo impõe limites à lei, estabelecendo seus contornos e exigindo constantes interações entre os interlocutores de poder. Dessa forma, deixou-se de ter a legislação como ato soberano, passando-se a exigir que a lei esteja em conformidade não apenas com o devido processo legislativo, mas também com os direitos fundamentais, tal qual conformados na prática constitucional, especialmente na jurisprudência do Supremo Tribunal Federal.[1]

---

[1] ALEXY, Robert. Los derechos fundamentales en el estado constitucional democrático. *In*: *Los fundamentos de los derechos fundamentales*. Madrid: Trotta, 2001. p. 34.

A questão que se coloca para reflexão no presente trabalho é a constitucionalidade, ou não, da previsão legal de que as regras para transferência de condenados estrangeiros devam ser regulamentadas por decreto. O recorte epistemológico, portanto, será o direito constitucional, a partir dos pressupostos específicos que legitimam o exercício hermenêutico de compatibilidade entre a vontade do legislador e a vontade do constituinte, especialmente o originário, com ênfase para a tensão entre princípio da legalidade estrita e direito à dignidade humana do condenado estrangeiro que cumpre pena fora de seu país.

Nesse contexto, é importante ressignificar o princípio da legalidade, deixando de lado seu conteúdo meramente formal para fazer sobressair seu conteúdo substancial. Isso, em tempos de anunciadas crises institucionais, implica que a atividade acadêmica, diletante ou científica, ocupe-se do aprendizado recíproco e da alteridade construtiva, que são os vetores do que venho chamando de Estado Cooperativo de Direitos Fundamentais.[2]

Por Estado Cooperativo de Direitos Fundamentais entenda-se aquele vinculado objetivamente aos direitos fundamentais, ou seja, o Estado em que a supremacia da Constituição e todas as relações entre as funções de poder submetem-se à dogmática dos direitos fundamentais, associado àquele modelo político que se alimenta de redes de cooperação econômica, social, humanitária e antropológica, de forma que há necessidade de desenvolvimento de uma cultura e consciência de cooperação.[3]

Esse modelo implica que o exercício democrático do poder vincule-se, irrestritamente, aos direitos fundamentais. Nesse contexto, pressupõe-se hermenêutica comprometida com o dirigismo concretizador de tais direitos, em todos os âmbitos de atuação dos seus agentes, sejam eles políticos, públicos e também os quase-públicos, ou seja, os particulares que atuam legitimamente nos espaços públicos, como é o caso de professoras e professoras, lugar de fala da autora que aqui escreve.

Todos pretendem-se fiéis à Constituição, mas não há uma razoável concordância sobre qual a Constituição, objeto em si, a que se destina

---

[2] Algumas ideias aqui são retiradas de trabalhos anteriores de minha autoria: Estado Constitucional Cooperativo. *Revista Direito Público*, n. 12, abr./maio 2006, p. 5-20; Concretização cooperativa de direitos fundamentais. *Revista Conjur*, Observatório Constitucional, 21 dez. 2013. Disponível em: https://www.conjur.com.br/2013-dez-21/observatorio-constitucional-concretizacao-cooperativa-direitos-fundamentais. Acesso em: 21 mar. 2019.

[3] Cfr. HÄBERLE, Peter. *El estado constitucional*. Trad. Hector Fix-Fierro. México: Universidad Nacional Autônoma de México, 2003. p. 68-69.

essa fidelidade. E talvez seja possível afirmar que a Constituição, fruto de consensos políticos datados e localizados geograficamente, seja mesmo, por essência, uma norma dinâmica, ou seja, um texto permanentemente em construção.[4]

Por integridade, entendam-se o respeito e a consideração à linha histórica de pensamento e linhas teóricas de que se parte para a construção de razões discursivas. A preocupação com as ideias já publicadas, com as teses já defendidas, com as aulas já ministradas, é elemento vivificador da experiência de integridade. A condução da argumentação pelas sendas da segurança jurídica, ainda que na linha do que venho chamando de segurança jurídica dinâmica,[5] também indica clara predileção pelas práticas que materializam a integridade, nos termos do que aqui se propõe.

Já a transparência é uma exigência mais tangível, no sentido da publicidade irrestrita dos atos jurisdicionais típicos. A regra geral da transparência também invoca a obrigação de expor, com clareza, as razões de convencimento acerca das questões postas à análise, bem como o honesto compromisso com a lógica e racionalidade compreensível das razões de decidir.

Em tempos de divergências constitucionais, a fidelidade constitucional parece perder sua força e vitalidade. Aparência inconsistente, pois o confronto hermenêutico de ideias e argumentos, na concretização constitucional, é indicativo de que há movimento e dinâmica a conduzir a Constituição pelo seu caminho de perenidade. Conforme anota José Rodrigo Rodriguez: "(...) E não se pode barrar conceitualmente o correr da história. Os conceitos devem ser instrumentos de reflexão e crítica sobre a efetividade do real e não parte de profissões de fé sobre uma determinada visão de estado de direito e sociedade".[6]

As normas constitucionais, que expõem compromissos dos legisladores constituintes com a comunidade sociocultural que os legitimou, pretendem-se perenes e, por isso, importante a missão

---

[4] Sobre a fidelidade constitucional, conferir em trabalho publicado em coautoria com o ministro Luiz Edson Fachin: FACHIN, Luiz Edson; SILVA, Christine Oliveira Peter. O dever hermenêutico de fidelidade constitucional. *In*: *Constituição da República*: um projeto de nação – homenagem aos 30 anos. Brasília: Editora CFOAB, 2018. p. 157-167.

[5] Sobre o conceito de segurança jurídica dinâmica, vide: SILVA, Christine Oliveira Peter da; SILVA, Felipe L. Abath. No Estado Constitucional pluralista e aberto, segurança jurídica é dinâmica. *Revista Conjur*, Observatório Constitucional, 09 dez. 2017. Disponível em: https://www.conjur.com.br/2017-dez-09/observatorio-constitucional-estado-constitucional-pluralista-seguranca-juridica-dinamica. Acesso em: 22 mar. 2019.

[6] RODRIGUEZ, José Rodrigo. *Como decidem as Cortes? Para uma crítica do Direito (Brasileiro)*. Rio de Janeiro: Editora FGV, 2013. p. 17.

daqueles que declaram sua fidelidade constitucional a partir de projetos atualizadores do compromisso original. Não há possibilidade de falar-se em fidelidade constitucional sem levar em consideração as respostas que nascem, todos os dias, do exercício pleno e legítimo da jurisdição constitucional.

Se a compreensão acerca da Constituição, como norma ápice do sistema jurídico nacional, não consegue consenso, impõe-se, ainda com mais vigor, declarar-se a fidelidade constitucional como um vetor hermenêutico do pluralismo, significando, nesse contexto, as múltiplas possibilidades de manifestação íntegra e transparente das compreensões constitucionais subjacentes.

A divergência acerca dos modos de ver, sentir e concretizar a Constituição não pode ser considerada um elemento de debilidade, pois a integridade de um colegiado democrático e plural respeita e considera histórias forjadas por olhos, modos e saberes diferentes, sem jamais abrir mão da transparência como obrigação de dar-se a conhecer por todos os interlocutores interessados do presente e do futuro.

O ponto central para este debate repousa na possível usurpação das competências, pelo Poder Executivo regulamentador, do detalhamento de políticas que historicamente estão sob o comando do Poder Legislativo. O destinatário da norma jurídica é levado a resolver questões de imprecisão e incertezas das normas, pois que a ele se demanda precisar as nuances e esclarecer as ambiguidades.[7]

Para que tal paradoxo não se transforme em tensões permanentes que podem debilitar a Constituição, tanto no plano simbólico quanto no plano de sua real efetividade jurídica, é preciso canalizar os esforços para a construção de um discurso que, pela integridade e transparência institucionais, possa mediar as eventuais divergências hermenêuticas acerca da concretização constitucional realizada pelos órgãos jurisdicionais e legislativos.

Se é certo que a democracia se fundamenta na liberdade, na responsabilidade e na igualdade, qualquer forma de coerção não parece adequada, de modo que a ignorância e o egoísmo popular seguem como os principais entraves para a ressignificação da democracia entre nós, mas o constitucionalismo de 1988 inaugurou fase menos apática da democracia brasileira.

---

[7] CAPPELLETI, Mauro. *Juízes Legisladores?* Tradução Carlos Alberto Álvaro de Oliveira. Porto Alegre: Sergio Fabris Editor, 1993. p. 22-23.

Nesse contexto, justificado pela teoria da hermenêutica constitucional e pelo exercício da interpretação aberta e pluralista da Constituição, é que uma constitucionalista está aqui, entre amigos internacionalistas, por ter aceitado o desafio de refletir, sob o viés constitucionalista, acerca de um capítulo do que tenho chamado de direitos fundamentais do estrangeiro.

Desde já, agradeço e parabenizo os organizadores, por iniciativa tão salutar e necessária para a literatura jurídica nacional. O esforço de agregar pensamentos e críticas sobre uma nova legislação é sempre recompensado pela ampliação das condições de possibilidade da consolidação do Estado Democrático de Direito entre nós.

2 Cooperação jurídica internacional e constitucionalismo cooperativo

Se é bom que o constitucionalismo de 1988 seja considerado um marco do patriotismo constitucional, também seria importante comprometer-se com as indicações inequívocas do constituinte originário de que a democracia brasileira não pode acomodar-se em si mesma.

Por mais que seja notável o avanço experimentado na consolidação de um ambiente democrático com instituições sólidas, não se pode deixar de reconhecer a premente necessidade de aprimoramento dos mecanismos que possam auxiliar na busca pelo pleno exercício democrático soberano por parte de seus mais diversos titulares.

A cooperação jurídica internacional deve ser compreendida a partir de um Estado Democrático que tem princípios constitucionais inequívocos sobre o seu próprio destino. Não há apenas uma única vontade no que diz respeito ao tema da cooperação jurídica internacional, bem como suas regras não se encontram condensadas em uma lei específica, mas pulverizada em inúmeros dispositivos legais previstos na Constituição Federal, tratados internacionais, leis ordinárias e atos infralegais.

O princípio republicano, como ideal político e estratégia constitucional, provoca uma série de questionamentos, os quais, se respondidos afirmativamente, reforçam a solidez da sua presença como vetor do Estado Democrático de Direito brasileiro. A identidade política somente pode ser cultivada onde há estímulo à participação, ao diálogo e à formação da consciência sobre questões e problemas comunitários; educar para uma sociedade mais justa significa, acima de tudo, desafiar para o convívio social, o que implica uma pedagogia crítico-comunicativa.

A Constituição Federal tem indicadores expressos que podem ser usados como guias da análise da questão posta no presente trabalho, qual seja, se é constitucional, em face do princípio da legalidade e de outras diretrizes constitucionais, o decreto regulamentador para fins de cooperação jurídica.

Considerando os vetores constitucionais que direcionam tal questão, especialmente os artigos 3°, I; 4°, IX; e 5°, LII, do Texto Constitucional de 1988, torna-se imprescindível analisar o tema sob o viés do princípio da dignidade humana, do princípio da cooperação constitucional e do direito fundamental à não extradição por crimes políticos e de opinião.

A modalidade de cooperação sobre a qual se está a refletir é um instrumento de cooperação que visa beneficiar presos estrangeiros, possibilitando que eles terminem de cumprir a pena no país de sua nacionalidade ou residência habitual, e não no país onde cometeram o delito, cuja principal finalidade, de caráter nitidamente humanitário, é permitir uma ressocialização mais rápida e mais eficaz em virtude da proximidade física com seus familiares e entes queridos.

A legislação infraconstitucional objeto da pergunta motivadora do presente trabalho materializa-se nos artigos 103 a 105 da Lei n° 13.445/17, especialmente no que diz respeito à expressa delegação feita para a regulamentação infralegal dos requisitos para que seja concedida a transferência de pessoas condenadas, no âmbito da cooperação jurídica internacional em matéria penal.

Não é demais lembrar que, para que seja autorizada a transferência de pessoas condenadas, é imprescindível haver tratado internacional ou promessa de reciprocidade entre os Estados envolvidos. Também é exigido que o condenado deve consentir com a transferência, bem como que a sentença condenatória seja respeitada, sendo vedado o aumento, diminuição ou extinção da pena, salvo pelo seu integral cumprimento.

Releva ainda verificar que a execução da pena seja regida pelas leis do Estado recebedor e que os Estados envolvidos concordem com a transferência. Por fim, deve haver dupla incriminação, o que implica que o fato seja considerado crime nos dois Estados em cooperação.

Vale registrar o inteiro e expresso teor do artigo 105 da Lei n° 13.445/2017, que estabelece: "A forma do pedido de transferência de pessoa condenada e seu processamento serão definidos em regulamento".

3 Sobre o caráter humanitário da transferência de condenados

Os vetores axiológicos da dignidade da pessoa humana e da busca da felicidade são informadores da Constituição substancial, norma da qual emerge a cidadania em emancipação como produto mais relevante da experiência jurídica contemporânea.

Por dignidade da pessoa humana tem-se não somente o fundamento do ordenamento constitucional em abstrato (artigo 1º, III, da CRFB), mas, principalmente, a exigência ética de proteção concreta e real a todos e todas, no sentido de que os seres humanos, em suas experiências as mais diversas, são igualmente merecedores de igual consideração e respeito por parte do Estado e da própria comunidade circundante.

A dignidade da pessoa humana, assim, apresenta-se como reconhecimento de que todos os seres humanos são merecedores de igual respeito e proteção no âmbito da comunidade em que estão inseridos. Ingo Sarlet, sobre o tema, sintetiza: "Neste sentido, há como afirmar que a dignidade (numa acepção também ontológica, embora definitivamente não biológica) é a qualidade reconhecida como intrínseca à pessoa humana, ou da dignidade como reconhecimento (...)".[8]

Numa compreensão constitucional concretista, a dignidade humana implica a vedação de coisificação dos seres humanos, como também resguarda uma dimensão de igual consideração e respeito no âmbito da comunidade. Nessa linha é a doutrina de Ingo Sarlet:

> Assim sendo, tem-se por dignidade da pessoa humana a qualidade intrínseca e distintiva reconhecida em cada ser humano que o faz merecedor do mesmo respeito e consideração por parte do Estado e da comunidade, implicando, nesse sentido, um complexo de direitos e deveres fundamentais que assegurem a pessoa tanto contra todo e qualquer ato de cunho degradante e desumano, como venham a lhe garantir as condições existenciais mínimas para uma vida saudável, além de propiciar e promover sua participação ativa e co-responsável

---

[8] SARLET, Ingo. As dimensões da dignidade da pessoa humana: construindo uma compreensão jurídico-constitucional necessária e possível. *In*: SARLET, Ingo (Org.). *Dimensões da dignidade*: ensaios de filosofia do Direito e Direito Constitucional. Porto Alegre: Editora Livraria do Advogado, 2005. p. 26.

nos destinos da própria existência e da vida em comunhão com os demais seres humanos.[9]

Numa dimensão mais verticalizada, em relação à teoria do reconhecimento, é possível afirmar que a dignidade exige o respeito ao outro, ou seja, observância aos deveres de respeito aos outros, o que tem como principal consequência a exigência de respeito à dignidade do outro como condição da própria dignidade, exigindo das autoridades públicas e dos indivíduos da comunidade atitudes de igual respeito e consideração mútuas. Beatrice Maurer, nesse diapasão, afirma:

> Assim também o direito deverá permitir e encorajar todas as circunstâncias necessárias à integridade da dignidade fundamental do ser humano em sua dignidade atuada. Manifestando-se a dignidade em atos, é em todos os níveis que o direito poderá intervir, ordenar, a fim de permitir o melhor desenvolvimento possível das relações entre as pessoas.[10]

No contexto do respeito recíproco à dignidade, como dimensão intrínseca da vida em comunidade, deve-se registrar o princípio da dignidade humana não apenas como aquele que vincula apenas os atos das autoridades públicas, mas, também e principalmente, os indivíduos conviventes na comunidade.

Importante aqui deixar expresso que o objetivo maior de tal concepção do princípio da dignidade humana é reconhecer garantias e estabelecer deveres decorrentes com o intuito de viabilizar condições concretas de os seres humanos tornarem-se, serem e permanecerem pessoas. Explica Peter Häberle nesse sentido:

> Com essa garantia jurídica específica de um âmbito vital do Ser-Pessoa, da identidade, a dignidade ocupa o seu lugar central: o modo pelo qual o homem se torna pessoa também fornece indicativos para o que é a dignidade humana. Duas questões devem ser distinguidas: como se

---

9 SARLET, Ingo. As dimensões da dignidade da pessoa humana: construindo uma compreensão jurídico-constitucional necessária e possível. *In*: SARLET, Ingo (Org.). *Dimensões da dignidade*: ensaios de filosofia do Direito e Direito Constitucional. Porto Alegre: Editora Livraria do Advogado, 2005. p. 37.

10 MAURER, Beatrice. Notas sobre o respeito da dignidade da pessoa humana... ou pequena fuga incompleta em torno de um tema central. *In*: SARLET, Ingo (Org.). *Dimensões da dignidade*: ensaios de filosofia do Direito e Direito Constitucional. Porto Alegre: Editora Livraria do Advogado, 2005. p. 87.

> constrói a identidade humana em uma sociedade e até que ponto se pode partir de um conceito de identidade interculturalmente válido (...).[11]

Deve-se ter em mente que o Estado Constitucional Cooperativo realiza a dignidade humana quando reconhece nesse princípio um direito a ter direitos, ou seja, quando transforma os cidadãos em sujeitos de suas ações, pressupondo a dignidade humana como uma referência ao outro, como uma ponte dogmática para o enquadramento intersubjetivo da dignidade de cada um. Oportunas as lições de Peter Häberle nesse sentido:

> Assim, será também compreensível que a dignidade humana constitui norma estrutural para o Estado e a sociedade. A obrigação de respeito e proteção abrange tendencialmente também a sociedade. A dignidade humana possui eficácia em relação a terceiros; ela constitui a sociedade.[12]

Paralelamente à concepção de dignidade da pessoa humana estão a proteção e o reconhecimento da busca da felicidade como premissa axiológica da ética constitucional contemporânea.

Da importância da revolução americana como marco histórico para o modelo político que norteia nossas relações em sociedade, conhecido como Estado de Direito, não há maiores divergências. Disso resulta que a busca da felicidade, como vetor ético do constitucionalismo contemporâneo, também está, desde então, arraigada ao modelo vivificado a partir da experiência norte-americana.

Thomas Jefferson exsurge como personagem central dessa história, produzindo material para debates que já perduram por mais de dois séculos. As muitas questões podem ser substancialmente resumidas nas razões primeiras que conduziram Thomas Jefferson a inserir na Declaração de Independência dos Estados Unidos o direito à busca da felicidade como um direito inalienável.[13]

Jefferson era, antes de tudo, um estadista, ou seja, aquele para quem o exercício do poder estatal era um dever irrecusável. Nesse contexto, a felicidade, na visão de Thomas Jefferson, era a "felicidade

---

[11] HÄBERLE, Peter. A dignidade humana como fundamento da comunidade estatal. *In*: SARLET, Ingo (Org.). *Dimensões da dignidade*: ensaios de filosofia do Direito e Direito Constitucional. Porto Alegre: Editora Livraria do Advogado, 2005. p. 124.

[12] HABERLE, Peter. A dignidade humana como fundamento da comunidade estatal. *In*: SARLET, Ingo (Org.). *Dimensões da dignidade*: ensaios de filosofia do Direito e Direito Constitucional. Porto Alegre: Editora Livraria do Advogado, 2005. p. 130.

[13] LEAL, Saul Tourinho. *Direito à felicidade*. São Paulo: Almedina, 2017. p. 155-156.

pública", ou seja, aquele tipo de bem-estar coletivo que deveria prevalecer sobre o bem-estar privado.[14]

A felicidade, pois, dos documentos históricos norte-americanos é o direito natural predecessor da propriedade, o qual não consistia na ideia de "vida boa", cercada de bens materiais valorizados pelos seres humanos, mas num verdadeiro estado de bem-estar coletivo. Conforme anota Saul Tourinho:

> A felicidade nos Estados Unidos do século XVIII não era uma aspiração concentrada na esfera privada. Nada obstante a expressão "busca da felicidade", imortalizada na Declaração de Independência, havia uma consciência de que a felicidade estava também atrelada à esfera pública, por meio da participação na vida política. Essa é a raiz do nosso primeiro viés do direito à felicidade, que é o direito à felicidade pública, consistente em participar de uma vida política de qualidade.[15]

Também ocupou-se da felicidade Hannah Arendt, apontando o seu dúplice sentido: a felicidade privada e a felicidade pública. Anotou, em seu livro *Sobre a revolução*,[16] que sempre se esteve diante do perigo de confundir-se a felicidade pública com o bem-estar privado, embora seja possível supor que os pais fundadores nutriam a crença geral de que existe uma relação intrínseca entre as virtudes públicas e a própria felicidade pública, sendo a liberdade a mesma essência da felicidade.

Thomas Jefferson afirmava que o governo tinha como objetivo primeiro e mais relevante o cuidado com a vida e a felicidade dos seres humanos, ou seja, a vida e a felicidade dos cidadãos e cidadãs. Importante anotar, com Saul Tourinho, a associação entre busca da felicidade e o direito de ter acesso à esfera pública como o caminho para a felicidade pública:

> Os habitantes do novo mundo que tiveram a coragem de romper com a Grã-Bretanha buscavam a liberdade que, desfrutada, tornar-se-ia "felicidade pública", consistindo, segundo Arendt, "no direito do cidadão de ter acesso à esfera pública, de ter uma parte no poder público – ser 'um participante na condução dos assuntos', na expressiva formulação de Jefferson. É, noutras palavras, o direito de ser visto em ação.[17]

---

[14] LEAL, Saul Tourinho. *Direito à felicidade*. São Paulo: Almedina, 2017. p. 158.

[15] LEAL, Saul Tourinho. *Direito à felicidade*. São Paulo: Almedina, 2017. p. 162.

[16] ARENDT, Hannah. *Sobre a revolução*. Trad. Denise Bottmann. São Paulo: Companhia das Letras, 2011.

[17] LEAL, Saul Tourinho. *Direito à felicidade*. São Paulo: Almedina, 2017. p. 164.

A dicotomia entre felicidade pública e felicidade privada, entrecortada pela ideia de liberdade, impõe a compreensão de que quando Thomas Jefferson falava de felicidade pública referia-se a um modelo de organização política, na qual "pessoas livres tivessem o direito de participar ativamente das decisões públicas, ou seja, que se envolvessem com o funcionamento do Estado".[18]

Por fim, importante registrar a influência de George Mason na compreensão normativa original da busca da felicidade como um vetor do constitucionalismo contemporâneo.[19] Foi George Mason o responsável pela presença desse ideal na Declaração de Independência dos Estados Unidos, muito embora exista uma forte associação da expressão à autoria de Thomas Jefferson. A Declaração de Direitos de Virgínia sagrou para a posteridade a expressão "busca da felicidade" como um direito devidamente protegido. Conforme registra Saul Tourinho:

> Que todos os homens são por natureza igualmente livres e independentes e têm certos direitos inerentes, dos quais, quando entram em um estado da sociedade, eles não podem, por qualquer acordo privar ou despojar sua posteridade, ou seja, o gozo de vida e à liberdade, com os meios de adquirir e possuir propriedade e perseguir o obter felicidade e segurança.[20]

Diga-se ainda que o ideal da busca da felicidade não corresponde a uma noção abstrata, metafísica e etérea, mas a uma ação consistente e com alto grau de concretude, perceptível a todos aqueles que acompanham o devir das ideias e dos ideais do constitucionalismo contemporâneo.

Não se pode negar uma visão prospectiva do ideal da felicidade em direção ao Estado de Bem-Estar social nem muito menos uma possibilidade lógica de associação de uma dupla dimensão aos direitos fundamentais dele decorrentes: a dimensão negativa, própria dos primeiros tempos; e a dimensão positiva, associada a uma segunda onda de direitos. Assim anota Saul Tourinho:

> O ideal do direito à busca da felicidade começou a surgir em conexão com o princípio do governo, dentro de uma perspectiva do direito natural. Essa expressão retrata a visão de Jefferson acerca da função do Estado na vida das pessoas, pois rejeita a ideia de que os direitos civis teriam

---

[18] LEAL, Saul Tourinho. *Direito à felicidade*. São Paulo: Almedina, 2017. p. 166.

[19] LEAL, Saul Tourinho. *Direito à felicidade*. São Paulo: Almedina, 2017. p. 167, nota 315.

[20] JONES, Howard Mumford. *The pursuit of happiness*. New York: Cornell Univ Press, 1953 *apud* LEAL, Saul Tourinho. *Direito à felicidade*. São Paulo: Almedina, 2017. p. 167.

índole meramente negativa, ou seja, conferidos aos cidadãos para que não sofram usurpações por parte do Estado ou de outros cidadãos.[21]

É preciso ter equilíbrio quando se está a transportar o ideal revolucionário norte-americano da busca da felicidade para os atuais Estados Constitucionais, lembrando que a virtude, nesse contexto, está em perceber as condições de possibilidade para animar os governos dos dias de hoje a editarem políticas públicas inspiradas por esse vetor constitucional.

Parece óbvio que não deve haver imposição de pautas de felicidade, por parte dos governos, no âmbito das relações privadas. O que é possível e, de certa forma, desejável seria a discussão sobre a faceta pública da felicidade e de políticas públicas respectivas. Nesse particular, a previsão legal de transferência de pessoas condenadas, com nítido caráter humanitário, está em consonância e harmonia com esses vetores constitucionais, fundamentos do Estado Democrático de Direito, preconizado pela Constituição de 1988.

4 Da constitucionalidade da transferência de pessoas condenadas e sua regulamentação multinível

O reconhecimento e proteção de garantias institucionais relacionadas aos direitos de personalidade e aos direitos fundamentais dos estrangeiros, típicos das discussões dos dias de hoje, são exemplos concretos de que são factíveis as ações públicas e privadas na consecução da dignidade humana e da felicidade, como já explicitado no item anterior.

A legalidade, como princípio limitador da cooperação jurídica internacional, especialmente no que diz respeito à transferência de pessoas condenadas no âmbito penal, deve ser informada pelas ideias de melhor interesse do estrangeiro e da busca de sua dignidade e felicidade.

A cooperação entre os povos para o progresso da humanidade e a proteção dos direitos humanos são princípios que reforçam a condicionalidade da medida de transferência de pessoas condenadas às regulações multiníveis.

Nesse sentido, desde o modelo de Estado Constitucional, que, no século XX, ganhou a preeminência nas formulações políticas do

---

[21] LEAL, Saul Tourinho. *Direito à felicidade*. São Paulo: Almedina, 2017. p. 168.

mundo ocidental, está agora diante das exigências do modelo de Estado Cooperativo.

Urge, portanto, repaginar a discussão, no contexto da teoria constitucional, pois, a partir do cooperativismo constitucional, tem-se que a força normativa dos princípios e regras constitucionais depende da vinculação das constituições também a uma ordem transnacional, multinível, ainda quase inexpressiva se analisada pela experiência histórica, mas já vislumbrada pela fértil – e profética – doutrina de filósofos e pensadores clássicos.

Os motivos que levaram à concepção de um Estado Constitucional Cooperativo são complexos, mas dois deles podem ser identificados de forma mais clara: o aspecto sociológico-econômico e o aspecto ideal--moral. Para o professor Häberle, se é possível identificar alguma causa realmente importante para a conformação do Estado Constitucional Cooperativo, esta seria a interdependência econômica dos Estados constitucionais.

Há que também ser enfatizado o papel dos direitos humanos para o processo de conformação do Estado Constitucional Cooperativo. Para Häberle, mesmo que, numa perspectiva internacional, a cooperação entre os Estados ocupe o lugar de mera coordenação e de simples ordenamento para a coexistência pacífica (ou seja, de mera delimitação dos âmbitos das soberanias nacionais), no campo do direito constitucional nacional tal fenômeno, por si só, pode induzir a tendências que apontem para um enfraquecimento dos limites entre o interno e o externo, gerando uma principiologia de prevalência do direito comunitário sobre o direito interno.[22]

A maioria das constituições modernas protege a cooperação internacional amistosa como princípio vetor das relações entre os Estados Nacionais, de modo que a imagem do Estado Constitucional Contemporâneo é aquela que se identifica como a da comunidade universal dos Estados Constitucionais, ou seja, um modelo político em que os Estados Constitucionais não existem mais para si mesmos, mas, sim, como referências para os outros Estados Constitucionais membros de uma comunidade.

Assim, a existência de uma regulamentação multinível para a transferência de pessoas condenadas, no âmbito da cooperação internacional penal, coordenando-se normas internacionais e normas

---

[22] Essa ideia também está exposta em meu: Estado Constitucional Cooperativo. *Revista Direito Público*, n. 12, abr./maio 2006, p. 5-20.

internas de todas as matrizes legislativas, apresenta-se como uma prática que respeita os princípios vetores do constitucionalismo brasileiro.

Não há, pois, afronta ao princípio da legalidade nem às demais normas constitucionais que estabelecem competências específicas para julgamento do pedido de extradição, na delegação feita pela Lei nº 13.445/2017 à regulamentação por decreto das regras específicas de viabilização da transferência de pessoas condenadas, no âmbito da cooperação internacional penal.

A regulamentação multinível, na situação específica analisada no presente trabalho, apresenta-se como uma tendência constitucional de enfrentamento das complexidades engendradas nas sociedades dinâmicas e complexas, típicas do século XXI.

5 Considerações finais

A fidelidade que todos os juristas declaram à Constituição e suas normas desafia muitas questões que merecem tratamento mais verticalizado, com a finalidade de se verificar a sua conformidade constitucional típica.

Se quase não se diverge acerca da importância e fundamentalidade do princípio da legalidade em sentido estrito, muitas são as controvérsias práticas acerca das possibilidades hermenêuticas que a concretização das normas constitucionais da dignidade humana, da cooperação para o progresso da humanidade e dos limites da extradição como direito fundamental impõe aos intérpretes constitucionais.

Todos pretendem-se fiéis à Constituição, mas não há uma razoável concordância sobre qual Constituição está destinada essa fidelidade. Não parece ser muito afirmar que a Constituição, fruto de consensos políticos datados e localizados geograficamente, experimenta e faz experimentar constante processo de autoafirmação de seus princípios e regras no seio social.

A questão condutora do trabalho aqui apresentado materializa-se, dogmaticamente, nos artigos 103 a 105 da Lei nº 13.445/17, especialmente no que diz respeito à expressa delegação feita para a regulamentação infralegal dos requisitos para que seja concedida a transferência de pessoas condenadas, no âmbito da cooperação jurídica internacional em matéria penal.

Importante registrar, uma vez mais, que a autorização da transferência de pessoas condenadas não prescinde de tratado internacional ou promessa de reciprocidade entre os Estados envolvidos. Além do tratado, exige-se que o condenado esteja de acordo com a transferência, bem como que a sentença condenatória seja respeitada, vedado, também, o aumento, diminuição ou extinção da pena, salvo pelo seu integral cumprimento.

Importa, ainda, certificar-se de que a execução da pena seja regida pelas leis do Estado recebedor e que os Estados envolvidos concordem com a transferência. Por fim, deve haver dupla incriminação, o que implica que o fato seja considerado crime nos dois Estados em cooperação.

Isso realiza, em ampla medida, a dignidade humana quando reconhece nesse princípio um direito a ter direitos, ou seja, quando transforma os cidadãos em sujeitos de suas ações, pressupondo a dignidade humana como uma referência ao outro, como uma ponte dogmática para o enquadramento intersubjetivo da dignidade de cada um.

Nessa medida, somente quando se reconhece proteção das garantias institucionais relacionadas aos direitos de personalidade e, no caso sob análise, aos direitos fundamentais dos estrangeiros, encontra-se a legalidade como princípio limitador da cooperação jurídica internacional, especialmente no que diz respeito à transferência de pessoas condenadas no âmbito penal.

Isso porque essa prática, de crucial relevância, deve ser informada pelas ideias de melhor interesse do estrangeiro e da busca de sua dignidade e felicidade. Entretanto, isso não elide a que se reconheça a existência de uma regulamentação multinível para a transferência de pessoas condenadas, no âmbito da cooperação internacional penal, coordenando-se normas internacionais e normas internas de todas as matrizes legislativas.

De onde vejo a questão, portanto, não percebo afronta ao princípio da legalidade nem às demais normas constitucionais que estabelecem competências específicas para julgamento do pedido de extradição, na delegação feita pela Lei nº 13.445/2017 à regulamentação por decreto das regras específicas de viabilização da transferência de pessoas condenadas, no âmbito da cooperação internacional penal.

Referências

ALEXY, Robert. Los derechos fundamentales en el estado constitucional democrático. *In*: *Los fundamentos de los derechos fundamentales*. Madrid: Trotta, 2001. p. 34.

ARENDT, Hannah. *Sobre a Revolução*. Trad. Denise Bottmann. São Paulo: Companhia das Letras, 2011.

CAPPELLETI, Mauro. *Juízes Legisladores?* Tradução Carlos Alberto Álvaro de Oliveira. Porto Alegre: Sergio Fabris Editor, 1993.

FACHIN, Luiz Edson; SILVA, Christine Oliveira Peter. O dever hermenêutico de fidelidade constitucional. *In*: *Constituição da República*: um projeto de nação – homenagem aos 30 anos. Brasília: Editora CFOAB, 2018. p. 157-167.

HÄBERLE, Peter. A dignidade humana como fundamento da comunidade estatal. *In*: SARLET, Ingo (Org.). *Dimensões da dignidade*: ensaios de filosofia do Direito e Direito Constitucional. Porto Alegre: Editora Livraria do Advogado, 2005. p. 124.

HÄBERLE, Peter. *El estado constitucional*. Trad. Hector Fix-Fierro. México: Universidad Nacional Autônoma de México, 2003.

JONES, Howard Mumford. *The pursuit of happiness*. New York: Cornell Univ Press, 1953.

LEAL, Saul Tourinho. *Direito à felicidade*. São Paulo: Almedina, 2017.

MAURER, Beatrice. Notas sobre o respeito da dignidade da pessoa humana... ou pequena fuga incompleta em torno de um tema central. *In*: SARLET, Ingo (Org.). *Dimensões da dignidade*: ensaios de filosofia do Direito e Direito Constitucional. Porto Alegre: Editora Livraria do Advogado, 2005.

RODRIGUEZ, José Rodrigo. *Como decidem as Cortes?* Para uma crítica do Direito (Brasileiro). Rio de Janeiro: Editora FGV, 2013.

SARLET, Ingo. As dimensões da dignidade da pessoa humana: construindo uma compreensão jurídico-constitucional necessária e possível. *In*: SARLET, Ingo (Org.). *Dimensões da dignidade*: ensaios de filosofia do Direito e Direito Constitucional. Porto Alegre: Editora Livraria do Advogado, 2005.

SILVA, Christine Oliveira Peter da. Concretização cooperativa de direitos fundamentais. *Revista Conjur*, Observatório Constitucional, 21 dez. 2013. Disponível em: https://www.conjur.com.br/2013-dez-21/observatorio-constitucional-concretizacao-cooperativa-direitos-fundamentais. Acesso em: 21 mar. 2019.

SILVA, Christine Oliveira Peter da. Estado Constitucional Cooperativo. *Revista Direito Público*, n. 12, abr./maio 2006, p. 5-20.

SILVA, Christine Oliveira Peter da; SILVA, Felipe L. Abath. No Estado Constitucional pluralista e aberto, segurança jurídica é dinâmica. *Revista Conjur*, Observatório Constitucional, 09 dez. 2017. Disponível em: https://www.conjur.com.br/2017-dez-09/observatorio-constitucional-estado-constitucional-pluralista-seguranca-juridica-dinamica. Acesso em: 22 mar. 2019.

Informação bibliográfica deste texto, conforme a NBR 6023:2018 da Associação Brasileira de Normas Técnicas (ABNT):

SILVA, Christine Oliveira Peter da. Cooperação internacional para fins penais: constitucionalidade da regulação por decreto das regras para transferência de condenados. *In*: VELLOSO, Ana Flavia; JARDIM, Tarciso Dal Maso (Coord.). *A nova lei de migração e os regimes internacionais*. Belo Horizonte: Fórum, 2021. p. 233-248. ISBN 978-65-5518-167-8.

LIMITES À EXTRADIÇÃO PASSIVA BRASILEIRA: COMENTÁRIOS AO ARTIGO 96 DA NOVA LEI DE MIGRAÇÃO

MARIA ELIZABETH GUIMARÃES TEIXEIRA ROCHA

MATEUS SCHAEFFER BRANDÃO

> *"This is the devilish thing about foreign affairs:*
> *they are foreign ers and will not always conform to our whim."*
> James Reston

Introdução

Numa sociedade transnacional carente de normatização, centralizada e pautada por uma intricada rede jurídica de acordos internacionais, o Brasil, atento ao contexto global e em consonância com a Carta Política promulgada em 1988,[1] atualizou a regulação sobre a situação jurídica do estrangeiro em território nacional, prestigiando os direitos humanos como centro gravitacional do vigente Estado Democrático.

O Estatuto do Estrangeiro revogado, Lei nº 6.815/1980,[2] instituído sob a égide do regime autoritário de antanho, espelhava as imposições legais sobre a matéria que vigoravam no país, tanto no tocante à imigração de estrangeiros no Brasil quanto à emigração de brasileiros em outros Estados. Temas como a condição jurídica do forâneo, a consagração das fianças constitucionalmente a eles asseguradas e a sua expulsão do território eram recorrentes e sobrelevavam-se em face da regra revogada.

Porém, por força da evolução do pensamento jus-humanista de meados do século XX e limiar do século XXI, a nova Lei de Migração[3] (Lei nº 13.445/2017) coroou um arcabouço legislativo de proteção aos bons costumes, à ordem pública e à soberania estatal, às garantias dos estrangeiros, além de estabelecer limites às transgressões internacionais e sedimentar os princípios da reciprocidade e da cooperação entre os povos.

Três são as vertentes de retirada dos não nacionais pela nova Lei de Migração: i) a expulsão, quando o estrangeiro regular atentar contra os imperativos categóricos de segurança nacional; ii) a deportação, na hipótese de ingresso irregular no país; e iii) a extradição, objeto do presente estudo, que se traduz na entrega de estrangeiro investigado ou processado por crime comum, por meio de requisição de Estado soberano, com base em tratado ou no princípio da reciprocidade ao país onde o agente se encontra.

No tocante ao último instituto, o presente texto esmiuçará mais detidamente os óbices impostos pela norma em comento na modalidade passiva; a saber: a solicitação do Estado requisitante de estrangeiro que, refugiado no Brasil, foi condenado ou está sendo acusado de delito cometido em competência jurisdicional *externa corporis*.

Inicialmente, pontue-se deverem ser os compromissos estatuídos pelo art. 96 da Lei de Migração manifestamente aceitos pelos países

---

1 BRASIL. Presidência da República. *Constituição da República Federativa do Brasil de 1988*. Disponível em: http://www.planalto.gov.br/ccivil_03/constituicao/constituicaocompilado.htm. Acesso em: 07 nov. 2018.

2 BRASIL. *Lei nº 6.815, de 19 de agosto de 1980*. Define a situação jurídica do estrangeiro no Brasil, cria o Conselho Nacional de Imigração. DOU: 21.08.1980. Revogado pela Lei nº 13.445/2017.

3 BRASIL. *Lei nº 13.445, de 24 de maio de 2017*. Institui a Lei de Migração. DOU: 25.05.2017.

solicitantes quando do pleito de extradição. As inovações elencadas pela contemporânea *Lex* reproduziram as constantes manifestações dos tribunais pátrios, nomeadamente, do Supremo Tribunal Federal, e a moderníssima doutrina internacionalista que reivindica, há tempos, exegese generosa do maior instituto de cooperação jurídico-internacional na Sociedade das Nações, no sentido de entretelá-lo aos direitos fundamentais da pessoa humana.

1 O instituto da extradição no ordenamento jurídico nacional

A extradição, um dos instrumentos mais antigos e tradicionais,[4] já era conhecido na Antiguidade Clássica. Na modernidade, voltou-se, primordialmente, para a entrega de criminosos políticos.[5]

A doutrina francesa foi a primeira a destacá-la quando fez retornar refugiados do seu território pelo cometimento de delitos comuns em virtude do pacto celebrado em 1376, entre Carlos V e o Conde de Savóia. O primeiro tratado extradicional firmado entre a França e os Países Baixos data de 1736 e previa a entrega de forasteiros que perpetrassem agravos, acorde texto taxativo.[6]

Saliente-se que, seguido do asilo, extraditar configurava um dos mecanismos mais utilizados em caso de incriminação política internacional, e a separação do indivíduo do seu núcleo social, notadamente o familiar, de suas práticas religiosas e consuetudinárias era considerada uma das maiores reprimendas penais; por tal razão, havia a prevalência do asilo frente à extradição.[7]

A efetiva exclusão dos crimes políticos como hipóteses de extradição deu-se com o Tratado de Paz de Amiens, de 1802,[8] entre

---

[4] Art. 81. A extradição é a medida de cooperação internacional entre o Estado brasileiro e outro Estado pela qual se concede ou solicita a entrega de pessoa sobre quem recaia condenação criminal definitiva ou para fins de instrução de processo penal em curso.

[5] Um tratado concertado entre egípcios e hititas, em 1291 a.C., portando, entre outras, uma cláusula sobre a extradição de refugiados políticos, costuma ser referido como a mais antiga manifestação escrita sobre o instituto (LUZ, Nelson Ferreira. *Introdução ao Direito Internacional Público*. São Paulo: Saraiva, 1963. p. 199-200).

[6] JARDIM, Tarciso Dal Maso. A lei migratória e a inovação de paradigmas. *Caderno de Debates Refúgio, Migrações e Cidadania*, v. 12, n. 12. Brasília: Instituto Migrações e Direitos Humanos, 2017, p. 24.

[7] MELLO, Celso D. de Albuquerque. *Curso de Direito Internacional Público*. 13. ed. Rio de Janeiro: Renovar, 2004. p. 1.019.

[8] O Tratado de Amiens ou Paz de Amiens que pôs fim à guerra entre a Grã-Bretanha e a França com seus aliados (Espanha e República da Batávia), foi assinado em Amiens (França),

França, Inglaterra e Espanha, ratificado pela Lei Belga de 1º de outubro de 1833,[9] que evidenciou a necessidade de uma justiça global acerca de tema precursor de caráter universalista.[10]

Segundo critérios científicos, a extradição apresenta notório interesse na esfera do direito constitucional, penal, processual penal, administrativo e direito internacional público e privado, para além dos ramos interdisciplinares como a sociologia, a antropologia e as relações internacionais, a descortinar a necessidade de interpretação sistemática do instituto de maneira transversal, e não apenas sob o viés juridicizante.[11]

O deslocamento de pessoas que cometiam condutas criminalmente tipificadas e evadiam-se do local foi o *leitmotiv* que norteou a ideia. Da necessidade de diminuição da impunidade, aliada ao combate a impunidade, principiou-se a colaboração entre os diferentes Estados para a constituição do mecanismo extradicional.[12]

Tem por propósito evitar que alguém acusado ou condenado em determinado país busque refugiar-se em território diverso com a intenção de refugar a persecução judicial ou escusar-se da reprimenda legal.[13] Consoante destaca a doutrina majoritária,[14] trata-se de um processo no

---

em 27 de março de 1802. Para além do acordo de intercâmbio de prisioneiros de Guerra, determinou ao Reino Unido a devolução da Colônia del Cabo, bem como a maior parte das Índias Orientais Holandesas à República da Batávia. Houve a retirada francesa e britânica do Egito e sua devolução à Turquia, bem como a restituição por parte da Grã-Bretanha de todas as suas conquistas à França e seus países aliados, exceto Ceilão (atual Sri Lanka), Gibraltar e a ilha de Trinidad, assim como Tobago, que continuaram sendo colonizadas pelos Britânicos. A ilha de Menorca foi devolvida à Espanha. Outrossim, Napoleão concordou em retirar-se dos Estados Pontifícios e de Nápoles, sendo estabelecidas, no mesmo acordo, as fronteiras definitivas da Guiana Francesa com o Amapá. As ilhas de Malta, Gozo e Comino foram declaradas neutras, e devolvidas pela França aos Cavaleiros de Malta. O Pacto, chamado de "tratado de paz definitivo" durou apenas um ano, reacendendo conflitos em 1803.

9 Na Bélgica, a doutrina de Prins exerceu forte influência. Primeiro país a acolher em sua legislação positiva o princípio do asilo político, o fez por intermédio da lei de 1.10.1833. Sobre o assunto, consultar: HERESCU, Mariana. *O princípio da não-extradição por crime político.* Rio de Janeiro: Centro de Pesquisa de Direito Público e Ciências Políticas do Instituto de Direito Público e Ciência Política – INDIPO, 1975. p. 84.

10 LISBOA, Carolina Cardoso Guimarães. *A Relação Extradicional no Direito Brasileiro.* Belo Horizonte: Del Rey, 2001. p. 100.

11 DEL'OLMO, Florisbal de Souza. *A Extradição na Contemporaneidade*: breves reflexões. Rio de Janeiro: Forense, 2010. p. 67.

12 "[...] *dans une certaine mesure, une assurance mutuelle contre l'impunité des criminels et, par conséquent, contre le crime*" (MERCIER, André. *L'extradition. Recueil des Cours*: Académie de Droit International. Tome 33. 1930/III, p. 178).

13 MAZZUOLI, Valério O. *Curso de Direito Internacional Público.* São Paulo: Editora Revista dos Tribunais, 2007. p. 603.

14 Extradição é o ato mediante o qual um Estado entrega a outro Estado indivíduo acusado de haver cometido crime de certa gravidade ou que já se ache condenado por aquele, após

qual um Estado entrega determinado indivíduo condenado ou indiciado criminalmente mediante solicitação de outro.[15]

Sua prevalência pressupõe o envolvimento de no mínimo dois Estados soberanos, devendo as tratativas, em regra, ser bilaterais, nas quais figuram de um lado o país solicitante interessado e, de outro, o solicitado, que anuirá ou não na entrega do forâneo evadido em seu território. O ato de extraditar não é sanção, mas, sim, um gesto de cooperação penal da Comunidade Internacional para a consubstanciação da *persecutio criminis*.[16]

Atente-se que, por razões de afirmação da *majestas* estatal, a maioria dos países não concede a extradição dos seus nacionais, muito embora a doutrina, nesse conspecto, divirja da vontade legislativa.[17]

O instituto calca-se sempre em tratado devidamente celebrado ou no princípio da reciprocidade, tão caros à Sociedade das Nações, podendo ocorrer de forma ativa ou passiva.[18] No Brasil, a extradição ativa verifica-se quando o agente evade-se da incidência da jurisdição pátria sobre ele, refugiando-se em outro Estado; já a passiva ocorre quando um país estrangeiro solicita ao Poder Judiciário nacional indivíduo foragido no território brasileiro.[19]

Fundamental, por igual, distinguir a extradição ativa processual, instrutória ou cognitiva, que requer a entrega de suposto autor do delito para julgamento na jurisdição requisitante antes mesmo de sentença judicial, da extradição executória ou executiva, que diz respeito à entrega de criminoso processado e julgado para que cumpra a sentença imposta sob a tutela do Estado requerente, após o trânsito em julgado da decisão,

---

haver-se certificado de que os direitos humanos do extraditando serão garantidos (ACCIOLY, Hildebrando. *Manual de Direito Internacional Público*. São Paulo: Saraiva, 2010. p. 519).

15 DEL'OLMO, Florisbal de Souza. *Curso de Direito Internacional Privado*. Rio de Janeiro: Forense, 2010. p. 124.

16 MAZZUOLI, Valério O. *Curso de Direito Internacional Público*. *Op. cit.*, p. 661.

17 SANTOS, Marcelo Loeblein dos. *Direito Internacional Privado*. Ijuí: Unijuí, 2011. p. 81.

18 Existem inúmeras categorizações do instituto. "Poderão ser referidas, entre outras, as extradições ativa e passiva; processual e executória; de fato e de direito; convencional e extraconvencional; espontânea e requerida; imposta e voluntária; administrativa e judicial (ou mista); condicional ou temporária; consensual ou simplificada; indireta; extradição em trânsito e reextradição" (RUSSOMANO, Gilda Maciel Corrêa Meyer. *A Extradição no Direito Internacional e no Direito Brasileiro*. 3. ed. São Paulo: Ed. Revista dos Tribunais, 1981. p. 233-235). Neste trabalho, dar-se-á ênfase à sua principal classificação: a ativa e passiva.

19 MAZZUOLI, Valério O. *Curso de Direito Internacional Público*. São Paulo: Editora Revista dos Tribunais, 2007. p. 605.

como consequência do duplo grau de jurisdição ou esgotamento das instâncias.[20]

Acorde mencionado, a autorização internacional é pautada, via de regra, em tratado que espelha a vontade dos membros pactuantes no tocante ao tema. Inexistente o ato, os costumes e princípios universais do direito, em especial a declaração ou a promessa de reciprocidade, subsidiarão o *leading case*.[21]

Concernente à fundamentação do direito extradicional, a busca pela justiça penal que desemboca na exigência de punição dos delinquentes configura a justificativa que chancela o combate ao crime por meio da integração dos Estados na Sociedade Mundial.[22]

Conquanto o procedimento para a efetivação da requisição e sucessiva entrega seja uma operação quase que exclusiva dos poderes executivos estatais, o instituto não se aperfeiçoa sem um procedimento administrativo ou processo criminal, instaurado no âmbito judicial, uma vez que a soberania requerente somente formulará o pedido após a deflagração formal da *persecutio criminis*, assim como o requerido somente sobre ele decidirá após sua prévia apreciação.[23]

No Brasil, a primeira regulamentação do tema deu-se por Circular do Ministério dos Negócios Estrangeiros de 04.02.1847, disciplinada, posteriormente, pela Lei nº 2.416, de 28.07.1911, seguidos pelo Decreto-Lei nº 394, de 28.04.1983, o Decreto-Lei nº 941, de 13.10.1969, e, por derradeiro, pela revogada Lei nº 6.815, de 19.08.1980.[24]

Em síntese, o pedido extradicional requisitado ao Estado brasileiro deverá ser feito mediante encaminhamento diplomático, e[25] não apenas por carta rogatória, diretamente endereçado ao chefe do Executivo, pessoa que detém competência constitucional privativa para estabelecer relações internacionais com os demais sujeitos de direito internacional, segundo o art. 84, inciso VII, da Carta Política.[26] É competente para

---

[20] RUSSOMANO, Gilda Maciel Corrêa Meyer. *A Extradição no Direito Internacional e no Direito Brasileiro*, *Op. cit.*, p. 233-235.

[21] MAZZUOLI, Valério O. *Curso de Direito Internacional Público*. *Op. cit.*, p. 663.

[22] MELLO, Celso D. de Albuquerque. *Curso de Direito Internacional Público*. 15. ed. Rio de Janeiro: Renovar, 2004. p. 1021.

[23] REZEK, Francisco. *Direito Internacional Público: curso elementar*. 15. ed ver. e atual. São Paulo: Saraiva, 2014. p. 232.

[24] MUZZI, Tácio. Os mecanismos de cooperação jurídica internacional na nova lei de migração. *In*: *Cooperação em Pauta*. ISSN – 2446 – 9211 / nº 30, agosto de 2017. p. 2.

[25] Art. 81 (...) §1º A extradição será requerida por via diplomática ou pelas autoridades centrais designadas para esse fim.

[26] Art. 84. Compete privativamente ao Presidente da República: (...) VII – manter relações com Estados estrangeiros e acreditar seus representantes diplomáticos; (...).

recebê-lo o Ministério das Relações Exteriores, que o enviará ao ministro da Justiça para a produção do Aviso Ministerial de Solicitação de Medida da Extradição ao Pretório Excelso.[27] [28]

O Supremo Tribunal Federal, por seu turno, examina a legalidade do pedido com base na legislação interna e no tratado aplicável, com ênfase: a) na condição pessoal do extraditando, sua nacionalidade; b) na imputação que lhe é atribuída, se crime comum; e c) na verificação de o processo ter tido andamento no Estado requisitante. Após tal análise, a Suprema Corte poderá indeferi-lo, vedando a extradição e libertando o acusado, devendo o Executivo comunicar ao Estado requerente; ou, caso preenchidos os requisitos legais, autorizá-lo, cabendo ao presidente da República determinar ou não a extradição, porquanto a decisão compete privativamente à sua pessoa, por manejar diretamente com a soberania nacional.[29]

Objetivando uniformizar e estabelecer maior efetividade às ações estatais, o chefe de Estado autoriza o Departamento de Recuperação de Ativos e Cooperação Jurídica Internacional (DRCI/SNJ) (Decreto nº 9.360/2018)[30] a estruturar, programar e monitorar as ações governamentais a fim de mantê-las articuladas, quer na seara civil, quer penal, junto aos órgãos dos Poderes Executivo e Judiciário, ao lado do Ministério Público. Paralelamente, o DRCI/SNJ exerce a função de autoridade central na elaboração e execução das solicitações extradicionais por meio de delegação do ministro de Estado.[31]

No tocante à comunicação com o país requisitante, esta se dará por via diplomática, por intermédio do Ministério das Relações Exteriores. O Estado requerente terá o prazo de sessenta dias, a contar

---

[27] Art. 102. Compete ao Supremo Tribunal Federal, precipuamente, a guarda da Constituição, cabendo-lhe:
I – processar e julgar, originariamente: (...)
g) a extradição solicitada por Estado estrangeiro.

[28] MELLO, Celso D. de Albuquerque. *Curso de Direito Internacional Público*. 15. ed. Rio de Janeiro: Renovar, 2004. p. 1.037.

[29] REZEK, Francisco. *Direito Internacional Público*: curso elementar. 15. ed ver. e atual. São Paulo: Saraiva, 2014. p. 233.

[30] BRASIL. *Decreto nº 9.360, de 7 de maio de 2018*. Aprova as Estruturas Regimentais e os Quadros Demonstrativos dos Cargos em Comissão e das Funções de Confiança do Ministério da Justiça e do Ministério Extraordinário da Segurança Pública, remaneja cargos em comissão e funções de confiança e transforma cargos em comissão do Grupo-Direção e Assessoramento Superiores – DAS e altera o Decreto nº 6.018, de 22 de janeiro de 2007, para reduzir a alocação de cargos em comissão na inventariança na Rede Ferroviária Federal S.A. – RFFSA. DOU: 07.05.2018.

[31] MUZZI, Tácio. *Os mecanismos de cooperação jurídica internacional na nova lei de migração. Op. cit.*, p. 3.

da notificação, para retirar o extraditando do território nacional às suas expensas. Se tal não ocorrer no lapso firmado, será o agente libertado, não podendo o processo ser renovado.[32]

2 A extradição na nova Lei de Migração

Da necessidade de inovação dos novos mecanismos de cooperação internacional relacionados à migração, fez-se premente a promulgação de lei que regulasse novos conteúdos sobre a matéria. Afinal, por mais que existam importantes instrumentos de auxílio mútuo na ordem

---

[32] MAZZUOLI, Valério O. *Curso de Direito Internacional Público. Op. cit.*, p. 665. Litígio emblemático do instituto no Brasil diz respeito ao ex-ativista italiano Cesare Battisti. Em 2004, após ter sido condenado à prisão perpétua por quatro homicídios pela Corte de Apelações de Milão, na Itália, e estando na eminência de ser extraditado da França, país onde inicialmente se refugiou, acabou por ser detido no estado do Mato Grosso do Sul, sob o fundamento de haver sido pedida extradição passiva executória do Estado de origem no ano de 2007, ao Brasil. Interrogado em 2008, o estrangeiro negou a autoria dos crimes e os imputou ao grupo político que integrara, ligado à extrema esquerda italiana. Afiançou estar dele apartado quando os delitos a ele imputados foram cometidos e pelos quais restou condenado. Na época, foi-lhe concedida a condição de refugiado, após requerimento ao Comitê Nacional para os Refugiados – CONARE, no Brasil. *A posteriori*, o Supremo Tribunal Federal, apreciando o pedido de extradição interposto pela Itália, decidiu, preliminarmente, pela ilegalidade da concessão do *status* de refugiado por parte do ministro da Justiça ao sentenciado, por entender ter inexistido perseguição política quando do seu julgamento à revelia na Itália (exegese da Lei nº 9.474/97). Outrossim, opinou pelo deferimento da extradição, remetendo a homologação ao presidente da República, que a negou, em 2010, por decreto. Após o julgamento da Reclamação nº 11.243, protocolada pelo governo italiano contra o ato do chefe do Executivo brasileiro, o STF julgou-a improcedente, garantindo liberdade a Cesare Battisti. Sem embargo de o impasse estar aparentemente solucionado, foi protocolizado pela defesa do estrangeiro, em 27 de setembro de 2017, o *Habeas Corpus* nº 148.408 de natureza preventiva, sob a alegação de novas investidas por parte do governo italiano para invalidar a decisão do presidente da República, bem como em virtude de o Ministério Público Federal haver ingressado com ação civil pública, sob a mesma motivação. O instrumento processual defensório visava assegurar a impossibilidade dos futuros presidentes da República de deportá-lo, expulsá-lo ou extraditá-lo para Itália. Em 13 de outubro de 2017, foi concedida liminar deferindo a impossibilidade de extradição até julgamento final do *writ* pela Suprema Corte. Monocraticamente, o HC foi convertido em reclamação (RCL nº 29.066) e, após parecer da procuradora-geral da República opinando, preliminarmente, pelo não conhecimento e, no mérito, pela improcedência do pedido e prejuízo da liminar, restou concluso ao relator, ministro Luiz Fux, em março de 2018. Finalmente, em dezembro de 2018, o ministro relator revogou *sponte propria* a liminar por ele anteriormente prolatada e autorizou a Interpol e a Polícia Federal Brasileira a prender o italiano, abrindo caminho para a extradição. Um dia após a revogação, no dia 14 de dezembro de 2018, o então presidente Michel Temer assinou o decreto extraditando o sentenciado. Na sequência, Cesare Battisti empreendeu fuga e acabou preso na Bolívia, em Santa Cruz de la Sierra, em 12 de janeiro de 2019, regressando dali mesmo para a Itália a bordo de um Falcon 900, da Força Aérea Italiana (DELLOVA, Adriana Souza. *Breve análise sobre o caso Cesare Battisti*. Disponível em: http://www.ambito-juridico.com.br/site/index.php?n_link=revista_artigos_leitura&artigo_id=10375/. Acesso em: 02 jan. 2019).

externa, como a execução da pena estrangeira, o *exequatur* às cartas rogatórias, o auxílio direto, a transferência de presos, entre inúmeras espécies, indubitável ser o processo extradicional o instituto de maior destaque.[33]

O Estatuto do Estrangeiro, publicado em 1980 sob a égide do regime militar, bem como a Lei nº 818, de 1949,[34] que regulava a aquisição, perda, reaquisição da nacionalidade[35] e a perda dos direitos políticos, consideravam o imigrante uma ameaça à segurança nacional. A Lei de Migração de 2017 reverteu esse espírito e pautou-se acorde os ditames contemporâneos do Sistema Internacional de Proteção dos Direitos Humanos, com especial foco nas carências sociais humanitárias e no combate à não discriminação, à homofobia e à igualdade entre trabalhadores imigrantes e nacionais.

O espírito da lei traduz a sensibilidade do legislador em substituir o termo estrangeiro, sinônimo de *outsider*, para migrante, transmutando sua condição de objeto para sujeito de direito,[36] com a alteração, inclusive, da alcunha do documento de identificação de Registro Nacional de Estrangeiro (RNE) para Registro Nacional Migratório (RNM), conforme preconiza o art. 117.

Nessa senda, a normativa consagra o princípio da não criminalização da migração (art. 3º, III), que estabelece que ninguém poderá ser preso por ser imigrante, mesmo se encontrado em situação irregular. Noutro giro, restou garantida, em caso de deportação, a comunicação ao imigrante para que saia do território nacional, assegurando-lhe seu direito à liberdade caso cumpra a exigência no prazo legal (art. 50). Igualmente, restou-lhe afiançados o acesso à justiça e a sua gratuidade, se demonstrada a hipossuficiência, *ex vi*, do art. 3º, inciso XI.[37]

Acerca da estruturação dos institutos internacionais disciplinados, a nova Lei de Migração institui princípios e diretrizes inéditos

---

[33] Consultar a respeito: BRASIL. Ministério Público Federal. Secretaria de Cooperação Internacional. *Tratados de extradição*. Secretaria de Cooperação Internacional. Brasília: MPF, 2017. p. 11.

[34] BRASIL. *Lei nº 818, de 18 de setembro de 1949*. Regula a aquisição, a perda e a reaquisição da nacionalidade, e a perda dos direitos políticos. DOU: 19.09.1949.

[35] VELLOSO, Ana Flávia Penna; VIEIRA, Jussara Polaco. *Perda da nacionalidade brasileira*. Anuário Brasileiro de Direito Internacional, ISSN 1980-9484, v. I, n. 22, jan. 2017, p. 15.

[36] MONTAL, Zélia Maria Cardoso. Migração internacional: um olhar para além das fronteiras. *In*: GARCIA, Maria (Coord.). *Direito Constitucional Internacional*: o direito de coexistência e da paz. Curitiba: Juruá, 2012. p. 137.

[37] BATISTA, Simone; BONINI, Luci Mendes de Melo. *Lei de migração no Brasil à luz da crise humanitária no mundo*. Disponível em: http://ambito-juridico.com.br/site/?n_link=revista_artigos_leitura&artigo_id=19851. Acesso em: 05 nov. 2018.

concernentes às políticas públicas; aos direitos e deveres; às situações documentais do migrante como o registro; à identificação e à condição jurídica; à entrada, permanência e saída do território nacional; às medidas de penalização por descumprimento dos deveres e acordos firmados com o país; à tipificação do crime de promoção de migração ilegal; ao tráfico de pessoas;[38] às regras de nacionalidade e naturalização; às normas de proteção de brasileiro no exterior; e às medidas de cooperação e retirada compulsória dos estrangeiros do território pátrio.[39]

A referida norma, sancionada em 24 de maio de 2017 e publicada no dia posterior, contém 125 artigos, espaçados em 10 capítulos, sendo aprovada após 20 vetos. Entrou em vigor em novembro do mesmo ano, transcorrido o período de vacância de 180 dias.[40]

Além da extradição, a nova lei disciplinou também a transferência de execução da pena (TEP) e a transferência de pessoas condenadas (TPC). As duas iniciativas, de cunho repressivo, estabelecem possíveis impedimentos que retiram o *jus puniendi* dos Estados soberanos, tendo como principal enfoque o viés humanitarista.[41]

Assim, na transferência de execução da pena, prevista nos artigos 100 e seguintes da *Lex Migratoria*, concebida também como um mecanismo de cooperação jurídica internacional, destaca-se a possibilidade de os Estados soberanos requisitarem ou autorizarem a transferência do réu para o cumprimento sancionatório no Estado que o julgou somente nos casos de extradições executórias e nas quais já se verificaram condenações com trânsito em julgado no país de ocorrência do delito.[42]

---

[38] *Vide*: artigo 232-A do Código Penal Brasileiro (Decreto-Lei nº 2.848/1940), estabelecendo pena de reclusão de dois a cinco anos e multa.

[39] VELLEDA, Luciano. Na contramão mundial, Senado aprova inovadora lei para imigrantes. *Rede Brasil Atual*. Disponível em: http://www.redebrasilatual.com.br/cidadania/2017/05/na-contramao-mundial-senado-aprova-inovadora-lei-para-entrada-e-estadia-de-imigrantes. Acesso em: 05 nov. 2018.

[40] BATISTA, Simone; BONINI, Luci Mendes de Melo. *Lei de migração no Brasil à luz da crise humanitária no mundo*. Disponível em: http://ambito-juridico.com.br/site/?n_link=revista_artigos_leitura&artigo_id=19851. Acesso em: 05 nov. 2018.

[41] MUZZI, Tácio. Os mecanismos de cooperação jurídica internacional na nova lei de migração. *Op. cit.*, p. 2.

[42] Art. 100. Nas hipóteses em que couber solicitação de extradição executória, a autoridade competente poderá solicitar ou autorizar a transferência de execução da pena, desde que observado o princípio do *non bis in idem*.
Parágrafo único. Sem prejuízo do disposto no Decreto-Lei no 2.848, de 7 de dezembro de 1940 (Código Penal), a transferência de execução da pena será possível quando preenchidos os seguintes requisitos:
I – o condenado em território estrangeiro for nacional ou tiver residência habitual ou vínculo pessoal no Brasil;

Da mesma forma, a transferência de pessoas condenadas, medida que possibilita ao indivíduo cumprir pena no Brasil ou no exterior, autoriza-lhe a solicitar ou concordar com a sua transferência para o país no qual detém a nacionalidade ou onde possua residência habitual ou vínculo pessoal para cumprir a apenação imposta. O fito é aproximá-lo de seu ambiente familiar, social e cultural, facilitando a ressocialização, conforme previsto no art. 103 e seguintes da normativa em comento.[43]

Cumpre salientar que, no tocante ao pedido extradicional, ressalta a regra editada regulação específica na modalidade ativa, tal como apregoa o art. 88,[44] e que, anteriormente, não possuía grandes delimitações. Consagrou-se, assim, maior segurança jurídica ao processamento do Brasil na requisição de indiciados ou criminosos refugiados no

---

II – a sentença tiver transitado em julgado;
III – a duração da condenação a cumprir ou que restar para cumprir for de, pelo menos, 1 (um) ano, na data de apresentação do pedido ao Estado da condenação;
IV – o fato que originou a condenação constituir infração penal perante a lei de ambas as partes; e
V – houver tratado ou promessa de reciprocidade.
Art. 101. O pedido de transferência de execução da pena de Estado estrangeiro será requerido por via diplomática ou por via de autoridades centrais.
§1° O pedido será recebido pelo órgão competente do Poder Executivo e, após exame da presença dos pressupostos formais de admissibilidade exigidos nesta Lei ou em tratado, encaminhado ao Superior Tribunal de Justiça para decisão quanto à homologação.
§2° Não preenchidos os pressupostos referidos no §1°, o pedido será arquivado mediante decisão fundamentada, sem prejuízo da possibilidade de renovação do pedido, devidamente instruído, uma vez superado o óbice apontado.
Art. 102. A forma do pedido de transferência de execução da pena e seu processamento serão definidos em regulamento.
Parágrafo único. Nos casos previstos nesta Seção, a execução penal será de competência da Justiça Federal.

[43] BRASIL. Secretaria de Cooperação Internacional. *Transferência de Pessoas Condenadas*. jul. 2018. Disponível em: http://www.mpf.mp.br/atuacao-tematica/sci/noticias/informativo-sci/informativo-no-7-2013-transferencia-de-pessoas-condenadas. Acesso em: 24 jan. 2019.

[44] Art. 88. Todo pedido que possa originar processo de extradição em face de Estado estrangeiro deverá ser encaminhado ao órgão competente do Poder Executivo diretamente pelo órgão do Poder Judiciário responsável pela decisão ou pelo processo penal que a fundamenta.
§1° Compete a órgão do Poder Executivo o papel de orientação, de informação e de avaliação dos elementos formais de admissibilidade dos processos preparatórios para encaminhamento ao Estado requerido.
§2° Compete aos órgãos do sistema de Justiça vinculados ao processo penal gerador de pedido de extradição a apresentação de todos os documentos, manifestações e demais elementos necessários para o processamento do pedido, inclusive suas traduções oficiais.
§3° O pedido deverá ser instruído com cópia autêntica ou com o original da sentença condenatória ou da decisão penal proferida, conterá indicações precisas sobre o local, a data, a natureza e as circunstâncias do fato criminoso e a identidade do extraditando e será acompanhado de cópia dos textos legais sobre o crime, a competência, a pena e a prescrição.
§4° O encaminhamento do pedido de extradição ao órgão competente do Poder Executivo confere autenticidade aos documentos.

exterior, oferecendo, em paralelo, tratamento atualizado e consentâneo com os postulados *pro homine*.[45]

Entretanto, as inovações não ficaram adstritas à regulamentação da extradição ativa. A passiva, maior foco da lei revogada, passou a deter maiores especificidades. O pedido de resgate do estrangeiro ainda não condenado por sentença penal, por exemplo, pode ser requerido, atualmente, na fase inquisitorial (art. 83, II, primeira parte), com a devida expedição de mandado de prisão cautelar pelo juízo competente, e, em se tratando de decisão transitada em julgado, mister que a condenação definitiva estabeleça sanção de privação de liberdade para execução de pena na jurisdição requerente.

Mais, a Lei nº 13.445/2017 explicitou a função do DRCI/SNJ, que, para além de concentrar a autoridade central de análise dos pedidos extradicionais, igualmente assegura a propulsão das ações estatais relativas ao tema, em cooperação com o Judiciário e as polícias competentes (art. 81, §§1º e 2º).[46]

Na atual conjuntura, é esse o órgão responsável para a realização das análises dos elementos formais do juízo de admissibilidade administrativa dos pedidos ativos, devendo posteriormente, sob o crivo do tratado e com fulcro na promessa de reciprocidade, enviar o pedido formulado diretamente ao Estado estrangeiro ou encaminhá-lo ao ministro das Relações Exteriores para que o faça. Em relação ao pedido passivo, de forma idêntica, o órgão aprecia a admissibilidade administrativa da requisição e se formalmente regular, a teor do art. 89 da referida lei, encaminhará ao Pretório Excelso para julgamento, atendendo a previsão constitucional contida no art. 102, alínea g.

Assim, depreende-se que a concentração em um único órgão de competência administrativa para receber pedido ativo ou passivo em âmbito nacional descortina a maior efetividade às respostas externas concernentes à extradição, inclusive, no acompanhamento cooperativo com os Estados envolvidos.

3 Inovações quanto à extradição passiva

O texto da nova Lei Migratória relativo à extradição passiva introduziu modificações sensíveis em relação ao estatuto extinto. Respeitante

---

[45] MUZZI, Tácio. *Os mecanismos de cooperação jurídica internacional na nova lei de migração. Op. cit.*, p. 2.

[46] *Idem*, p. 3.

ao processamento e à efetivação da extradição, aumentou-se para dois anos, anteriormente delimitada a um, a pena cominada tanto pela lei brasileira quanto estrangeira ao crime praticado pelo extraditando. Por decorrência, os agravos passíveis de extradição deverão oferecer maior carga valorativa, a refletirem potencial delituoso mais elevado.

Conforme pronunciamento do Pretório Excelso, o requisito medular para a extraditabilidade é a sanção máxima cominada *in abstrato* ao delito cometido pelo forâneo.[47] Observa-se, ademais, como

---

[47] EMENTA: EXTRADIÇÃO PASSIVA DE CARÁTER EXECUTÓRIO – EXTRADITANDO CONDENADO PELA PRÁTICA DO "CRIME AGRAVADO DE APROVEITAMENTO SEXUAL DE MENOR" E DO DELITO DE "PORNOGRAFIA INFANTIL" – DELITOS QUE ENCONTRAM CORRESPONDÊNCIA TÍPICA NO ART. 217-A DO CÓDIGO PENAL (ESTUPRO DE VULNERÁVEL) E NO ART. 241-B DO ESTATUTO DA CRIANÇA E DO ADOLESCENTE (POSSE DE MATERIAL DE PORNOGRAFIA INFANTIL) – INEXISTÊNCIA DE TRATADO DE EXTRADIÇÃO ENTRE O BRASIL E O REINO DA SUÉCIA – NOTA DIPLOMÁTICA TRANSMITIDA COM PROMESSA DE RECIPROCIDADE – FUNDAMENTO JURÍDICO SUFICIENTE – PENA MÁXIMA COMINADA PARA O CRIME DE "PORNOGRAFIA INFANTIL", NA LEGISLAÇÃO PENAL SUECA, INFERIOR A 01 (UM) ANO – CIRCUNSTÂNCIA QUE NÃO OBSTA, QUANTO A TAL CONDUTA, O ACOLHIMENTO DO PEDIDO EXTRADICIONAL – INQUESTIONÁVEL GRAVIDADE DESSE DELITO PRATICADO PELO EXTRADITANDO, CUJA PENA EM ABSTRATO PREVISTA NO ORDENAMENTO POSITIVO BRASILEIRO (QUATRO ANOS DE RECLUSÃO) SUPERA, EM MUITO, O PATAMAR ESTABELECIDO NO ART. 77, IV, DO ESTATUTO DO ESTRANGEIRO – CONCURSO DE INFRAÇÕES – MERA INDICAÇÃO, NO ATO CONDENATÓRIO, DA PENA GLOBAL, SEM REFERÊNCIA INDIVIDUALIZADORA DAS SANÇÕES PENAIS IMPOSTAS A CADA UM DOS DELITOS EM CONCURSO – POSSIBILIDADE, EM TAL SITUAÇÃO, DE ANALISAR-SE O ATENDIMENTO, OU NÃO, AO POSTULADO DA DUPLA PUNIBILIDADE – CÁLCULO SEPARADO DA PRESCRIÇÃO PENAL EFETUADO COM BASE NA PENA MÍNIMA COMINADA EM ABSTRATO PARA CADA UM DOS DELITOS NA LEGISLAÇÃO PENAL BRASILEIRA (OITOS ANOS PARA O ESTUPRO DE VULNERÁVEL E UM ANO PARA A POSSE DE MATERIAL DE PORNOGRAFIA INFANTIL) – PRECEDENTES DO PLENÁRIO E DE AMBAS AS TURMAS DO SUPREMO TRIBUNAL FEDERAL – RESSALVA DA POSIÇÃO PESSOAL DO RELATOR DESTA CAUSA, QUE ENTENDE NECESSÁRIA A DISCRIMINAÇÃO DAS DIVERSAS PENAS APLICADAS AO EXTRADITANDO – PEDIDO DE EXTRADIÇÃO DEFERIDO EM PARTE. INEXISTÊNCIA DE TRATADO DE EXTRADIÇÃO E OFERECIMENTO DE PROMESSA DE RECIPROCIDADE POR PARTE DO ESTADO REQUERENTE – A inexistência de tratado de extradição não impede a formulação e o eventual atendimento do pleito extradicional, desde que o Estado requerente prometa reciprocidade de tratamento ao Brasil mediante expediente (Nota Verbal) formalmente transmitido por via diplomática. Doutrina. Precedentes. EXTRADIÇÃO – DUPLA TIPICIDADE E DUPLA PUNIBILIDADE – O postulado da dupla tipicidade – por constituir requisito essencial ao atendimento do pedido de extradição – impõe que o ilícito penal atribuído ao extraditando seja juridicamente qualificado como crime tanto no Brasil quanto no Estado requerente. Delitos imputados ao súdito estrangeiro que encontram, na espécie em exame, correspondência típica na legislação penal brasileira. – Não se concederá a extradição, quando se achar extinta, em decorrência de qualquer causa legal, a punibilidade do extraditando, notadamente se se verificar a consumação da prescrição penal, seja nos termos da lei brasileira, seja segundo o ordenamento positivo do Estado requerente. A satisfação da exigência concernente à dupla punibilidade constitui requisito essencial ao deferimento do pedido extradicional. Inocorrência, na caso, em relação ao delito de estupro de vulnerável, de qualquer causa

óbice, a concessão de refúgio ou asilo territorial pelo Estado brasileiro, que, segundo previsão do art. 34 da Lei nº 9.474/97, deverá suspender o processo extradicional até sua análise definitiva, porquanto deverá ser afiançado de acordo com a sistemática do regramento vigente. Anota-se, neste ponto, a possibilidade de fraudes ou abusos que podem protelar a análise do pedido.

Quanto aos demais pressupostos, tais como a necessidade de dupla incriminação, a vedação do *bis in idem* e a impossibilidade da entrega do estrangeiro quando cometidos crimes políticos ou de opinião, mantiveram-se inertes.

No que tange ao conflito de leis, quando litigarem os imperativos da *novel* normativa com as regras internacionais firmadas em tratados, prevalecerá, à vista do critério *lex specialis derogat legi generali*, o acordo firmado, a despeito da cronologia, de forma a firmar o predomínio espacial frente ao temporal.[48]

Impende destacar o acatamento da nova Lei de Migração à jurisprudência do STF,[49] a exemplo das situações de prisão cautelar mantidas como regra no tocante ao processamento da extradição passiva no Brasil, que, por meio da apreciação do Poder Judiciário, poderá ser relaxada ou ainda ser concedida liberdade provisória ao imigrante, a teor do art. 86.[50] Autoriza, ademais, a prisão albergue, domiciliar ou que o extraditando responda o processo em liberdade, dantes vedado pelo Estatuto do Estrangeiro (art. 84, parágrafo único).

---

extintiva da punibilidade. Reconhecimento, no entanto, da consumação da prescrição penal, segundo a legislação brasileira, quanto ao crime de posse de material de pornografia infantil. DETRAÇÃO PENAL E PRISÃO CAUTELAR PARA EFEITOS EXTRADICIONAIS – O período de duração da prisão cautelar do súdito estrangeiro no Brasil decretada para fins extradicionais deve ser integralmente computado na pena a ser cumprida no Estado requerente. – Essa exigência – originariamente estabelecida no Código Bustamante (art. 379), hoje fundada no Estatuto do Estrangeiro ou, quando houver, em tratado de extradição específico – objetiva impedir que a prisão cautelar no Brasil, quando decretada para fins extradicionais, culmine por prorrogar, indevidamente, o lapso temporal da pena de prisão a que estará eventualmente sujeito, no Estado requerente, o súdito estrangeiro cuja entrega foi reclamada ao Governo brasileiro (BRASIL. Supremo Tribunal Federal. (STF). EXT nº 1384, Relator: Min. Celso de Mello. Julgamento: 15.12.2015. Publicação: 07.03.2016. DJ: 04.03.2016).

48 BRASIL. Supremo Tribunal Federal. (STF). PPE nº 732, Relator: Min. Celso de Mello. Julgamento: 11.11.2014. Publicação: 02.02.2015. DJE: 30.01.2015.

49 BRASIL. Supremo Tribunal Federal. (STF). EXT. 1.403, Relatora: Min. Rosa Weber, decisão monocrática. Julgamento: 10.04.2018. Publicação: 27.08.2018. DJE: 24.08.2018.

50 Art. 86. O Supremo Tribunal Federal, ouvido o Ministério Público, poderá autorizar prisão albergue ou domiciliar ou determinar que o extraditando responda ao processo de extradição em liberdade, com retenção do documento de viagem ou outras medidas cautelares necessárias, até o julgamento da extradição ou a entrega do extraditando, se pertinente, considerando a situação administrativa migratória, os antecedentes do extraditando e as circunstâncias do caso.

Revogado o art. 91 do Estatuto do Estrangeiro, as hipóteses estão abalizadas. *In litteris*: conquanto a lei preveja exegese condizente com as regras internas do processo penal pátrio e observe os direitos humanos, necessário relembrar serem os extraditandos, regra geral, fugitivos internacionais. De tal sorte, a concessão das medidas de tutela do Estado nacional para estrangeiros que estejam sobre a apreciação do pedido de extradição deve ser intensificada com vistas a minimizar os riscos do acusado ou criminoso evadir-se do país e, consequentemente, frustrar o objeto da instrumentação jurisdicional.

Outra alteração intentada pela Lei nº 13.445/2007 versa sobre o pedido de prisão cautelar protocolizado no Brasil, que deverá ser analisado pelo DRCI/SNJ/MJ ou pela Organização Internacional de Polícia Criminal (Interpol). Se não houver tratado que o sustente, a promessa de reciprocidade deverá ser apresentada com o mandado da prisão (art. 84, §2º, da lei), em contraposição à regra insculpida no revogado estatuto que a exigia ao final da instrução, quando, possivelmente, o Estado requerente poderia não mais se comprometer, frustrando a medida.

Na mesma esteira, atualmente é imprescindível a manifestação da Procuradoria-Geral da República quanto aos pedidos de prisão cautelar, sabido possuir o Ministério Público a função de fiscal da lei no procedimento em comento.

Pontue-se a redução de noventa para sessenta dias do prazo para o Estado solicitante, após a segregação cautelar, formalizar o pedido de extradição, salvo disposição diversa em tratado (art. 84, §4º), podendo ser mantida a custódia até a efetivação da medida com a entrega do extraditando. Decorrido o tempo sem o protocolo, o acusado deverá ser posto em liberdade, não havendo possibilidade de novo pedido cautelar, exceto se formulado diretamente no pleito extradicional.

Na hipótese de negativa de extradição pelo Brasil, tendo em vista a cooperação jurídica internacional estar pautada no princípio do *aut dedere aut judicare* (extradite ou julgue), o Estado requisitado deverá desempenhar a função jurisdicional e julgar o autor do delito perpetrado em território estrangeiro, consagrando a transferência do processo. Serão encaminhadas à jurisdição agora competente todas as provas colhidas no curso da investigação ou instrução elaboradas no exterior para que esta detenha o aparato probatório apto à instrução criminal.

Pari passu, o art. 100[51] admite, frustrada a extradição passiva executória, a transferência de execução da pena (TEP), superando

---

[51] Art. 100. Nas hipóteses em que couber solicitação de extradição executória, a autoridade competente poderá solicitar ou autorizar a transferência de execução da pena, desde que

o entendimento do art. 9º do Código Penal Comum de restringir a produção dos efeitos da decisão penal ao sistema de homologação de sentença estrangeira.

4 Limites à extradição passiva

A Constituição Federal, em seu art. 4º, consagra os preceitos fundamentais das relações internacionais, em especial o respeito aos direitos humanos e a coadjuvação com os integrantes da Sociedade Mundial.[52]

Acerca das limitações à extradição passiva brasileira, ditava o artigo 91:

> Art. 91. Não será efetivada a entrega sem que o Estado requerente assuma o compromisso:
> I – de não ser o extraditando preso nem processado por fatos anteriores ao pedido;
> II – de computar o tempo de prisão que, no Brasil, foi imposta por força da extradição;

---

observado o princípio do *non bis in idem*.
Parágrafo único. Sem prejuízo do disposto no Decreto-Lei nº 2.848, de 7 de dezembro de 1940 (Código Penal), a transferência de execução da pena será possível quando preenchidos os seguintes requisitos:
I – o condenado em território estrangeiro for nacional ou tiver residência habitual ou vínculo pessoal no Brasil;
II – a sentença tiver transitado em julgado;
III – a duração da condenação a cumprir ou que restar para cumprir for de, pelo menos, 1 (um) ano, na data de apresentação do pedido ao Estado da condenação;
IV – o fato que originou a condenação constituir infração penal perante a lei de ambas as partes; e
V – houver tratado ou promessa de reciprocidade.

[52] Art. 4º. A República Federativa do Brasil rege-se nas suas relações internacionais pelos seguintes princípios:
I – independência nacional;
II – prevalência dos direitos humanos;
III – autodeterminação dos povos;
IV – não-intervenção;
V – igualdade entre os Estados;
VI – defesa da paz;
VII – solução pacífica dos conflitos;
VIII – repúdio ao terrorismo e ao racismo;
IX – cooperação entre os povos para o progresso da humanidade;
X – concessão de asilo político.
Parágrafo único. A República Federativa do Brasil buscará a integração econômica, política, social e cultural dos povos da América Latina, visando à formação de uma comunidade latino-americana de nações.

> III – de comutar em pena privativa de liberdade a pena corporal ou de morte, ressalvados, quanto à última, os casos em que a lei brasileira permitir a sua aplicação;
> IV – de não ser o extraditando entregue, sem consentimento do Brasil, a outro Estado que o reclame; e
> V – de não considerar qualquer motivo político, para agravar a pena.

Após o advento da Lei nº 13.445, de 24 de maio de 2017, o legislador inovou na positivação dos postulados jus-humanistas, que já eram, doutrinária e jurisprudencialmente, efetivados sob a ótica hermenêutica, quando acresceu o inciso VI ao atual art. 96 e retirou o dispositivo final do inciso III da regra pretérita, desautorizando a sanção extrema ao extraditando, mesmo em tempo de guerra.[53] Destaca-se:

> Art. 96. Não será efetivada a entrega do extraditando sem que o Estado requerente assuma o compromisso de:
> I – não submeter o extraditando a prisão ou processo por fato anterior ao pedido de extradição;
> II – computar o tempo da prisão que, no Brasil, foi imposta por força da extradição;
> III – comutar a pena corporal, perpétua ou de morte em pena privativa de liberdade, respeitado o limite máximo de cumprimento de 30 (trinta) anos;
> IV – não entregar o extraditando, sem consentimento do Brasil, a outro Estado que o reclame;
> V – não considerar qualquer motivo político para agravar a pena; e
> VI – não submeter o extraditando a tortura ou a outros tratamentos ou penas cruéis, desumanos ou degradantes. (Grifado).

Do mesmo modo, o Decreto nº 9.199/2017,[54] combinado com a tenra Lei Migratória, estabelece que os compromissos elencados devam ser apresentados no ato de formalização do pedido pelo Estado

---

[53] Sobre o tema, consultar: BRASIL. Ministério da Justiça e Segurança Pública. Extradição e transferência de Pessoas condenadas. Diagnóstico dos casos de extradição em 2017. *In*: *Cooperação em pauta: informações sobre cooperação jurídica internacional em matéria civil e penal*. Disponível em: http://www.justica.gov.br/sua-protecao/lavagem-de-dinheiro/institucional-2/publicacoes/cooperacao-em-pauta/cooperacao-em-pauta-n34. ISSN – 2446 – 9211/nº 34, 2017, p.7. Acesso em: 06 nov. 2018.

[54] Art. 269. O pedido de extradição originário de Estado estrangeiro será recebido pelo Ministério da Justiça e Segurança Pública e, após o exame da presença dos pressupostos formais de admissibilidade exigidos na Lei nº 13.445 de 2017, ou em tratado de que o País seja parte, será encaminhado ao Supremo Tribunal Federal.
§1º Os compromissos de que trata o art. 274 deverão ser apresentados no ato de formalização do pedido pelo Estado requerente. (...)
Art. 274. A entrega do extraditando não será efetivada sem que o Estado requerente assuma o compromisso de:

requerente, de modo a evitar que as instituições públicas competentes para analisar a matéria sejam surpreendidas no final do processo pela frustração da não assunção dos ditames acima expostos.

Cumpre, no entanto, salientar que o *caput* da regra em apreço há de ser interpretado em conjugação com os acordos internacionais, bilaterais ou multilaterais, bem assim em face da promessa de reciprocidade entre os Estados que honrarão as tratativas efetivadas após o deferimento da extradição passiva, seja ela instrutória ou executória. Ao fim e ao cabo, observa-se que o Brasil restringe as extradições passivas e elenca requisitos obstaculizadores em respeito à efetividade e segurança jurídica do direito internacional público, tão relevante e cada vez mais proeminente.

Com o intuito de avaliar as limitações à extradição passiva brasileira e as inovações acima ventiladas pela lei de 2017, passa-se, a seguir, a esmiuçá-las de *per se* para melhor compreensão da *mens legis et legislatoris*. Atente-se que, tanto para a declaração de reciprocidade quanto para o cumprimento da medida garantida por tratado, as condições formais de deferimento da extradição deverão ser preenchidas cumulativamente.[55]

I – não submeter o extraditando a prisão ou a processo por fato anterior ao pedido de extradição;
II – computar o tempo de prisão que, no País, tenha sido imposta por força da extradição;
III – comutar a pena corporal, perpétua ou de morte em pena privativa de liberdade, respeitado o limite máximo de cumprimento de trinta anos;
IV – não entregar o extraditando, sem consentimento do País, a outro Estado que o reclame;
V – não considerar qualquer motivo político para agravar a pena; e
VI – não submeter o extraditando a tortura ou a outros tratamentos ou penas cruéis, desumanos ou degradantes (BRASIL. *Decreto nº 9.199, de 20 de novembro de 2017*. Regulamenta a Lei nº 13.445, de 24 de maio de 2017, que institui a Lei de Migração. DOU: 21.11.2017).

[55] EMENTA QUESTÃO DE ORDEM. EXTRADIÇÃO PASSIVA DE CARÁTER INSTRUTÓRIO. CONCORDÂNCIA DA EXTRADITANDA. EXTRADIÇÃO SIMPLIFICADA. ENTREGA VOLUNTÁRIA. CRIME DE HOMICÍDIO. DUPLA INCRIMINAÇÃO CONFIGURADA. PRESCRIÇÃO. INOCORRÊNCIA. INEXISTÊNCIA DE ÓBICES LEGAIS À EXTRADIÇÃO. EXTRADITANDA COM FILHO BRASILEIRO. SÚMULA 421/STF. CONDENAÇÃO NO BRASIL. PENA RESTRITIVA DE DIREITOS. *EXIGÊNCIA DE ASSUNÇÃO DE COMPROMISSOS PELO ESTADO REQUERENTE*. 1. Antes da vigência da Lei de Migração, em que o instituto da extradição simplificada (entrega voluntária) não se encontrava convencionado entre os Estados Requerente e Requerido, a jurisprudência desta Corte Suprema firmara a orientação no sentido de que "o desejo de ser extraditado, ainda que manifestado, de modo inequívoco, pelo próprio súdito estrangeiro, não basta, só por si, para dispensar as formalidades inerentes ao processo extradicional, que representa garantia indisponível instituída em favor do extraditando" (Ext 1.203, Rel. Min. Celso de Mello, Plenário, DJe 25.02.2011). 2. Para os casos de extradição simplificada (entrega voluntária) insculpida em norma convencional específica, esta Casa afastou, excepcionalmente, o entendimento anterior, e homologou a declaração de consentimento formalmente manifestada pelo Extraditando para fins de entrega imediata ao Estado Requerente (Questão de Ordem na Extradição 1.476, Rel. Min. Celso de Mello, 2ª Turma, j. 09.5.2017, DJe 20.10.2017). 3. Após

4.1 Princípio da especialidade – "Inciso I – não submeter o extraditando a prisão ou processo por fato anterior ao pedido de extradição"

Inicialmente, cumpre salientar que uma das exigências impostas pelo Brasil ao Estado requisitante centra-se na impossibilidade de, após a entrega do estrangeiro, submetê-lo à execução de pena de prisão ou à processo na jurisdição requerente por fato anterior à formulação do pedido extradicional.

Tal procedimento manteve-se inalterado em relação à legislação de 1980 e é *conditio sine qua non* para a concessão da extradição. Nesse sentido, o requisitante deve declarar em sua postulação que o extraditando não será submetido a qualquer procedimento ou cumprimento de sanção por episódio ocorrido antes do pleito formulado. A medida tem por escopo informar ao Estado requisitado sobre as possíveis reprimendas que advirão ao estrangeiro quando retornar ao local

---

a entrada em vigor da Lei 13.445/2017, a extradição simplificada (entrega voluntária) "passa a viger na generalidade dos casos, por expressa previsão legal", nos termos do art. 87 (PPE 843, Rel. Min. Ricardo Lewandowski, decisão monocrática, j. 19.12.2017, DJe 1°.02.2018). 4. Preenchimento dos requisitos da norma convencional específica (art. 27) e da Lei de Migração (art. 87) quanto à extradição simplificada, dada a manifestação da Extraditanda, de forma livre e espontânea, com assistência técnica regularmente constituída nos autos, pela concordância com o pedido extradicional. 5. Pedido de extradição formulado pelo Governo do Chile que atende os requisitos da Lei 13.445/2017 e do Tratado de Extradição específico. 6. Crime de homicídio, nos termos da legislação estrangeira, que corresponde ao delito previsto no art. 121, caput, do Código Penal. Dupla incriminação atendida. 7. Inocorrência de prescrição e óbices legais. 8. O fato de a Extraditanda possuir filho brasileiro não impossibilita o deferimento do pedido extradicional. Precedentes. 9. Consoante a orientação jurisprudencial desta Suprema Corte, "A Súmula 421/STF revela-se compatível com a vigente Constituição da República, pois, em tema de cooperação internacional na repressão a atos de criminalidade comum, a existência de vínculos conjugais e/ou familiares com pessoas de nacionalidade brasileira não se qualifica como causa obstativa da extradição" (Ext 1.343, Rel. Min. Celso de Mello, 2ª Turma, DJe 19.02.2015). 10. Extraditanda condenada no Brasil a duas penas restritivas de direitos. Fato não impeditivo da extradição. 11. Sobre o tema, a Primeira Turma do Supremo Tribunal Federal, no julgamento da Ext 1.499, Rel. Min. Alexandre de Moraes, j. 06.3.2018, DJe 20.3.2018, assentou que "embora a novel Lei de Migração não tenha reproduzido a ressalva prevista na parte final do art. 89 da Lei 6.815/1980, a prerrogativa do Presidente da República de promover a entrega imediata do extraditando remanesce hígida, uma vez que encontra assento direto no próprio texto constitucional (art. 84, VII, CF/1988)". 12. O compromisso de detração da pena, considerando o período de prisão decorrente da extradição, deve ser assumido antes da entrega do preso, não obstando a concessão da extradição. *O mesmo é válido para os demais compromissos previstos no art. 96 da Lei de Migração*. 13. Questão de ordem que se resolve no sentido de homologar a livre e espontânea manifestação de concordância da Extraditanda com o pedido extradicional, nos termos dos arts. 27 do Acordo de Extradição e 87 e 95 da Lei de Migração, *mediante a assunção dos compromissos elencados no art. 96 da Lei 13.445/2017* e independentemente de publicação do acórdão (Relatoria da Min. Rosa Weber, DJe – 232, Divulgação 30.10.2018, publicação: 31.10.2018).

onde cometeu o ilícito, bem como as consequências do ato nacional de entrega do agente.

Para além, como forma de evitarem-se possíveis fraudes à jurisdição nacional, vinganças políticas ou afrontas à liberdade de expressão, a supramencionada regra auxilia a transparência das relações exógenas, bem como fortalece o cooperativismo entre as nações.

Sua eficácia descortina-se fundamental por revelar o compromisso assumido pelo requisitor em acatar as exatas repreensões penais estabelecidas no pedido de extradição formulado ao país. O extraditando não será, pois, detido, processado ou condenado por outros crimes cometidos previamente que não estiverem contemplados na requisição.

Se houver encaminhamento e deferimento do pedido de extradição apenas para um dos processos a que responde o extraditando e havendo conhecimento posterior da existência de outros, os juízos deverão ser convidados a manifestarem interesse em formalizar pedido de extensão ou ampliação, conhecido como extradição supletiva ou complementar, posto não ser possível aditamento à primeva requisição.[56]

A propósito, tal extensão fora consagrada no Sétimo Congresso das Nações Unidas para a Prevenção do Crime e o Tratamento dos Delinquentes adotado e aprovado pela Assembleia Geral, na Resolução nº 40/32, de 29 de novembro de 1985, *in verbis*:

> Um indivíduo extraditado (...) não poderá, no território do Estado requerente, ser processado, condenado, detido ou reextraditado para um terceiro Estado, nem ser submetido a outras restrições em sua liberdade pessoal, por uma infração cometida antes da entrega, salvo: a) se se tratar de uma infração pela qual a extradição tenha sido concedida; ou b) se o Estado requerido manifestar a sua concordância.[57]

---

56 FRANCISCO REZEK, *Direito Internacional Público*: curso elementar. 15. ed ver. e atual. São Paulo: Saraiva, 2014. p. 125.

57 Tendo igualmente presente os Princípios Orientadores Relativos à Prevenção do Crime e à Justiça Penal no Contexto do Desenvolvimento e de uma Nova Ordem Econômica Internacional, de entre os quais o Princípio 37 que estipula que as Nações Unidas deveriam estabelecer instrumentos-tipo que possam ser utilizados na elaboração de convenções internacionais e regionais e como "guias" para a elaboração à escala nacional de textos legislativos de implementação;
Lembrando a Resolução 1 do Sétimo Congresso, relativa às atividades criminais organizadas, na qual se insistia junto dos Estados membros nomeadamente que intensificassem a ação que levavam a cabo no plano internacional para lutar contra as atividades criminais organizadas, compreendendo, no caso vertente, a conclusão de tratados bilaterais de extradição e de auxílio judiciário;
Lembrando igualmente a Resolução 23 do Sétimo Congresso 3, relativa aos atos criminosos com caráter terrorista, na qual se convidam todos os Estados a tomar medidas para reforçar a cooperação, em particular em matéria de extradição;

Agregue-se vigorarem trinta e um tratados bilaterais e multilaterais de extradição com o Brasil, dentre os quais se destacam os acordos com a Argentina, Austrália, Bélgica, Bolívia, Chile, Colômbia, Equador, Espanha, Estados Unidos da América, França, Itália, Lituânia, México, Paraguai, Portugal, Reino Unido da Grã-Bretanha e Irlanda do Norte, República da Coreia, Romênia, Rússia, Suíça, Ucrânia, Uruguai e Venezuela. Dentre os multilaterais, estão os acordos pactuados pelos

---

Chamando a atenção para a Convenção das Nações Unidas contra o Tráfico Ilícito de Estupefacientes e de Substâncias Psicotrópicas;
Reconhecendo a contribuição preciosa dos Governos, organizações não governamentais e peritos, em particular do Governo australiano e da Associação Internacional de Direito Penal;
Gravemente preocupada com a escalada das atividades criminosas nacionais e transnacionais;
Convencida de que a conclusão de acordos bilaterais e multilaterais de extradição contribuirá consideravelmente para aumentar a eficácia da cooperação internacional na luta contra a criminalidade;
Consciente da necessidade de respeitar a dignidade do homem e lembrando os direitos concedidos a todos os que são parte num processo penal, tal como são enunciados na Declaração Universal dos Direitos do Homem e no Pacto Internacional sobre os Direitos Civis e Político, Consciente que em vários casos os acordos de extradição bilaterais estão desatualizados e deveriam ser substituídos por disposições modernas que tenham em conta a evolução do direito penal internacional;
Reconhecendo a importância de um tratado tipo de extradição enquanto meio eficaz para o tratamento dos aspectos complexos e das graves conseqüências da criminalidade e em particular das suas formas e dimensões novas;
1. Adota o Tratado Tipo de Extradição anexo à presente resolução, na medida em que constitui um quadro útil, susceptível de ajudar os Estados que o desejem a negociar e a concluir acordos bilaterais visando melhorar a cooperação no domínio da prevenção do crime e da justiça penal;
2. Convida os Estados membros, que ainda não tenham relações convencionais com outros Estados no domínio da extradição, ou que desejem rever as relações convencionais existentes, a ter em conta, nesses casos, o Tratado Tipo de Extradição;
3. Solicita insistentemente a todos os Estados que reforcem a cooperação internacional no domínio da justiça penal.
4. Encarrega o Secretário-Geral de levar a presente resolução e o Tratado Tipo ao conhecimento dos Estados membros.
5. Solicita insistentemente aos Estados membros que informem regularmente o Secretário-Geral dos esforços desenvolvidos no sentido da conclusão de acordos relativos à extradição.
6. Solicita ao Comitê para a Prevenção do Crime e a Luta contra a Delinqüência que examine periodicamente os progressos conseguidos nesse domínio.
7. Solicita igualmente ao Comitê para a Prevenção do Crime e a Luta contra a Delinqüência que preste aos Estados membros que o desejem, aconselhamento e assistência com vista à elaboração de legislação que permita concretizar as obrigações assumidas nos tratados que serão negociados com base no Tratado Tipo de Extradição.
8. Convida os Estados membros a comunicarem ao Secretário- -Geral, quando este o solicitar, as disposições da sua legislação que regem a extradição, a fim de que as mesmas possam ser comunicadas aos Estados membros que desejem adaptar ou enriquecer a sua legislação nesse domínio (BRASIL. Câmara dos Deputados. *Tratado tipo de Extradição.* Disponível em: http://www2.camara.leg.br/atividade-legislativa/comissoes/comissoes-permanentes/cdhm/comite-brasileiro-de-direitos-humanos-e-politica-externa/TratExt.html. Acesso em: 09 nov. 2018).

Estados-Partes do MERCOSUL, Bolívia e Chile e a Convenção das Nações Unidas contra o Crime Organizado Transnacional, conhecida como Convenção de Palermo.[58]

4.2 Direito à detração – "Inciso II – computar o tempo da prisão que, no Brasil, foi imposta por força da extradição"

Da dicção do art. 96, inciso II, da Lei de Migração, que possui a mesma redação do revogado inciso II do art. 91 do Estatuto do Estrangeiro, extrai-se a necessidade do compromisso de detração sancionatória do período de prisão no Brasil, que deverá ser descontado da pena imposta na jurisdição requisitante. Trata-se de compromisso formal para a entrega do extraditando subsequente ao deferimento do pedido extradicional.

O egrégio Supremo Tribunal, em entendimento majoritário desde 1980, firmou jurisprudência acerca de dita exigência para o aperfeiçoamento da análise do requerimento internacional. *In litteris*:

> QUESTÃO DE ORDEM. EXTRADIÇÃO PASSIVA DE CARÁTER INSTRUTÓRIO. CONCORDÂNCIA DA EXTRADITANDA. EXTRADIÇÃO SIMPLIFICADA. ENTREGA VOLUNTÁRIA. CRIME DE HOMICÍDIO. DUPLA INCRIMINAÇÃO CONFIGURADA. PRESCRIÇÃO. INOCORRÊNCIA. INEXISTÊNCIA DE ÓBICES LEGAIS À EXTRADIÇÃO. EXTRADITANDA COM FILHO BRASILEIRO. SÚMULA 421/STF. CONDENAÇÃO NO BRASIL. PENA RESTRITIVA DE DIREITOS. EXIGÊNCIA DE ASSUNÇÃO DE COMPROMISSOS PELO ESTADO REQUERENTE.
>
> 1. Antes da vigência da Lei de Migração, em que o instituto da extradição simplificada (entrega voluntária) não se encontrava convencionado entre os Estados Requerente e Requerido, a jurisprudência desta Corte Suprema firmara a orientação no sentido de que "o desejo de ser extraditado, ainda que manifestado, de modo inequívoco, pelo próprio súdito estrangeiro, não basta, só por si, para dispensar as formalidades inerentes ao processo extradicional, que representa garantia indisponível instituída em favor do extraditando" (Ext 1.203, Rel. Min. Celso de Mello, Plenário, Dje 25.02.2011).

[58] BRASIL. Ministério Público Federal. Secretaria de Cooperação Internacional. *Tratados de extradição*. Brasília: MPF, 2017.

2. Para os casos de extradição simplificada (entrega voluntária) insculpida em norma convencional específica, esta Casa afastou, excepcionalmente, o entendimento anterior, e homologou a declaração de consentimento formalmente manifestada pelo Extraditando para fins de entrega imediata ao Estado Requerente (Questão de Ordem na Extradição 1.476, Rel. Min. Celso de Mello, 2ª Turma, j. 09.5.2017, Dje 20.10.2017).
3. Após a entrada em vigor da Lei 13.445/2017, a extradição simplificada (entrega voluntária) "passa a viger na generalidade dos casos, por expressa previsão legal", nos termos do art. 87 (PPE 843, Rel. Min. Ricardo Lewandowski, decisão monocrática, j. 19.12.2017, Dje 1º.02.2018).
4. Preenchimento dos requisitos da norma convencional específica (art. 27) e da Lei de Migração (art. 87) quanto à extradição simplificada, dada a manifestação da Extraditanda, de forma livre e espontânea, com assistência técnica regularmente constituída nos autos, pela concordância com o pedido extradicional.
5. Pedido de extradição formulado pelo Governo do Chile que atende os requisitos da Lei 13.445/2017 e do Tratado de Extradição específico.
6. Crime de homicídio, nos termos da legislação estrangeira, que corresponde ao delito previsto no art. 121, caput, do Código Penal. Dupla incriminação atendida.
7. Inocorrência de prescrição e óbices legais.
8. O fato de a Extraditanda possuir filho brasileiro não impossibilita o deferimento do pedido extradicional. Precedentes.
9. Consoante a orientação jurisprudencial desta Suprema Corte, "A Súmula 421/STF revela-se compatível com a vigente Constituição da República, pois, em tema de cooperação internacional na repressão a atos de criminalidade comum, a existência de vínculos conjugais e/ou familiares com pessoas de nacionalidade brasileira não se qualifica como causa obstativa da extradição" (Ext 1.343, Rel. Min. Celso de Mello, 2ª Turma, Dje 19.02.2015).
10. Extraditanda condenada no Brasil a duas penas restritivas de direitos. Fato não impeditivo da extradição.
11. Sobre o tema, a Primeira Turma do Supremo Tribunal Federal, no julgamento da Ext 1.499, Rel. Min. Alexandre de Moraes, j. 06.3.2018, Dje 20.3.2018, assentou que "embora a novel Lei de Migração não tenha reproduzido a ressalva prevista na parte final do art. 89 da Lei 6.815/1980, a prerrogativa do Presidente da República de promover a entrega imediata do extraditando remanesce hígida, uma vez que encontra assento direto no próprio texto constitucional (art. 84, VII, CF/1988)".
12. O compromisso de detração da pena, considerando o período de prisão decorrente da extradição, deve ser assumido antes da entrega do preso, não obstando a concessão da extradição. O mesmo é válido para os demais compromissos previstos no art. 96 da Lei de Migração.

> 13. Questão de ordem que se resolve no sentido de homologar a livre e espontânea manifestação de concordância da Extraditanda com o pedido extradicional, nos termos dos arts. 27 do Acordo de Extradição e 87 e 95 da Lei de Migração, mediante a assunção dos compromissos elencados no art. 96 da Lei 13.445/2017 e independentemente de publicação do acórdão. (Grifo nosso)

Na mesma senda, impende destacar que a redução da apenação no caso de prisão cautelar requisitada por Estado soberano e cumprida pelo país responde aos preceitos internos do Código Penal Brasileiro, que preceitua em seu art. 42:

> Computam-se, na pena privativa de liberdade e na medida de segurança, o tempo de prisão provisória, no Brasil ou no estrangeiro, o de prisão administrativa e o de internação em qualquer dos estabelecimentos referidos no artigo anterior.

A *ratio* demonstra a intenção legislativa em estabelecer condição jurídica isonômica ao estrangeiro e ao nacional, nos moldes assegurados pelo art. 5º da Carta Política.

4.3 Pena de morte ou pena perpétua privativa de liberdade – "Inciso III – comutar a pena corporal, perpétua ou de morte em pena privativa de liberdade, respeitado o limite máximo de cumprimento de 30 (trinta) anos"

Grande inovação está contida no inciso III do art. 96 da nova Lei de Migração em relação ao antigo inciso III do art. 91 da lei revogada. Efetivamente, há situações nas quais os Estados requisitantes sancionam determinadas condutas vulneradoras do sujeito ativo com penas corporal, de morte ou de prisão perpétua. Ocorre que o art. 5º, inciso XLVII, da Carta Política promulgada em 1988[59] veda a aplicação de tais reprimendas, à exceção da pena capital em caso de guerra formalmente declarada.

Por essa razão, o inciso III do art. 96 veda ao Estado Nacional extraditar estrangeiro refugiado ou domiciliado em território brasileiro

---

[59] XLVII – não haverá penas:
a) de morte, salvo em caso de guerra declarada, nos termos do art. 84, XIX;
b) de caráter perpétuo;

em condenações dessa natureza, em respeito à vida e à dignidade humana. Se o requerente insistir na requisição, deverá comprometer-se a comutar a sanção por prisão com prazo máximo de trinta anos,[60] sob pena de não ser concedida a ordem de envio consoante se depreende da parte final do dispositivo *retro*. Neste norte posicionou-se o Pretório Excelso:

> O ordenamento positivo brasileiro, nas hipóteses em que se delineia a possibilidade de imposição do supplicium extremum, impede a entrega do extraditando ao Estado requerente, a menos que este, previamente, assuma o compromisso formal de comutar, em pena privativa de liberdade, a pena de morte, ressalvadas, quanto a esta, as situações em que a lei brasileira – fundada na Constituição Federal (art. 5°, XLVII, a) – permitir a sua aplicação, caso em que se tornará dispensável a exigência de comutação.[61]

O preceito obstaculiza o supliciamento do extraditando, bem como veda não poder ele ser sancionado por meio de reprimenda não prevista pelo ordenamento jurídico pátrio. Tal como colocado, os condenados no Estado requisitante à tais sanções, repise-se, deverão tê-las comutadas[62] no limite máximo daquela aplicada no Brasil, qual seja, trinta anos.[63]

Mas não é só. O *novel* estatuto mitigou os rigores da regra pretérita anterior, que autorizava a extradição do agente condenado à pena capital em tempos de guerra, a teor do previsto pelo art. 84, inciso XIX, da Constituição Federal brasileira, contemplado em diversos tipos do Código Penal Militar Brasileiro de 1969 para suprimir da regra atual dita excepcionalidade fundada no Sistema Protetivo dos Direitos Humanos.

Ainda no tocante à impossibilidade de envio do extraditando para cumprimento de prisão perpétua, esclareça-se que o estatuto

---

60 III – comutar a pena corporal, perpétua ou de morte em pena privativa de liberdade, respeitado o limite máximo de cumprimento de 30 (trinta) anos.

61 BRASIL. Supremo Tribunal Federal. Tribunal Pleno. Ext. 633. Rel. Min. Celso de Mello. Brasília, 28 ago. 1996. DJ de 6 abr. 2001.

62 AMORIM, Edgar Carlos de. *Direito Internacional Privado*. 5. ed. Rio de Janeiro: Forense, 1999. p. 98.

63 Art. 75 – O tempo de cumprimento das penas privativas de liberdade não pode ser superior a 30 (trinta) anos.
§1° – Quando o agente for condenado a penas privativas de liberdade cuja soma seja superior a 30 (trinta) anos, devem elas ser unificadas para atender ao limite máximo deste artigo.
§2° – Sobrevindo condenação por fato posterior ao início do cumprimento da pena, far-se-á nova unificação, desprezando-se, para esse fim, o período de pena já cumprido (BRASIL. Decreto-Lei n° 2.848, de 7 de dezembro de 1940. *Código Penal*. DOU: 31.12.1940).

primevo omitia a matéria quando se tratava de condenação exterior de caráter perpétuo. Interpretado mais tarde pela Suprema Corte Brasileira, inicialmente entendeu-se pela impossibilidade da comutação sancionatória para autorizar a extradição; contudo, posteriormente, o STF reformulou seu posicionamento e assentou a possibilidade da adequação do *quantum* máximo, que, afinal, restou insculpido na letra do repaginado inciso III do art. 96 da Lei nº 13.445/2017.[64]

A consonância da normatividade *infra* com o art. 5º, XLVII, alínea "b", da Carta Magna, que expressamente veda penas de caráter perpétuo, resguarda a autoridade hierárquica da Lei Maior no disciplinamento dos pedidos de extradição executória, motivo de sua inserção na hodierna Lei Migratória como obstáculo ao compromisso de entrega.

Em julgado histórico, o Supremo Tribunal Federal pronunciou-se sobre o tema no Pedido de Extradição nº 272, de 1967, tendo como requisitantes, concomitantemente, a Polônia, a Alemanha e a Áustria para a entrega de Franz Paul Stangl, residente em São Paulo e destacado na lista internacional de criminosos de guerra. O agente foi acusado de extermínio de judeus em campos de concentração durante a Segunda Guerra Mundial. Concluído o procedimento formal, foi indeferido o pleito polonês e autorizada a entrega do extraditando, em primeiro lugar, à Alemanha, com o compromisso de conversão da pena de prisão perpétua em temporária. Em segundo lugar, à Áustria, restando julgado prejudicado o pedido de providências.

Integrante do Sistema Internacional de Proteção dos Direitos Humanos, o Brasil não poderia isentar-se da responsabilidade para com o *extraneus*, por mais que tutele e reconheça em convenções e acordos internacionais a importância da extradição como mecanismo de cooperação e de combate contra a impunidade de criminosos que perpetraram agravos de alto potencial ofensivo.

4.4 Reextradição a um terceiro Estado – "Inciso IV – não entregar o extraditando, sem consentimento do Brasil, a outro Estado que o reclame"

A reextradição compreende a possibilidade de que um indivíduo, cuja extradição passiva foi autorizada pelo país, seja entregue a um terceiro Estado que o reivindica em razão de o julgamento da infração

---

64 MORAES, Alexandre de. *Direito Constitucional*. 11. ed. São Paulo: Atlas, 2002. p. 123.

ser de sua competência. O Brasil, de forma expressa, veda o instituto, sem o consentimento do Estado requerido.

Matéria já pacificada nas leis migratórias, entende-se que a entrega da pessoa a país diverso configura novo pedido extradicional e necessita sujeitar-se às mesmas regras e limitações impostas ao que fora inicialmente formulado.[65]

Na hipótese do Estado ao qual fora concedida a extradição requisitar ao Brasil permissão para a entrega do estrangeiro a outro, caso o presidente da República quedar-se favorável à dita concessão, deverá encaminhar o peditório ao Supremo Tribunal Federal para apreciá-lo, *ex vi* do art. 90 da Lei de Migração.[66] Sem embargo, corrente minoritária entende ser desnecessária a remessa para apreciação do STF, porquanto o consentimento da reextradição pelo presidente da República, como ato incidental ao pedido extradicional, configura condição suspensiva do compromisso e supre o pronunciamento da Suprema Corte.[67]

Outra decorrência do princípio da especialidade na vedação à reextradição é impedir a intervenção de soberanias alheias à relação bilateral firmada entre o Brasil e o Estado requisitante, com o escopo de evitar possíveis fraudes quando este último estiver seguro do indeferimento da sua solicitação.[68]

4.5 Agravamento de pena por motivo político – "Inciso V – não considerar qualquer motivo político para agravar a pena"

A exemplo do definido pelo inciso correspondente ao art. 91 do Estatuto do Estrangeiro, o presente dispositivo corrobora o entendimento de que o Estado requerente deverá assumir o compromisso de não

---

[65] LISBOA, Carolina Cardoso Guimarães. *A relação extradicional no direito brasileiro*. *Op. cit.*, p. 228.

[66] Art. 90. Nenhuma extradição será concedida sem prévio pronunciamento do Supremo Tribunal Federal sobre sua legalidade e procedência, não cabendo recurso da decisão.

[67] CAHALI, Yussef Said. *Estatuto do Estrangeiro*. 2. ed. rev., atual. e ampliada. São Paulo: Revista dos Tribunais, 2011. p. 393.

[68] FRANCO, Alberto Silva *et al*. Extradição Supletiva – Extradição n. 571. *In*: *Código Penal e sua interpretação jurisprudencial*. 8. ed. São Paulo: Revista dos Tribunais, 1995. p. 153. Importante observar que tanto o Estatuto do Estrangeiro quanto a atual Lei de Migração não contemplam as exceções implementadas na Lei nº 2.416, de 28.06.1911 e no Decreto-Lei nº 394 de 28.04.1938, que independentemente da permissão do Brasil, poderá reextraditar nas seguintes hipóteses: a) quando o extraditando livre e expressamente consinta; e b) quando o extraditando, posto em liberdade, permaneça no território do Estado requerente, por um tempo superior a um mês.

agravar a pena do extraditando sob a alegação do cometimento do ilícito ser de caráter político.[69]

A lógica legislativa é evidente! Se não é autorizada a extradição por crime político, tampouco plausível seria o agravamento sancionatório do acusado em pedido passivo executório por crime comum devido à idêntica razão.[70]

Assim, na hipótese de o agente ter infringido norma incriminadora de natureza ordinária, conexa com infração de índole política, deverá o requisitante assumir o compromisso de somente executar a sanção correspondente ao primeiro delito, sem agravá-la em função do último.[71]

Nesse diapasão, por óbvia interpretação, inaceitável outrossim a concessão da extradição passiva de pedido formulado pelo cometimento de crime comum quando a raça, religião, nacionalidade ou opinião do sujeito ativo ensejar eventual majoração do *quantum* condenatório fixado.[72]

4.6 Influência do Sistema Internacional de Proteção aos Direitos Humanos – "Inciso VI – não submeter o extraditando a tortura ou a outros tratamentos ou penas cruéis, desumanos ou degradantes"

Consagra a Carta da República Federativa que o Brasil pautará suas relações internacionais em estrita observância aos direitos humanos, parâmetro jurídico *interna* e *externa corporis* norteador dos institutos legais e constitucionais positivados no ordenamento pátrio. Em se tratando da extradição, há que se resguardarem os estrangeiros que supostamente possam vir a ter suas dignidades violadas pelos países requisitantes.

Consequentemente, o Brasil impõe como compromisso primordial e inarredável para concedê-la a não submissão do indivíduo a torturas ou quaisquer tratamentos e penas cruéis, desumanos ou degradantes, e a vigente Lei de Migração é a quintessência normativa dessa postura humanista.

---

[69] LISBOA, Carolina Cardoso Guimarães. *Op. cit.*, p. 228.

[70] *Id.* p. 229.

[71] CAHALI, Yussef Said. *Estatuto do Estrangeiro. Op. cit.*, p. 395.

[72] LISBOA, Carolina Cardoso Guimarães. *Op. cit.*, p. 229.

O dispositivo legal prestigia todos os não nacionais que porventura tenham ou venham a ter contato com o Estado brasileiro.[73] Repudiando o antigo Estatuto do Estrangeiro, que os considerava inimigos, a súpera lei resolveu celeumas da refratária *legis*, a exemplo das restrições às liberdades das pessoas migrantes, da vedação aos direitos de associação para atividades sindicais e à manifestação, reprimindo com justeza a seletividade econômica e intelectual para a entrada no território nacional e flexibilizando os processos de regularização e expulsões, tudo de modo a assegurar ao *extraneus* tratamento humanitário.

Ainda respeitante à inserção do inciso VI ao art. 96 da Lei de Migração, relembre-se consagrar o Brasil efetividade ao Sistema Internacional de Proteção dos Direitos Humanos implementado no seio das Organização das Nações Unidas, como também ao Sistema Interamericano de proteção dos Direitos Humanos da Organização dos Estados Americanos.[74]

Por último, destaca-se que o Estado brasileiro consubstanciou um marco regulatório sobre migrações que se adequa aos interesses e às proteções cosmopolitas das Nações, numa tentativa de colmatar os desnivelamentos e as desigualdades históricas e estruturais do mundo.

Conclusão

Tal como explanado, a Lei de Migração promulgada em 2017 converge com os ideais internacionais consagradores dos direitos humanos e traduz os reflexos harmônicos das políticas comunitárias no tocante à regulação da condição jurídica dos indivíduos que circulam pelo globo. Sob este viés, a *legis* perspectiva a dignidade do indivíduo, sem descurar-se da erradicação da impunidade criminal. Suas inovações

---

[73] BRASIL. Ministério das Relações Exteriores – MRE (2016): Estimativas populacionais das comunidades brasileiras no mundo – 2015. Disponível em: http://www.brasileirosnomundo.itamaraty.gov.br/a-comunidade/estimativas-populacionais-das-comunidades. Acesso em: 09.11.2018.

[74] O sistema internacional de direitos humanos surgiu a partir da criação da Organização das Nações Unidas – ONU, em 24 de Outubro de 1945, e do consequente estabelecimento de órgãos e instâncias voltadas à proteção dos direitos humanos. Com a posterior Declaração Universal dos Direitos Humanos, proclamada em 10 de dezembro de 1948, que veiculava verdadeiro código de princípios e valores universais a serem respeitados pelos Estados, materializava-se então a estrutura formal e material da chamada "jurisdição" internacional, vocacionada à proteção dos direitos fundamentais da pessoa humana (MAZZUOLI, Valério de Oliveira; GOMES, Luiz Flávio. O Brasil e o sistema interamericano de proteção dos direitos humanos. *In*: SCHMIDT, Andrei Zenkner (Coord.) (Org.). *Novos rumos do direito penal contemporâneo*: livro em homenagem ao Prof. Dr. Cezar Roberto Bitencourt. Rio de Janeiro: Lumen Juris, 2006. p. 427-437).

são significativas não apenas no que tange ao estatuto de direitos e deveres dos imigrantes no país, mas também em relação à proteção dos emigrantes brasileiros no exterior.

Revogadora de preceitos retrógrados, mormente da visão estigmatizante de considerar o estrangeiro um "forasteiro", um "inimigo do desenvolvimento interno" ou, até mesmo, uma "ameaça à segurança nacional", a hodierna norma transpira modernidade em sua vertente cosmopolita humanitária ao redefinir o *foreign* e reconhecer a importância da difusão cultural e dos interesses econômicos trazidos por homens, mulheres e crianças advindos de outros países ao Brasil.

Certo é que, numa sociedade globalizada os atores transnacionais devem pautar agendas convergentes, consubstanciadas na cooperação e na reciprocidade, valores tão caros ao desenvolvimento saudável dos povos. Os direitos humanos, desde o final da Segunda Grande Guerra, parametrizam as ordens endógena e exógena ao inspirar, mais, ao exigir de todos e de cada um o respeito à concórdia entre os humanos na dialética civilizatória.

A inovação legislativa insculpida na Lei nº 13.445/2017 referenda o interesse estatal na mantença da rede jurídica de sustentação interna e externa, sem olvidar o indivíduo, e a extradição, instituto dos mais antigos, destaca-se entre as disposições alteradas.

Isso se vê claro na extradição passiva que ensejou a reformulação dos limites anteriormente estabelecidos pelo art. 91 do estatuto revogado para acatar os imperativos humanitários estatuídos no novo art. 96. Nomeiem-se, além, a inserção do inciso VI; a impossibilidade de extraditar estrangeiro sentenciado à morte sob quaisquer hipótese ou circunstância; a positivação da comutação da prisão perpétua a no máximo 30 anos de cárcere; a necessidade de demonstração da declaração de reciprocidade, bem assim os requisitos quanto ao pedido de extradição ou de execução de prisão cautelar, como algumas das nuances da vanguarda legiferante.

Sem dúvidas do instituto da extradição tal qual estatuído pela Lei nº 13.445/2017, deflui a preocupação do Estado brasileiro em efetivar uma política transnacional de base sólida, fulcrada nos imperativos democráticos da Carta Cidadã e absolutamente imprescindíveis às nações que honram seus compromissos com o homem e com a humanidade.

Referências

ACCIOLY, Hildebrando. *Manual de Direito Internacional Público.* São Paulo: Saraiva, 2010.

AMORIM, Edgar Carlos de. *Direito Internacional Privado.* 5. ed. Rio de Janeiro: Forense, 1999.

BATISTA, Simone; BONINI, Luci Mendes de Melo. *Lei de migração no Brasil* à *luz da crise humanitária no mundo*. Disponível em: http://ambito-juridico.com.br/site/?n_link=revista_artigos_leitura&artigo_id=19851. Acesso: 05 nov. 2018.

BRASIL. *Decreto-Lei nº 2.848, de 7 de dezembro de 1940*. Código Penal. DOU: 31.12.1940.

BRASIL. *Lei nº 818, de 18 de setembro de 1949*. Regula a aquisição, a perda e a reaquisição da nacionalidade, e a perda dos direitos políticos. DOU: 19.09.1949. Revogada pela Lei nº. 13.445/2017.

BRASIL. *Lei nº 6.815, de 19 de agosto de 1980*. Define a situação jurídica do estrangeiro no Brasil, cria o Conselho Nacional de Imigração. DOU: 21.08.1980. Revogado pela Lei nº 113.445/2017.

BRASIL. *Lei nº 9.474, de 22 de julho de 1997*. Define mecanismos para a implementação do Estatuto dos Refugiados de 1951, e determina outras providências. DOU: 23.07.1997.

BRASIL. *Lei nº 13.445, de 24 de maio de 2017*. Institui a Lei de Migração. DOU: 25.05.2017.

BRASIL. *Decreto nº 9.199, de 20 de novembro de 2017*. Regulamenta a Lei nº 13.445, de 24 de maio de 2017, que institui a Lei de Migração. DOU: 21.11.2017.

BRASIL. Presidência da República. *Constituição da República Federativa do Brasil de 1988*. Disponível em: http://www.planalto.gov.br/ccivil_03/constituicao/constituicaocompilado.htm. Acesso em: 07 nov. 2018.

BRASIL. *Decreto nº 9.360, de 7 de maio de 2018*. Aprova as Estruturas Regimentais e os Quadros Demonstrativos dos Cargos em Comissão e das Funções de Confiança do Ministério da Justiça e do Ministério Extraordinário da Segurança Pública, remaneja cargos em comissão e funções de confiança e transforma cargos em comissão do Grupo-Direção e Assessoramento Superiores – DAS e altera o Decreto nº 6.018, de 22 de janeiro de 2007, para reduzir a alocação de cargos em comissão na inventariança na Rede Ferroviária Federal S.A. – RFFSA. DOU: 07.05.2018.

BRASIL. Supremo Tribunal Federal. (STF). EXT nº 1384, Relator: Min. Celso de Mello. Julgamento: 15/12/2015. Publicação: 07.03.2016. DJ: 4-3-2016.

BRASIL. Supremo Tribunal Federal. (STF). PPE nº 732, Relator: Min. Celso de Mello. Julgamento: 11/11/2014. Publicação: 02.02.2015. DJE: 30.1.2015.

BRASIL. Supremo Tribunal Federal. (STF). EXT. 1.403, Relatora: Min. Rosa Weber, decisão monocrática. Julgamento: 10.04.2018. Publicação: 27.08.2018. DJE: 24.08.2018.

BRASIL. Supremo Tribunal Federal. Tribunal Pleno. Ext. 633. Rel. Min. Celso de Mello. Brasília, 28 ago. 1996. DJ de 6 abr. 2001.

BRASIL. Supremo Tribunal Federal. Tribunal Pleno. Ext. 855. Rel. Min. Celso de Mello. Brasília, 26 ago. 2004. DJ de 1º jul. 2005.

BRASIL. Supremo Tribunal Federal. Ext. 1492 QO/DF. Rel. Min. Rosa Weber. Brasília, 31 out. 2018. DJe/232, de 30 de out. 2018.

BRASIL. Ministério da Justiça e Segurança Pública. Extradição e transferência de Pessoas condenadas. Diagnóstico dos casos de extradição em 2017. *In*: *Cooperação em pauta*: informações sobre cooperação jurídica internacional em matéria civil e penal. Disponível em: http://www.justica.gov.br/sua-protecao/lavagem-de-dinheiro/institucional-2/publicacoes/cooperacao-em-pauta/cooperacao-em-pauta-n34. ISSN – 2446 – 9211/nº 34, 2017. Acesso em: 06 nov. 2018.

BRASIL. Câmara dos Deputados. *Tratado tipo de Extradição*. Disponível em: http://www2.camara.leg.br/atividade-legislativa/comissoes/comissoes-permanentes/cdhm/comite-brasileiro-de-direitos-humanos-e-politica-externa/TratExt.html. Acesso em: 09 nov. 2018.

BRASIL. Ministério Público Federal. Secretaria de Cooperação Internacional. *Tratados de extradição*. Brasília: MPF, 2017.

BRASIL. Ministério das Relações Exteriores – MRE (2016). *Estimativas populacionais das comunidades brasileiras no Mundo – 2015*. Disponível em: http://www.brasileirosnomundo.itamaraty.gov.br/a-comunidade/estimativas-populacionais-das-comunidades. Acesso em: 06 nov. 2018.

BRASIL. Secretaria de Cooperação Internacional. *Transferência de Pessoas Condenadas*. Disponível em: http://www.mpf.mp.br/atuacao-tematica/sci/noticias/informativo-sci/informativo-no-7-2013-transferencia-de-pessoas-condenadas. Julho/2018. Acesso em: 24 jan. 2019.

CAHALI, Yussef Said. *Estatuto do Estrangeiro*. 2. ed. rev., atual. e ampliada. São Paulo: Revista dos Tribunais, 2011.

DEL'OLMO, Florisbal de Souza. *Curso de Direito Internacional Privado*. Rio de Janeiro: Forense, 2010.

DEL'OLMO, Florisbal de Souza. *A extradição na contemporaneidade*: breves reflexões. Rio de Janeiro: Forense, 2010.

DELLOVA, Adriana Souza. *Breve análise sobre o caso Cesare Battisti*. Disponível em: http://www.ambito-juridico.com.br/site/index.php?n_link=revista_artigos_leitura&artigo_id=10375/. Acesso em: 02 jan. 2019.

FRANCO, Alberto Silva *et al*. Extradição Supletiva – Extradição n. 571. *In*: *Código Penal e sua interpretação jurisprudencial*. 8. ed. São Paulo: Revista dos Tribunais, 1995.

HERESCU, Mariana. *O princípio da não-extradição por crime político*. Rio de Janeiro: Centro de Pesquisa de Direito Público e Ciências Políticas do Instituto de Direito Público e Ciência Política – INDIPO, 1975.

JARDIM, Tarciso Dal Maso. *A lei migratória e a inovação de paradigmas*. Caderno de Debates Refúgio, Migrações e Cidadania, v. 12, n. 12. Brasília: Instituto Migrações e Direitos Humanos, 2017.

LISBOA, Carolina Cardoso Guimarães. *A Relação Extradicional no Direito Brasileiro*. Belo Horizonte: Del Rey, 2001.

LUZ, Nelson Ferreira. *Introdução ao Direito Internacional Público*. São Paulo: Saraiva, 1963.

MAZZUOLI, Valério O. *Curso de Direito Internacional Público*. São Paulo: Editora Revista dos Tribunais, 2017.

MAZZUOLI, Valerio de Oliveira; GOMES, Luiz Flávio. O Brasil e o sistema interamericano de proteção dos direitos humanos. *In*: Andrei Zenkner Schmidt (Coord.) (Org.). *Novos rumos do direito penal contemporâneo*: livro em homenagem ao Prof. Dr. Cezar Roberto Bitencourt. Rio de Janeiro: Lumen Juris, 2006.

MELLO, Celso D. de Albuquerque. *Curso de Direito Internacional Público*. 13. ed. Rio de Janeiro: Renovar, 2004.

MERCIER, André. *L'extradition. Recueil des Cours*: Académie de Droit International. Tome 33/III, 1930.

MONTAL, Zélia Maria Cardoso. Migração internacional: um olhar para além das fronteiras. *In*: GARCIA, Maria (Coord.). *Direito Constitucional Internacional*: o direito de coexistência e da paz. Curitiba: Juruá, 2012.

MORAES, Alexandre de. *Direito Constitucional*. 11. ed. São Paulo: Atlas, 2002.

MUZZI, Tácio. Os mecanismos de cooperação jurídica internacional na nova lei de migração. *In*: *Cooperação em Pauta*. ISSN – 2446 – 9211/nº 30, agosto de 2017.

REZEK, Francisco. *Direito Internacional Público*: curso elementar. 15. ed. ver. e atual. São Paulo: Saraiva, 2014.

RUSSOMANO, Gilda Maciel Corrêa Meyer. *A Extradição no Direito Internacional e no Direito Brasileiro*. 3. ed. São Paulo: Ed. Revista dos Tribunais, 1981.

SANTOS, Marcelo Loeblein dos. *Direito Internacional Privado*. Ijuí: Unijuí, 2011.

VELLEDA, Luciano. Na contramão mundial, Senado aprova inovadora lei para imigrantes. *Rede Brasil Atual*, 02 maio 2017. Cidadania. Disponível em: http://www.redebrasilatual.com.br/cidadania/2017/05/na-contramao-mundial-senado-aprova-inovadora-lei-para-entrada-e-estadia-de-imigrantes. Acesso em: 12 nov. 2018.

VELLOSO, Ana Flávia Penna; VIEIRA, Jussara Polaco. *Perda da nacionalidade brasileira*. Anuário Brasileiro de Direito Internacional, ISSN 1980-9484, v. I, n. 22, jan. 2017.

Informação bibliográfica deste texto, conforme a NBR 6023:2018 da Associação Brasileira de Normas Técnicas (ABNT):

ROCHA, Maria Elizabeth Guimarães Teixeira; BRANDÃO, Mateus Schaeffer. Limites à extradição passiva brasileira: comentários ao artigo 96 da nova Lei de Migração. *In*: VELLOSO, Ana Flavia; JARDIM, Tarciso Dal Maso (Coord.). *A nova lei de migração e os regimes internacionais*. Belo Horizonte: Fórum, 2021. p. 249-281. ISBN 978-65-5518-167-8.

A "EXTRADIÇÃO DISFARÇADA" E A NOVA LEI DE MIGRAÇÃO

ANTENOR MADRUGA

ADRIANO TEIXEIRA

1 Considerações introdutórias

A cooperação internacional em matéria penal é um campo jurídico que tem se desenvolvido velozmente nos últimos tempos. E não poderia ser diferente. Com a globalização e o surgimento de uma verdadeira criminalidade transnacional, os países tiveram que fornecer soluções às dificuldades que a soberania das jurisdições nacionais impunha na persecução de crimes cuja prática ocorre em locais diversos e de criminosos que se deslocam facilmente.

Entretanto, pode-se dizer que o desenvolvimento da cooperação internacional em matéria penal ocorreu mais em termos de eficiência, sob a perspectiva do interesse persecutório dos Estados, do que em relação ao sistema de garantias do indivíduo, do sujeito atingido pela medida de cooperação (o investigado, réu, extraditando etc.). Não raro, o indivíduo assiste (ou assistia) passivo ao desenrolar da querela jurídica, que se trava entre os Estados – não entre os Estados e o indivíduo.[1] Para citar uma conhecida expressão, o indivíduo é (era) visto como objeto, e não como sujeito de direito na cooperação internacional.[2]

Um exemplo do que se está a dizer é o fenômeno da "extradição disfarçada" ou "extradição de fato" – uma extradição obtida por meios estranhos ao processo extradicional, especialmente via deportação ou expulsão, que acaba por isentar o indivíduo das garantias inerentes ao instituto da extradição. Felizmente, o Brasil é um dos poucos países que busca repelir essa prática, proibindo-a expressamente, o que se confirma com a nova Lei de Migração (Lei nº 13.445/2017), que traz uma visão garantista e respeitadora do estrangeiro como sujeito de direitos.[3] Contudo, ainda permanecem dificuldades na determinação da amplitude da proibição e no cotejo com o caso concreto, especialmente no que se refere às consequências jurídicas da violação da regra.

Neste artigo, trataremos de definir o que é uma "extradição disfarçada" e o modo como é encarada na jurisprudência internacional. Depois disso, analisaremos a extensão da proibição no ordenamento jurídico brasileiro, com base no direito positivo e na jurisprudência. Por fim, avançaremos nossas conclusões gerais a respeito do tema.

2 Extradição disfarçada ou extradição de fato: conceito e jurisprudência internacional

2.1 Conceito

Extradição é um instrumento bilateral de cooperação jurídica entre países através do qual um Estado solicita a outro a entrega de uma

---

1 A visão coletivista do (antigo) direito da cooperação transnacional pode ser exemplificada no seguinte HC nº 4.993-GO, julgado pelo STF (12.12.1995) e relatado pelo min. Assis Toledo: "Hipótese em que se discute o modo pelo qual o paciente foi preso no território paraguaio, e não o fundamento legal da custódia. *A violação das normas do processo de extradição atinge diretamente o Estado ofendido, que foi arranhado em sua soberania. Entretanto não gera direitos ao indivíduo capturado.* Ao Estado ofendido caberia reclamar, pela via diplomática, contra o fato, jamais o indivíduo capturado, contra qual pesa mandado de prisão legitimamente expedido". (Nosso destaque)

2 SCHOMBURG, Wolfgang. Die Rolle des Individuums in der Internationalen Kooperation in Strafsachen: Eine Kurzbetrachtung aus einer deutschen Sicht. *In*: *Strafverteidiger* (STV) 1998, p. 153. Nesse sentido, GLESS, Sabine; VERVÄLE, John. Law Should Govern: Aspiring General Principles for Transnational Criminal Justice. *Utrecht Law Review*, September 2013, p. 6.

3 Sobre o contexto da edição da Lei de Migração, ver LOPEZ, Inês. Dignidade da Pessoa Humana e Mudança de Paradigma da Lei de Migração no Brasil. *Revista de Direito Internacional*, 2017, p. 27 e ss.

pessoa para que esta possa ser processada criminalmente ou cumprir pena antes já lhe imposta. A extradição distingue-se sensivelmente da deportação e da expulsão, que são atos unilaterais do Estado. A expulsão ocorre em regra por razões de segurança do Estado, ao passo que a deportação ocorre por violação das leis de imigração. O processo de extradição, por sua natureza eminentemente jurídico-penal, reveste-se de maiores formalidades que a expulsão e a deportação e envolve mais garantais para o indivíduo, tanto materiais quanto procedimentais.[4] Outra diferença fundamental entre esses institutos é que, ao contrário do que ocorre na extradição, na expulsão e na deportação, o país no qual o imigrante se encontra não tem, a princípio, interesse no seu destino final.[5]

Outra forma de remoção do imigrante, distinta da extradição, é a abdução, a remoção clandestina de indivíduos para fins de persecução penal. Essa, no entanto, não pode sequer ser considerada instituto jurídico, senão prática ilegal, levada a cabo por alguns países, principalmente pelos Estados Unidos da América nas guerras às drogas e ao terrorismo,[6] sem mencionar o célebre caso de Adolf Eichmann, sequestrado na Argentina pelo Mossad para ser julgado em Israel pelos seus crimes praticados durante o regime nazista na Alemanha.

Apesar dessas claras diferenças entre os institutos mencionados, não raro na prática se verifica confusão entre eles, ou seja, o uso de um para obter a finalidade do outro. Isso é justamente o que ocorre no que sói chamar-se "extradição disfarçada" ou "extradição de fato". Isso ocorre quando um país obtém jurisdição sobre determinado indivíduo para processá-lo criminalmente ou impor-lhe uma pena já decretada sem que suceda um procedimento formal de extradição, utilizando-se

---

4 SADOFF, David. *Bringing International Fugitives To Justice*: Extradition and its Alternatives. Cambridge, 2016, Edição Kindle, p. 402.

5 SADOFF, David. *Bringing International Fugitives To Justice*: Extradition and its Alternatives, Cambridge, 2016, Edição Kindle, p. 402; CHOO, S. Circumventing the China Extradition Conundrum: Relying on Deportation to Return Chinese Fugitives. *In: 50 N.Y.U. J. International Law & Policy 1361*, 2018, p. 1.400-1.401.

6 BOISTER, N. *An introduction to transnational criminal law*. 2. ed. Oxford, 2018. p. 387.

principalmente das leis de migração do país requerido, que procede à deportação ou expulsão da pessoa e à entrega ao país requisitante.[7] [8]

Em suma, a deportação ou expulsão de quem tenha entrado no território nacional com o propósito de escapar à jurisdição estrangeira caracteriza "extradição disfarçada" quando: a) há instigação ou a colusão entre os Estados[9] envolvidos; e b) o indivíduo tem de responder processo criminal (ou cumprir uma pena) no país de destino.[10] Essa prática caracteriza-se ainda quando o indivíduo tem sua extradição negada para o país solicitante, mas é deportado para outro país, cujo governo ao final concede a extradição (cf. o caso Bozano infra 2).[11]

Há vários motivos que impelem os países a lançarem mão desse recurso. Muitas vezes, recorre-se à deportação ou expulsão quando a extradição se mostra inviável, por exemplo, na ausência de tratado de extradição entre os países ou quando se tem hipótese material de inadmissão da extradição – como ausência de dupla incriminação, quando se trata de nacional do país requerido, crime político etc. Ou, ainda, simplesmente faz-se uso das leis de imigração no lugar de

---

7 O'HIGGIS, P. Disguised Extradition: The Soblen Case. *In*: *Modern Law Review*, 1964, p. 522; POORT, Tineke. Male captus, bene judicatus – Disguised extradition and other practices, *In*: *1 LJIL*, 1988, p. 67; BASSIOUNI, Cherif M. *International Extradition*: United States Law and Practice. 6. ed. Oxford, 2014, p. 214: "*Disguised extradition is a means by which states achieve jurisdiction over a person without going through official extradition processes. These procedures are lawful but they are some- times used abusively to circumvent an otherwise accepted ground for denying the return of an individual to a requesting state.' This is primarily achieved through the use of immigration law. Such parallel processes are resorted to as a way of avoiding extradition if, in a given case, extradition might be denied or delayed. In other words, if extradition is deemed unlikely and the authorities of the host states are unwilling to accept such a legal outcome, they seek other means more likely to procure the desired outcome. The same may occur in cases where extradition has been denied, and the executive branch subsequently resorts to immigration procedures to achieve the outcome that the extradition process could not*".

8 Pode-se adicionar um pouco mais de rigor à análise e diferenciar entre "extradição de fato" – "*a State's forma or informal exercise of non-extradition-related laws, authorities, or administrative procedures that yields the delivery of a fugitive directly or indirectly to a State with a law enforcement interest in him*" – e "extradição disfarçada" (*disguised extradition*) – "*a subset of de facto extraditon that entails a purposeful circumvention of extradition laws by the host State to deliver a fugitive directly or indirectly to a State with a law enforcement interest in him, most commonly via immigrations laws*" (SADOFF, *cit*., p. 51-52).

9 SADOFF, *cit*., p. 445.

10 COWLING, M. G. Unmasking Disguised Extradition – Some Glimmer of Hope. *In*: 109 *South African Law Journal*, 241, 1992, p. 243-243: "*In practical terms, however, since an expelled alien must enter the territory of another state on leaving the state from which he is expelled, and since the only state under a duty to receive him is the state of his nationality (or any other legal link), this is where he usually ends up. Now if the state in respect of which he has a legal link is seeking him in order for him to stand trial on a criminal charge, the act of expulsion' will in effect have the same results as if the fugitive had been extradited*".

11 Cf. SADOFF, *cit*., p. 407, que chama essa prática de "*indirect removal*"; a respeito, REZEK, Francisco. *Direito Internacional Público*. 17. ed. São Paulo: Saraiva, 2018. p. 252.

processo de extradição para obter o resultado desejado (a entrega do indivíduo ao país requisitante para que seja processado ou punido) de maneira mais célere e sem maiores obstáculos inerentes às garantias conferidas à pessoa no processo extradicional.[12] Para o indivíduo, o efeito prático é que se lhe *isentam dos direitos de defesa reconhecidos em um processo de extradição.*[13]

Trata-se de prática antiga, já denunciada no século XIX no mundo anglo-saxão[14] e que, no entanto, ainda sói ocorrer,[15] muito embora alguns tribunais já a reprovem expressamente. A seguir, vejamos alguns casos da jurisprudência internacional.

2.2 Jurisprudência internacional

Como já se adiantou, a obtenção de jurisdição sobre determinado indivíduo, passando-se ao largo de um processo de extradição, seja por meio de leis de imigração, seja por força física (abdução), tem sido praticada pelos Estados Unidos e pelo Reino Unido ao longo da história, não raro com o beneplácito de seus tribunais.

Por exemplo, no caso Soblen, 33 I.L.R. 255, (1963), Dr. Soblen, cidadão americano naturalizado, havia sido acusado pelos Estados Unidos de espionagem. Sob fiança, ele fugiu para Israel e pediu asilo. Israel não acatou seu pedido e o mandou de volta para os EUA. Na viagem de volta, Soblen tentou cometer suicídio e o avião teve que pousar na Grã-Bretanha. Segundo o juiz britânico, o crime em questão era obviamente "político". Portanto, a extradição baseada no artigo 6 do Tratado de Extradição Anglo-Americano de 22.12.1931 não foi possível. Ele foi, no entanto, expulso para os Estados Unidos. Contrariando orientação da *Royal Commission on Extradition*, segundo a qual Reino Unido não poderia cooperar na entrega de fugitivos que passassem por solo britânico a não ser via extradição, a *Court of Appeal* chancelou a

[12] BASSIOUNI, *cit.*, p. 215, 217-218; PC-OC (2012) 08 rev2, p. 2.

[13] O'HIGGINS, *cit.*, p. 538; COWLING, *cit.*, p. 242; BOISTER, *cit.*, p. 387: "*Deportation is used as an alternative to extradition, even though it is a unilateral act to protect domestic order that offers none of the protection of an extradition treaty, and its use has been rejected by the courts of some states*"; cf. também CHOO, Sabrina. Circumventing the China Extradition Conundrum: Relying on Deportation to Return Chinese Fugitives. *In*: 50 *N.Y.U. J. International Law & Policy* 1361 (2018), p. 1.397.

[14] Cf., com referências O'HIGGIS, *cit.*, p. 523.

[15] A China, pelas dificuldades em celebrar tratados de extradição com outros países, move esforços que as nações (especialmente Singapura, Estados Unidos, Canadá e Austrália) que abrigam fugitivos chineses os deportem ou expulsem e o entreguem a China. A respeito, com o estudo de vários casos, cf. S. CHOO, *cit.*, p. 1.381 e ss.

cooperação com os Estados Unidos com base na lei migratória britânica, a *Alien Order*, de 1953.[16] [17]

Na jurisprudência anglo-americana, muitas vezes até se reconhece a ilegalidade do procedimento de entrega / expulsão do indivíduo, mas não se nega que ele seja processado no país de destino. A essa doutrina dá-se o nome de *male captus/bene judicatus*.[18] Especialmente nos EUA, essa posição consolidou-se a partir de dois julgados – *Ker v Illinois 119 US 436*; e *Frisbie v Collins 342 US 519* –, formando-se a "*Ker-Frisbie doctrine*".[19] Até mesmo em caso de abduções, a Suprema Corte Americana reconhece como legal a jurisdição do país abdutor, o que restou evidenciado no célebre caso *United States v. Alvarez-Machain*, que envolvia a abdução do médico mexicano Alvarez-Machain, acusado de ter participado do sequestro e morte do ex-agente do DEA Kiki Camarena. Aqui, cabe reproduzir as considerações da Suprema Corte:

> *However, when a treaty has not been invoked, a court may properly exercise jurisdiction even though the defendant's presence is procured by means of a forcible abduction. [...] General principles of international law provide no basis for interpreting the Treaty to include an implied term prohibiting international abductions* (US Supreme Court UNITED STATES v. ALVAREZ-MACHAIN, p. 655).

O mesmo espírito permissivo não se encontra tão disseminado fora do eixo anglo-saxão, sobretudo na Europa. A seguir, apresentaremos duas significativas decisões, oriundas, respectivamente, da Corte Europeia de Direitos Humanos e da Corte Constitucional da África do Sul.

No caso *Bozano v. França*, a Corte Europeia de Direitos Humanos expressamente censurou as autoridades envolvidas que teriam praticado uma ilegal "extradição disfarçada". Tratava-se do caso de um cidadão italiano acusado de sequestrar e assassinar uma garota suíça em Gênova. Bozano fora absolvido em primeira instância por falta de provas. Tendo a acusação apelado da decisão, a Corte de Apelação condenou Bozano *in absentia* à prisão perpétua. Ele havia se refugiado na França, onde foi preso. A Itália pediu sua extradição, o que foi negado pelo Judiciário francês devido ao fato de que Bozano fora julgado *in absentia*, o que seria

---

16 O'HIGGIS, *cit.*, p. 521-522.

17 Vários outros casos envolvendo a Inglaterra em CHOO, Andrew. International Kidnapping, Disguised Extradition and Abuse of Process. *In*: *The Modern Law Review* 1994, p. 626 e ss.

18 POORT, *cit.*, p. 65 e ss; COWLING, *cit.*, p. 244.

19 Cf. BOISTER, *cit.*, p. 388.

incompatível com a "ordem pública" francesa. Após ser solto, policiais detiveram-no, alegando portar uma ordem de deportação. Sem ter a chance de se opor formalmente a essa ordem, Bozano foi algemado e levado à força para a Suíça. Na sequência, ele foi extraditado para a Itália.

A Corte Europeia de Direitos Humanos declarou ilegais a detenção e a deportação de Bozano da França para a Suíça, nos seguintes termos:

> *Depriving Mr. Bozano of his liberty in this way amounted in fact to a* disguised form of extradition *designed to circumvent the negative ruling of 15 May 1979 by the Indictment Division of the Limoges Court of Appeal, and not to "detention" necessary in the ordinary course of "action ... taken with a view to deportation".*
> *[...] Furthermore, there was the flagrant unlawfulness of the order itself. It was contrary to the decisions to release the applicant and to discharge the judicial supervision order that had been taken by the investigating judicial authorities on 19 September and 26 October 1979, and to the negative ruling of 15 May 1979 by the Indictment Division of the Limoges Court of Appeal (see paragraph 18 above);* and in choosing Switzerland out of five neighbouring countries, against the applicant's will, the authorities knew that they were handing him over to the European State most likely to extradite him to Italy, owing to the existence of an extradition agreement *between Italy and Switzerland and the nationality of the murdered girl.*

Contudo, a corte limitou-se a declarar tais ilegalidades, indeferindo o pleito de Bozano de o governo francês interpelar o governo italiano por canais diplomáticos.

Outro caso digno de nota é o *Mohamed v. President of the Republic of South Africa*, julgado pela Corte Constitucional da África do Sul. O processo insere-se no seguinte contexto fático: Mohamed é um cidadão da Tanzânia que residia na África do Sul depois de obter permissão de residência temporária. Foi procurado nos EUA por várias acusações relacionadas ao bombardeio de duas embaixadas dos Estados Unidos na África. Ao tentar renovar sua permissão de residência temporária, Mohamed foi preso, detido e interrogado por funcionários de imigração sul-africanos. Um dia depois, ele foi transferido para os EUA na companhia de agentes do FBI, onde foi julgado em Nova Iorque por "assassinato, conspiração de assassinato [e] ataque à instalação dos EUA". Mohamed questionou a validade de sua deportação perante a Corte Constitucional Sul-Africana, ressaltando que ela (a deportação) poderia conduzi-lo a uma condenação à pena de morte, proibida na África do Sul.

A corte considerou ilegal a deportação de Mohamed. Segundo ela, a cooperação do governo sul-africano com um governo estrangeiro para garantir a remoção de um fugitivo da África do Sul para um país do qual ele não é nacional e com o qual ele não tem nenhuma conexão contraria valores subjacentes à Constituição sul-africana. Mais do que o resultado da decisão, interessantes são as considerações realizadas pela corte a respeito da relação entre extradição e expulsão/deportação, objeto de nossas reflexões:

> *The purpose of deportation is served when the alien leaves the deporting State's territory, and the destination of the deportee is irrelevant to the purpose of deportation.*
> *Deportation and extradition serve different purposes. Deportation is directed to the removal from a State of an alien who has no permission to be there. Extradition is the handing over by one State to another State of a person convicted or accused there of a crime, with the purpose of enabling the receiving State to deal with such person in accordance with the provisions of its law. The purposes may, however, coincide where an illegal alien is 'deported' to another country which wants to put him on trial for having committed a criminal offence the prosecution of which falls within the jurisdiction of its courts.*
> *[...] Deportation is usually a unilateral act while extradition is consensual. Different procedures are prescribed for deportation and extradition, and those differences may be material in specific cases, particularly where the legality of the expulsion is challenged. In the circumstances of the present case, however, the distinction is not relevant. The procedure followed in removing Mohamed to the United States of America was unlawful whether it is characterised as a deportation or an extradition. Moreover, an obligation on the South African government to secure an assurance that the death penalty will not be imposed on a person whom it causes to be A removed from South Africa to another country cannot depend on whether the removal is by extradition or deportation. That obligation depends on the facts of the particular case and the provisions of the Constitution, not on the provisions of the empowering legislation or extradition treaty under which the 'deportation' or 'extradition' is carried out. [2001] ZACC 18.*

2.3 Conclusão intermediária: violação do direito internacional e do direito interno

O uso dos instrumentos legais de deportação e expulsão como alternativa à extradição inadmitida é uma prática que implica violações tanto de direito internacional (tratados, convenções de direito humanos)[20] quanto de direito interno (devido processo legal, contraditório, ampla defesa etc.).[21]

É preciso ressaltar, porém, que a ilegalidade de uma "extradição disfarçada" se manifesta apenas quando institutos legítimos da legislação de imigração, como a expulsão e a deportação, são instrumentalizados unicamente para cumprir a finalidade de uma extradição malograda ou inadmitida – a entrega de um fugitivo a determinado país. Ou seja, em princípio não seria ilícito que um Estado, malgrado a impossibilidade de extraditá-lo, procedesse à deportação ou expulsão do estrangeiro, desde que os requisitos intrínsecos a esses institutos estejam presentes no caso concreto e que o país de destino do indivíduo seja distinto do Estado que pretende processá-lo. Idealmente, ao estrangeiro deveria ser concedida a possibilidade de escolher o seu destino, caso o país escolhido aceite recebê-lo.[22]

3 A proibição da "extradição disfarçada" no direito brasileiro

Pode-se constatar, com satisfação, que o Brasil é um dos países pioneiros na vedação legal à "extradição disfarçada". Já o antigo Estatuto do Estrangeiro (Lei nº 6.815/80) continha regras que proibiam a deportação e a expulsão na hipótese de extradição inadmitida (arts. 63 e 75, I).[23] Essas regras foram reproduzidas na nova Lei de Migração. Antes de realizar um esforço de interpretação das normas atualmente vigentes, cabe fazer registro dos (poucos) casos envolvendo o Brasil.

---

20 Cf., por exemplo, o art. 13 do Pacto Internacional dos Direitos Civis e Políticos, Decreto nº 592/1992: "Um estrangeiro que se ache legalmente no território de um Estado Parte do presente Pacto só poderá dele ser expulso em decorrência de decisão adotada em conformidade com a lei e, a menos que razões imperativas de segurança nacional a isso se oponham, terá a possibilidade de expor as razões que militem contra sua expulsão e de ter seu caso reexaminado pelas autoridades competentes, ou por uma ou várias pessoas especialmente designadas pelas referidas autoridades, e de fazer-se representar com esse objetivo". Veja-se ainda o art. 2, inc. 3(a): "Os Estados Partes do presente Pacto comprometem-se a: a) Garantir que toda pessoa, cujos direitos e liberdades reconhecidos no presente Pacto tenham sido violados, possa de um recurso efetivo, mesmo que a violência tenha sido perpetra por pessoas que agiam no exercício de funções oficiais".

21 POORT, *cit.*, p. 66; BASSIOUNI, *cit.*, p. 259 e ss.

22 Nesse sentido, REZEK. *Direito Internacional Público*. 17. ed. São Paulo: Saraiva, 2018. p. 256.

23 REZEK, *cit.*, p. 255

3.1 Casos

O primeiro e talvez grande caso digno de nota envolveu o britânico Ronald Biggs, que fora condenado pela justiça britânica por participação no "assalto ao trem pagador". Em 1974, Biggs ingressou clandestinamente no Brasil. Na ausência de tratado de extradição (e impossibilidade de oferecimento de reciprocidade) entre Inglaterra e Brasil, o Ministério da Justiça emitiu ordem de deportação contra Biggs. Contra a decisão administrativa de deportação foi impetrado *habeas corpus* perante o extinto Tribunal Federal de Recursos, que, sob relatoria do min. Armando Rollemberg, concedeu a ordem, determinando que "a deportação não poderá ser feita para a Grã-Bretanha ou outro país no qual ela possa obter a extradição do paciente".[24]

Em 1981, Biggs foi sequestrado e levado para Barbados, tendo reingressado no Brasil por *laissez passer* da autoridade diplomática brasileira naquele país. Biggs, contudo, continuou submetido ao regime de liberdade vigiada, oriundo da antiga ordem de deportação, com base em disposição à época ainda vigente do Estatuto do Estrangeiro (art. 61 da Lei nº 6.815/80). Para livrar-se dessa situação, Biggs impetrou *habeas corpus* perante o STJ, em 1992, que concedeu parcialmente a ordem, para "cassar as restrições administrativamente impostas ao paciente, sem prejuízo de que a digna autoridade impetrada as requeira ao Poder Judiciário, enquanto as julgue necessárias à deportação pendente".[25] Na sequência, o governo britânico pediu ao Brasil a extradição de Biggs. No STF, negou-se seguimento ao pedido de extradição, com base na prescrição da pretensão executória da sentença condenatória.[26]

Para a nossa temática, o que sobressai de relevante nesse caso é a posição assumida pelo Tribunal Federal de Recursos, que impediu a deportação de Biggs por ter sido hipótese de extradição inadmitida pela legislação brasileira. A esse respeito, vale reproduzir a análise do ex-ministro Francisco Rezek:

> Ficou claro, de início, que o conceito de 'extradição inadmitida pela lei brasileira' é consideravelmente amplo. Nele cabem não só as hipóteses de extradição barrada por óbice substantivo, como a prescrição ou a natureza política do crime, mas também aquelas em que a impossibilidade da medida resulta de fator adjetivo, como ocorreria no caso de indeferimento

---

[24] Citação no HC nº 1.342-5-RJ TRF STJ rel. min. José Dantas, 05.11.1992.

[25] HC nº 1.342-5-RJ TRF STJ rel. min. José Dantas, 05.11.1992.

[26] STF Ext. nº 721-0, rel. min. Maurício Corrêa, 12.11.1997.

> por falha documental não sanada em tempo hábil, ou ainda – extrema extensão – no caso em que tudo quanto frustra desde logo a extradição é a prosaica circunstância de não poder o Estado interessado formalizar o próprio pedido, em face dos limites que lhe impõe sua lei interna. [...] Não é, em absoluto, necessário que o Supremo tenha já indeferido a extradição para que ela seja classificável como *inadmitida pela lei brasileira*.[27]

Também o célebre caso envolvendo o italiano Cesare Battisti levou nossos tribunais a se pronunciarem sobre a ilegalidade da "extradição disfarçada". Pela notoriedade desse caso, dispensamos aqui traçar uma cronologia dos fatos. De todo modo, o que importa para o nosso tema não se relaciona diretamente com o recente desfecho do caso, por todos conhecido. Em 2015, Battisti interpôs agravo de instrumento contra decisão que, nos autos de ação civil pública ajuizada pelo Ministério Público Federal, determinou o cumprimento provisório de sentença, a qual julgou procedente o pedido "para declarar nulo o ato de concessão de permanência de Cesare Battisti no Brasil e determinar à União que implemente o procedimento de deportação aplicável ao caso". A antecipação da tutela recursal foi deferida pelo Tribunal Federal da 1ª Região para suspender os efeitos da decisão que determinou o cumprimento provisório da sentença proferida nos autos da referida ação civil pública. O relator do agravo, o des. federal Daniel Paes, acolheu como fundamentação as considerações do presidente do tribunal, as quais cabe aqui reproduzir por tocar diretamente o tema aqui tratado:

> Em que pese o fundamento da decisão impugnada, tem-se que a prisão do Paciente acabou por confrontar a decisão do Presidente da República e ofender o disposto no art. 63 do Estatuto do Estrangeiro que diz: "não se procederá à deportação se implicar em extradição inadmitida pela lei brasileira". Ora, a extradição fora devidamente inadmitida por Sua Excelência, o Senhor Presidente da República, e, salvo melhor juízo, chancelada pelo próprio Supremo Tribunal Federal, *razão pela qual a deportação levada a efeito implicaria verdadeira extradição por via oblíqua,* tornando sem efeito, tanto a decisão presidencial quanto o julgamento levado a efeito pela Suprema Corte. Portanto, fosse admissível qualquer insurgência quanto a tais decisões, seguramente tal inconformismo deveria ser submetido ao Supremo Tribunal Federal, instância competente para analisar se o ato presidencial seria passível de reclamação ou mesmo outra forma de impugnação prevista no respectivo Regimento Interno. Nesse contexto, admitir o contrário seria considerar que o

27 REZEK, *cit.*, p. 257.

Juízo de primeiro grau poderia, por intermédio de ação civil pública, desconstituir, ato de soberania do Estado Brasileiro, que restou legitimado pelo STF.[28] (Destaque nosso)

Diferentemente dos casos mencionados acima, o caso envolvendo o norte-americano Jesse James não foi levado ao Judiciário brasileiro, motivo pelo qual não é possível proceder a uma análise mais acurada. Contudo, os fatos são dignos de registro.

O cidadão conhecido como Jesse James Hollywood fugiu para o Brasil após ter se envolvido no sequestro e assassinato de um adolescente de Santa Bárbara, na Califórnia. Em solo brasileiro, foi preso (prisão decretada pela 4ª Vara Federal do Rio de Janeiro – Processo nº 0501947-87.2005.4.02.5101) em março de 2005 e deportado para os EUA, em ação da Polícia Federal no Rio de Janeiro em conjunto com o FBI.[29]

Embora a defesa não tenha logrado (ou sequer tentado) recorrer dessa decisão e provocar uma análise do Judiciário brasileiro, vê-se que se trata de um típico caso de "extradição disfarçada", ou seja, o uso de um mecanismo de legislação migratória – a deportação – para fins de extradição, sem o cumprimento das formalidades desse instituto.

4 Direito positivo: nova Lei de Migração e consequências jurídicas

Como mencionado, a Lei nº 13.445/2017 veda a expulsão e a deportação "se a medida configurar extradição inadmitida pela legislação brasileira" (arts. 53 e 55, respectivamente). Assim, o governo brasileiro não poderá deportar ou expulsar o estrangeiro nas hipóteses elencadas no art. 82 da Lei de Migração (brasileiro nato, ausência de dupla incriminação, crime político etc.).[30] Com isso, tal como no antigo

---

[28] TRF 1 Decisão Monocrática nº 0000020-98.2015.4.01.0000 00000209820154010000, Des. Daniel Paes, 19.03.2015.

[29] Cf. a narrativa dos fatos e análise pelo procurador da República e professor Vladimir Aras: A história de Jesse James Hollywood. *In*: *Blog do Vlad*, 12 jan. 2010. Disponível em: https://vladimiraras.blog/2010/01/12/jesse-james-hollywood-deportado-e-condenado-a-prisao-perpetua/.

[30] Art. 82. Não se concederá a extradição quando:
I – o indivíduo cuja extradição é solicitada ao Brasil for brasileiro nato;
II – o fato que motivar o pedido não for considerado crime no Brasil ou no Estado requerente;
III – o Brasil for competente, segundo suas leis, para julgar o crime imputado ao extraditando;
IV – a lei brasileira impuser ao crime pena de prisão inferior a 2 (dois) anos;
V – o extraditando estiver respondendo a processo ou já houver sido condenado ou absolvido no Brasil pelo mesmo fato em que se fundar o pedido;

Estatuto do Estrangeiro, procurou o legislador brasileiro impedir que o estrangeiro sofra uma extradição por via oblíqua, protegendo-o de ser submetido a processos e sanções incompatíveis com a ordem constitucional brasileira.[31] Contra essa salutar vedação não se pode dizer que os países interessados na extradição de um indivíduo ficariam com as mãos atadas na presença de obstáculo formal para a conclusão do processo. A possibilidade da "extradição supletiva", consistente no pedido de extensão ou ampliação do pedido formulado pelo estado

---

VI – a punibilidade estiver extinta pela prescrição, segundo a lei brasileira ou a do Estado requerente;

VII – o fato constituir crime político ou de opinião;

VIII – o extraditando tiver de responder, no Estado requerente, perante tribunal ou juízo de exceção; ou

IX – o extraditando for beneficiário de refúgio, nos termos da Lei nº 9.474, de 22 de julho de 1997, ou de asilo territorial.

[31] Cf. TRF 2ª Região, HC Processo nº 0020566-41.2001.4.02.0000, Rel. Des. Federal André Fontes, 15.08.2001: "HABEAS CORPUS. ESTRANGEIRO EM SITUAÇÃO IRREGULAR. PRISÃO ADMINISTRATIVA E LIBERDADE VIGIADA. DEFERIMENTO EX OFFICIO DA ORDEM PARA OBSTAR A DEPORTAÇÃO, POR APARENTE AFRONTA AO ART. 63 DA LEI Nº 6.815-80. 1. O paciente, cidadão chinês flagrado com passaporte falso quando embarcava rumo aos Estados Unidos, apesar de beneficiado pelo imediato deferimento de liberdade provisória, teve decretada sua prisão administrativa (art. 61 da Lei 6.815-80 e art. 5º, LXI, da Constituição da República), ao fundamento de que se trata de 'estrangeiro em situação irregular no País, devendo permanecer sob custódia das autoridade, sobretudo para efeitos de retirada compulsória do território nacional'. 2. Os impetrantes pediram a imediata soltura do paciente, pois, uma vez que a deportação não poderia ocorrer enquanto não julgado o paciente pelo crime do art. 304 do Código Penal, nada impunha ficasse ele detido. 3. O relator do habeas corpus indeferiu o pedido de soltura de estrangeiro que dificilmente tornaria a ser localizado, uma vez que só fala chinês, não tem documentos nem residência, o que se infere, aliás, do fato de ele haver declarado não saber sequer em que país estava, servindo o Brasil como mera escala entre a República Popular da China e os Estados Unidos. 4. Na mesma oportunidade, tendo em vista que diversas condutas na República Popular da China são passíveis de punição sumária com pena de morte – o que já motivou considerações do Supremo Tribunal Federal sobre o tema (Extradição nº 633) – e que, segundo o art. 63 da Lei nº 6.815-80, 'Não se procederá à deportação se implicar em extradição inadmitida pela lei brasileira', o relator deferiu, liminarmente e de ofício, ordem para obstar a iminente deportação. 5. Posteriormente, o Ministério Público determinou o arquivamento do inquérito e, esgotado o prazo de sessenta dias da prisão administrativa, deferiu-se ao paciente a liberdade vigiada, nos termos do art. 73 da Lei nº 6.815-80. 6. Não subsistindo qualquer prisão e deferida a liberdade vigiada, equivalente à liberdade provisória com fiança pleiteada, fica prejudicado o writ impetrado. 7. Persiste, porém, como habeas corpus autônomo, aquele deferido liminarmente e de ofício pelo relator, com o objetivo de obstar o ato de deportação. Emanada a ordem de deportação do Diretor do Departamento de Estrangeiros da Secretaria Nacional de Justiça, por delegação do Ministro da Justiça, competente para o julgamento definitivo do habeas corpus é o juízo federal de primeiro grau de Brasília (STJ, Terceira Seção, HC 3883). 8. Prejudicado o pedido de habeas corpus formulado pelos impetrantes, declinando-se em favor do juízo federal de primeiro grau de Brasília a competência para julgar o habeas corpus deferido liminarmente e de ofício contra a ordem de deportação".

estrangeiro, com vistas sobretudo a evitar a inobservância do princípio da especialidade,[32] amplia ou flexibiliza a margem de ação dos Estados.

Pergunta-se, no entanto, quais seriam as consequências de uma possível violação das regras que vedam a "extradição disfarçada", tal como ocorreu nos casos concretos, internacionais e nacionais, mencionados acima. Deve-se lembrar que, em vários casos, a deportação ou expulsão é feita de maneira veloz e sub-reptícia, sem que se dê ao atingido a mínima possibilidade de se defender.[33]

Contudo, o atingido pode ajuizar reclamação constitucional (art. 102, inc. I, alínea l, da Constituição Federal), pois a deportação ou a expulsão faticamente equivalentes a uma extradição acaba por violar a competência constitucional do STF, que é o único juízo competente para processar a extradição (art. 102, inc. I, alínea g, da CF). Não se deve excluir também a possibilidade de impetração de mandado de segurança e de *habeas corpus*, desde que presentes seus requisitos.

A situação torna-se um pouco mais complicada quando a expulsão ou deportação já foi executada, ou seja, já houve a remoção do estrangeiro. Diante disso, pergunta-se se, no caso de o Brasil ser o país emissor da ordem, ainda seria possível manejar algum recurso ou ação. Nesse caso, entendemos que ainda assim seria cabível reclamação ao STF. Julgada procedente a ação, evidentemente o Judiciário brasileiro – tampouco o Executivo – não teria o poder de fazer o estrangeiro retornar ao país.

---

[32] Cf. STF Extensão na Extradição 977 República Portuguesa, Rel. Min. Celso de Mello, 26.05.2015: "E M E N T A: EXTRADIÇÃO SUPLETIVA – PEDIDO DE EXTENSÃO OU DE AMPLIAÇÃO FORMULADO POR ESTADO ESTRANGEIRO – POSSIBILIDADE JURÍDICA – CONSEQUENTE ADMISSIBILIDADE DO PLEITO DE EXTENSÃO EM MATÉRIA EXTRADICIONAL (LEI Nº 6.815/80, ART. 91, I) – FORMALIDADES A SEREM OBSERVADAS EM RESPEITO AO DIREITO DE DEFESA DO SÚDITO ESTRANGEIRO – PRINCÍPIO DA ESPECIALIDADE – SIGNIFICAÇÃO POLÍTICO-JURÍDICA DESSE POSTULADO – INOCORRÊNCIA, NO CASO, DE SUA VULNERAÇÃO – SÚDITO ESTRANGEIRO ACUSADO DA PRÁTICA DO CRIME DE "BURLA QUALIFICADA" E DO DELITO DE FALSIDADE DOCUMENTAL – CONCORDÂNCIA DO EXTRADITANDO – DADO JURIDICAMENTE IRRELEVANTE – NECESSIDADE DE RESPEITO AOS DIREITOS BÁSICOS DOS SÚDITOS ESTRANGEIROS – ALEGAÇÃO DE DEFICIÊNCIA NA INSTRUÇÃO DOCUMENTAL DO PEDIDO DE EXTENSÃO – SUPOSTA AUSÊNCIA DE CÓPIA DOS DISPOSITIVOS LEGAIS ESTRANGEIROS – INOCORRÊNCIA – REGULARIDADE FORMAL DO PEDIDO DE EXTENSÃO – OBSERVÂNCIA, NA ESPÉCIE, DOS CRITÉRIOS DA DUPLA TIPICIDADE E DA DUPLA PUNIBILIDADE QUANTO AOS DELITOS DE "BURLA" (ESTELIONATO) E DE FALSIFICAÇÃO DE DOCUMENTO – INCIDÊNCIA, NO ENTANTO, DO PRINCÍPIO DA CONSUNÇÃO – CONSEQUENTE ABSORÇÃO DO DELITO-MEIO (FALSIDADE DOCUMENTAL) PELO CRIME-FIM (ESTELIONATO) – DOUTRINA – PRECEDENTES – SATISFAÇÃO DOS PRESSUPOSTOS E ATENDIMENTO DOS REQUISITOS NECESSÁRIOS AO ACOLHIMENTO, EM PARTE, DO PEDIDO DE EXTENSÃO – EXTRADIÇÃO SUPLETIVA PARCIALMENTE DEFERIDA".

[33] CF. TRILSCH, Mirja; RÜTH, Alexandra. Öcalan v. Turkey. App. nº. 46.221/99. *In*: *The American Journal of International Law*, Vol. 100, No. 1 (jan. 2006), p. 182.

Não restaria outro caminho senão interpelar o outro país por canais diplomáticos.

5 Conclusão

O uso dos institutos legais migratórios da deportação e da expulsão para fins típicos do processo de extradição – remoção de um estrangeiro para que seja processado ou punido no país requerente – é prática ilegal, condenada por tribunais internacionais e nacionais. A chamada "extradição disfarçada" viola princípios internacionais que regem o instituto e fere direitos individuais do atingido, que se vê isento das garantias materiais e formais (vedação da extradição de nacional e na hipótese de crime político, exigência de dupla incriminação, princípio da especialidade, garantias do contraditório e da ampla defesa etc.) do processo de extradição.

No direito brasileiro, a vedação a essa prática é expressa desde o Estatuto do Estrangeiro e permanece na nova Lei de Migração. Consideramos que a proibição incide sempre que uma deportação ou expulsão é realizada sem que o indivíduo possa escolher o país de destino, e/ou a destinação que se lhe impõe ao final é um país que pretende processá-lo ou puni-lo. Na hipótese de transgressão dessa proibição, o estrangeiro pode socorrer-se dos remédios constitucionais da reclamação ao STF e até mesmo do *habeas corpus* e do mandado de segurança.

Referências

BASSIOUNI, Cherif M. *International Extradition*: United States Law and Practice. 6. ed. Oxford, 2014.

BOISTER, Neil. *An introduction to transnational criminal law*. 2. ed. Oxford, 2018.

COWLING, M. G. Unmasking Disguised Extradition – Some Glimmer of Hope. *In*: 109 South African Law Journal 241 (1992), p. 241-255.

CHOO, Andrew. International Kidnapping, Disguised Extradition and Abuse of Process. *In*: *The Modern Law Review* 1994, p. 626-635.

CHOO, Sabrina. Circumventing the China Extradition Conundrum: Relying on Deportation to Return Chinese Fugitives. *In*: 50 *N.Y.U. J. International Law & Policy* 1361 (2018), p. 1362-1415.

Comitte of Experts on the Operation of European Conventions on Cooperation in Criminal Matters (PC-OC). Note on the relationship between extradition and deportation/ expulsion (disguised extradition), PC-OC (2012) 08 rev2.

GLESS, Sabine; VERVÄLE, John. Law Should Govern: Aspiring General Principles for Transnational Criminal Justice. *Utrecht Law Review*, September 2013, p. 1-10.

O'HIGGIS, Paul. Disguised Extradition: The Soblen Case. *In*: *Modern Law Review* 1964, p. 521-539.

POORT, Tineke. Male captus, bene judicatus – Disguised extradition and other practices. *In*: 1 LJIL (1988), p. 65-77.

REZEK, Francisco. *Direito Internacional Público*. 17. ed. São Paulo: Saraiva, 2018.

SADOFF, David. *Bringing International Fugitives To Justice*: Extradition and its Alternatives. Cambridge, 2016, Edição Kindle.

SCHOMBURG, Wolfgang. Die Rolle des Individuums in der Internationalen Kooperation in Strafsachen: Eine Kurzbetrachtung aus einer deutschen Sicht. *In*: *Strafverteidiger* (STV) 1998, p. 153-158.

TRILSCH, Mirja; RÜTH, Alexandra. Öcalan v. Turkey. App. no. 46221/99. *In*: *The American Journal of International Law*, Vol. 100, No. 1 (Jan. 2006), p. 180-186.

Informação bibliográfica deste texto, conforme a NBR 6023:2018 da Associação Brasileira de Normas Técnicas (ABNT):

MADRUGA, Antenor; TEIXEIRA, Adriano. A "extradição disfarçada" e a nova Lei de Migração. *In*: VELLOSO, Ana Flavia; JARDIM, Tarciso Dal Maso (Coord.). *A nova lei de migração e os regimes internacionais*. Belo Horizonte: Fórum, 2021. p. 283-298. ISBN 978-65-5518-167-8.

PRISÃO PREVENTIVA PARA EXTRADIÇÃO: PASSADO, PRESENTE E FUTURO

CAROLINA CARDOSO GUIMARÃES LISBOA

RICARDO MARTINS JUNIOR

1 Introdução

A prisão preventiva é uma medida de natureza cautelar que, no âmbito do direito interno, tem a função precípua de garantir a ordem pública ou econômica, resguardar a instrução criminal ou assegurar a aplicação da lei penal.

Trata-se, pois, da medida mais extrema de privação da liberdade individual antes de uma sentença condenatória definitiva, de modo que somente se justifica quando há prova da existência do crime e indício suficiente de autoria, o que faz concluir pela sua clara excepcionalidade.

No horizonte do direito internacional público, contudo, tais pressupostos se mostram secundários diante da precípua função instrumental dessa modalidade de detenção, que visa, essencialmente, assegurar a execução de eventual ordem de extradição e, consequentemente, garantir a aplicação da lei penal.

Nesse contexto, a proposta do presente artigo é verificar se o instituto da prisão para extradição como condição de procedibilidade (passado) para a prossecução do procedimento de extradição passiva ainda se mantém nessa mesma classificação jurídica, tendo em vista a jurisprudência do Supremo Tribunal Federal e as alterações ocorridas na legislação brasileira (presente e futuro).

Para tanto, o instituto será analisado, num primeiro momento, sob a ótica da Lei nº 6.815/1980 (Estatuto do Estrangeiro) e da jurisprudência consolidada sobre o tema ao tempo de sua vigência, que caminhou de forma remansosa no sentido da imprescindibilidade, como regra, da prisão do extraditando, independentemente do requerimento do Estado estrangeiro.

Em seguida, o estudo recairá sobre os impactos promovidos pela Lei nº 13.445/2017 (Lei de Migração) sobre o entendimento acerca da (im)possibilidade de imposição de outras medidas cautelares diversas da privativa de liberdade e do consequente afastamento da prisão.

Por fim, será proposta uma perspectiva que se coaduna não só com o ideal de resguardo dos direitos humanos e da liberdade do extraditando, mas também com a necessidade de respeito aos compromissos pactuados pelo Brasil com os Estados requerentes no sentido de reforço de garantia da aplicação da lei penal e das decisões do Supremo Tribunal Federal.

2 Passado: prisão extradicional como condição de procedibilidade do pedido de extradição

Como se sabe, a extradição é um procedimento de cooperação jurídica internacional em matéria penal por meio da qual se concede ou solicita a entrega de pessoa sobre quem recaia condenação criminal definitiva para execução da condenação ou, ainda, para fins de instrução de processo penal em curso.

A extradição poderá ser passiva, quando o Brasil for o Estado requerido; ou ativa, em sendo o Brasil o Estado requerente. Poderá, ademais, ser instrutória, quando requerida para fins de instrução de processo penal a que responde a pessoa reclamada; e condenatória, quando se destinar ao cumprimento de pena já imposta.

No Brasil, o procedimento do pedido de extradição passiva é misto, comportando três fases distintas, sendo duas administrativas e uma judiciária, que se situa entre as outras duas.

A primeira fase, administrativa, está a cargo do Poder Executivo, iniciando-se com o recebimento do pedido de extradição e encerrando-se com o encaminhamento da solicitação ao Poder Judiciário. Já a segunda fase tem início justamente a partir do encaminhamento do pedido de extradição ao Supremo Tribunal Federal, findando com o exame pela corte da legalidade e procedência do pleito. Finalmente, a terceira fase se configura com o fato material de entrega do criminoso ao Estado requerente ou comunicação a esse Estado da negativa do pedido.[1]

No que diz respeito à prisão para extradição, a legislação sempre previu dois momentos distintos para sua consumação, podendo ela se dar, ordinariamente, por ocasião da remessa do acervo documental que suporta o pedido ao Supremo Tribunal Federal; ou, ainda, antes da formalização do pedido de extradição, como ocorre nos casos de urgência, hipótese esta tida como um meio excepcional de instaurar a relação extradicional.

Na da vigência da Lei nº 6.815/1980, não havia qualquer dúvida sobre a natureza instrumental dessa modalidade de privação da liberdade em ambas as formas. Isso porque nenhum pedido de extradição poderia ter andamento sem que o extraditando fosse preso ou colocado à disposição do Supremo Tribunal Federal.

Com efeito, dispunha o referido diploma processual, em seu art. 81, na redação original, que competia ao Ministério das Relações Exteriores remeter o pedido de extradição ao Ministério da Justiça para que este, então, ordenasse a prisão do extraditando, colocando-o à disposição do Supremo Tribunal Federal.

Ademais, previa que, em caso de urgência, poderia ser ordenada a prisão preventiva do extraditando, bem como que, uma vez efetivada a prisão, o pedido deveria ser encaminhado ao Supremo Tribunal Federal, devendo a prisão perdurar até o julgamento final, não sendo admitidas a liberdade vigiada, a prisão domiciliar ou a prisão albergue (art. 84).

Já na redação dada pela Lei nº 12.878/2013, estabeleceu-se que o Estado interessado na extradição poderia, em caso de urgência e antes da formalização do pedido de extradição, ou conjuntamente com este, requerer a prisão cautelar do extraditando por via diplomática ou, quando previsto em tratado, ao Ministério da Justiça, a quem incumbiria representar ao Supremo Tribunal Federal.

---

[1] LIMA, José Antonio Farah Lopes. *Extradição no Brasil e na União Europeia*. São Paulo: Atlas S.A, 2014. p. 7.

Contudo, manteve-se o art. 84, que obstava de forma absoluta a concessão de medidas cautelares diversas da prisão, devendo esta ser mantida até o julgamento final da extradição.

De igual modo, o regimento interno do Supremo Tribunal Federal sempre foi taxativo tanto em relação à obrigatoriedade de prisão do extraditando como condição para tramitação do pedido quanto em relação à necessidade de manutenção do extraditando à disposição do tribunal até o julgamento final:

> Art. 208. Não terá andamento o pedido de extradição sem que o extraditando seja preso e colocado à disposição do Tribunal.
> [...]
> Art. 213. O extraditando permanecerá na prisão, à disposição do Tribunal, até o julgamento final.

Em razão disso, a doutrina majoritária sempre encampou a tese da inafastabilidade, como regra, da prisão cautelar. Nesse sentido, concluiu Artur de Brito Gueiros Souza que, no procedimento de extradição passiva:

> A prisão opera-se como verdadeira condição de procedibilidade, na medida em que a jurisprudência do Supremo Tribunal Federal tem reiteradamente proclamado que o instituto da prisão preventiva, que desempenha nítida função de natureza cautelar em nosso sistema jurídico, não se revela incompatível com a presunção constitucional de não culpabilidade das pessoas.[2]

No mesmo espírito, confira-se a lição de Mirtô Fraga, para quem privação de liberdade ostenta a condição *sine qua non* para o prosseguimento do pedido de extradição:

> A prisão do extraditando deve perdurar até o julgamento final da Corte. Não se admitem fiança, a liberdade vigiada, a prisão domiciliar ou a prisão-albergue. A privação da liberdade, nessa fase, é essencial ao julgamento, é condição *sine qua non* para o próprio encaminhamento do pedido ao Supremo Tribunal Federal. Ela não tem nenhuma relação com a maior ou menor gravidade da infração, maior ou menor periculosidade do agente; ela visa, tão-somente, possibilitar a entrega, se a extradição vier a ser deferida. Afinal de contas, existe, no estrangeiro, uma ordem de prisão

---

[2] SOUZA, Artur de Brito Gueiros. *As novas tendências do direito extradicional*. Rio de Janeiro: Renovar, 1998. p. 109.

(artigo 78, II) expedida contra o extraditando e há, em consequência, a presunção de que esteja fugindo à ação da Justiça do Estado requerente.[3]

Em sentido diverso, Frederico Cattani[4] defende que, após a promulgação da Lei nº 13.878/2013, o pedido de prisão deveria ser analisado e decretado a partir das regras previstas no Código de Processo Penal. Conforme aduz:

> (...) nenhuma prisão deveria ser automática, ou aplicada somente por mera referência a fragmento isolado da lei, razão pela qual a prisão de um estrangeiro somente deveria ser um pressuposto indispensável se houvesse riscos do mesmo se evadir ou buscar meios de obstruir o processo de extradição, do contrário, poderá o processo de extradição desenvolver-se sem que a restrição de liberdade seja uma condição ou um prejuízo.

No entanto, tal posição não encontrou respaldo no âmbito do Supremo Tribunal Federal, que consolidou jurisprudência no sentido de que a prisão de natureza cautelar para extradição – antecedente ou contemporânea ao pedido de extradição – consiste em condição essencial para a prossecução do procedimento extradicional.

Tal entendimento restou firmado no julgamento da Questão de Ordem na Extradição nº 579-1, requerida pelo governo da Alemanha. Naquela oportunidade, o então relator, ministro Celso de Mello, destacou a imprescindibilidade da medida cautelar, porquanto "essa prisão de natureza cautelar destina-se, em sua precípua função instrumental, a assegurar a execução de eventual ordem de extradição".[5]

Já no julgamento da Extradição nº 1.121, requerida pelos Estados Unidos da América, em acórdão também relatado pelo ministro Celso de Mello, fixou-se que a "prisão do súdito estrangeiro constitui pressuposto indispensável ao regular processamento da ação de extradição passiva, sendo-lhe inaplicáveis, para efeito de sua válida decretação, os pressupostos e os fundamentos referidos no art. 312 do Código de Processo Penal".

---

3 FRAGA, Mirtô. *O novo estatuto do estrangeiro comentado*. Rio de Janeiro: Forense, 1985. p. 339.

4 Disponível em: https://www.conjur.com.br/2017-ago-30/cattani-prisao-nao-pressuposto-processo-extradicao#author. Acesso em: 16 de abril, às 14h48.

5 BRASIL. Supremo Tribunal Federal. *Questão de Ordem na Extradição nº 579*, Relator: Min. Celso de Mello, julgado em 01.07.1993, publicado em 10.09.1993. Disponível em: http://www.stf.jus.br/portal/jurisprudencia/listarJurisprudencia.asp?s1=%28579%2ENUME%2E+OU+579%2EACMS%2E%29&base=baseAcordaos&url=http://tinyurl.com/ybodqddt.

Outrossim, restou estabelecido que "a privação cautelar da liberdade individual do extraditando deve perdurar até o julgamento final, pelo Supremo Tribunal Federal, do pedido de extradição, vedada, em regra, a adoção de meios alternativos que a substituam, como a prisão domiciliar, a prisão-albergue ou a liberdade vigiada".[6]

Em outra ocasião, no julgamento do *Habeas Corpus* nº 68.840, de relatoria do ministro Marco Aurélio, acerca da manutenção da prisão do extraditando durante a tramitação do processo, entendeu-se que "ainda que ultrapassado o prazo de noventa dias, de todo impossível é a transformação da prisão em liberdade vigiada, em prisão domiciliar ou em prisão albergue a teor do disposto no parágrafo único do artigo 84 do referido Diploma legal".[7]

Ainda assim, é preciso excetuar que, em hipóteses excepcionalíssimas, o Supremo Tribunal Federal já admitiu a revogação da prisão cautelar e a adoção extraordinária de meios substitutivos dessa medida de constrição da liberdade.

Foi o que se deu, por exemplo, na Extradição nº 791, requerida pela República Portuguesa, oportunidade em que se deferiu o pedido de prisão domiciliar do extraditando com estado de saúde comprovadamente grave, tudo em razão da incapacidade de o Poder Executivo cumprir sua obrigação legal de mantê-lo em unidade hospitalar ou exercer vigilância policial enquanto estivesse internado.[8]

Todavia, mais recentemente, embora antes da promulgação da novel Lei de Migração, a Suprema Corte, em diversas oportunidades, reafirmou a constitucionalidade da imposição, como regra, de prisão preventiva para extradição como medida que visa garantir a preservação dos compromissos assumidos com Estados estrangeiros.

Exemplo desse entendimento pode ser verificado no julgamento dos seguintes pedidos de extradição, em cujas ementas se lê:

---

6 BRASIL. Supremo Tribunal Federal. *Extradição nº 1.121*, Relator: Min. Celso de Mello, julgado em 04.09.2008, publicado em 17.04.2009. Disponível em: http://stf.jus.br/portal/jurisprudencia/listarJurisprudencia.asp?s1=%28Ext%24%2ESCLA%2E+E+1121%2ENUME%2E%29+OU+%28Ext%2EACMS%2E+ADJ2+1121%2EACMS%2E%29&base=baseAcordaos&url=http://tinyurl.com/oclyspt.

7 BRASIL. Supremo Tribunal Federal. *Habeas Corpus nº 68.840*, Relator: Min. Marco Aurelio, julgado em 09.10.1991, publicado em 14.02.1992. Disponível em: http://stf.jus.br/portal/jurisprudencia/listarJurisprudencia.asp?s1=%2868840%2ENUME%2E+OU+68840%2EACMS%2E%29&base=baseAcordaos&url=http://tinyurl.com/y2zh5ryb.

8 BRASIL. Supremo Tribunal Federal. *Extradição nº 791*, Relator: Min. Celso de Mello, julgado em 18.10.2000, publicado em 23.10.2000. Disponível em: http://stf.jus.br/portal/jurisprudencia/listarJurisprudencia.asp?s1=%28%28791%2ENUME%2E+OU+791%2EDMS%2E%29%29+NAO+S%2EPRES%2E&base=baseMonocraticas&url=http://tinyurl.com/y4cdwubb.

1. A *ratio essendi* da prisão preventiva para extradição reside na garantia de que o Brasil honrará compromissos assumidos com Estados estrangeiros, por isso que a custódia é a regra, ex vi do art. 84, parágrafo único, da Lei n. 6.815/80, cuja constitucionalidade vem sendo reafirmada pelo Supremo Tribunal Federal: HC 81127, Relator Min. SYDNEY SANCHES, Pleno, DJ de 26/09/03, e Ext 1313, Relator Min. DIAS TOFFOLI, Primeira Turma, DJe de 16/12/2013, entre outros. 2. O Supremo Tribunal Federal tem abrandado a rigidez da norma extraída do parágrafo único do artigo 84 do Estatuto do Estrangeiro quando se depara com situações excepcionalíssimas: HC nº 83881/RS, rel. Min. Sepúlveda Pertence, DJ de 11.06.2004. 3. In casu, a afirmação de que o extraditando tem residência fixa no Brasil e convive com brasileira em união estável não induz situação excepcional apta a justificar pedido de prisão domiciliar. 4. De resto, não é razoável supor a submissão voluntária à Justiça de seu país de estrangeiro que foge para outro país exatamente com o intuito de frustrar o cumprimento da pena aplicada (extradição executória) ou da que eventualmente venha a sê-la (extradição instrutória). 5. Agravo regimental desprovido. (Ext 1414 AgR, Relator(a): Min. LUIZ FUX, Primeira Turma, julgado em 16.02.2016, ACÓRDÃO ELETRÔNICO DJe-039 DIVULG 01-03-2016 PUBLIC 02-03-2016)
4. A prisão preventiva é condição de procedibilidade do pedido de extradição, não sendo este um requisito excepcionável pelas supostas condições pessoais do extraditando, tampouco pela existência de vínculos afetivos nutridos em território nacional (Súmula 421/STF). Diante da ausência de lacuna normativa, inexiste espaço para aplicação analógica do art. 312 do CPP quanto aos requisitos da prisão preventiva. 5. Pedido de extradição deferido e condicionado à assunção prévia pelo Estado requerente dos compromissos previstos no art. 91 da Lei nº 6.815/1980, dentre eles o de detração da pena, e com observância do patamar máximo de encarceramento admitido pelo ordenamento jurídico brasileiro. (Ext 1439, Relator(a): Min. EDSON FACHIN, Primeira Turma, julgado em 09.08.2016, ACÓRDÃO ELETRÔNICO DJe-225 DIVULG 20-10-2016 PUBLIC 21-10-2016).

Destarte, ao tempo de vigência do Estatuto do Estrangeiro, a Suprema Corte definiu, sólida e pacificamente, que: (a) a prisão para extradição tem a precípua função instrumental de assegurar a execução de eventual ordem de extradição, funcionando, por isso, como verdadeira condição de procedibilidade do pedido extradicional; (b) a prisão do extraditando, antecedente ou não, deve perdurar até o julgamento final do pedido, não se admitindo, como regra, a imposição de medidas cautelares; (c) não se aplicam ao pedido de prisão cautelar para extradição os pressupostos e os fundamentos referidos no art. 312 do Código de

Processo Penal; e (d) somente em hipóteses excepcionalíssimas é possível a adoção extraordinária de meios substitutivos da prisão.

3 Presente: prisão cautelar extradicional ainda como regra?

Vigente desde 21 de novembro de 2017, a Lei nº 13.445/2017 (Lei de Migração) revogou expressamente a Lei nº 6.815/1980 (Estatuto do Estrangeiro), passando a dispor integralmente sobre o processo de extradição no Brasil, em seu capítulo VIII.

No que diz respeito ao procedimento do pedido de prisão cautelar para extradição, o atual art. 84 pouco inovou, salvo a previsão expressa de que a prisão deve ter por objetivo assegurar a executoriedade da medida de extradição, bem como que o Ministério Público Federal deverá ser ouvido previamente antes de sua decretação:

> Art. 84. Em caso de urgência, o Estado interessado na extradição poderá, previamente ou conjuntamente com a formalização do pedido extradicional, requerer, por via diplomática ou por meio de autoridade central do Poder Executivo, prisão cautelar com o objetivo de assegurar a executoriedade da medida de extradição que, após exame da presença dos pressupostos formais de admissibilidade exigidos nesta Lei ou em tratado, deverá representar à autoridade judicial competente, ouvido previamente o Ministério Público Federal.

O que chama mais atenção, contudo, é justamente a previsão expressa da possibilidade de autorização, pelo Supremo Tribunal Federal, de medidas cautelares diversas da prisão, assim como da concessão de liberdade, com retenção do documento de viagem ou outras medidas cautelares necessárias:

> Art. 86. O Supremo Tribunal Federal, ouvido o Ministério Público, poderá autorizar prisão albergue ou domiciliar ou determinar que o extraditando responda ao processo de extradição em liberdade, com retenção do documento de viagem ou outras medidas cautelares necessárias, até o julgamento da extradição ou a entrega do extraditando, se pertinente, considerando a situação administrativa migratória, os antecedentes do extraditando e as circunstâncias do caso.

A mudança legislativa sobre o trato da prisão cautelar para extradição trouxe à tona, uma vez mais, o debate sobre a natureza dessa medida. Discute-se, em síntese, se tal medida de privação da liberdade continua sendo a regra no sistema pátrio ou se, após a promulgação da Lei de Migração, passou a ser providência excepcional.

Já na vigência da Lei nº 13.445/2017, a Primeira Turma do Supremo Tribunal Federal, analisando o Agravo Regimental na Extradição nº 1.531, reafirmou sua jurisprudência no sentido de que a prisão preventiva é condição de procedibilidade para o processo de extradição.[9]

Nos termos do que consignou o ministro Roberto Barroso, relator do processo, a prisão cautelar continua não se submetendo às disposições legais referentes à prisão preventiva, estando seus requisitos previstos exclusivamente na Lei de Migração, que é lei especial em relação ao Código de Processo Penal.

No seu entender, a Lei de Migração não alterou o entendimento da corte de que a prisão é condição de procedibilidade da extradição, limitando-se a possibilitar a concessão de prisão domiciliar ou prisão albergue desde que respeitadas as condições nela previstas. Eis o trecho do voto-condutor do acórdão proferido em 19 de abril de 2018, *verbis*:

> 4. A Lei nº 13.445/2017 não alterou substancialmente o entendimento de que a prisão é condição de procedibilidade da extradição. Apenas previu, no art. 86, que ao extraditando poderá ser concedida prisão domiciliar ou prisão albergue considerando (i) seus antecedentes, (ii) sua situação migratória e (iii) as circunstâncias do caso, medida esta que este Relator já adotava diante das peculiaridades do caso concreto (EXT 1422, EXT 1455 e EXT 1493).
> 5. Por outro lado, ressalto que a nova lei não tornou a prisão cautelar para fins de extradição uma prisão preventiva, cuja decretação só poderia ocorrer se presentes os requisitos do art. 312 do CPP, em razão de (i) não possuir qualquer previsão nesse sentido e (ii) ser lei especial em relação ao CPP. Deste modo, os requisitos para a decretação da prisão para fins de extradição estão na Lei de Regência, e não no CPP.

Noutro giro, em 10 de outubro de 2018, o Plenário da Corte acolheu o pedido do Partido Socialista Brasileiro (PSB) de extinção da ADPF nº 425, por perda do objeto da ação, em razão da revogação do art. 84 da Lei nº 6.815/1980 e art. 208 do Regimento Interno do STF pela Lei nº 13.445/2017.[10]

---

[9] BRASIL. Supremo Tribunal Federal. *Extradição nº 1531*, Relator: Min. Luis Roberto Barroso, julgado em 23.10.2018, publicado em 07.11.2018. Disponível em: http://stf.jus.br/portal/jurisprudencia/listarJurisprudencia.asp?s1=%281531%2ENUME%2E+OU+1531%2EACMS%2E%29&base=baseAcordaos&url=http://tinyurl.com/ydcf6kxp.

[10] BRASIL. Supremo Tribunal Federal. *Arguição de Descumprimento de Preceito Fundamental nº 425*, Relator: Min. Edson Fachin, julgado em 10.10.2018, publicado em 29.10.2018. Disponível em: http://stf.jus.br/portal/jurisprudencia/listarJurisprudencia.asp?s1=%28425%2ENUME%2E+OU+425%2EACMS%2E%29&base=baseAcordaos&url=http://tinyurl.com/y8gzzl55.

A referida ação questionava a recepção dos mencionados dispositivos pela Constituição Federal de 1988, os quais, como visto, impunham a obrigatoriedade de prisão para fins de extradição, sem qualquer possibilidade de conversão em medidas menos gravosas.

Sem embargo, no entender do relator da ação, ministro Edson Fachin, com o advento da Lei de Migração encontra-se superada a questão. Isso porque, além de revogar expressa e integralmente a Lei nº 6.815/1980, a lei também revogou, implicitamente, o art. 208 do RISTF, já que passou a autorizar a imposição de custódia domiciliar, bem como a concessão de liberdade, inclusive com adoção de medidas cautelares diversas da prisão:

> Com efeito, nos termos da Lei de Introdução às Normas do Direito Brasileiro (art. 2°, §1°), a 'lei posterior revoga a anterior quando expressamente o declare, quando seja com ela incompatível ou quando regule inteiramente a matéria de que tratava a lei anterior.'
> O art. 124 da Lei n. 13.445/17, que institui a Lei de Migração, é expresso ao consignar a revogação integral da Lei n. 6.815/80.
> Com relação ao art. 208, RISTF, trata-se de revogação implícita, visto que o art. 86 da Lei de Migração passa a autorizar a imposição de custódia domiciliar, bem como a concessão de liberdade, inclusive com adoção de medidas cautelares diversas da prisão:
> "Art. 86. *O Supremo Tribunal Federal*, ouvido o Ministério Público, *poderá autorizar prisão albergue ou domiciliar ou determinar que o extraditando responda ao processo de extradição em liberdade, com retenção do documento de viagem ou outras medidas cautelares necessárias, até o julgamento da extradição ou a entrega do extraditando*, se pertinente, considerando a situação administrativa migratória, os antecedentes do extraditando e as circunstâncias do caso"
> Como se vê, a prisão para fins de extradição deixa de ser obrigatória, submetendo-se ao crivo cautelar do Supremo Tribunal Federal.
> Ademais, como se observa da própria dicção do referido art. 86 da Lei de Migração, tal dispositivo destina-se precisamente ao STF, único órgão jurisdicional competente para processar e julgar a viabilidade jurídica da extradição solicitada por Estado estrangeiro (art. 102, I, 'g', CRFB).
> Nessa perspectiva, verifico que a novel legislação disciplinou integralmente a matéria anteriormente tratada no âmbito do art. 208, RISTF. Além disso, a obrigatoriedade regimental de imposição de prisão processual para fins de processamento extradicional revela-se incompatível com a Lei de Migração, que consagra o caráter cautelar de tal medida, de modo que referida antinomia cronológica resolve-se pelo reconhecimento da revogação implícita do dispositivo regimental que exige o implemento prisional para fins de admissão e processamento da extradição.

Diante do exposto, considerando que a matéria passa a ser inteiramente regulada pelo art. 86 da Lei n. 13.445/17, de modo que a prisão para fins de extradição, embora cabível por razões cautelares, deixa de ser obrigatória, *acolho* o pedido formulado pelo requerente, reconheço a perda de objeto e *julgo prejudicada a presente ação de descumprimento de preceito fundamental*.

Atualmente, portanto, após as mudanças promovidas pela Lei nº 13.445/2017, pairam dúvidas sobre a (não) obrigatoriedade da prisão do preventiva do extraditando para o desenvolvimento do procedimento extradicional, tendo o Supremo Tribunal Federal ora se manifestado no sentido de que a lei não alterou substancialmente o entendimento de que a prisão é condição de procedibilidade da extradição, ora no sentido de que a obrigatoriedade da medida para fins de processamento extradicional revela-se incompatível com a recente Lei de Migração.

4 Futuro: submissão do extraditando à jurisdição brasileira como condição de procedibilidade para extradição

Andou bem o legislador pátrio ao prever expressamente a possibilidade de imposição, pelo Supremo Tribunal Federal, de medidas cautelares diversas da prisão como forma de substituição ao decreto prisional.

Com efeito, tal previsão encontra respaldo no ideal de humanização da relação extradicional, que decorre da obrigação do Estado brasileiro de reger suas relações internacionais pelo princípio da prevalência dos direitos humanos (art. 4º, inc. II, da Constituição Federal).

Contudo, não se pode desconsiderar que a prisão preventiva para extradição se rege por regras próprias, inconfundíveis com aquelas que disciplinam a prisão no âmbito do direito interno. Tanto é que, enquanto na prisão preventiva interna a análise dos requisitos e condições para a prisão é efetivada antes de qualquer formação definitiva de culpa; na prisão para extradição, já existe, no Estado solicitante, sentença condenatória ou ordem de prisão contra o extraditando, isto é, se ele estivesse à disposição da justiça do país requerente, certamente estaria preso.

De fato, quando o Estado estrangeiro solicita a extradição de seu nacional, via de regra, ele já realizou um juízo de conveniência sobre a necessidade da medida cautelar como forma de garantia da condenação por ele imposta ou da execução da futura extradição.

Tal pedido traduz a presunção, ainda que relativa, de que o extraditando procura se esquivar da aplicação da lei penal no exterior, colocando em risco não só a efetividade do procedimento extradicional, como também o respeito a autoridade de eventual decisão do Supremo Tribunal Federal.

Certo é, portanto, que não faz sentido a condução de um procedimento de extradição perante o Supremo Tribunal Feral sem que o procurado esteja submetido à jurisdição brasileira, seja preso ou vinculado de outra maneira à autoridade corte.

Nesse contexto, conquanto o art. 86 da Lei nº 13.445/2017 tenha autorizado a concessão de prisão albergue ou domiciliar ou mesmo que o extraditando responda ao processo de extradição em liberdade, tal regra reveste-se de excepcionalidade, desde que atendidos os requisitos ali previstos: (a) situação administrativa migratória, (b) antecedentes do extraditando e (c) circunstâncias do caso.

Ora, embora não se possa mais afirmar de maneira precisa que a prisão preventiva para extradição ostenta a natureza de condição de procedibilidade do processo extradicional, não há dúvidas de que a submissão do extraditando à jurisdição brasileira possui tal natureza. Prova disso é que, mesmo na hipótese de liberdade provisória, o legislador impõe a retenção do documento de viagem do extraditando ou a aplicação de outras medidas cautelares necessárias.

Assim, deve o Supremo Tribunal Federal exercer o poder de cautela à luz dos princípios da razoabilidade e proporcionalidade, avaliando, caso a caso, a necessidade de imposição de prisão ou determinações substitutivas, que, por um lado, atendam a necessidade de respeito aos direitos individuais do extraditando; por outro, garantam a efetividade da extradição e os compromissos assumidos com os demais Estados.

5 Conclusão

A extradição é o instrumento jurídico pelo qual se evita a impunidade de criminosos que conseguem escapar da jurisdição onde deveriam ser processados ou penalizados.

Nesse sentido, ainda que o presente e o futuro da prisão preventiva sugiram transformação, há que se conciliar a necessidade de preservação dos direitos humanos fundamentais com o objetivo da extradição. E, sob esse aspecto, o procedimento extradicional, que envolve a participação do Poder Judiciário como guardião dos direitos do extraditando, permite o reconhecimento de que a prisão preventiva continua sendo condição de procedibilidade do processo, com vistas a garantir sua efetividade. Contudo, admite-se, no presente, a substituição da prisão por medidas que igualmente possibilitem a garantia da eventual extradição. Para o futuro, tanto quanto no passado e no presente, o que se almeja é que, com o máximo de preservação dos direitos humanos, não escapem da justiça aqueles que tentam escapar da lei penal.

Referências

BRASIL. Supremo Tribunal Federal. *Arguição de Descumprimento de Preceito Fundamental nº 425*, Relator: Min. Edson Fachin, julgado em 10.10.2018, publicado em 29.10.2018.

BRASIL. Supremo Tribunal Federal. *Extradição nº 1.121*, Relator: Min. Celso de Mello, julgado em 04.09.2008, publicado em 17.04.2009.

BRASIL. Supremo Tribunal Federal. *Extradição nº 1.531*, Relator: Min. Luis Roberto Barroso, julgado em 23.10.2018, publicado em 07.11.2018.

BRASIL. Supremo Tribunal Federal. *Extradição nº 791*, Relator: Min. Celso de Mello, julgado em 18.10.2000, publicado em 23.10.2000.

BRASIL. Supremo Tribunal Federal. *Habeas Corpus nº 68.840*, Relator: Min. Marco Aurelio, julgado em 09.10.1991, publicado em 14.02.1992.

BRASIL. Supremo Tribunal Federal. *Questão de Ordem na Extradição nº 579*, Relator: Min. Celso de Mello, julgado em 01.07.1993, publicado em 10.09.1993.

CATANNI, Frederico. *A prisão no processo de extradição não é pressuposto de procedibilidade*. Disponível em: https://www.conjur.com.br/2017-ago-30/cattani-prisao-nao-pressuposto-processo-extradicao#author. Acesso em: 16 abr. 2019.

FRAGA, Mirtô. *O novo estatuto do estrangeiro comentado*. Rio de Janeiro: Forense, 1985.

LIMA, José Antônio Farah Lopes. *Extradição no Brasil e na União Europeia*. São Paulo: Atlas S.A, 2014.

SOUZA, Artur de Brito Gueiros. *As novas tendências do direito extradicional*. Rio de Janeiro: Renovar, 1998.

Informação bibliográfica deste texto, conforme a NBR 6023:2018 da Associação Brasileira de Normas Técnicas (ABNT):

LISBOA, Carolina Cardoso Guimarães; MARTINS JUNIOR, Ricardo. Prisão preventiva para extradição: passado, presente e futuro. *In*: VELLOSO, Ana Flavia; JARDIM, Tarciso Dal Maso (Coord.). *A nova lei de migração e os regimes internacionais*. Belo Horizonte: Fórum, 2021. p. 299-311. ISBN 978-65-5518-167-8.

A OBRIGAÇÃO DE EXTRADITAR OU JULGAR NO DIREITO BRASILEIRO

MÁRCIO P. P. GARCIA

> *"(...) seu coração, se ressurgiu por alguns dias, esqueceu na sepultura o sentimento da confiança e a memória das ilusões."*
> Machado de Assis (Ressureição)[1]

O assunto objeto deste artigo relaciona-se com a vetusta e conhecida "máxima" que aponta para a circunstância de que, se um Estado não pode extraditar, ele tem de julgar (*aut dedere aut judicare*). Todo aquele que, por tal ou qual motivo, tratou do tema da cooperação jurídica internacional[2] pela via da extradição já se defrontou com o "preceito". Esse "postulado" ronda a matéria desde pelo menos 1625,

---

1 *Machado de Assis*: obra completa em quatro volumes. v. 1. São Paulo: Nova Aguilar, 2015. p. 307.

2 A respeito da utilização da expressão "cooperação jurídica internacional", vide SILVA, Ricardo Perlingeiro Mendes da. Cooperação jurídica internacional e auxílio direto. *In*: TIBURCIO, Carmen; BARROSO, Luís Roberto (Orgs.). *O direito internacional contemporâneo*: estudos em homenagem ao professor Jacob Dolinger. Rio de Janeiro: Renovar, 2006. p. 797-809.

data da publicação da obra *O direito da guerra e da paz* (*De jure belli ac pacis*),[3] de Hugo Grotius.[4]

Não obstante ser o "brocardo" quase quadricentenário, ainda restam dúvidas no tocante à sua aplicação. Sob esse prisma, proclamar que o tema está exaurido para o conhecimento, quer por convicção, quer por vezo professoral, é esquecer o dito chinês que recorda haver muita sombra onde há muita luz. Com esse pensar, não nos parece coincidência o fato de que tanto a Corte Internacional de Justiça (CIJ) quanto a Comissão de Direito Internacional (CDI) da Organização das Nações Unidas (ONU) há pouco se defrontaram com o assunto – aquela, no contencioso decidido em 2012 envolvendo Bélgica e Senegal (Caso Habré);[5] esta, no estudo que elaborou em 2014 a pedido da Assembleia Geral da ONU, por recomendação da sua Sexta Comissão (jurídica).[6]

O material produzido pelas referidas instituições tem feito as delícias da parcela da Academia que se dedica, mundo afora, ao estudo pormenorizado do direito internacional. O tema revela seu apogeu no ponto em que se relaciona com conceitos mais sofisticados da disciplina no momento presente, que vão dos crimes internacionais e da jurisdição universal, passando pelas obrigações *erga omnes* e normas imperativas (*jus cogens*). Ao tempo em que assentimos com a superlativa importância desses desenvolvimentos, reconhecemos que os desafios jurídicos, técnicos e práticos relacionados com sua adequada aplicação, sobretudo entre nós, fogem do âmbito deste artigo.[7] Também aqui não procederemos à análise exaustiva da referida produção onusiana, que, de resto, já conta com material copioso.[8]

---

3 GROTIUS (2004).

4 Também aqui estimamos válida a orientação de Meron no sentido de que Grotius "*does not need to be introduced to our readers*" (Common rights of mankind in Gentili, Grotius and Suárez. *In*: MERON, Theodor. *War crimes law comes of age*. Oxford: University Press, 1998. p. 123-130, p. 123).

5 Decisão final disponível em: https://www.icj-cij.org/files/case-related/144/144-20120720-JUD-01-00-EN.pdf. Acesso em: 23 abr. 2019.

6 Relatório final disponível em: http://legal.un.org/ilc/texts/instruments/english/reports/7_6_2014.pdf. Acesso em: 23 abr. 2019.

7 Bom começo para reflexão a envolver nosso ordenamento está em: YAMATO, Roberto Vilchez. Tortura e o (possível) caso brasileiro: jurisdição universal e obrigação internacional de processar ou extraditar. *In*: AMARAL JUNIOR, Alberto do; JULIBUT, Liliana Lyra (Orgs.). *O STF e o Direito Internacional dos Direitos Humanos*. São Paulo: Quartier Latin, 2009. p. 289-326.

8 Para além do abundante material encontrável no endereço eletrônico da Comissão, veja-se, de modo especial, Kittichaisaree (2018) e Enache-Brown/Fried (1998). Já em relação ao que decidido pela Corte, sugerimos, entre tantos, Garrod (2018) e Del Negro (2016).

Dito isso, destacamos que o presente trabalho visa, tão só, a contribuir para uma compreensão mais adequada da "locução" *extraditar ou julgar* no ordenamento jurídico brasileiro.[9] Para tanto e após passar por exame, à maneira de introito, sobre o fenômeno da globalização e sua projeção na cooperação jurídica entre Estados em matéria penal, apresentamos considerações, à guisa de desenvolvimento, sobre: a gênese do "princípio" grociano e sua natureza jurídica; a tipologia referente ao seu uso no sistema de direito positivo brasileiro; e o desafio atinente à vedação constitucional que inviabiliza a entrega de nacionais, na forma que especifica (art. 5º, LI, da Constituição Federal – CF).[10] Em conclusão, compartilhamos dúvidas a respeito da aplicação dessa "obrigação" no Brasil e, sobretudo, da sua relação com a proibição constitucional referida, cujo (des)acerto será considerado.

Para encerrar esta apresentação, agradecemos aos organizadores o convite para contribuir com a presente coletânea dedicada à Lei nº 13.445, de 24 de maio de 2017 (Lei de Migração). Nosso objeto, está, de tal ou qual modo, contemplado no Capítulo VIII (Das medidas de cooperação), Seção I (Da extradição), artigos 81 a 99, do referido diploma. É certo que o novo instrumento normativo é silente no tocante à necessidade de julgar na hipótese de não extraditar; não menos certo, entretanto, é que o tema paira, por obrigação, princípio ou costume, sobre toda demanda extradicional.

1 Introdução: sentimento de confiança

A cooperação jurídica em matéria penal entre Estados tem atrás de si longa história. Nos dias de hoje, porém, verifica-se a ampliação dessa modalidade de cooperar à vista da notória internacionalização dos fatos da vida. Nessa ordem de ideias, para iniciar abordagem acerca

[9] Importante registrar, desde logo, que o presente texto não fará releitura exaustiva do instituto da extradição (conceituação, pressupostos, fundamento jurídico, modelos, principiologia, aspectos processuais), salvo quando essencial ao argumento. De um lado, não teríamos nada de útil a acrescentar aos incontáveis trabalhos dedicados ao assunto; de outro, cremos mais adequado poupar o tempo dos eventuais leitores, que, ao modo de Camões, *sabem o como, o quando, e onde as cousas cabem*. Evitamos, dessa maneira, repetições e derramamentos desnecessários.

[10] Art. 5º Todos são iguais perante a lei, sem distinção de qualquer natureza, garantindo-se aos brasileiros e estrangeiros residentes no País, a inviolabilidade do direito à vida, à igualdade, à segurança e à propriedade, nos seguintes termos: (...) LI – nenhum brasileiro será extraditado, salvo o naturalizado, em caso de crime comum, praticado antes da naturalização, ou de comprovado envolvimento em tráfico ilícito de entorpecentes e drogas afins, na forma da lei.

das mudanças verificadas nesse jeito de cooperação nos últimos tempos e seus possíveis reflexos no dever de extraditar e julgar, estimamos apropriado partir do estudo contextualizado do termo "globalização". Isso se dá tendo em conta que ele adquiriu ares de unanimidade, não necessariamente quanto ao seu conteúdo, mas no tocante à sua utilização para explicar fenômenos que transcendem os espaços territoriais dos Estados.

De início, o vocábulo buscava caracterizar nova fase da economia mundial. Com o tempo, ele ingressou em outros domínios. Apesar de fissuras recentes, podemos dizer que a palavra segue na moda. Parece-nos, todavia, acertada a observação de Zygmunt Bauman de que "todas as palavras da moda tendem a um mesmo destino: quanto mais experiências pretendem explicar, mais opacas se tornam".[11] Estimamos, com isso, relevante fixar, ainda que de maneira concisa, seu significado.

Nesse contexto, podemos dizer que uma primeira definição do fenômeno indica que ele compreende o conjunto de trocas econômicas entre distintos atores localizados em diferentes partes do globo. O espaço mundial torna-se, assim, o lugar das transações entre os diferentes povos. Dessa forma, parece certo observar que o processo verificado hoje em dia sucede a outras globalizações (descobrimentos ibéricos, colonização europeia, revolução industrial britânica). O assunto está ligado, também, ao atual estágio tecnológico da humanidade e ao seu impacto sobre a acessibilidade ao espaço físico. A maior facilidade nos deslocamentos globais, a revolução nos meios de comunicação e a velocidade no fluxo de informações verificados no presente incorporaram ao termo novas perspectivas.

Padecemos, no entanto, de conceituação que inclua todas as possibilidades. Como bem observou Tercio Sampaio:

> São múltiplos os sentidos de globalização, ora percebidos pela forma como são afetados os subsistemas sociais (globalização econômica, política, jurídica, religiosa, cultural), ora pelos instrumentos de atuação (globalização tecnológica, organizacional, comunicacional), ora pela alteração das formas de apreensão da realidade, em que espaço e tempo parecem sobrepor-se (globalização territorial, simultaneidade dos eventos em qualquer espaço).[12]

---

[11] BAUMAN, Zygmunt. *Globalização*: as consequências humanas. Rio de Janeiro: Jorge Zahar, 1999. p. 7.

[12] FERRAZ JÚNIOR, Tercio Sampaio. *Estudos de filosofia do direito*: reflexões sobre o poder, a liberdade, a justiça e o direito. São Paulo: Atlas, 2002. p. 285.

Já se definiu o vocábulo na linha da ampliação do relacionamento social em dimensão planetária de modo que eventos ocorridos a muitos quilômetros de distância têm impacto sobre acontecimentos locais e vice-versa.[13] Verifica-se, assim, a "morte" da localização geográfica. Esse enfoque é particularmente importante tanto para o combate à criminalidade organizada transnacional quanto para se evitar a impunidade do crime comum encontrável diuturnamente em todos os quadrantes do planeta e que tem na legislação penal dos Estados um verdadeiro catálogo de possibilidades.

Esse derradeiro aspecto é o que mais interessa para o presente texto. No ponto, convém enfatizar que o Estado segue sendo a pedra de toque do combate ao crime, mesmo num contexto globalizado. Ocorre que a maior facilidade nos deslocamentos globais, o incremento na revolução dos meios de comunicação e o aumento da velocidade no fluxo de informações em escala mundial levaram a uma maior sofisticação tanto do crime quanto do criminoso. Assim, os Estados passaram a cooperar ainda mais na esfera do combate à criminalidade, sobretudo para não permitir que as fronteiras se transformem em convite à impunidade na medida em que determinadas modalidades delitivas venham a transcender e até mesmo a prevalecer sobre elas.

Com isso, amplia-se de maneira significativa a necessidade de os Estados se auxiliarem ainda mais proximamente com vistas ao efetivo exercício do seu dever de lutar contra o crime e a impunidade. Esse encargo, contudo, tem de se dar com observância aos direitos humanos internacionalmente consagrados e às garantias daqueles que são objeto de eventual persecução. Há, portanto, na cooperação interestatal e nos direitos fundamentais dos interessados um equilíbrio delicado, mas absolutamente vital. Em outras palavras, há necessário juízo de ponderação entre governabilidade e manutenção do relacionamento externo em relação à liberdade e ao respeito aos direitos humanos.[14]

No tocante à cooperação em matéria penal, especialistas do assunto reconhecem três níveis de ação. No primeiro, localizam-se as comunicações processuais (citação, notificação e intimação), bem como as medidas de aspecto instrutório (coleta de prova [material, documental e

---

[13] GIDDENS, Anthony. *The consequences of modernity*. Stanford: Stanford University Press, 1990. p. 64.

[14] De maneira, a nosso ver, mais refinada, esse equilíbrio se insere na "distinção entre a perspectiva 'ex parte populi' ¾ a dos que estão submetidos ao poder ¾ e a perspectiva 'ex parte principis' ¾ a dos que detêm o poder" (LAFER, Celso. *A reconstrução dos direitos humanos: um diálogo com o pensamento de Hannah Arendt*. São Paulo: Companhia das Letras, 1988. p. 125).

testemunhal]); em segundo patamar, estariam as providências suscetíveis de causar dano aos envolvidos (embargo, sequestro, arresto, penhora de bens, entrega de objetos); por fim, em plano mais contundente, a extradição (entrega do indivíduo).

Quanto à derradeira modalidade, cumpre destacar que dúvidas foram suscitadas sobre se ela deveria ser incluída no âmbito da cooperação penal interestatal. Alguns estudiosos tanto do campo penal quanto do internacional argumentam que se trata de categoria distinta de relacionamento judicial.[15] Por esse ângulo, o tema seria disciplinado por ramo específico da ciência jurídica, o direito da extradição ou extradicional.

No ponto, parece-nos que os argumentos se baseiam mais na antiguidade desse proceder entre os Estados do que propriamente em razões doutrinárias consistentes. Com efeito, a via extradicional, em que pese ser a mais categórica dos mencionados níveis de ação, é aquela que conta com prática mais assentada. Essa circunstância, porém, não afasta o fato de que ela também se enquadra nos espaços de intercâmbio internacional para o cumprimento extraterritorial de medidas provenientes do Poder Judiciário de outro Estado. Assim, é de cooperação jurídica internacional que se trata.

Os Estados, desde há muito, cooperam entre si com vistas à solicitação da entrega de indivíduo, acusado do cometimento de crime ou já condenado como criminoso, à justiça competente para julgá-lo ou puni-lo.[16] Desse jeito, é imperioso que o inculpado ou condenado por uma infração encontre-se fora do território do Estado requerente e dentro da região do Estado requerido. Cuida-se, portanto, de medida de cooperação internacional por meio da qual um Estado coloca uma pessoa que se encontra sob sua jurisdição aos cuidados da autoridade de outro Estado, por solicitação desse último. Resulta do exposto que a medida respeita, pelo menos, dois princípios primordiais do direito:

---

15 Para maiores desenvolvimentos, v. CERVINI, Raúl; TAVARES, Juarez. *Princípios de Cooperação Judicial Penal Internacional no Protocolo do Mercosul*. São Paulo: Revista dos Tribunais, 2000. p. 42-85.

16 Ocorrências precursoras da atual extradição são encontráveis em diferentes períodos da história da humanidade. Nesse sentido, estimamos válido mencionar o Tratado de Kadesh celebrado no século XIII a.C. entre Ramsés II, do Egito, e Hatusil III, rei dos Hititas. Esse ato pôs fim ao conflito bélico entre os dois reinos. Cuida-se de verdadeiro tratado de paz, que contempla cláusula estipulando a "devolução" de eventuais desertores. Sobre isso, v. QUINTANO RIPOLLÉS, Antonio. *Tratado de derecho penal internacional e internacional penal*. Tomo II. Madri: Instituto Francisco de Vitória, 1957. p. 155. Para outros desdobramentos sobre a evolução histórica do instituto, v. Piombo (1998), p. 115-127.

no campo penal, o da territorialidade; e, na dimensão do direito das gentes, o da soberania.

Esse contexto nos leva a perceber que a cooperação penal internacional está, em derradeira análise, baseada em um genuíno *sentimento de confiança* entre as partes envolvidas. A nosso juízo, inexiste cooperação na qual pairam dúvida, hesitação, incerteza. A fidúcia é, pois, necessária. Esse quadro, porém, pode ser levemente mitigado no campo extradicional. O "princípio" objeto de nossas preocupações aponta nessa direção. Eu confio que você irá extraditar. Todavia, caso isso não aconteça, eu confio que você irá julgar.

Agora, como será visto, mesmo em espaço globalizado, marcado pela crescente internacionalização da vida habitual tanto dos indivíduos quanto dos Estados, esse sentimento coexiste, na cooperação jurídica internacional, com seu oposto. Trata-se da hipótese em que o Estado requerido deixa de extraditar súdito seu pela só circunstância do vínculo de nacionalidade. No ponto, podemos dizer que há confiança *ma non troppo*.

Sobre isso, parece-nos muito atual a resolução, mais que centenária, do Instituto de Direito Internacional (IDI), que assim dispõe: "Entre países cujas legislações criminais repousam sobre bases análogas e que têm confiança mútua em suas instituições judiciárias, a extradição de nacionais seria um meio de assegurar a boa administração da justiça penal, porque se deve considerar como desejável que a jurisdição do *forum delicti commissi* seja, na medida do possível, chamada a julgar" (tradução livre).[17]

Dito isso, podemos avançar na análise da gênese e do caráter jurídico da obrigação de que nos ocupamos, bem como no estudo de seu efetivo emprego no ordenamento jurídico positivado brasileiro. Após, retornaremos à questão da inextradibilidade de brasileiros.

[17] 6ª Resolução adotada pelo IDI na Sessão realizada em Oxford no ano de 1880. O texto original é o seguinte: "*Entre pays dont les législations criminelles reposeraient sur des bases analogues, et qui auraient une mutuelle confiance dans leurs institutions judiciaires, l'extradition des nationaux serait un moyen d'assurer la bonne administration de la justice pénale, parce qu'on doit considérer comme désirable que la juridiction du forum delicti commissi soit, autant que possible, appelée à juger*". Disponível em: http://www.idi-iil.org/app/uploads/2017/06/1880_oxf_03_fr.pdf. Acesso em: 25 abr. 2019.

2 Desenvolvimento

A *gênese* da expressão de que nos ocupamos é uma adequação moderna do axioma jurídico *aut dedere aut punire*. Esse brocardo, que resume o entendimento de Hugo Grotius, foi desenvolvido no citado livro *Direito da Guerra e da Paz*, em passagem que tem o seguinte teor:

> IV. A menos que o punam ou o entreguem. 1. Como os Estados não têm o costume de permitir que outro Estado avance em armas para dentro de suas fronteiras para exercer o direito de punir e que isso não é conveniente, segue-se que o Estado junto ao qual vive aquele que foi convencido de sua falta deve fazer uma dessas duas coisas: se requerido, ele próprio punir o culpado segundo merece ou remetê-lo incondicionalmente ao requerente (...).[18]

Conforme Bassiouni e Wise, essa compreensão já acompanhava o pensamento de alguns juristas que antecederam o mestre neerlandês.[19] Em outras palavras, o conceito já existia, mas Grotius o difundiu. A observação grociana, no entanto, auxilia na instauração de marco cronológico a partir do qual não paira dúvida de que o "brocardo" passou a estar presente no relacionamento interestatal no domínio da cooperação jurídica em matéria penal.

A "fórmula" original *aut dedere aut punire* pode ser assim compreendida: o emprego do verbo *dedere* ("entregar") foi preciso ante a inexistência em latim do verbo "extraditar".[20] Como o instituto da extradição pressupõe a *entrega* – em sentido amplo – de alguém, esse termo latino não perdeu sua vocação.[21] Já o segundo elemento

---

18 *Op. cit.* (Nota 5), Volume 2, Livro II, Capítulo XXI, Seção IV, 1, p. 890-891.

19 BASSIOUNI; WISE, 1995, p. 4.

20 Com efeito, parece correto considerar que a palavra "extradição" foi empregada pela vez primeira no século XVIII, quando da Revolução Francesa. Sobre isso, v.: VIEIR; ALTOLAGUIRRE, 2001, p. 27. O inesgotável Houaiss estabelece, no verbete dedicado ao substantivo, o seguinte: "Etimologia. fr. *extradition* (1763), ex- (lat. ex- 'movimento de dentro para fora') + lat. *traditio, onis* 'ação de enviar, remeter, entregar, mandar entregar', do rad. de *traditum*, supn. de *tradere* 'dar, entregar, passar a outro' (...)" (HOUAISS, Antônio; VILLAR, Mauro de Salles. *Dicionário Houaiss da Língua Portuguesa*. Rio de Janeiro: Objetiva, 2001. p. 1.292).

21 Em sentido estrito, o termo pode ser utilizado como, por exemplo, no Estatuto de Roma do Tribunal Penal Internacional, cujo artigo 102 (Termos usados) assim prescreve: "Para fins do presente Estatuto: a) Por 'entrega', entende-se a entrega de uma pessoa por um Estado ao Tribunal nos termos do presente Estatuto". Esse dispositivo fixa, ainda, que: "b) Por 'extradição', entende-se a entrega de uma pessoa por um Estado a outro Estado conforme previsto em um tratado, em uma convenção ou no direito interno". O Estatuto foi incorporado ao nosso ordenamento jurídico por meio do Decreto nº 4.388, de 25 de setembro de 2002.

da fórmula (*punire*) caiu em desuso. Em derradeira análise, ele parte de um pré-julgamento. Com efeito, há que se considerar que a pessoa visada pode não ter sido condenada (extradição instrutória). Deve, pois, prevalecer o princípio da presunção de inocência. E mais, o pedido pode incorrer em uma das limitações universalmente consagradas de seu indeferimento; assim, por exemplo, aquelas que vedam a extradição por criminalidade política ou de opinião, também nas hipóteses de ausência de dupla incriminação.

Nessa ordem de ideias, invocamos uma vez mais Bassiouni e Wise para recordar o emprego pioneiro da palavra *judicare* (julgar). Segundo eles, a adaptação está no documento final da Conferência de Siracusa sobre Terrorismo e Crimes Políticos, de 1973 (Conclusões e Recomendações).[22] Afigura-se certo dizer, diante da ponderação dos autores mencionados, que foi a partir dessa data que a expressão *aut dedere aut judicare* se fixou no imaginário de todos aqueles que, por tal ou qual motivo, deparam-se com o tema.

Cabe, ainda, uma palavra sobre a variante "entregar ou processar" (*aut dedere aut prosequi*). Os defensores dessa opção sustentam que ela apenas impõe ao Estado requerido o dever de dar início ao processo penal, que pode terminar sem julgamento. Sentem-se, com isso, em melhor companhia da opção por eles endossada. Ocorre que o termo *judicare* alcança, por igual, as fases processuais preliminares. Some-se a isso a circunstância de que, se o processo for julgado, a palavra *judicare* é, com efeito, a mais apropriada. O termo "processar" padece, ainda, do fato de que não abrange eventual execução de sentença. A formulação que ficou consagrada, contudo, não afasta outras igualmente engenhosas e que se valem do latim para expressar essa obrigação. Veja-se, por exemplo: *judicare aut dedere* (julgar ou entregar), *aut dedere aut poenam persequi* (entregar ou buscar punição).[23]

A máxima *aut dedere aut judicare* configura, por conseguinte, parte essencial do sistema de cooperação entre os Estados no campo penal em matéria de extradição. A rigor, ela objetiva prevenir a impunidade e assegurar que os responsáveis por crimes particularmente graves sejam levados à justiça e que, para tanto, haja jurisdição penal para processá-los e, sendo o caso, puni-los. Essa obrigação está, de resto, qualificada tanto no que se relaciona à extradição (*aut dedere*) quanto no

---

[22] *Op. cit.* (Nota 20), p. 4, n. 8.

[23] Para maiores considerações terminológicas, recomendamos: STEENBERGHE, 2011; bem como o Relatório da CDI (Nota 7), parágrafo 3, nota 432.

que diz respeito à eventual necessidade de punir (*aut punire*) mediante julgamento (*aut judicare*) ou processamento (*aut prosequi*).

Logo, diante de um pedido extradicional, o Estado tem duas opções: extradita (*dedere*) ou não extradita (*non dedere*) e, por consequência, age, sendo o caso, na esfera penal (*judicare*). O elemento "casuístico" referido está em que, eventualmente, a hipótese se enquadra em uma das causas de recusa da extradição (por exemplo: ausência de dupla incriminação, criminalidade política, extinção da punibilidade).[24] Esse derradeiro contexto estaria contemplado na expressão *nec dedere nec judicare* (nem entregar nem julgar).

Em relação à *natureza jurídica* do objeto de nossa investigação, lançamos mão no prólogo de inúmeros qualificativos (máxima, preceito, postulado, axioma, brocardo, locução) e o fizemos entre aspas. É que essa sinonímia, encontrável em qualquer dicionário idôneo dedicado ao assunto, não tem significância no plano do direito, embora admissível para qualificação corriqueira do nosso tema.[25]

No entanto, considerando que o emprego desses termos é insuficiente do ponto de vista da dogmática jurídica, falamos, por igual, em princípio, costume e obrigação. Essas possíveis dimensões aproximam-se de uma conceituação mais adequada pela ótica da natureza jurídica da locução. Sobre isso, há argumento pertinente para enquadrar a expressão nessa ou naquela categoria. Há, também, exposição meritória na perspectiva de desautorizar esse ou aquele enquadramento. Não é necessariamente mau que assim seja, essa contraposição é o que torna desafiador o estudo do direito.

Em homenagem à etimologia da palavra, examinaremos, de início, a proposição que sustenta ser a expressão um princípio de direito. Para Humberto Ávila, com quem nos sentimos em muito boa companhia, os princípios são normas finalísticas, prospectivas e com pretensão de complementariedade.[26] Nesse passo, eles visam à promoção de um estado ideal de coisas numa dimensão futura e de forma subsidiária. Na situação em apreço, não há que se falar em incidência imediata e suficiente da máxima em relação à solução de um caso concreto.

Nesse sentido, convém recordar que os princípios constituem importante fundamento para interpretação, integração, harmonia,

---

[24] Vide, no tocante ao Brasil, o disposto no art. 82 da Lei de Migração [Item (iv), B), 6].

[25] No Caso Habré (Nota 6), por exemplo, a CIJ faz referência à "máxima *aut dedere aut judicare*" (parágrafo 92 da sentença).

[26] ÁVILA, Humberto. *Teoria dos princípios*: da definição à aplicação dos princípios jurídicos. São Paulo: Malheiros, 2003. p. 70.

conhecimento e aplicação do direito positivo. Desse modo, Delmas-Marty assevera ser:

> Por sua generalidade e por sua heterogeneidade que esses princípios, vindos de horizontes tão diversos como a moral, a técnica jurídica ou ainda a filosofia política, fazem a unidade – ou, antes, a harmonia, pois não impõem a identidade das regras – de um sistema de direito.[27]

Desse jeito, os princípios se revelam como fonte subsidiária da ciência jurídica. Em derradeira análise, eles objetivam, entre outras coisas, evitar a denegação de justiça pelo juiz na ausência de regra expressa. Assim, a principiologia, reconhecida como fonte secundária do direito, contempla aqueles princípios comumente aceitos pelos povos, exprimindo-se a aceitação no fato de eles se encontrarem consagrados tanto no âmbito doméstico (*in foro domestico*), isto é, no direito interno da generalidade dos Estados, como na prática internacional.

Dessa forma, a expressão *aut dedere aut judicare* pressupõe também uma dimensão principiológica no ramo do direito extradicional, mas não só. É que o estudo da matéria revela, do mesmo modo, a existência de prática estatal, positivada ou não, no sentido de que a expressão em causa vai além do mero ideal de integração e harmonia do sistema. Com isso, ganham ímpeto as correntes de pensamento que propugnam tratar-se de genuína norma consuetudinária, mas sobretudo de norma obrigacional.

No que concerne ao costume, estamos diante de uma das fontes mais importantes do direito internacional. Nas palavras do saudoso Guido Soares, isso é assim "dada a ausência de um centro unificado de produção de normas jurídicas, nas relações internacionais".[28] A eterna dificuldade da norma costumeira (*jus non scriptum*), todavia, reside no fato de ela não ser expressa em ato jurídico internacional. Isso coloca o intérprete na delicada situação de não poder derivar, de maneira direta, de expressão formal da vontade dos sujeitos de direito envolvidos.

Assim, há que se investigar a existência e o alcance da norma no "comportamento" das partes. Essas condutas devem configurar, de acordo com o Estatuto da Corte Internacional de Justiça, "prova de uma prática geral aceita como sendo direito" (art. 38, 1, b). Nesse passo, o processo costumeiro deve reunir dois elementos: (i) material (*consuetudo*), que se manifesta na repetição do ato, na habitualidade da

---

[27] DELMAS-MARTY, Mireille. *Por um direito comum*. São Paulo: Martins Fontes, 2004. p. 79.

[28] SOARES, Guido F. Silva. *Curso de direito internacional público*. São Paulo: Atlas, 2002. p. 81.

conduta; e (ii) psicológico (*opinio juris sive necessitatis*), que se reflete na convicção do direito ou da necessidade.

O costume apresenta, pois, características próprias. Ele se apoia na certeza da existência de uma regra e é resultado de ações provenientes dos sujeitos de direito, e não de ato jurídico formal. O processo de surgimento é descentralizado e não possui cronologia precisa. Outro aspecto relevante é o que se vincula ao ônus probante, de responsabilidade da parte que o invoca. Fácil concluir, com isso, que a identificação da norma não escrita é tarefa complexa.

Essas as circunstâncias, a CDI chegou à conclusão, em seu já referido relatório,[29] de que a máxima extraditar ou julgar ainda não se tornou norma consuetudinária de direito internacional, quer geral, quer regional.[30] O colegiado decidiu que a prática dos Estados ainda não corrobora esse entendimento.[31]

A CIJ, por seu turno, não discutiu no precedente referido o caráter consuetudinário do *aut dedere aut judicare*. O principal órgão judiciário das Nações Unidas ateve-se ao caso concreto e apreciou, tão só, a natureza da obrigação à vista do disposto na Convenção Contra a Tortura e Outros Tratamentos ou Penas Cruéis, Desumanos ou Degradantes.[32]

Nesse passo, o adensamento das relações internacionais levou os sujeitos de direito das gentes a buscar maior precisão jurídica em seu relacionamento também no campo da cooperação jurídica em matéria penal. Tem início, com isso, esforço de negociação de tratados tanto na esfera bilateral quanto na multilateral, que contemplam a obrigação de extraditar ou julgar. Assim que, nos dias de hoje, a norma *aut dedere aut judicare* encontra expressão em numerosos tratados. No plano multilateral, seu emprego pioneiro ocorreu na Convenção Internacional para a Repressão da Moeda Falsa, Protocolo e Protocolo Facultativo, de 1929.[33]

Do exposto, estamos em que nossa expressão se revela na forma de uma *obrigação convencional*. Ela tem, com isso, fundamento em

---

[29] V. Nota 6, parágrafos 49 a 55, p. 16 e 17.

[30] *Op. cit.*, parágrafo 53, p. 17 ("*The Commission (...) has found that the obligation to extradite or prosecute has not become or is not yet crystallising into a rule of customary international law, be it general of regional one*").

[31] A doutrina, como sói acontecer, divide-se. A título de exemplo, Hammeed (2015) não considera norma consuetudinária; já Steenberghe (2011), sim.

[32] Vide item (iv), C), 5, deste trabalho. O deslocamento topográfico dos textos objetivou evitar transcrições na parte dispositiva deste artigo, bem como facilitar a leitura em conjunto do acervo normativo em questão.

[33] Vide item (iv), C), 1.

norma proveniente de tratado ou até mesmo dos termos de eventual declaração de reciprocidade.[34] Assim, por força dessa obrigação, na hipótese de o Estado requerido não dar seguimento a um pedido de extradição, ele deve julgar o extraditando, tal como expresso no ato internacional aplicável, no intuito de assegurar a efetividade da cooperação interestatal e evitar a impunidade. E mais, o Estado em causa pode ser internacionalmente responsabilizado na hipótese de não o fazer.[35] Eventual omissão quanto a essa obrigação produz consequências.

Com isso, uma vez que o Estado esteja vinculado a outro, por força de tratado ou declaração de reciprocidade, e tendo se obrigado a conceder a extradição, esse contexto dá ao requerente o direito de pedir a extradição e, ao requerido, a obrigação de concedê-la, nos termos na norma aplicável. Inexistente fundamento jurídico para o pedido, não há que se falar em obrigação jurídica de conceder a extradição nem de exigi-la.

Entretanto, a regra convencionalmente fixada não é, em geral, unívoca. Com efeito, verifica-se expressiva falta de consistência nos dispositivos que cuidam da matéria. Eles variam tanto na formulação quanto no conteúdo e abrangência da obrigação de extraditar ou julgar. Com isso, a obrigação em análise não implica, de maneira essencial, que o Estado requerido dará curso aos procedimentos tendentes a iniciar quer o processo quer o julgamento do acusado na eventualidade de não extraditar. Menos ainda que o inculpado será punido. Assim, por exemplo, na hipótese em que o conjunto probatório se revele insuficiente ou que o responsável pela acusação não queira agir.

Isso posto e na consideração de que este trabalho está focado na aplicação no Brasil da obrigação de extraditar ou julgar, empreendemos pesquisa com vistas ao levantamento de eventual tipologia das formas de cumprimento do *aut dedere aut judicare* em nosso sistema de direito positivo. O resultado corrobora o entendimento referido de que a obrigação se revela inconsistente em sua formulação. Há de tudo um pouco.

Nessa perspectiva, o item (iv) deste artigo traduz essa variabilidade. Desse modo, por exemplo, na impossibilidade de entregar

---

[34] Como referido na abertura deste trabalho, não nos ocuparemos aqui, pelos motivos declinados, da perspectiva atinente aos crimes internacionais e à jurisdição universal. Nesses domínios, a obrigação em estudo pode ter o caráter de norma imperativa (*jus cogens*).

[35] Sobre isso, veja-se, uma vez mais, o Caso Habré (Nota 6). No que interessa, a decisão precreve: "*Extradition is an option offered to the State by the Convention, whereas prosecution is an international obligation under the Convention, the violation of which is a wrongful act engaging the responsibility of the State*" (parágrafo 95).

o extraditando, o Estado requerido "é obrigado a julgá-lo"; "terá a obrigação de"; "obrigar-se-á a"; "poderá apresentar o caso perante as autoridades competentes"; "considerará a possibilidade de"; "deverá submeter"; "submeterá"; "adotará as medidas apropriadas"; "estará obrigado a"; "submeterá, a pedido da Parte requerente,"; "ficará obrigado a"; "instaurará procedimento penal"; "compromete-se a" etc. Como se constata, as mutações são a símile do infinito.

Com isso, podemos perceber nos atos internacionais a que a República está vinculada que o teor da cláusula obrigacional referente ao *aut dedere aut judicare* é a menos uniforme possível: de um lado, a distinção da fonte de produção normativa (diferentes atores), bem assim certo ranço de época (aspecto cronológico); de outro, o conflito entre o desejo de cooperar e o princípio da soberania estatal. Esse antagonismo se revela mais acentuado relativamente à proteção de nacionais. Ao menos no caso brasileiro, esse parece ser o maior desafio para a correta e efetiva execução da norma obrigacional.

Sobre isso, cumpre destacar que a inextradibilidade de nacionais constitui princípio tradicional do direito da extradição, que só recentemente começou a ser mitigado. Ele tem origem na soberania dos Estados sobre os seus súditos e nas obrigações recíprocas que os unem,[36] mas também na falta de confiança nos sistemas jurídicos de seus pares na cena internacional. Logo, entre os motivos invocados como justificação para esse agir constam: a) o dever do Estado de proteger seus nacionais; b) o direito do súdito de habitar seu próprio país; c) a dificuldade de defesa em tribunais estrangeiros; e d) a falta de imparcialidade da justiça estrangeira.

Os argumentos, porém, não se sustentam. A tese fundada na alegação da soberania, por si só, não merece avançar nos dias de hoje, tampouco o tema da necessária imparcialidade da justiça estrangeira. Caso uma desconfiança justifique a recusa da extradição, ela, em tese, deveria respaldar a todos, não apenas aos nacionais. Com efeito,

---

[36] No ponto, Vattel oferece leitura própria do século XVIII e que ainda hoje está presente em determinado saudosismo ultrapassado do conceito de soberania absoluta do Estado. O diplomata e jurista helvético sustenta que: "Se uma Nação é obrigada a conservar-se a si mesma, ela não está menos obrigada a preservar cuidadosamente a vida de seus membros. Ela se obriga para consigo mesma, porque perder algum de seus membros significa enfraquecer e prejudicar sua própria conservação. Ela deve também a mesma obrigação para com seus membros em particular em consequência do próprio ato de associação, pois os que compõem uma Nação, o fizeram para a sua defesa mútua e próprio bem-estar, e desde que uma pessoa respeite as condições da associação, ela não pode ser privada dessa união e dos benefícios que dela decorrem" (VATTEL, Emer de. *O direito das gentes*. Brasília: Editora Universidade de Brasília, 2004. p. 21).

pairando dúvida sobre o sistema jurídico do Estado requerente, a parte requerida não deveria dar curso ao pedido. Ela, no entanto, teria de proceder conforme disposto na norma convencional, acaso existente, no tocante à obrigação de julgar.

Considerando a excelência da argumentação, vamos nos permitir transcrição mais alongada de autor que faz, a nosso juízo, a crítica mais abalizada e elegante dessa proibição. Cuida-se do seguinte trecho de Clóvis Beviláqua:

> (...)
> 1. O juiz natural do delinquente é o do logar onde a lei foi infringida, porque, no theatro do crime, é que se podem colher as provas delle e ahi é que a repressão se deve fazer sentir, como a natural reação do organismo social, que, atacado, se defende.
> 2. É direito do Estado punir os indivíduos que, dentro de seu território, atentam contra a ordem jurídica. Se outro Estado concede asylo aos criminosos, que a justiça do primeiro persegue, cerceia-lhe esse direito, impede-o de desenvolver, quanto podia, a defesa de sua organização social. O asylo limitado aos nacionais do Estado de refugio restringe o impecilho alegado, é certo, mas não deixa o impecilho de existir, porque podia ser maior. E, quando se observa que o asylado, muitas vezes, é um indivíduo que, desde muitos annos, deixou a pátria sem intenção de voltar, e só a procura, porque sabe que, assim, levantará uma barreira à justa repressão, em que incorreu, sente-se bem quanto é fugidio o fundamento, em que assenta a excepção do nacionalismo, em materia de extradição.
> 3. Suppõe-se que a dignidade nacional seria offendida, se fosse entregue, á justiça estrangeira, um indivíduo, que se veio abrigar no regaço materno da patria. Esse argumento procede de um equivoco. A dignidade nacional não está em jogo, neste caso. Não se comprehende que ella se offenda, porque o criminoso conseguiu fugir á justiça do Estado, que o reclama, e se não offenda, quando esse mesmo criminoso soffre a punição, porque não tentou ou não poude escapar. Outr'ora, os potentados políticos se julgavam desprestigiados, se qualquer criminoso, que se acolhera á sua protecção, era apanhado nas malhas da polícia. Mas as nações cultas não podem ter o mesmo conceito de dignidade nem o mesmo sentimento de justiça desses rudes mandões.
> A extradição não é imposta ao Estado. Solicitam-lhe a entrega do delinquente, e é de acordo com as suas leis, respeitada a sua soberania, que elle attenderá ao pedido. Se o seu Governo ou, o que é melhor, o seu poder judiciário examina o pedido, antes de attender a elle, onde o melindre nacional offendido?

> 4. O asylo, insistem, não será a impunidade porque o delinquente poderá ser punido na sua patria. Mas de accordo com que lei? De accordo com a lei da patria do delinquente, como se a lei penal pudesse ser pessoal? Um tal processo nem offerece garantias á justiça offendida, nem ao próprio delinquente. A lei penal violada é que deve reagir contra o criminoso, os elementos de convicção é no logar do delicto que se devem colher. Mas, ahi mesmo, é que o acusado poderá encontrar a sua melhor defeza, em testemunhas, em factos, e em circumstancias que, consideradas á distancia, poderão perder de valor. A jurisdicção do logar do delicto é a que oferece melhores garantias de justiça.
> Fugir-lhe, sob o fundamento de que o accusado veio procurar refugio em sua patria, só póde significar que a organização da justiça do paiz, em que o delicto foi praticado, não inspira confiança.
> Mas essa desconfiança não deverá mais existir, em nossos dias, quanto ás nações do Occidente, e será enfraquecer a energia necessária á reacção contra o crime, arrancar o criminoso ao juiz natural, como será afrouxar os laços da solidariedade internacional, mostrar um Estado que não acredita na justiça dos tribunaes do outro, não em um caso concreto e post facto, mas de um modo geral, e de ante-mão.[37]

Em linhas gerais, as alegações do jurisconsulto cearense seguem sendo pertinentes, mesmo passados 80 anos da sua manifestação. É, pois, a desconfiança dos Estados no tocante aos sistemas judiciários estrangeiros que constitui o principal fundamento, ainda que não declarado, para a recusa da extradição de nacionais na atualidade.

A tabela produzida pela Biblioteca do Congresso dos Estados Unidos da América (*Library of Congress*)[38] dá notícia da "situação de desconfiança" (*a priori*) em 157 jurisdições estrangeiras. Extraímos dos dados fornecidos que em pelo menos 60 países os nacionais não são extraditados. Exame mais detalhado permite constatar que, em regra, os Estados da tradição romano-germânica do direito favorecem a não extradição de seus nacionais, e os da *common law* não opõem vedação explícita. Argumenta-se que a razão de ser dessa diferença está, sobretudo, em que o direito anglo-saxão não concebe a ideia de julgar em seu território nacional quem tenha praticado crime no exterior. Nesses países, as jurisdições criminais são essencialmente

[37] BEVILAQUA, Clovis. *Direito publico internacional*: a synthese dos princípios e a contribuição do Brasil. 2. ed. t. 2. Rio de Janeiro: Freitas Bastos, 1939. p. 118-120.

[38] Documento produzido pela *Global Legal Research Center* da *The Law Library of Congress*. Disponível em: https://www.loc.gov/law/help/extraditio-of-citizens/extradition-of-citizens-chart.pdf. Acesso em: 15 mar. 2019.

territoriais. Em resumo, eles não têm norma assemelhada ao art. 7º do nosso Código Penal.

Na história constitucional brasileira, somente a Constituição do Império e a da República de 1891 não cuidaram do assunto. A proibição surge, de forma "terminante e solene",[39] a partir de 1934 e daí sucessivamente. A vedação constitucional era absoluta até 1988, quando passou a comportar exceções (Art. 5º, LI, segunda parte).[40] Sobre isso, Artur Souza faz reparo irrepreensível no sentido de que a inovação representa uma discriminação, *in pejus*, ao brasileiro naturalizado.[41]

Para tornar as coisas ainda mais dificultosas, o dispositivo constitucional referido é considerado cláusula pétrea por número expressivo de doutrinadores. Não somos dessa opinião. É que não nos parece que se trata de uma garantia inalienável do nacional brasileiro. Tanto é assim que o próprio legislador constituinte abrandou o rigor da regra por meio da "discriminação" referida.

Para além disso, estamos em que o vínculo jurídico-político entre um indivíduo e o Brasil assegura ao seu detentor proteção para os casos de: manifesta violação dos direitos e garantias fundamentais do brasileiro perseguido por outro país pelo eventual cometimento de crime; denegação de justiça no estrangeiro; e injustiça evidente e palpável. Nessa lógica, Antonio Cassese propõe até mesmo o descumprimento de tratado de extradição para os casos de potencial violação de uma norma imperativa.[42] Com isso, estaria protegido o nacional nas situações em que ele deveria estar protegido. Do contrário, partilhamos das citadas observações de Beviláqua.

3 Conclusão: memória das ilusões

De todo o exposto, é de se ver que a aplicação da máxima *aut dedere aut judicare* não está consolidada entre nós. A amostragem do nosso direito positivo levada em conta neste estudo reflete essa situação. É certo que dispomos de norma assecuratória da jurisdição para fatos

[39] V. RUSSOMANO, 1981, p. 104.

[40] No plano infraconstitucional, já convivemos com legislação que autorizava a extradição de nacionais [item (iv), B), 1].

[41] SOUZA, 1998, p. 133.

[42] (...) *the possible violation of a peremptory norm, for instance those against torture or persecution on racial, religious, or ethnics grounds, would authorize a State not to comply with an extradition treaty under which it would otherwise be obliged to extradite an individual* (CASSESE, Antonio. *International law*. Oxford: University Press, 2001. p. 144).

acontecidos fora do espaço territorial brasileiro. Cuida-se do art. 7º do Código Penal. Possuímos, ainda, regra de outorga de competência, consubstanciada no art. 88 do Código de Processo Penal.

Não menos certo, porém, é a existência de vazio normativo no tocante aos desdobramentos dessa obrigação. Assim, por exemplo, possível admissão de observadores do Estado interessado; cooperação quanto a aspectos processuais (*e.g.*: modo de obtenção de prova a fim de afastar eventual alegação de ofensa à lei); previsão de métodos detalhados de assistência judiciária entre as partes; maneiras formais de encaminhamento do pedido à autoridade doméstica competente para dar curso ao processo; meios oficiais de transmissão de informação ao Estado preterido; possível consideração atinente ao alargamento da pauta prescricional tendo em mente as distâncias e os idiomas envolvidos. Enfim, são muitas as vertentes a merecer atenção, sobretudo, do legislador futuro.

Por fim, cabe lembrar a circunstância de que, no Brasil, a obrigação de extraditar ou julgar volta-se mais, à vista da proibição constitucional, para os casos em que os eventuais incriminados são brasileiros. No ponto, o aperfeiçoamento do marco legislativo infraconstitucional como antes referido pode ajudar no combate à possível denegação de justiça que venha a favorecer a impunidade. Em relação ao texto constitucional, estamos em que ele deveria ser reapreciado. Deveríamos avaliar a hipótese de abrandar o rigor da norma proibitiva. Nesse passo, por exemplo, admitir a extradição de nacionais (natos e naturalizados) tendo presentes tanto a reciprocidade de tratamento quanto a prévia manifestação judiciária relacionada com os direitos e garantias fundamentais do perseguido.

É nesse rumo que têm caminhado outras jurisdições. Veja-se, por exemplo, o que prescreve a Carta dos Direitos Fundamentais da União Europeia: "Ninguém pode ser afastado, expulso ou extraditado para um Estado onde ocorra sério risco de ser sujeito a pena de morte, a tortura ou a outros tratos ou penas desumanos ou degradantes" (artigo 19, 2). De outra forma, ante virtual ausência das "garantias suficientes de imparcialidade e retidão",[43] o Estado requerido indefere a solicitação extradicional e considera processar e julgar o inculpado em seu território, seja ele nacional ou não.

[43] Expressão de Lafayette Rodrigues Pereira (*Princípios de direito internacional*. t. 1. Rio de Janeiro: Jacintho Ribeiro dos Santos, editor, 1902. p. 236).

Isso é uma coisa, outra é não extraditar o inculpado pela só circunstância do vínculo de nacionalidade. Para além da desconfiança *a priori* do ordenamento jurídico estrangeiro, parte-se da *ilusão* de que nosso sistema jurídico é necessariamente mais bem equipado para se fazer justiça no caso concreto. Com o devido respeito, isso é uma quimera. Nesse sentido, o Índice de Confiança na Justiça Brasileira (ICJBrasil), produzido pela Escola de Direito de São Paulo da Fundação Getúlio Vargas, aponta que o Judiciário desfruta de apenas 29% da confiança da população.[44]

Essa circunstância é referida, de passagem, para não embarcarmos no devaneio de que, ao não entregar brasileiro passível de extradição, ele será "devidamente" processado e julgado entre nós. Some-se a isso o elevado grau de impunidade verificado entre nós. Para ficar em único número, podemos invocar relatório do Conselho Nacional do Ministério Público que dá notícia, por exemplo, de que apenas entre 5% e 8% dos homicídios no país são solucionados.[45]

Referências

AMARAL JÚNIOR, Alberto do. *O direito internacional em movimento*: jurisprudência internacional comentada: Corte Internacional de Justiça e Supremo Tribunal Federal. Brasília: IBDC, 2016. p. 184-208.

BASSIOUNI, Cherif; WISE, Edward M. *Aut dedere aut judicare*: the duty to extradite of prosecute in international law. Dordrecht: Kluwer, 1995.

BUCHO, José Manuel da Cruz *et al*. *Cooperação internacional penal*: extradição e transferência de pessoas condenadas. v. 1. Lisboa: Centro de Estudos Judiciários, 2000.

COSTA, Miguel João. *Dedere aut judicare?* A decisão de extraditar ou julgar à luz do direito português, europeu e internacional. Coimbra: Instituto Jurídico da Faculdade de Direito, 2014.

DEL NEGRO, Guilherme. Questões relativas à obrigação de processar ou extraditar (Bélgica vs. Senegal), (20 de julho de 2012). *In*: RORIZ, João Henrique Ribeiro; ENACHE-BROWN, Colleen; FRIED, Ari. Universal crime, jurisdiction and duty: the obligation of *aut dedere aut judicare* in international law. *McGill Law Journal*, v. 43, pp. 613-633, 1998.

GARROD, Matthew. Unraveling the confused relationship between treaty obligations to extradite or prosecute and 'universal jurisdiction' in the light of the *Habré Case*. *Harvard International Law Journal*, v. 59, n. 1, p. 125-196, 2018.

---

[44] Sobre isso, v.: https://portal.fgv.br/noticias/indice-confianca-judiciario-aponta-apenas-29-populacao-confia-justica. Acesso em: 2 maio 2019.

[45] Disponível em: http://www.cnpmp.mp.br/portal/images/stories/Enasp/relatoiro_enasp_FINAL.pdf. Acesso em: 12 abr. 2019.

GROTIUS, Hugo. *O direito da guerra e da paz*. 2. v. Ijuí: Ed. Unijuí, 2004.

HAMEED, Usman. *Aut dedere aut judicare* (extradite or prosecute) obligation –whether a duty rooted in customary international law?. *International Journal of Humanities and Social Science*, v. 5, n. 9 (1), p. 239-248, 2015.

KELLY, Michael J. Cheating justice by cheating death: the doctrinal collision for prosecuting foreign terrorists – passage of *aut dedere aut judicare* into costumary law & refusal to extradite based on the death penalty. *Arizona Journal of International and Comparative Law*, v. 20, n. 3, p. 491-532, 2003.

KITTICHAISAREE, Kriangsak. *The obligation to extradite or prosecute*. Oxford: University Press, 2018.

LISBOA, Carolina Cardoso Guimarães. *A relação extradicional no direito brasileiro*. Belo Horizonte: Del Rey, 2001.

PIOMBO, Horacio Daniel. *Tratado de la extradición*: internacional e interna. v. 1. Buenos Aires: Depalma, 1998.

RABBAT, Paul. *Aut dedere aut judicare*: constitutional prohibitions on extradition and the Statute of Rome. *Revue Québécoise de Droit International*, v. 15, n. 1, p. 179-204, 2002.

RUSSOMANO, Gilda Maciel Correia Meyer. *A extradição no direito internacional e no direito interno brasileiro*. 3. ed. São Paulo: Revista dos Tribunais, 1981.

SOUZA, Artur de B. Gueiros. *As novas tendências do direito extradicional*. Rio de Janeiro: Renovar, 1998.

STEENBERGHE, Raphaël van. The obligation to extradite or prosecute: clarifying its nature. *Journal of International Criminal Justice*, v. 9, p. 1.089-1.116, 2011.

VIEIRA, Manuel A.; ALTOLAGUIRRE, Carlos G. *La extradición desde sus orígenes hasta nuestros dias*. Montevidéu: Fundación de Cultura Universitaria, 2001.

WISE, Edward M. *Aut dedere aut judicare*: the duty to prosecute or extradite. *In*: BASSIOUNI, M. Cherif. *International Criminal Law*: procedural and enforcement mechanisms. 2. ed. v. II. Nova York: Transnational Publishers, 1999. p. 15-29

AMOSTRA DA TIPOLOGIA BRASILEIRA[46]

A) Legislação constitucional

1. Constituição de 1934

Art. 113. A Constituição assegura a brasileiros e a estrangeiros residentes no País a inviolabilidade dos direitos concernentes à liberdade, à subsistência, à segurança individual e à propriedade, nos termos seguintes:
(...)
31) Não será concedida a Estado estrangeiro extradição por crime político ou de opinião, nem, em caso algum, de brasileiro.

2. Constituição de 1937

Art. 122. A Constituição assegura aos brasileiros e estrangeiros residentes no País o direito à liberdade, à segurança individual e à propriedade, nos termos seguintes:
(...)
12) Nenhum brasileiro poderá ser extraditado por governo estrangeiro.

---

[46] Optamos por seguir ordem hierárquica e cronológica dos diplomas legislativos, bem como manter tanto a grafia quanto a forma encontrável no documento oficial (por exemplo: Art., artigo, ARTIGO, Artigo, ARTIGO). Os negritos foram acrescidos.

3. Constituição de 1946

Art. 141. A Constituição assegura aos brasileiros e aos estrangeiros residentes no País a inviolabilidade dos direitos concernentes à vida, à liberdade, à segurança individual e à propriedade, nos termos seguintes:
(...)
§33. Não será concedida a extradição de estrangeiro por crime político ou de opinião e, em caso nenhum, a de brasileiro.

4. Constituição de 1967

Art. 150. A Constituição assegura aos brasileiros e aos estrangeiros residentes no País a inviolabilidade dos direitos concernentes à vida, à liberdade, à segurança e à propriedade, nos termos seguintes:
(...)
§19. Não será concedida a extradição de estrangeiro por crime político ou de opinião, nem em caso algum, a de brasileiro.

5. Constituição de 1969 (Emenda Constitucional nº 1, de 17 de outubro de 1969)

Art. 153. A Constituição assegura aos brasileiros e aos estrangeiros residentes no País a inviolabilidade dos direitos concernentes à vida, à liberdade, à segurança e à propriedade, nos termos seguintes:
(...)
§19. Não será concedida a extradição do estrangeiro por crime político ou de opinião, nem, em caso algum, a de brasileiro.

6. Constituição de 1988

Art. 5º Todos são iguais perante a lei, sem distinção de qualquer natureza, garantindo-se aos brasileiros e aos estrangeiros residentes no País a inviolabilidade do direito à vida, à liberdade, à igualdade, à segurança e à propriedade, nos seguintes termos:
(...)
LI – nenhum brasileiro será extraditado, salvo o naturalizado, em caso de crime comum, praticado antes da naturalização, ou de comprovado envolvimento em tráfico ilícito de entorpecentes e drogas afins, na forma da lei.

B) Legislação infraconstitucional

1. Lei nº 2.416, de 28 de junho de 1911, que regula a extradição de nacionais e estrangeiros e o processo e julgamento dos mesmos, quando, fora do paiz, perpetraream algum dos crimes mencionados nesta lei. REVOGADA

> Art. 1° É permitida a extradição de nacionais e estrangeiros
> §1° A extradição de nacionais será concedida quando, por lei ou tratado, o paiz requerente assegurar ao Brasil a reciprocidade de tratamento.
> §2° A falta de reciprocidade não impedirá a extradição no caso de naturalização posterior ao facto que determinar o pedido do paiz onde a infracção for commettida.

2. Decreto-Lei nº 394, de 28 de abril de 1938, que regula a extradição. REVOGADO

> Art. 1° (...)
> §2° Negada a extradição de brasileiro, este será julgado no país, se o fato contra ele arguido constituir infração segundo a lei brasileira. Se a pena estipulada na lei brasileira for mais grave do que a do Estado requerente, será a mesma reduzida nesta medida
> Do mesmo modo proceder-se-á, quando for o caso, se negada a extradição do estrangeiro.
> §3° Nos casos do parágrafo anterior, serão solicitados ao Governo requerente os elementos de convicção para o processo e julgamento, sendo-lhes depois comunicada a sentença ou resolução definitiva.
> (...)
> Art. 18. Poderá ser processado e julgado no Brasil o nacional ou estrangeiro que, em território estrangeiro, perpetrar crime contra brasileiro e ao qual comine a lei brasileira pena de prisão de dois (2) anos, no mínimo.
> §1°. O processo contra o nacional ou estrangeiro, nesse caso, só será iniciado mediante requisição do Ministério da Justiça e Negócios Interiores ou queixa da parte, quando, nos casos em que a extradição é permitida, não for ela solicitada pelo Estado em cujo território for cometida a infração.
> §2°. Não serão levados a efeito o processo e o julgamento pelos crimes referidos neste artigo, se os criminosos já houverem sido, em país estrangeiro, absolvidos, punidos ou perdoados por tais crimes ou se o crime já estiver prescrito, segundo a lei mais favorável. O processo e julgamento não serão obstados por sentença ou qualquer ato de autoridade estrangeira. Todavia, será computado no tempo de pena a prisão que no estrangeiro tiver, por tais crimes, sido cumprida.

3. Decreto-Lei nº 2.848, de 7 de dezembro de 1940, Código Penal.

Art. 7º Ficam sujeitos à lei brasileira, embora cometidos no estrangeiro:
(...)
II – os crimes:
a) que, por tratado ou convenção, o Brasil se obrigou a reprimir:
b) praticados por brasileiros;
(...)
§2º Nos casos do inciso II, a aplicação da lei brasileira depende do concurso das seguintes condições:
a) entrar o agente no território nacional;
b) ser o fato punível também no país em que foi praticado;
c) estar o crime incluído entre aqueles pelos quais a lei brasileira autoriza a extradição;
d) não ter sido o agente absolvido no estrangeiro ou não ter aí cumprido a pena;
e) não ter sido o agente perdoado no estrangeiro ou, por outro motivo, não estar extinta a punibilidade, segundo a lei mais favorável.
§3º A lei brasileira aplica-se também ao crime cometido por estrangeiro contra brasileiro fora do Brasil, se, reunidas as condições previstas no parágrafo anterior:
a) não foi pedida ou foi negada a extradição;
(...)

4. Decreto-Lei nº 3.689, de 3 de outubro de 1941, Código de Processo Penal.

CAPÍTULO VIII – Disposições Especiais
Art. 88. No processo por crimes praticados fora do território brasileiro, será competente o juízo da Capital do Estado onde houver por último residido o acusado. Se este nunca tiver residido no Brasil, será competente o juízo da Capital da República.

5. Lei nº 6.815, de 19 de agosto de 1980, que define a situação jurídica do estrangeiro no Brasil, cria o Conselho Nacional de Imigração. REVOGADA.

Art. 77. Não se concederá a extradição quando:
I – se tratar de brasileiro, salvo se a aquisição dessa nacionalidade verificar-se após o fato que motivar o pedido;

6. Lei nº 13.445, de 24 de maio de 2017, que institui a Lei de Migração.

Art. 82. Não se concederá a extradição quando:
I – o indivíduo cuja extradição é solicitada ao Brasil for brasileiro nato;

II – o fato que motivar o pedido não for considerado crime no Brasil ou no Estado requerente;
III – o Brasil for competente, segundo suas leis, para julgar o crime imputado ao extraditando;
IV – a lei brasileira impuser ao crime pena de prisão inferior a 2 (dois) anos;
V – o extraditando estiver respondendo a processo ou já houver sido condenado ou absolvido no Brasil pelo mesmo fato em que se fundar o pedido;
VI – a punibilidade estiver extinta pela prescrição, segundo a lei brasileira ou a do Estado requerente;
VII – o fato constituir crime político ou de opinião;
VIII – o extraditando tiver de responder, no Estado requerente, perante tribunal ou juízo de exceção; ou
IX – o extraditando for beneficiário de refúgio, nos termos da Lei n° 9.474, de 22 de julho de 1997, ou de asilo territorial.
(...)
§3° – Para a determinação da incidência do disposto no inciso I, será observada, nos casos de aquisição de outra nacionalidade por naturalização, a anterioridade do fato gerador da extradição.
(...)
§5° – Admite-se a extradição de brasileiro naturalizado, nas hipóteses previstas na Constituição Federal.
C) Tratados multilaterais aos quais o Brasil está vinculado.

7. Decreto n° 18.871, de 13 de agosto de 1929, que promulga a Convenção de Direito Internacional Privado – Código Bustamante (Havana).

Artigo 345. Os Estados contratantes não estão obrigados a entregar seus nacionais. O país que se negue a entregar seu nacional está obrigado a julgá-lo.

8. Decreto n° 3.074, de 14 de setembro de 1938, que promulga a Convenção Internacional para a Repressão da Moeda Falsa, Protocolo e Protocolo Facultativo, firmados em Genebra a 20 de abril de 1929.

Artigo 9.
Os estrangeiros que cometeram, no estrangeiro, os atos previstos no artigo 3 e que se encontrem no território de um país cuja legislação interna admite, como regra geral, o princípio da perseguição de infrações cometidas no estrangeiro, devem ser punidos como si o ato houvesse sido cometido no território desse país.
A obrigação da perseguição é submetida a condição de que a extradição tenha sido pedida e que o país requerido não possa entregar o inculpado, por uma razão não relacionada com o ato.

9. Decreto nº 42.121, de 21 de agosto de 1957, que promulga as Convenções concluídas em Genebra, a 12 de agosto de 1949, destinada a proteger as vítimas da guerra [1. Convenção para a melhoria da sorte dos feridos e enfermos dos exércitos em campanha; (artigo 49); 2. Convenção para a melhoria da sorte dos feridos, enfermos e náufragos das forças armadas no mar (Artigo 50); 3. Convenção relativa ao tratamento dos prisioneiros de guerra (Artigo 129); e 4. Convenção relativa a proteção dos civis em tempo de guerra (Artigo 146)].

> Capítulo IX – Da Repressão dos Abusos e Infrações
> Artigo 49
> (...)
> Cada Parte Contratante terá a obrigação de procurar as pessoas acusadas de terem cometido, ou dado ordem de cometer, qualquer das infrações graves, devendo fazê-las comparecer perante seus próprios tribunais, seja qual for a sua nacionalidade. Poderá também se preferir e de acordo com condições previstas em sua própria legislação, entregar as referidas pessoas, para que sejam julgadas a uma outra Parte Contratante interessada na ação, contanto que esta última tenha apresentado contra elas provas suficientes.

10. Decreto nº 70.201, de 24 de fevereiro de 1972, que promulga a Convenção para a Repressão ao Apoderamento Ilícito de Aeronaves (Haia).

> ARTIGO 7º
> O Estado contratante em cujo território o suposto criminoso for encontrado, se não o extraditar, obrigar-se-á, sem qualquer exceção, tenha ou não o crime sido cometido no seu território, a submeter o caso às suas autoridades competentes para o fim de ser o mesmo processado. As referidas autoridades decidirão do mesmo modo que no caso de qualquer crime comum, de natureza grave, sujeito à lei do mencionado Estado.

11. Decreto nº 40, de 15 de fevereiro de 1991, que promulga a Convenção Contra a Tortura e Outros Tratamentos ou Penas Cruéis, Desumanos ou Degradantes.

> ARTIGO 7
> 1. O Estado Parte no território sob a jurisdição do qual o suposto autor de qualquer dos crimes mencionados no Artigo 4º for encontrado, se não o extraditar, obrigar-se-á, nos casos contemplados no Artigo 5º, a submeter o caso as suas autoridades competentes para o fim de ser o mesmo processado.
> (...)

12. Decreto nº 154, de 26 de junho de 1991, que promulga a Convenção Contra o Tráfico Ilícito de Entorpecentes e Substâncias Psicotrópica (Viena).

Artigo 6 – Extradição
(...)
9 – Sem prejuízo do exercício de qualquer jurisdição estabelecida em conformidade com seu direito interino, a Parte em cujo território se encontre um suposto delinquente deverá:
a) se não extraditar por um delito estabelecido de acordo com o parágrafo 1 do Artigo 3 pelos motivos mencionados no inciso a) do parágrafo 2 do Artigo 4, poderá apresentar o caso perante suas autoridades competentes para julgá-lo, salvo se houver ajustado outra ação com a Parte requerente;
b) se não o extraditar por um delito desse tipo para o qual se tenha declarado foro competente para julgar o delito baseado no inciso b) do parágrafo 2 do Artigo 4, apresentará o caso perante suas autoridades competentes para julgá-lo, salvo quando a Parte requerente solicitar outra ação para salvaguardar sua competência legítima.
10 – Se a extradição solicitada com o propósito de fazer cumprir uma condenação, for denegada, porque o indivíduo objeto da solicitação é nacional da Parte requerida, esta, se sua legislação assim o permitir, e de acordo com as determinações da legislação em questão, e a pedido da parte requerente, considerará a possibilidade de fazer cumprir a pena imposta, ou o que resta da pena ainda a cumprir, de acordo com a legislação da Parte requerente.

13. Decreto nº 849, de 25 de junho de 1993, que promulga os Protocolos I e II de 1977 adicionais às Convenções de Genebra de 1949, adotados em 10 de junho de 1977 pela Conferência Diplomática sobre a Reafirmação e o Desenvolvimento do Direito Internacional Humanitária aplicável aos Conflitos Armados.

ARTIGO 88 – Assistência mútua em matéria judicial.
1. As Altas Partes Contratantes se proporcionarão a maior assistência possível no que diz respeito a qualquer processo penal relativo às infrações graves contra as Convenções ou contra o presente Protocolo.
2. Na conformidade dos direitos e obrigações estabelecidos pelas Convenções e pelo parágrafo 1 do Artigo 85 do presente Protocolo, e quando as circunstâncias o permitam, as Altas Partes Contratantes cooperarão em matéria de extradição. Tomarão devidamente em consideração a solicitação do Estado em cujo território se tenha cometido a infração alegada.
3. Em todos os casos, será aplicável a lei da Alta Parte Contratante requerida. Entretanto, as disposições dos parágrafos precedentes não

afetarão as obrigações que emanem das disposições contidas em qualquer outro tratado de caráter bilateral ou multilateral que disponha ou venha a dispor, total ou parcialmente, sobre a assistência mútua judicial em matéria penal.

14. Decreto n° 3.678, de 30 de novembro de 2000, que promulga a Convenção sobre o Combate da Corrupção de Funcionários Públicos Estrangeiros em Transações Comerciais Internacionais, concluída em Paris, em 17 de dezembro de 1997, no âmbito da Organização para a Cooperação Econômica e o Desenvolvimento – OCDE (Paris).

> Artigo 10 – Extradição
> (...)
> 3. Cada Parte deverá tomar todas as medidas necessárias para assegurar sua capacidade para extraditar ou processar seus nacionais pelo delito de corrupção de um funcionário público estrangeiro. A Parte que recusar um pedido para extraditar uma pessoa por corrupção de um funcionário público estrangeiro, baseada apenas no fato de que a pessoa é seu nacional, deverá submeter o caso à apreciação de suas autoridades competentes para instauração do processo.

15. Decreto n° 4.410, de 7 de outubro de 2002, que promulga a Convenção Interamericana contra a Corrupção, de 29 de março de 1996, com reserva para o art. XI, §1°, inciso "c".

> Artigo XIII – Extradição
> (...)
> 6. Se a extradição solicitada em razão de um delito a que se aplique este artigo foi recusada baseando-se exclusivamente na nacionalidade da pessoa reclamada, ou por o Estado Parte requerido considerar-se competente, o Estado Parte requerido submeterá o caso a suas autoridades competentes para julgá-lo, a menos que tenha sido acordado em contrário com o Estado Parte requerente, e o informará oportunamente do seu resultado final.

16. Decreto n° 4.975, de 30 de janeiro de 2004, que promulga o Acordo de Extradição entre os Estados Partes do Mercosul.

> Capítulo IV – Denegação facultativa da extradição
> Artigo 11 – Da nacionalidade
> 1. A nacionalidade da pessoa reclamada não poderá ser invocada para denegar a extradição, salvo disposição constitucional em contrário.
> 2. Os Estados Partes que não contemplem disposição de natureza igual à prevista no parágrafo anterior poderão denegar-lhe a extradição de seus nacionais.

3. Nas hipóteses dos parágrafos anteriores, o Estado Parte que denegar a extradição deverá promover o julgamento do indivíduo, mantendo o outro Estado Parte informado do andamento do processo, devendo ainda remeter, finalizado o juízo, cópia da sentença.
4. Para os efeitos deste Artigo, a condição de nacional será determinada pela legislação do Estado Parte requerido, apreciada quando do momento da apresentação do pedido de extradição, e sempre que a nacionalidade não tenha sido adquirida com o propósito fraudulento de impedi-la.

17. Decreto nº 5.007, de 8 de março de 2004, que promulga o Protocolo Facultativo à Convenção sobre os Direitos da Criança referente à venda de crianças, à prostituição infantil e à pornografia infantil.

ARTIGO 5º
(...)
5. Se um pedido de extradição for feito com referência a um dos delitos descritos no Artigo 3º, parágrafo 1, e se o Estado Parte demandado não conceder a extradição ou recusar-se a conceder a extradição com base na nacionalidade do autor do delito, este Estado adotará as medidas apropriadas para submeter o caso às suas autoridades competentes, com vistas à instauração de processo penal.

18. Decreto nº 5.015, de 12 de março de 2004, que promulga a Convenção das Nações Unidas contra o Crime Organizado Transnacional (Palermo).

Artigo 16 – Extradição
(...)
10. Um Estado Parte em cujo território se encontre o presumível autor da infração, se não extraditar esta pessoa a título de uma infração à qual se aplica o presente Artigo pelo único motivo de se tratar de um seu cidadão, deverá, a pedido do Estado Parte requerente da extradição, submeter o caso, sem demora excessiva, às suas autoridades competentes para efeitos de procedimento judicial. Estas autoridades tomarão a sua decisão e seguirão os trâmites do processo da mesma forma que em relação a qualquer outra infração grave, à luz do direito interno deste Estado Parte. Os Estados Partes interessados cooperarão entre si, nomeadamente em matéria processual e probatória, para assegurar a eficácia dos referidos atos judiciais.

19. Decreto nº 5.687, de 31 de janeiro de 2006, que promulga a Convenção das Nações Unidas contra a Corrupção, adotada pela Assembleia-Geral das Nações Unidas em 31 de outubro de 2003 e assinada pelo Brasil em 9 de dezembro de 2003 (Mérida).

Artigo 44 – Extradição
(...)
11. O Estado Parte em cujo território se encontre um presumido criminoso, se não o extradita quando de um delito aos qual se aplica o presente Artigo pelo fato de ser um de seus cidadãos, estará obrigado, quando solicitado pelo Estado Parte que pede a extradição, a submeter o caso sem demora injustificada a suas autoridades competentes para efeitos de indiciamento. As mencionadas autoridades adotarão sua decisão e levarão a cabo suas ações judiciais da mesma maneira em que o fariam feito com relação a qualquer outro delito de caráter grave de acordo com a legislação interna desse Estado Parte. Os Estados Partes interessados cooperarão entre si, em particular no tocante aos aspectos processuais e probatórios, com vistas a garantir a eficiência das mencionadas ações.
12. Quando a legislação interna de um Estado Parte só permite extraditar ou entregar de algum outro modo um de seus cidadãos a condição de que essa pessoa seja devolvida a esse Estado Parte para cumprir a pena imposta como resultado do juízo do processo por aquele que solicitou a extradição ou a entrega e esse Estado Parte e o Estado Parte que solicita a extradição aceitem essa opção, assim como toda outra condição que julguem apropriada, tal extradição ou entrega condicional será suficiente para que seja cumprida a obrigação enunciada no parágrafo 11 do presente Artigo.

20. Decreto nº 5.867, de 3 de agosto de 2006, que promulga o Acordo de Extradição entre os Estados Partes do Mercosul e a República da Bolívia e a República do Chile, de 10 de dezembro de 1998.

Capítulo IV – Denegação facultativa da extradição
Artigo 11 – Da nacionalidade
1. A nacionalidade da pessoa reclamada não poderá ser invocada para denegar a extradição, salvo disposição constitucional em contrário.
2. Os Estados Partes que não contemplem disposição de natureza igual à prevista no parágrafo anterior poderão denegar-lhe a extradição de seus nacionais.
3. Nas hipóteses dos parágrafos anteriores, o Estado Parte que denegar a extradição deverá promover o julgamento do indivíduo, mantendo o outro Estado Parte informado do andamento do processo, devendo ainda remeter, finalizado o juízo, cópia da sentença.
(...)

21. Decreto nº 7.935, de 19 de fevereiro de 2013, que promulga a Convenção de Extradição entre os Estados Membros da Comunidade dos Países de Língua portuguesa, firmada em Cidade da Praia, República do Cabo Verde, em 23 de novembro de 2005.

Artigo 4° – Recusa facultativa de extradição.
A extradição poderá ser recusada se:
a) A pessoa reclamada for nacional do Estado requerido.
(...)
Artigo 5° – Julgamento pelo Estado requerido
1. Quando a extradição não puder ter lugar ou for recusada por se verificar algum dos fundamentos previstos na alínea a) do no 1 do artigo 3o ou nas alíneas a) e b) do artigo 4o, o Estado requerido deverá, caso o Estado requerente o solicite e as leis do Estado requerido o permitam, submeter o caso às autoridades competentes para que providenciem pelo procedimento criminal contra essa pessoa por todos ou alguns dos crimes que deram lugar ao pedido de extradição.
2. Para os efeitos previstos no número anterior, o Estado requerido poderá solicitar ao Estado requerente, quando este não lhes tenha enviado espontaneamente, os elementos necessários à instauração do respectivo procedimento criminal, designadamente os meios de prova utilizáveis. (...).

22. Decreto n° 8.767, de 11 de maio de 2016, que promulga a Convenção Internacional para a Proteção de Todas as Pessoas contra o Desaparecimento Forçado, firmada pela República Federativa do Brasil em 6 de fevereiro de 2007.

Artigo 11
1. O Estado Parte no território de cuja jurisdição se encontre uma pessoa suspeita de haver cometido crime de desaparecimento forçado, caso não conceda sua extradição ou a sua entrega a outro Estado, de acordo com suas obrigações internacionais, ou sua entrega a uma corte penal internacional cuja jurisdição tenha reconhecido, submeterá o caso a suas autoridades competentes para fins de ajuizamento da ação penal.
2. As referidas autoridades tomarão sua decisão da mesma forma em que decidem casos relativos a qualquer crime ordinário de natureza grave, ao amparo da legislação do Estado Parte (...).

D) Tratados multilaterais aos quais o Brasil *não* está vinculado

1. Convenção Europeia de Extradição [Paris (Conselho da Europa), 1957]

Artigo 6º – Extradição de nacionais:
1 –
a) As Partes Contratantes terão a faculdade de recusar a extradição dos seus nacionais.
b) Cada Parte Contratante poderá, mediante declaração feita no momento da assinatura ou do depósito do respectivo instrumento da ratificação

ou adesão, definir, no que lhe diz respeito, o termo "nacionais" para efeitos da presente Convenção.
(...).
2 – Se a Parte requerida não extraditar o seu nacional, deverá, a pedido da Parte requerente, submeter o assunto às autoridades competentes, a fim de que, se for caso disso, o procedimento criminal possa ser instaurado. Para esse efeito, os autos, informações e objetos relativos à infracção serão enviados gratuitamente pela via prevista no n.º 1 do artigo 12.º A Parte requerente será informada do seguimento que tiver sido dado ao pedido.

2. Convenção Interamericana sobre Extradição dos Estados Membros da Organização dos Estados Americanos – OEA (Caracas, 1981).

Artigo 7 – Nacionalidade
1. A nacionalidade da pessoa reclamada não poderá ser invocada como causa para negar a extradição, a não ser que a legislação do Estado requerido disponha o contrário.
2. Tratando-se de condenados, os Estados Partes poderão negociar entre si acordos de entrega mutua de nacionais para que estes cumpram suas penas nos Estados de sua nacionalidade.
Artigo 8 – Julgamento pelo Estado requerido
Quando, sendo cabível a extradição, um Estado não entregar a pessoa reclamada, o Estado requerido ficará obrigado, quando sua legislação ou outros tratados o permitirem, a julgá-la pelo delito que lhe seja imputado, como se este houvesse sido cometido em seu território, e deverá comunicar ao Estado requerente a sentença que for proferida.

3. Convenção da União Africana sobre a Prevenção e o Combate à Corrupção (Maputo, 2003).

Artigo 15º – Extradição
(...)
6. Caso um Estado Parte, em cujo território se encontra uma pessoa acusada ou julgada culpada por ter cometido um ato de corrupção ou de uma infração relacionada, se recusa a extraditar essa pessoa, sob pretexto de que tem jurisdição sobre as ofensas cometidas, o Estado Parte requerido é obrigado a submeter o caso imediatamente as suas autoridades competentes para julgar o presumido autor da infração, a menos que tenha acordado doutra maneira com o Estado Parte requerente, e deverá apresentar um relatório sobre o julgamento ao Estado Parte requerente.

E) Tratados bilaterais em vigor

1. Decreto nº 62.979, de 11 de julho de 1968, que promulga o Tratado de Extradição entre o Brasil e a **Argentina**.

> ARTIGO I
> (...)
> §1º Quando, no entanto, o indivíduo em causa for nacional do Estado requerido, este não será obrigado a entregá-lo. Neste caso, não sendo concedida a extradição, o indivíduo será processado e julgado, no Estado requerido, pelo fato determinante do pedido de extradição, salvo se tal fato não for punível pelas leis desse Estado.
> §2º No caso acima previsto, o Governo reclamante deverá fornecer os elementos da convocação para o processo e julgamento do inculpado, obrigando-se o outro Governo a comunicar-lhe a sentença ou resolução definitiva sobre a causa.

2. (Novo) Tratado de Extradição entre a República Federativa do Brasil e a República Argentina, assinado em Brasília em 16 de janeiro de 2019. Ainda não remetido ao Congresso Nacional.

> Artigo 5 – Extradição de nacionais
> (...)
> 2. Se a solicitação de extradição for denegada exclusivamente em razão da nacionalidade da pessoa reclamada, a Parte requerida submeterá, mediante solicitação da outra Parte, o assunto a suas autoridades competentes para que se possam iniciar as ações contra a pessoa reclamada com base nos elementos e documentos que integram o pedido de extradição. A Parte requerente será informada sobre a decisão adotada.

3. Decreto nº 2.010, de 23 de setembro de 1996, que promulga o Tratado sobre Extradição, celebrado entre o Governo da República Federativa do Brasil e o Governo da **Austrália**, em Camberra, em 22 de agosto de 1994.

> ARTIGO 5 – Extradição de Nacionais
> 1. A Parte requerida não será obrigada a conceder a extradição de uma pessoa que seja seu nacional, mas a extradição de seus nacionais estará sujeita à legislação aplicável desse Estado.
> 2. Quando uma Parte recusar a extradição com base no parágrafo 1 deste artigo, deverá submeter o caso a suas autoridades competentes a fim de que possam ser instaurados os procedimentos para julgamento da pessoa com relação a todos e quaisquer crimes pelos quais esteja sendo solicitada a extradição. A referida Parte informará à Parte requerente

sobre qualquer ação empreendida e o resultado de qualquer processo. A nacionalidade será determinada no momento em que o crime, pelo qual a extradição for solicitada, tenha sido cometido.

4. **Decreto nº 41.909**, de 29 de julho de 1957, que promulga o Tratado de Extradição firmado, no Rio de Janeiro, a 6 de maio de 1953, entre o Brasil e a **Bélgica**.

ARTIGO I
(...)
Quando o indivíduo for nacional do Estado requerido, este não será obrigado a entregá-lo. Neste caso, se a extradição não for concedida, o indivíduo reclamado será, se a lei do Estado requerido o permitir, processado e julgado nesse Estado. Caberá, então, ao Governo reclamante fornecer os elementos de prova para o processo e julgamento do inculpado, devendo ser-lhe comunicada a sentença ou decisão definitiva sobre a causa.

5. **Decreto nº 9.920**, de 8 de julho de 1942, que promulga o Tratado de Extradição entre o Brasil e a **Bolívia**.

ARTIGO PRIMEIRO
(...)
Quando o indivíduo for nacional do Estado requerido, este não será obrigado a entregá-lo.
§1º) Não concedendo a extradição do seu nacional, o Estado requerido ficará obrigado a processá-lo e julgá-lo criminalmente pelo fato que se lhe impute, se tal fato tiver o caráter de delito e for punível pelas leis penais. Caberá nesse caso ao Governo reclamante fornecer os elementos de convicção para o processo e julgamento do inculpado; e a sentença ou resolução definitiva sobre a causa deverá ser-lhe comunicada.
§2º) A naturalização do inculpado, posterior ao fato delituoso que tenha servido de base a um pedido de extradição, não constituirá obstáculo a esta.

6. **Decreto nº 1.888**, de 17 de agosto de 1937, que promulga o Tratado de Extradição entre o Brasil, e o **Chile**, formado no Rio de Janeiro a 08 de novembro de 1935.

ARTIGO PRIMEIRO
(...)
Quando o indivíduo for nacional do Estado requerido, este não será obrigado a entregá-lo.

§1º Não concedendo a extradição do seu nacional, o Estado requerido ficará obrigado a processá-lo e julgá-lo criminalmente pelo fato que se lhe imputa, se tal fato tiver o caráter de delito e for punível pelas suas leis penais.
Caberá nesse caso ao Governo reclamante fornecer os elementos de convicção para o processo e julgamento do inculpado; e a sentença ou resolução definitiva sobre a causa deverá ser-lhe comunicada.
§2º A naturalização do inculpado, posterior ao fato delituoso que tenha servido de base a um pedido de extradição, não constituirá obstáculo a esta.

7. **Decreto nº 8.431**, de 9 de abril de 2015, que promulga o Tratado de Extradição entre a República Federativa do Brasil e a República Popular da **China**, firmado em Brasília, em 12 de novembro de 2004.

ARTIGO 3 – Da Recusa Obrigatória da Extradição
1. A extradição não será concedida se:
(...)
d) a pessoa reclamada for nacional da Parte requerida, conforme sua legislação interna;
ARTIGO 5 – Da Obrigação de Instauração de Processo Criminal na Parte Requerida
Se a extradição não for concedida, de acordo com a alínea d do parágrafo 1 do Artigo 3 do presente Tratado, a Parte requerida deverá, a pedido da Parte requerente, submeter o caso as suas autoridades competentes, para a instauração de um processo criminal, conforme a sua lei interna. Para tal fim, a Parte requerente deverá entregar à Parte requerida a documentação e as provas referentes ao caso.

8. **Decreto nº 6.330**, de 25 de setembro de 1940, que promulga o Tratado de Extradição entre o Brasil e a **Colômbia**, firmado no Rio de Janeiro, a 28 de dezembro de 1938.

Artigo I
(...)
Quando o indivíduo for nacional do Estado requerido, este não será obrigado a entregá-lo.
§1º Não concedendo a extradição do seu nacional, o Estado requerido ficará obrigado a processá-lo e julgá-lo criminalmente pelo fato que se lhe impute, se tal fato tiver o caráter de delito e for punível pelas suas leis penais.
Caberá nesse caso ao Governo reclamante fornecer os elementos de convicção para o processo e julgamento do inculpado; e a sentença ou resolução definitiva sobre a causa deverá ser-lhe comunicada.

§2° A naturalização do inculpado, posterior ao fato delituoso que tenha servido de base a um pedido de extradição, não constituirá obstáculo a esta.

9. Decreto n° 4.152, de 7 de março de 2002, que promulga o Tratado de Extradição entre a República Federativa do Brasil e a República da **Coreia**, celebrado em Brasília, em 1° de setembro de 1995

Artigo 5 – Extradição de Nacionais
1. A Parte Requerida não terá qualquer obrigação de conceder a extradição de uma pessoa que seja nacional da Parte Requerida, ficando a extradição de seus nacionais sujeita à legislação pertinente daquela Parte.
2. Quando uma Parte Contratante recusar a extradição com base no parágrafo 1 do presente Artigo, ela deverá submeter o caso às suas autoridades competentes, no sentido de que possam ser tomadas as medidas legais cabíveis para instauração de processo penal contra a pessoa por todos ou quaisquer dos crimes que deram origem ao pedido de extradição. Essa Parte Contratante deverá informar a Parte Requerente a respeito de qualquer ação movida e do resultado de qualquer processo penal. A nacionalidade deverá ser determinada com base no momento da perpetração do crime que fundamenta o pedido de extradição.

10. Decreto n° 2.950, de 8 de agosto de 1938, que promulga o Tratado de Extradição entre o Brasil e o **Equador**, firmado no Rio de Janeiro a 4 de março de 1937.

Artigo I
(...)
Quando o indivíduo for nacional do Estado requerido, este não será obrigado a entregá-lo.
§1°) Não concedendo a extradição do seu nacional, o Estado requerido ficará obrigado a processá-lo e julgá-lo criminalmente pelo fato que se lhe impute, se tal fato tiver o caráter de delito e for punível pelas suas leis penais.
Caberá nesse caso ao Governo reclamante fornecer os elementos de convicção para o processo e julgamento do inculpado; e a sentença ou resolução definitiva sobre a causa deverá ser-lhe comunicada.
§2°) A naturalização do inculpado, posterior ao fato delituoso que tenha servido de base a um pedido de extradição, não constituirá obstáculo a esta.

11. Decreto n° 99.340, de 22 de junho de 1990, que promulga o Tratado de Extradição, entre a República Federativa do Brasil e o Reino da **Espanha**.

TÍTULO III – Casos que não Autorizam a Extradição
ARTIGO III
1. Quando a pessoa reclamada for nacional do Estado requerido, este não será obrigado a entregá-la. Neste caso, não sendo concedida a extradição, o indivíduo será processado e julgado no Estado requerido, a pedido do Estado requerente, pelo fato determinante do pedido de extradição, salvo se tal fato não for punível pelas leis do Estado requerido.
2. No caso acima previsto, o Estado requerente deverá fornecer os elementos de convicção para o processo e julgamento do acusado, obrigando-se outro Estado a comunicar-lhe a sentença ou resolução definitiva sobre a causa.
(...)

12. Decreto nº 55.750, de 11 de fevereiro de 1965, que promulga o Tratado de Extradição com os **Estados Unidos da América** e respectivo Protocolo Adicional.

ARTIGO VII
Não há obrigação para o Estado requerido de conceder a extradição de um seu nacional, A autoridade executiva do Estado requerido, de acordo com as leis do mesmo, poderá, entretanto, entregar um nacional do referido Estado se lhe parecer apropriado.

13. Decreto nº 5.258, de 27 de outubro de 2004, que promulga o Tratado de Extradição entre o Governo da República Federativa do Brasil e o Governo da **República Francesa**, celebrado em Paris, em 28 de maio de 1996.

ARTIGO 3 – Extradição de Nacionais
1. A extradição não será concedida se a pessoa reclamada tiver a nacionalidade do Estado requerido. A condição de nacional é verificada na data dos fatos pelos quais a extradição é solicitada.
2. Se, por aplicação do parágrafo precedente, o Estado requerido não entregar a pessoa reclamada por causa unicamente da sua nacionalidade, este deverá, de acordo com a sua própria lei, a pedido do Estado requerente, submeter o caso às suas autoridades competentes para o exercício da ação penal. Para este fim, os documentos, relatórios e objetos relativos à infração serão encaminhados, gratuitamente, pela via prevista no Artigo 9. O Estado requerente será informado da decisão adotada.

14. Decreto nº 9.055, de 23 de maio de 2017, que promulga o Tratado de Extradição entre a República Federativa do Brasil e a República da Índia, firmado em Brasília, em 16 de abril de 2008.

Artigo 5 – Da Extradição de Nacionais
1. Nenhuma das Partes extraditará seus próprios nacionais. A nacionalidade será determinada à época do cometimento do crime pelo qual a extradição foi pedida.
2. Se, de acordo com o parágrafo 1, a Parte Requerida não entregar a pessoa reclamada em razão unicamente da sua nacionalidade, deverá encaminhar o caso às suas autoridades competentes, de acordo com suas leis e em resposta ao pedido da Parte Requerente, para que possam ser tomadas as providências consideradas adequadas. Se a Parte Requerida solicitar documentos adicionais, esses documentos lhe serão fornecidos gratuitamente. A Parte Requerente será informada do resultado dessa solicitação por via diplomática.

15. Decreto n° 863, de 9 de julho de 1993, que promulga o Tratado de Extradição entre a República Federativa do Brasil e a **República Italiana**, de 17 de outubro de 1989.

ARTIGO 6 – Recusa Facultativa da Extradição
1. Quando a pessoa reclamada, no momento do recebimento do pedido, for nacional do Estado requerido, este não será obrigado a entregá-la. Neste caso, não sendo concedida a extradição, a Parte requerida, a pedido da Parte requerente, submeterá o caso às suas autoridades competentes para eventual instauração de procedimento penal. Para tal finalidade, a Parte requerente deverá fornecer os elementos úteis. A Parte requerida comunicará sem demora o andamento dado à causa e, posteriormente, a decisão final.

16. Decreto n° 4.528, de 16 de agosto de 1939, que promulga o Tratado de Extradição entre o Brasil e a **Lituânia**, firmado no Rio de Janeiro, a 28 de setembro de 1937.

Artigo Primeiro
(...)
Quando o indivíduo for nacional do Estado requerido, este não será obrigado a entregá-lo.
§1°) Não concedendo a extradição do seu nacional, o Estado requerido ficará obrigado a processá-lo e julgá-lo criminalmente pelo fato que se lhe impute, se tal fato tiver o caráter de delito e for punível pelas suas leis penais.
Caberá nesse caso ao Governo reclamante fornecer os elementos de convicção para o processo e julgamento do inculpado; e a sentença ou resolução definitiva sobre a causa deverá ser-lhe comunicada.

§2º) A naturalização do inculpado, posterior ao fato delituoso que tenha servido de base a um pedido de extradição, não constituirá obstáculo a esta.

17. Decreto nº 2.535, de 22 de março de 1938, que promulga o Tratado de Extradição entre o Brasil e o **México**, firmado no Rio de Janeiro a 28 de dezembro de 1933, e o respectivo Protocolo Adicional, firmado no Rio de Janeiro, a 18 de setembro de 1935.
Protocolo Adicional ao Tratado de Extradição Brasileiro-Mexicano, de 28 de dezembro de 1933

ARTIGO PRIMEIRO
As Partes contratantes não são obrigadas a entregar, uma à outra, os seus respectivos racionais, nem a consentir no trânsito por seus territórios, do nacional de uma delas, entregue à outra por terceiro Estado.
ARTIGO II
O nacional de um dos Estados contratantes, que se refugiar em seu país, depois de haver praticado crime na jurisdição do o outro, poderá ser denunciado, pelas autoridades do Estado, onde o crime foi cometido, às do país de refúgio.
A denúncia deverá ser acompanhada de provas e a pessoa incriminada submetida às justiças de seu país, nos casos em que o permitam as suas leis.

18. Decreto nº 8.045, de 11 de julho de 2013, que promulga o Tratado de Extradição entre a República Federativa do Brasil e a República do **Panamá**, firmado na Cidade do Panamá, em 10 de agosto de 2007.

Artigo 7
1. Quando a extradição for procedente de acordo com o disposto no presente Tratado, a nacionalidade da pessoa reclamada não poderá ser invocada para denegar a extradição, salvo se uma disposição constitucional estabelecer o contrário. A Parte que por essa razão não entregar seu nacional, promoverá, a pedido da Parte requerente, seu julgamento, mantendo-a informada do andamento do processo e, finalizado, remeterá cópia da sentença.

19. Decreto nº 16.925, de 27 de maio de 1925, que promulga o Tratado de Extradição de Criminosos entre o Brasil e o **Paraguai** assinado em 24 de fevereiro de 1922.

ARTIGO II
A extradição de nacionais e estrangeiros será solicitada por via diplomática, sendo o pedido acompanhado de cópia autêntica da sentença de condenação, ou das decisões e pronúncia ou de prisão preventiva, proferidas por juízes competentes. Estes documentos deverão conter: a indicação precisa do fato incriminado, o lugar e data em que foi praticado, os sinais característicos do criminoso, a transcrição das decisões e dos textos da lei aplicável ao caso, além de outros esclarecimentos ou indicações possíveis

20. Decreto nº 5.853, de 19 de julho de 2006, que promulga o Tratado de Extradição entre a República Federativa do Brasil e a República do **Peru**, celebrado em Lima, em 25 de agosto de 2003.

CAPÍTULO IV – Da Denegação Facultativa
ARTIGO 6
1. Quando a extradição for procedente de acordo com o disposto no presente Tratado, a nacionalidade da pessoa reclamada não poderá ser invocada para denegar a extradição, salvo se uma disposição constitucional estabeleça o contrário. A Parte que por essa razão não entregar seu nacional promoverá, a pedido da Parte requerente, seu julgamento, mantendo-a informada sobre o andamento do processo e, finalizado, remeterá cópia da sentença.

21. Decreto nº 1.325, de 2 de dezembro de 1994, que promulga o Tratado de Extradição entre o Governo da República Federativa do Brasil e o Governo da **República Portuguesa**, de 07.05.91.

ARTIGO III – Inadmissibilidade de Extradição
1. Não terá lugar a extradição nos seguintes casos:
a) ser a pessoa reclamada nacional da Parte requerida;
(...)
ARTIGO IV – Julgamento pela Parte Requerida
1. Se a extradição não puder ser concedida por se verificar algum dos fundamentos previstos nas alíneas a), f) e g) do número 1 do Artigo anterior, a Parte requerida obriga-se a submeter o infrator a julgamento pelo Tribunal competente e, em conformidade com a sua lei, pelos fatos que fundamentaram, ou poderiam ter fundamentado, o pedido de extradição.
2. Para os efeitos previstos no número anterior, a Parte requerida poderá solicitar à Parte requerente, quando esta não os tenha enviado espontaneamente, os elementos necessários à instauração do respectivo procedimento criminal, designadamente os meios de prova utilizáveis.

22. Decreto nº 2.347, de 10 de outubro de 1997, que promulga o Tratado de Extradição celebrado entre o Governo da República Federativa do Brasil e o Governo do **Reino Unido da Grã-Bretanha e Irlanda do Norte**.

> ARTIGO 3 – Razões para Recusar Pedidos de Extradição
> (...)
> 3. Caso a legislação do Estado Requerido não permita a extradição de seu cidadão com fundamento em sua nacionalidade, o Estado Requerido deverá, a rogo do Estado Requerente, submeter o caso às suas autoridades competentes, a fim de que, caso sejam julgados necessários, os procedimentos adequados possam ser executados. Tal pedido deve ser acompanhado da documentação processual pertinente e provas relativas ao delito e deverá ser transmitido, gratuitamente, na forma estabelecida no Artigo 5. O Estado Requerente deverá ser informado sobre a solução do caso.

23. Decreto nº 6.738, de 12 de janeiro de 2009, que promulga o Tratado de Extradição entre o Governo da República Federativa do Brasil e o Governo da **República Dominicana**, celebrado em Brasília, em 17 de novembro de 2003.

> CAPÍTULO IV – Da Denegação Facultativa
> ARTIGO 6º
> 1.Quando a extradição for procedente de acordo com o disposto no presente Tratado, a nacionalidade da pessoa reclamada não poderá ser invocada para denegar a extradição, salvo se uma disposição constitucional estabelecer o contrário. A Parte que por essa razão não entregar seu nacional promoverá, a pedido da Parte requerente, seu julgamento, mantendo-a informada sobre o andamento do processo e, finalizado este, remeterá cópia da sentença.
> (...)

24. Decreto nº 6.512, de 21 de julho de 2008, que promulga o Tratado de Extradição entre a República Federativa do Brasil e a **Romênia**, celebrado em Brasília em 12 de agosto de 2003.

> ARTIGO 3 – Motivos para recusa da Extradição
> 1. Uma pessoa não será extraditada se a autoridade competente do Estado Contratante requerido constatar o seguinte:
> a) a pessoa reclamada é nacional do Estado Contratante requerido;
> (...)
> ARTIGO 4 – Obrigação em casos de recusa de extradição.
> 1.A recusa da extradição do nacional obriga o Estado Contratante requerido a submeter a causa, a pedido do Estado Contratante requerente, às

suas autoridades judiciárias competentes para o exercício da persecução penal e o julgamento, se for o caso.
2. No caso de o Estado Contratante requerido recusar a extradição de um estrangeiro, acusado ou condenado no Estado Contratante requerente, por infração grave ou por fatos incriminatórios previstos em convenções internacionais que não impõem outro modo de repressão, o exame da própria competência e o exercício, se for o caso, da ação penal serão feitos ex officio, sem exceção e sem atraso.
3.Nos casos previstos nos parágrafos 1 e 2, o Estado Contratante requerente transmitirá gratuitamente ao outro Estado os documentos, informações e objetos vinculados ao crime. O Estado Contratante requerente será informado sobre o resultado do seu pedido.

25. Decreto nº 6.056, de 6 de março de 2007, que promulga o Tratado de Extradição entre a República Federativa do Brasil e a Federação da **Rússia**, celebrado em Moscou, em 14 de janeiro de 2002.

ARTIGO 6 – Recusa da Extradição
(...)
2. A extradição não poderá ser concedida nos seguintes casos:
a) se a pessoa cuja extradição é solicitada for nacional da Parte Requerida;
(..)
ARTIGO 7 – Consequências da Não Extradição de Nacionais
1. Se a extradição for negada por motivo da nacionalidade da pessoa (art. 6, parágrafo 2, item a), a Parte Requerida, com base em solicitação da Parte Requerente, instaurará contra essa pessoa um procedimento penal nos termos de sua legislação. Para tanto, a Parte Requerente entregará à Parte Requerida os materiais e provas disponíveis. O resultado do processo penal será comunicado à Parte Requerente.

26. Decreto nº 23.997, de 13 de março de 1934, que promulga o Tratado de Extradição entre o Brasil e a **Suíça**, firmado no Rio de Janeiro, D.F., a 23 de julho de 1932.

Artigo IV
As Partes contratantes não são obrigadas a entregar, uma a outra, os seus nacionais.
No caso de não extradição de um nacional, as autoridades do país em que o delito foi cometido, poderão, apresentando as provas em que se fundarem, denunciá-lo às autoridade judiciárias do país de refúgio, as quais submeterão a pessoa processada aos seus próprios tribunais, nos casos em que as suas leis respectivas o permitirem.
O inculpado não poderá ser novamente processado no país onde o fato denunciado foi cometido, se, no país de origem, ele já tiver sido

absolvido ou condenado em definitivo, e, no caso de condenação, se tiver cumprido a pena ou se esta estiver prescrita.

27. Decreto nº 7.902, de 4 de fevereiro de 2013, que promulga o Tratado de Extradição entre o Governo da República Federativa do Brasil e o Governo da República do **Suriname**, Firmado em Paramaribo, em 21 de dezembro de 2004.

> CAPÍTULO IV – Da Denegação Facultativa
> ARTIGO 4
> 1. Quando a extradição for procedente conforme o disposto no presente Tratado, a nacionalidade da pessoa reclamada não poderá ser invocada para denegar a extradição, salvo se uma disposição constitucional estabeleça o contrário. A Parte, que por esta razão não entregar seu nacional, promoverá, a pedido da Parte requerente, seu julgamento dentro de sua jurisdição, e a Parte requerente, a pedido da Parte requerida, fornecerá todos documentos e informações relevantes para o processo. A Parte requerida manterá a Parte requerente informada do andamento do processo e, finalizado, remeterá cópia da sentença final exarada.

28. Decreto nº 5.938, de 19 de outubro de 2006, que promulga o Tratado de Extradição entre a República Federativa do Brasil e a **Ucrânia**, celebrado em Brasília, em 21 de outubro de 2003.

> ARTIGO 4 – Não Extradição de Nacionais
> 1. Qualquer Parte tem o direito de recusar a extradição de seus nacionais. A Parte que por essa razão não entregar seu nacional promoverá, a pedido da Parte requerente, seu julgamento, mantendo-a informada do andamento do processo e, finalizado, remeterá cópia da sentença.

29. Decreto nº 13.414, de 15 de janeiro de 1919, que promulga o Tratado de Extradição entre o Brasil e o **Uruguai**.

> ARTIGO II
> Não será concedida a extradição:
> (...)
> b) também não serão entregues os nacionais de cada país por nascimento ou naturalização obtida antes do fato criminoso; mas, nestes casos, a autoridade o país onde se houver cometido o delito poderá denunciá-lo, com antecedentes e provas, às autoridades judiciárias do país de refúgio, e estas, no que for possível, aplicarão as próprias leis do autor do delito denunciado.

30. Decreto nº 5.362, de 12 de março de 1940, que promulga o Tratado de Extradição entre o Brasil e a **Venezuela**, firmado no Rio de Janeiro, a 7 de dezembro de 1938.

> Artigo Primeiro
> (...)
> Quando o indivíduo for nacional do Estado requerido, este não será obrigado a entregá-lo.
> §1º Não concedendo a extradição do seu nacional, o Estado requerido ficará obrigado a processá-lo e julgá-lo criminalmente pelo fato que se lhe impute, se tal fato tiver o caráter de delito e for punível pelas suas leis penais.
> Caberá nesse caso ao Governo reclamante fornecer os elementos de convicção para o processo e julgamento do inculpado; e a sentença ou resolução definitiva sobre a causa deverá ser-lhe comunicada.

F) Tratados bilaterais aprovados pelo Congresso Nacional (aguardam ratificação e promulgação).

1. Decreto Legislativo nº 301, de 2007, que aprova o texto do Tratado de Extradição entre o Governo da República Federativa do Brasil e o Governo da República da **Guatemala**, celebrado em Brasília, em 20 de agosto de 2004.

> ARTIGO 3 – Da Denegação Obrigatória da Extradição
> (...)
> 7. Qualquer Parte tem o direito de recusar a extradição de seus nacionais. A Parte que por essa razão não entregar seu nacional promoverá, a pedido da Parte requerente, seu julgamento, mantendo-a informada do andamento do processo e, finalizado, remeterá cópia da sentença.

2. Decreto Legislativo nº 4, de 2008, que aprova o texto do Acordo de Extradição entre o Governo da República Federativa do Brasil e o Governo da Republica de **Angola**, assinado em Brasília, em 3 de maio de 2005.

> ARTIGO 11 – Da Nacionalidade
> 1. A nacionalidade da pessoa reclamada não poderá ser invocada para denegar a extradição, salvo se uma disposição constitucional estabelecer o contrário.
> 2. Na hipótese do parágrafo anterior, a Parte que denegar a extradição deverá promover o julgamento do indivíduo, mantendo a outra Parte informada do andamento do processo, devendo ainda remeter, findo o julgamento, cópia da sentença.
> (...)

3. **Decreto Legislativo nº 348**, de 2008, que aprova o texto do Tratado de Extradição entre o Governo da República Federativa do Brasil e o Governo da **República Libanesa**, celebrado em Beirute, em 4 de outubro de 2002.

> ARTIGO 5 – Extradição de Nacionais
> 1. A Parte requerida não será obrigada a conceder a extradição de uma pessoa que seja seu nacional, mas a extradição de seus nacionais estará sujeita à legislação aplicável desse Estado.
> 2. Quando a Parte requerida recusar a extradição com base no parágrafo 1 deste Artigo, deverá submeter o caso às suas autoridades competentes, a fim de que possam ser instaurados os procedimentos para julgamento da pessoa com relação a todos e quaisquer crimes pelos quais esteja sendo solicitada a extradição. A Parte requerida informará à Parte requerente sobre qualquer ação empreendida e o resultado de qualquer processo. A nacionalidade será determinada no momento em que o crime, pelo qual a extradição for solicitada, tenha sido cometido.

4. **Decreto Legislativo nº 894**, de 2009, que aprova o texto do Acordo de Extradição entre a República Federativa do Brasil e a Republica de **Moçambique**, assinado em Maputo, em 6 de julho de 2007.

> Artigo 7º
> 1. Quando a extradição for procedente de acordo com o disposto no presente Acordo, a nacionalidade da pessoa reclamada não poderá ser invocada para denegar a extradição, salvo se uma disposição constitucional estabelecer o contrário. A Parte que por essa razão não entregar seu nacional, promoverá, a pedido da Parte requerente, seu julgamento, mantendo-a informada do andamento do processo e, finalizado, remeterá cópia da sentença.
> (...)

5. **Decreto Legislativo nº 87**, de 2012, que aprova o texto do Tratado de Extradição entre o Governo da República Federativa do Brasil e o Governo do Estado de **Israel**, assinado em Brasília, em 11 de novembro de 2009.

> Artigo III – Extradição de Nacionais
> 1. A Parte requerida poderá denegar a extradição de seus nacionais.
> 2. Se a Parte requerida denegar a extradição somente com base na nacionalidade, deverá, a pedido da Parte requerente, submeter o caso a suas autoridades competentes, para que considerem a possibilidade de persecução penal. No caso de se tratar de pessoa condenada, a Parte requerida poderá, se permitido por suas leis, executar, de acordo com elas, a condenação e a pena impostas à pessoa na Parte requerente.

6. Decreto Legislativo nº 7, de 2019, que aprova o texto do Tratado de Extradição entre a República Federativa do Brasil e a **República Helênica** sobre Extradição, assinado em Atenas, em 3 de abril de 2009.

> ARTIGO 3º – Da inadmissibilidade da extradição
> A extradição não será concedida se:
> (...)
> b) o crime for cometido por uma pessoa que, ao tempo do cometimento do fato delituoso, for nacional da Parte requerida.
>
> ARTIGO 8º – Da persecução criminal
> 1. Cada uma das Partes se compromete a processar, a pedido da outra Parte e de acordo com sua legislação, os seus nacionais que tenham cometido crime no território da outra Parte.
> 2. O pedido de persecução criminal deverá ser acompanhado de todos os documentos relevantes para a investigação, de quaisquer provas disponíveis e do texto dos dispositivos legais aplicáveis a esse crime com base na legislação vigente no território da Parte em que o mesmo foi cometido.
> 3. A Parte requerida informará a Parte requerente do resultado do processo crime, devendo uma cópia da decisão firme ser encaminhada a esta última.

G) Tratado bilateral em tramitação no Congresso Nacional

1. Projeto de Decreto Legislativo nº 1.155, de 2018, que aprova o texto do Tratado de Extradição entre a República Federativa do Brasil e a República da Áustria, assinado em Brasília, em 3 de setembro de 2014.

> Artigo 1 – Obrigação de Extraditar
> (...)
> 2. Se a Parte Requerida denegar a extradição ela deverá iniciar procedimentos, a pedido da Parte Requerente, e deverá manter a Parte Requerente informada sobre o resultado de tais procedimentos

Informação bibliográfica deste texto, conforme a NBR 6023:2018 da Associação Brasileira de Normas Técnicas (ABNT):

GARCIA, Márcio P. P. A obrigação de extraditar ou julgar no direito brasileiro. *In*: VELLOSO, Ana Flavia; JARDIM, Tarciso Dal Maso (Coord.). *A nova lei de migração e os regimes internacionais*. Belo Horizonte: Fórum, 2021. p. 313-358. ISBN 978-65-5518-167-8.

PERDA DA NACIONALIDADE BRASILEIRA E EXTRADIÇÃO: RELATO DE UM CASO REAL

LUÍS ROBERTO BARROSO

PAULO CESAR VILLELA SOUTO LOPES RODRIGUES

1 Introdução

Quarta-feira, 17 de janeiro de 2018, 23h. Numa noite de inverno, no Hemisfério Norte, aterrissa em solo norte-americano, vindo de Brasília, um pequeno avião fretado pelo governo dos Estados Unidos.[1] A aeronave está repleta de agentes da Interpol e conduz Cláudia Cristina Sobral, nascida no Brasil e naturalizada norte-americana. Acusada de assassinar, em março de 2007, seu marido, Karl Hoerig, com quem vivia na cidade de Newton Falls, Estado de Ohio, Claudia foi entregue em extradição pelo governo brasileiro às autoridades norte-americanas em 16 de janeiro de 2018.

1 https://www.bbc.com/portuguese/brasil-42727904.

Esse foi o desfecho de uma longa e acirrada batalha judicial travada no Brasil entre o governo dos Estados Unidos e Cláudia Cristina Sobral. De um lado, o Estado requerente da extradição pretendia responsabilizá-la, perante a justiça americana, pelo homicídio do marido. Do outro, a extraditanda, tentando demonstrar não ter jamais perdido sua condição de brasileira nata, argumento que, se acolhido, impediria a extradição.

A Nota Verbal nº 436/2016 enviada ao Brasil pelos EUA noticiava que Cláudia Sobral teria comprado, em 10 de março de 2007, um revolver Smith & Wesson, calibre 357, com visor a *laser* incorporado. No mesmo dia, também teria adquirido munição. Algum tempo antes, havia praticado tiro ao alvo em um polígono de tiro da cidade. No dia 12 de março, um vizinho viu Cláudia deixar sua residência para nunca mais voltar. Três dias depois, o corpo de Karl Hoerig, herói de guerra, foi encontrado sem vida por policiais de Newton Falls. A causa da morte foram três ferimentos precisos à bala: dois nas costas e um na cabeça. Fragmentos de bala periciados indicaram que se tratava da mesma munição comprada por Cláudia dias antes.

Investigações realizadas pela polícia de Newton Falls também revelaram que Cláudia teria, dois dias após a morte de Karl, acessado um cofre pessoal e depositado, no mesmo banco onde mantinha o cofre, a quantia de US$10.000,00, que foram em seguida transferidos para o Brasil para uma conta de titularidade de seu pai. Ainda nesse mesmo dia, 12 de março de 2007, Cláudia embarcou em Pittsburgh num voo para Nova Iorque e, de lá, para o Brasil.

Já no Brasil e acusada formalmente nos Estados Unidos pela morte do marido, Cláudia teve um pedido de prisão para fins de extradição formulado pelo governo norte-americano uma primeira vez em 2013. Esse pedido foi inicialmente indeferido sob o fundamento de que aqui ainda se discutia, em ação de mandado de segurança por ela impetrado, a validade do ato do ministro de Estado da Justiça que havia decretado, de ofício, a perda de sua nacionalidade brasileira. Existindo dúvida razoável acerca de ser ela brasileira nata ou não, não era viável, naquele momento, sua prisão para esse fim.

Três anos mais tarde, chegou ao Brasil a Nota Verbal nº 436/2016, referida acima, reiniciando a discussão sobre se seria ou não possível a extradição requerida pelo governo dos Estados Unidos.

2 A discussão sobre a possibilidade de perda da nacionalidade brasileira e o Mandado de Segurança nº 33.864/DF

2.1 Os fatos

Em 4 de julho de 2013, foi publicada no Diário Oficial da União a Portaria Ministerial nº 2.465, firmada pelo ministro da Justiça, referente ao Processo Administrativo nº 08018.011847/2011-01. Naqueles autos, foi decretada, de ofício, a perda da nacionalidade nata brasileira de Cláudia Cristina Sobral, sob o fundamento de ter ela adquirido outra nacionalidade: a denominada *perda-sanção*.[2] Dispõe o art. 12, §4º, II, *b*, da Constituição Federal perder a nacionalidade brasileira aquele que adquirir outra nacionalidade, de forma voluntária, por naturalização, salvo se esta aquisição se der "por imposição de naturalização pela norma estrangeira, ao brasileiro residente em Estado estrangeiro como condição para permanência em seu território ou para o exercício de direitos civis".

Para o Ministério da Justiça, o fato de a então impetrante possuir visto de permanência nos Estados Unidos desde 1990, o chamado "*green card*" – que lhe permitia viver e trabalhar no país –, tornava absolutamente desnecessária a aquisição, em 1999, da nacionalidade norte-americana por naturalização, exatamente como disposto no art. 12, §4º, II, *b*, da Constituição Federal. Não havia para o Ministério da Justiça, portanto, (i) nem imposição de naturalização pela norma estrangeira, (ii) nem exigência pelo Estado estrangeiro da naturalização como condição para permanência em seu território ou para o exercício de direitos civis.

Somava-se a isso o fato de que o compromisso formal por ela assumido ao se naturalizar não deixava qualquer dúvida quanto à sua intenção de, a um só tempo, se vincular àquela comunidade nacional e romper os vínculos que a ligavam com o Brasil. Esse compromisso formal estabelecia, expressamente, o dever por ela aceito de renunciar e

---

[2] PONTES DE MIRANDA. *Nacionalidade de Origem e Naturalização no Direito Brasileiro*. Rio de Janeiro: A. Coelho Branco Editores, 1936. p. 175: "Boa política, a respeito, é a dos Estados que, como o Brasil, consideram causa suficiente de perda qualquer naturalização voluntária noutro Estado, e os Estados Unidos da América entendem que já exista êsse princípio de direito das gentes". E p. 178: "O Brasil não tem a perda-abdicação. Tem a perda-mudança (Constituição de 1943, art. 107, a); tem a perda-penalidade do art. 107, c, que é um cancelamento por faltas; tem a perda por aceitação de funções, de que cogita o art. 107, b, - figura próxima, porém, não idêntica à perda-abdicação. Mais próxima da perda-mudança".

abjurar total e absolutamente qualquer ligação ou fidelidade a qualquer monarca, Estado ou soberania a que sujeito o candidato à nacionalidade norte-americana.[3]

Desse modo, o fato de a aquisição da nova nacionalidade ter se dado fora das exceções constitucionalmente previstas para afastar a perda-sanção foi acolhido como fundamento pela Primeira Turma do Supremo Tribunal Federal para, por maioria, entender pela não ocorrência de ilegalidade ou abuso de poder no ato do ministro de Estado da Justiça que, de ofício, decretou a perda da nacionalidade brasileira.

A perda da nacionalidade não é vedada pelo direito internacional e tampouco é desconhecida no direito comparado.[4] O que o direito internacional não admite é a supressão arbitrária de nacionalidade pelo Estado (art. XV, 1 e 2, da Declaração dos Direitos do Homem e art. 20, 1, 2 e 3, da Convenção Americana de Direitos Humanos). E embora não incentive a perda da nacionalidade, notadamente quando se tratar de situação que coloque o ex-nacional na condição vulnerável de apátrida, não recrimina a perda fundada em causas legítimas, previstas nos ordenamentos dos Estados soberanos. Impedir a perda de nacionalidade significaria a não superação do conceito medieval de aligeância perpétua, pelo qual "uma vez súdito, sempre súdito".[5]

A história constitucional brasileira é marcada pela previsão de perda da nacionalidade. Todas as constituições brasileiras admitiram essa possibilidade, observando-se, ao longo do tempo, alguma variação de critérios entre elas. Contudo, a aquisição de outra nacionalidade por naturalização sempre foi, em todas os diplomas constitucionais, critério utilizado para permitir a perda da nacionalidade. Ainda hoje é assim. Entender de outro modo seria negar vigência à regra da alínea *b* do inciso II do §4º do art. 12 da Constituição Federal.

Desse modo, denegada a segurança pela turma e mantida a perda da nacionalidade nata brasileira, foi possível examinar o pedido de cooperação jurídica internacional em matéria penal, formulado na Extradição nº 1.462/DF. Seu exame poderia se dar, então, nos exatos limites cognitivos desse instrumento, quais sejam: a legalidade da

---

3 Artigo 337, do *Immigration and Nationality Act*: "*(2) to renounce and abjure absolutely and entirely all allegiance and fidelity to any foreign prince, potentate, state, or sovereignty of whom or which the applicant was before a subject or citizen*".

4 DUARTE, Feliciano Barreiras. *Regime jurídico comparado do direito de cidadania*: análise do estudo das leis de nacionalidade de 40 países. Lisboa: Âncora Editora, 2009. p. 12.

5 VALLADÃO, Haroldo. *Direito Internacional Privado*. v. I. 4. ed. Rio de Janeiro: Livraria Freitas Bastos, 1974. p. 299.

entrega de um estrangeiro a uma jurisdição estrangeira para que ele possa ser nela jurisdicionado.

3 A extradição e a extradição de brasileiros

3.1 A extradição

Extradição é espécie do gênero cooperação jurídica internacional. Trata-se de procedimento híbrido: uma medida administrativa, judicialmente controlada. Hoje a extradição se encontra prevista nos arts. 81 a 99 da Lei nº 13.445/17, mas, à época dos fatos, era regulada pelos arts. 76 a 94 da revogada Lei nº 6.815/1980: o denominado Estatuto do Estrangeiro.

A extradição tem como fundamento positivo um tratado de extradição[6] ou uma promessa de reciprocidade[7] e somente pode se dar se o extraditando responder a processo-crime em que se possa impor pena privativa de liberdade ou já se lhe tenha sido imposta uma pena dessa natureza. Sanções penais pecuniárias ou restritivas de direitos não autorizam extradição. A prática de delitos puramente políticos também não.

A extradição pode ser definida como a entrega de um estrangeiro a um Estado requerente para que seja submetido à sua jurisdição. Por entrega de um estrangeiro se intui que, como regra, nacionais não possam ser extraditados. Brasileiros natos, enquanto ostentarem essa condição, nunca serão extraditados. Os naturalizados, que constituem exceção à regra, só poderão sê-lo quando o crime de que forem acusados tiver sido cometido em momento anterior à naturalização; portanto, em momento em que não eram brasileiros, considerada a natureza constitutiva da nacionalidade derivada, ou quando se tratar de crime de tráfico internacional de drogas.

Por entrega a uma jurisdição estrangeira se entende entrega à jurisdição de um Estado soberano. Não configura extradição a entrega

---

[6] Os tratados internacionais, quando internalizados, ostentam o *status* mínimo de leis ordinárias, de modo que os tratados de extradição são leis entre os Estados contratantes. O Brasil mantém tratados bilaterais de extradição com Argentina, Bélgica, Bolívia, Chile, Colômbia, Equador, EUA, Itália, Lituânia, Reino Unido (Inglaterra e Irlanda do Norte), México, Paraguai, Peru, Portugal, Rússia, Suíça, Venezuela e Uruguai.

[7] A promessa de reciprocidade é um dos raros exemplos de um acordo executivo no direito brasileiro. Por meio deste acordo, o Estado requerente promete atender ao pedido de extradição, formulado pelo Estado requerido, numa oportunidade posterior.

de um indivíduo a uma corte internacional.[8] Releva salientar que não se impõe seja o estrangeiro nacional do Estado requerente, de modo que pode o paraguaio ser entregue ao Equador, o francês à Itália, o uruguaio à Bélgica, bem como se pode entregar o húngaro à Hungria ou o polonês à Polônia.

Para que seja submetido à jurisdição do Estado requerente significa que a extradição pode ser requerida tanto para que o extraditando seja processado criminalmente como para que se execute uma pena já imposta. Se o pedido se der para que o extraditando se veja processar, tem-se a denominada extradição instrutória. Se se destinar à execução de uma pena já imposta, a extradição é chamada executória.

Para que se dê curso à cooperação e se extradite para cumprimento de pena, também é necessário que a pena seja compatível com os direitos fundamentais previstos no ordenamento brasileiro, de modo que não se extraditará para cumprimento de penas corporais ou degradantes, de trabalhos forçados, de banimento, de morte, perpétua ou cujo cumprimento se dê por tempo superior a 30 anos, nos termos do art. 75 do Código Penal. Como se trata de procedimento de cooperação jurídica internacional, pode o Supremo Tribunal Federal exigir, como condição de deferimento da extradição, o compromisso do Estado requerente de que comutará qualquer dessas penas em espécie de pena admitida no sistema brasileiro.

Recebido o pedido extradicional pelo Executivo, terá o pedido sua legalidade aferida pelo Supremo Tribunal Federal.

3.2 A extradição de brasileiros

A circular de 4 de fevereiro de 1847, que disciplinava a extradição sob a vigência da Constituição Imperial de 1824, dispunha que, se o criminoso fosse brasileiro, sua entrega em extradição era vedada, porque assim previa o texto constitucional. A Constituição Republicana de 1891 não cuidou do tema e, ante a ausência de disposição constitucional expressa, a Lei nº 2.416, de 28 de junho de 1911, autorizava, no §1º de seu art. 1º, a extradição de brasileiros, desde que houvesse reciprocidade

---

[8] Muito se vê na imprensa, de forma equivocada, a notícia que tal ou qual pessoa, em geral ex-chefe de Estado, foi extraditado por seu país de nacionalidade para a Corte Penal Internacional. Nesses casos, tem-se outra figura de direito internacional que com a extradição não se confunde: a entrega.

de tratamento. Se se tratasse de brasileiro naturalizado, dispensava-se a reciprocidade se o crime houvesse sido cometido antes da naturalização.[9]

A Constituição de 1934 impediu a extradição de nacionais, sem distinção entre natos ou naturalizados. Já a Constituição de 1937 manteve o impedimento, embora com redação defeituosa, afirmando que nenhum brasileiro poderia ser "extraditado por governo estrangeiro", quando se sabe que quem extradita é o Estado em que se encontra o extraditando, e não o que requer a extradição.[10] Um ano mais tarde, o Decreto nº 394, de 28 de abril de 1938, estabeleceu que a extradição de brasileiros não seria concedida "em nenhum caso".[11]

A vedação à extradição de brasileiro nunca importou em impunidade, na medida em que a lei penal brasileira indica ser possível a responsabilização criminal de brasileiros, no Brasil, por crimes praticados no exterior, a revelar o princípio extradita ou julga, *aut dedere aut judicare*.

Como se viu, a Constituição Federal de 1988 impede a extradição de brasileiros como regra, excetuando-se as situações dos naturalizados (i) quando o crime de que forem acusados tiver sido cometido em momento anterior à naturalização, porque em momento em que extraditando não era brasileiro, na medida em que a naturalização é constitutiva e, portanto, opera *ex nunc*; e (ii) quando se tratar de crime de tráfico internacional de drogas para que não se incentive a naturalização para esse fim.

3.3 O julgamento do Mandado de Segurança nº 33.864/DF

Cláudia Cristina Sobral nasceu no Rio de Janeiro, filha de pais brasileiros, e se radicou nos Estados Unidos da América no final dos anos 1980. Em 1990, casou-se com o nova-iorquino Thomas Bolte, razão pela qual obteve, naquele mesmo ano, visto de permanência no país. Em 1999, quando ainda casada com Bolte, Cláudia requereu a nacionalidade norte-americana, conforme documento em que declarou "renunciar e abjurar fidelidade a qualquer Estado ou soberania". Anos mais tarde, divorciada, casou-se novamente, agora com Karl Hoerig, que viria a ser morto em 2007.

---

[9] SOUZA, Arthur de Brito Gueiros. *As Novas Tendências do Direito Extradicional*. 2. ed. revista, atualizada e ampliada. Rio de Janeiro: Renovar, 2013. p. 130-131.

[10] *Ibidem*, p. 132.

[11] *Idem*.

Em 2007, foi acusada de matar o segundo marido. Fugiu em seguida para o Brasil. Foi então aqui aberto de ofício o procedimento administrativo que culminou com a decretação da perda da nacionalidade brasileira, veiculada em portaria ministerial. Em 2013, foi requerida pelos EUA a prisão da impetrante para fins de extradição. Nesse contexto, foi impetrado o Mandado de Segurança nº 33.864/DF, sustentando-se que a impetrante não poderia ser extraditada por se tratar de brasileira nata.

Ao julgar o mandado de segurança, o tribunal entendeu que a Constituição, ao cuidar da perda da nacionalidade brasileira, estabeleceu somente duas hipóteses, a saber: (i) o cancelamento judicial da naturalização, em virtude da prática de ato nocivo ao interesse nacional, o que somente alcança brasileiros naturalizados (art. 12, §4º, inc. I, da CF); e (ii) a aquisição de outra nacionalidade, exceto quando: (i) não se tratar de verdadeira aquisição de outra nacionalidade, mas do mero reconhecimento de outra nacionalidade originária, considerada a natureza declaratória desse reconhecimento (art. 12, §4º, inc. II, alínea *a*, da CF); ou (ii) ter sido a outra nacionalidade imposta pelo Estado estrangeiro como condição de permanência em seu território ou para o exercício de direitos civis (art. 12, §4º, inc. II, alínea *b*, da CF).

Nesse contexto, a Primeira Turma entendeu que a impetrante não se enquadrava em qualquer das duas exceções constitucionalmente previstas. E isso porque já detinha, desde muito antes da naturalização, o denominado *green card*, cuja natureza jurídica é a de visto de permanência e que confere, nos EUA, os direitos que alegava ter pretendido adquirir com a naturalização, quais sejam: a permanência em solo norte-americano e a possibilidade de viver e trabalhar naquele país.

Assim, a conclusão a que chegou o tribunal foi a de que era desnecessária a obtenção da nacionalidade estrangeira para os fins que constitucionalmente constituem exceção à regra da perda da nacionalidade brasileira (alíneas *a* e *b*, §4º, inc. II, art. 12, da CF). Diante disso, sua obtenção somente poderia se destinar, como de fato efetivamente se destinou, à integração da impetrante àquela outra comunidade nacional, o que justamente constitui a razão central do critério adotado pelo constituinte originário para a perda da nacionalidade brasileira – critério este não excepcionado pela EC de Revisão nº 03/1994, que introduziu as exceções previstas nas alíneas *a* e *b*, §4º, inc. II, art. 12, da Constituição Federal.

O acórdão prolatado nos autos do Mandado de Segurança nº 33.864/DF ainda teve o cuidado de salientar que não se cuidava, no caso sob exame, de nacionalidade concedida por Estado estrangeiro, com fundamento em seu próprio ordenamento jurídico, independentemente de qualquer manifestação de vontade, como ocorre, por exemplo, com a nacionalidade concedida em razão do casamento em algumas legislações estrangeiras, o que, caso ocorresse, não produziria o efeito de fazer perder a nacionalidade brasileira.[12] Nesse caso, se teria uma das situações que o direito internacional identifica como direito de não mudar de nacionalidade.

Em verdade, a naturalização obtida pela impetrante se fundou em pedido expresso de aquisição de nacionalidade, veiculado em requerimento formal, e em que renunciada e abjurada a nacionalidade brasileira. Assim, tratando-se, como se tratava, de naturalização efetivamente requerida pela impetrante por manifestação livre de vontade, incluído no ato de naturalização juramento formal de que decorria o efetivo desejo de se integrar à comunidade nacional estrangeira, não observou o tribunal qualquer ilegalidade ou abuso de poder que lesasse ou ameaçasse de lesão direito líquido e certo da impetrante na decisão administrativa prolatada nos autos do procedimento de perda de nacionalidade. Essa a razão pela qual denegada a segurança.

Releva destacar que a decisão não foi unânime. O ministro Marco Aurélio ficou vencido porque concedia a ordem para obstar a perda da nacionalidade brasileira nata, ao fundamento de que a nacionalidade ostenta natureza jurídica de direito fundamental e que, por isso, não poderia, em hipótese alguma, ser perdida. É o que constou expressamente do voto que proferiu:

> Há mais, Presidente. Atrevo-me, contrariando até a doutrina de Francisco Rezek, a afirmar que o direito à condição de brasileiro nato é indisponível e que cumpre, tão somente, assentar se ocorreu, ou não, o nascimento – porque se trata dessa hipótese – daquele que se diz brasileiro nato na República Federativa do Brasil. E isso se mostra estreme de dúvidas. Dir-se-á que a alínea "a" do inciso II do §4° do artigo 12 versa a possibilidade de perda dessa condição – que entendo indisponível – pelo brasileiro nato, se não houver o reconhecimento, da nacionalidade originária, no país amigo. Será que a ordem jurídica constitucional brasileira se submete, em termos de eficácia, a uma legislação estrangeira? É o que falta nesses tempos muito estranhos que estamos vivenciando! Não se submete.

[12] DOLINGER, Jacob. *Direito Internacional privado*. Parte Geral. 7. ed. Rio de Janeiro: Renovar, 2007. p. 163.

4 A Extradição nº 1.462/DF

A Extradição nº 1.462/DF foi julgada em 28 de março de 2017 pela Primeira Turma do Supremo Tribunal Federal. Por maioria de votos, o tribunal autorizou a entrega, pelo Executivo, da norte-americana Claudia Cristina Sobral ao governo dos Estados Unidos da América. No dia 16 de janeiro de 2018, Cláudia foi efetivamente entregue e, dois dias depois, chegou aos Estados Unidos.

Na sessão de 28 de março, a Primeira Turma verificou presentes os requisitos autorizadores da extradição, previstos na Lei nº 6.815/80, então em vigor: (i) estar o pedido juridicamente fundamentado em tratado, o Tratado de Extradição Brasil-Estados Unidos, de 1961, internalizado pelo Decreto nº 55.750/65; (ii) haver nos autos documento demonstrativo da existência de mandado de prisão da extraditanda no Estado requerente, expedido pelo Tribunal de Distrital do Condado de Trumbull, Estado de Ohio; (iii) descrição dos fatos a ela imputados; (iv) acusação formal; (v) desinteresse do Brasil em processar e julgar o crime; (vi) constituir a conduta crime no Brasil e no Estado requerente (dupla tipicidade); e (vii) não estar o crime prescrito em ambos os ordenamentos jurídicos (dupla punibilidade).

No decorrer do procedimento, um dos temores veiculados pela defesa era a efetiva possibilidade de a extraditanda vir a ser condenada à morte ou à pena de prisão perpétua. Por essa razão é que a turma, considerando tratar-se a extradição de procedimento de cooperação jurídica internacional, em que se pode validamente impor à jurisdição com a qual se coopera condições para efetivar a cooperação, condicionou a entrega, ao autorizar a extradição, à assunção do compromisso, pelo Estado requerente, de (i) não executar pena vedada pelo ordenamento brasileiro (art. 5º, XLVII, *a* e *b*, da CF); (ii) observar o tempo máximo de cumprimento de pena possível no Brasil (art. 75 do CP) e (iii) detrair do cumprimento da pena a ser eventualmente imposta no exterior o tempo de prisão para fins de extradição no Brasil.

5 Conclusões

Embora se tenha noticiado à época do julgamento que o Supremo Tribunal Federal, pela primeira vez em sua história, estaria a extraditar um brasileiro nato, o que fez o tribunal, em verdade, foi autorizar a entrega em extradição de um estrangeiro que em algum momento de sua vida já havia sido brasileiro e que perdera esta condição em processo administrativo regular. Essa perda observou o devido processo legal, com ampla possibilidade de defesa, e foi validada em revisão judicial por decisão do Supremo Tribunal Federal que transitou em julgado, de modo que o tribunal, ao contrário do que afirmado por parte da imprensa, não autorizou a extradição de brasileiro nato, mas de estrangeiro.

A perda da nacionalidade é possibilidade autorizada pelo direito internacional dos direitos humanos, e sua prática é relativamente comum no direito comparado. O que o direito internacional veda é a supressão arbitrária de nacionalidade pelo Estado (art. XV, 1 e 2, da Declaração dos Direitos do Homem e art. 20, 1, 2 e 3, da Convenção Americana de Direitos Humanos), mas não a perda fundada em causas legítimas, observado o devido processo legal.

Todas as constituições brasileiras previram a possibilidade de perda da nacionalidade, observando-se alguma variação de critérios entre elas. A aquisição de outra nacionalidade por naturalização, contudo, foi um dos únicos critérios ininterruptamente observados para a perda da nacionalidade. É assim no direito brasileiro e, como se disse, é assim no direito comparado. Entender de outro modo é negar vigência à regra da alínea *b* do inciso II do §4° do art. 12 da Constituição Federal.

Em 1994, a Emenda Constitucional de Revisão n° 3 excepcionou a perda da nacionalidade brasileira por naturalização nas hipóteses em que o brasileiro adquirisse outra nacionalidade por imposição do Estado estrangeiro como condição de permanência em seu território ou para o exercício de direitos civis (art. 12, §4°, II, *b*, da CF). Tal exceção, como se viu, não se aplicava à situação da extraditanda Cláudia Sobral.

Curiosamente, em umas das últimas petições de defesa da extraditanda, já em sede de embargos de declaração opostos do acórdão em que autorizada a entrega, pergunta-se o que será, a se entender pela perda de nacionalidade do brasileiro que adquire outra nacionalidade por naturalização, dos mais de 60 mil brasileiros naturalizados norte-americanos. A resposta parece simples e não necessariamente inquietará os naturalizados: se suas situações concretas se enquadrarem na exceção constitucionalmente prevista na alínea *b* do II do §4° do art. 12 da Constituição Federal, a nacionalidade brasileira será mantida. Se não se enquadrarem, poderão, eventualmente, ter sua nacionalidade perdida, o que não necessariamente terá as consequências vivenciadas pela extraditanda, que, acusada de matar o marido pelas costas, fugiu para o Brasil para evitar a responsabilidade pelo homicídio de que era acusada.

Referências

DOLINGER, Jacob. *Direito Internacional privado*. Parte Geral. 7. ed. Rio de Janeiro: Renovar, 2007.

DUARTE, Feliciano Barreiras. *Regime jurídico comparado do direito de cidadania*: análise do estudo das leis de nacionalidade de 40 países. Lisboa: Âncora Editora, 2009.

MIRANDA, Pontes de. *Nacionalidade de origem e naturalização no Direito brasileiro*. Rio de Janeiro: A. Coelho Branco Editores, 1936.

SOUZA, Arthur de Brito Gueiros. *As Novas Tendências do Direito Extradicional*. 2. ed. revista, atualizada e ampliada. Rio de Janeiro: Renovar, 2013.

VALLADÃO, Haroldo. *Direito Internacional privado*. 4. ed. v. I. Rio de Janeiro: Livraria Freitas Bastos, 1974.

Informação bibliográfica deste texto, conforme a NBR 6023:2018 da Associação Brasileira de Normas Técnicas (ABNT):

BARROSO, Luís Roberto; RODRIGUES, Paulo Cesar Villela Souto Lopes. Perda da nacionalidade brasileira e extradição: relato de um caso real. *In*: VELLOSO, Ana Flavia; JARDIM, Tarciso Dal Maso (Coord.). *A nova lei de migração e os regimes internacionais*. Belo Horizonte: Fórum, 2021. p. 359-370. ISBN 978-65-5518-167-8.

ASILO, REFÚGIO E EXTRADIÇÃO: A PROTEÇÃO AOS MIGRANTES À LUZ DA NOVA LEI DE MIGRAÇÃO E DO DIREITO INTERNACIONAL DOS DIREITOS HUMANOS

FLÁVIA PIOVESAN

CLÁUDIA GIOVANNETTI PEREIRA DOS ANJOS

Introdução

Em maio de 2017, o Brasil estabeleceu um novo marco de promoção e de proteção aos direitos humanos dos migrantes e deu um significativo passo em termos de conquista civilizatória. Depois de mais de uma década de debate político e construção legislativa, em 24 de maio de 2017 foi sancionada a Lei n° 13.445, instituindo a Lei de Migração. Trata-se de profunda mudança paradigmática na abordagem normativa da mobilidade humana no país. A dicotomia do "eu *versus* o outro", que inspirava o antigo Estatuto do Estrangeiro e historicamente fundamentou graves violações de direitos em todo o mundo, deu lugar ao tratamento do fenômeno da migração sob a perspectiva dos direitos humanos e do reconhecimento do imigrante como sujeito de direitos.

Nesse contexto de transformação de paradigmas, novos referenciais de proteção internacional ao imigrante foram introduzidos no arcabouço jurídico brasileiro. Importantes expressões desse amparo, as figuras do asilo, do refúgio e da extradição receberam a atenção do legislador e foram disciplinadas na nova Lei de Migração, enquanto instrumentos específicos anteriores permaneceram vigentes no que se refere à regulação de tais figuras jurídicas, inclusive instrumentos internacionais recepcionados pelo direito brasileiro. As inovações introduzidas a esses institutos de proteção internacional pela recente alteração legislativa no regime geral de migração normativo merecem, assim, um olhar detido por parte dos estudiosos da temática, considerando o impacto da proteção internacional na vida de seus beneficiários.

Sob esse prisma, o presente texto buscará enfocar a proteção dos migrantes, consubstanciada nos institutos do asilo, do refúgio e da extradição, a partir do advento da nova Lei de Migração, em 2017. Para tanto, adotar-se-ão duas linhas de investigação. A primeira linha explorará aspectos da proteção dos migrantes na ordem internacional, enquanto a segunda linha analisará aspectos relativos à proteção dos migrantes no direito brasileiro, com destaque nos avanços advindos com a Lei de Migração. A análise pretende conduzir a uma reflexão sobre os atuais parâmetros de proteção dos migrantes no Brasil sob a égide da nova Lei de Migração, com ênfase na elevação de patamar com a introdução do *human rights approach* no âmbito da política migratória brasileira, sob a perspectiva multinível a envolver um enfoque holístico e integrado do direito interno e internacional, marcado por interações, impactos e incidências mútuas e recíprocas.

1 Proteção dos migrantes na ordem internacional

A preocupação com a proteção dos seres humanos para além das fronteiras nacionais remonta a um período relativamente recente da história da humanidade. Até a aprovação da Carta das Nações Unidas, em 1945, na esteira da destruição provocada no contexto da Segunda Guerra Mundial, iniciativas consagradoras dos direitos humanos só haviam ocorrido no plano interno dos Estados. Na verdade, a própria concepção de direitos fundamentais esteve atrelada, por séculos, à presença contraposta do Estado, já que tais direitos emergiram em meio à luta contra o absolutismo e como forma de defesa do súdito perante o soberano.[1]

As guerras mundiais da primeira metade do século XX, no entanto, disseminaram os malefícios do conflito armado por uma vastidão inédita, propagando internacionalmente os efeitos nefastos da ausência de proteção dos seres humanos dentro de fronteiras nacionais, sobretudo na ruptura totalitária operada pelo nazifascismo na Segunda Guerra Mundial. A era Hitler foi marcada pela lógica da destruição e da descartabilidade da pessoa humana, materializada no envio de 18 milhões de pessoas a campos de concentração, das quais 11 milhões morreram, sendo 6 milhões de judeus, além de comunistas, homossexuais e ciganos.

Outra consequência dramática dos conflitos mundiais foram os milhões de indivíduos forçados a deixar seus países de origem devido às hostilidades ou em razão de perseguições em razão de características pessoais, como raça, religião, nacionalidade, grupo social ou opinião política. Com efeito, estima-se em mais de 40 milhões de pessoas o número de deslocados à força apenas na Europa ao final da Segunda Guerra Mundial.[2]

A progressiva universalização dos direitos humanos que teve início com a fundação da Organização das Nações Unidas (ONU) assume, desta forma, caráter de reconstrução do valor dos direitos humanos, como paradigma e referencial ético a orientar a ordem internacional. O repúdio aos atos dos regimes fascistas e à ruptura do paradigma jusnaturalista, pelo qual os direitos humanos decorrem da dignidade inerente a toda e qualquer pessoa, motivou a comunidade internacional, naquele momento histórico, a lançar-se à formulação de um código universal de valores, que, transcendendo a diversidade cultural dos povos, representaria o consenso sobre preceitos minimamente necessários para assegurar uma vida com dignidade a todos os seres humanos.

O Direito Internacional dos Direitos Humanos surge em meados do século XX, portanto, como resultado da crença de que ao menos parte das violações de direitos ocorridas durante a guerra encerrada

---

[1] É possível observar que a resistência ao absolutismo estatal inspirou os principais instrumentos de direitos humanos existentes até então, como a Magna Carta inglesa (1215), o *Petition of Rights* (1628), o *Habeas Corpus Act* (1679), o *Bill of Rights* (1689), a Declaração de Direitos de Virgínia (1776), a Declaração de Independência dos Estados Unidos da América (1776), a Constituição dos Estados Unidos da América e suas dez primeiras emendas (1787 e 1791) e a Declaração dos Direitos do Homem e do Cidadão (1789), cf. E. R. LEWANDOWSKI, 1984, p. 43-52.

[2] UNHCR, 2000, p. 1.

em 1945 poderia ser prevenida com a existência de um efetivo sistema de proteção internacional de direitos humanos. Esse sistema protetivo seria composto por normas internacionais, procedimentos e instituições desenvolvidas para promover o respeito dos direitos humanos em todos os países, no âmbito mundial, em benefício da comunidade internacional como um todo.

Nesse contexto, como nota Henkin, cristaliza-se a noção de que a proteção dos direitos humanos não deve se restringir à jurisdição doméstica exclusiva, isto é, ao domínio reservado do Estado, por se tratar de tema de legítimo interesse internacional.[3] Ao passar a ter seus direitos protegidos com fundamento em fontes não mais unicamente vinculadas ao direito interno, mas também em bases acordadas multilateralmente, o indivíduo assume a condição de sujeito de direito na esfera internacional. Tal *ratio*, num processo que se mostra dual, resulta na revisão da concepção tradicional de soberania absoluta do Estado, que passa a sofrer um processo de relativização, na medida em que são admitidas intervenções no plano nacional, em prol da proteção dos direitos humanos.

Documento basilar do Direito Internacional dos Direitos Humanos, adotado pela Assembleia Geral da ONU em 1948, a Declaração Universal dos Direitos Humanos inaugura a concepção contemporânea de direitos humanos, caracterizada pela universalidade e indivisibilidade desses direitos. A universalidade dos direitos humanos decorre da dignidade inerente a toda e qualquer pessoa, sem qualquer discriminação, pela qual a condição de pessoa é o único requisito para que alguém se converta em sujeito de direito. A indivisibilidade dos direitos humanos, por sua vez, é afirmada pela conjugação inédita de direitos civis e políticos e direitos econômicos, sociais e culturais. Ao combinar os valores da liberdade e da igualdade, a Declaração demarca a concepção contemporânea de direitos humanos, pela qual os direitos humanos passam a ser concebidos como uma unidade interdependente, indivisível e, mais tarde, inter-relacionada.[4]

A partir da Declaração Universal de 1948, o Direito Internacional dos Direitos Humanos começa a se desenvolver por meio da adoção

---

[3] HENKIN, 1993, p. 375-376.

[4] A inter-relação dos direitos humanos incorporou-se à concepção contemporânea de direitos humanos a partir da adoção da Resolução nº 32/130 da Assembleia Geral das Nações Unidas, que, versando sobre critérios e meios possíveis dentro do sistema da ONU para melhorar a efetividade dos direitos humanos e das liberdades fundamentais, estabeleceu que "todos os direitos humanos, qualquer que seja o tipo a que pertencem, se inter-relacionam necessariamente entre si, e são indivisíveis e interdependentes".

de inúmeros instrumentos internacionais de proteção. Forma-se, assim, o sistema normativo global de proteção dos direitos humanos no âmbito da ONU. Esse sistema normativo, por sua vez, é integrado por instrumentos de alcance geral (como os Pactos Internacionais de Direitos Civis e Políticos e de Direitos Econômicos, Sociais e Culturais de 1966) e por instrumentos de alcance específico, como as convenções internacionais que abordam o enfrentamento a determinadas violações de direitos humanos, como a tortura, a discriminação racial, a discriminação contra as mulheres e a violação dos direitos das crianças, por exemplo. Os sistemas geral e específico coexistem e são complementares entre si.

Em paralelo ao sistema normativo global, emerge o sistema normativo regional de proteção, que se volta à internacionalização dos direitos humanos no plano regional, sobretudo na Europa, América e África. Consolida-se, assim, a convivência do sistema global, integrado pelos instrumentos das Nações Unidas, com o sistema regional, por sua vez, integrado por instrumentos do sistema americano, europeu e africano de proteção aos direitos humanos (ex.: Convenção Americana sobre Direitos Humanos). Os sistemas global e regional não são dicotômicos, mas complementares e, inspirados pelos valores e princípios da Declaração Universal, compõem o universo instrumental de proteção dos direitos humanos no plano internacional.

O triunfo civilizatório alcançado com a edificação de um regime internacional de proteção ao ser humano revela-se ainda mais auspicioso no caso das migrações transfronteiriças. De fato, como pessoas deslocadas de seus países de origem, seja de forma voluntária ou forçada, os migrantes encontram-se em situação de maior vulnerabilidade no que se refere à violação de seus direitos humanos, uma vez que não contam com o atributo da nacionalidade no país em que ingressaram; como não nacionais, dependem do amparo decorrente do arcabouço erigido no âmbito do Direito Internacional dos Direitos Humanos, em todos os sistemas existentes, inclusive nos aspectos que as legislações nacionais dos países de acolhida desses migrantes tenham incorporado de tal arcabouço internacional.

Aplicam-se igualmente a migrantes e a qualquer outro indivíduo os direitos e liberdades estabelecidos na Declaração Universal dos Direitos Humanos, assim como as disposições contidas nos demais instrumentos internacionais de direitos humanos. Ainda assim, alguns dispositivos presentes nos instrumentos de caráter geral dedicam-se a assegurar direitos aos migrantes de forma específica. No caso da Declaração Universal, a preocupação com a proteção aos migrantes pode ser encontrada particularmente nos seguintes artigos:

> Artigo 1º
> Todos os seres humanos nascem livres e iguais em dignidade e em direitos. Dotados de razão e de consciência, devem agir uns para com os outros em espírito de fraternidade.
> Artigo 2º
> Todos os seres humanos podem invocar os direitos e as liberdades proclamados na presente Declaração, sem distinção alguma, nomeadamente de raça, de cor, de sexo, de língua, de religião, de opinião política ou outra, de origem nacional ou social, de fortuna, de nascimento ou de qualquer outra situação. Além disso, não será feita nenhuma distinção fundada no estatuto político, jurídico ou internacional do país ou do território da naturalidade da pessoa, seja esse país ou território independente, sob tutela, autônomo ou sujeito a alguma limitação de soberania.
> Artigo 13
> 1. Todo ser humano tem direito à liberdade de locomoção e residência dentro das fronteiras de cada Estado.
> 2. Todo ser humano tem o direito de deixar qualquer país, inclusive o próprio e a esse regressar.
> Artigo 14
> 1. Todo ser humano, vítima de perseguição, tem o direito de procurar e de gozar asilo em outros países.
> 2. Esse direito não pode ser invocado em caso de perseguição legitimamente motivada por crimes de direito comum ou por atos contrários aos objetivos e princípios das Nações Unidas.

No Pacto Internacional sobre Direitos Civis e Políticos, verifica-se que os migrantes beneficiam-se diretamente dos seguintes dispositivos:

> Artigo 2
> 1. Os Estados Partes do presente pacto comprometem-se a respeitar e garantir a todos os indivíduos que se achem em seu território e que estejam sujeitos a sua jurisdição os direitos reconhecidos no presente Pacto, sem discriminação alguma por motivo de raça, cor, sexo, língua, religião, opinião política ou de outra natureza, origem nacional ou social, situação econômica, nascimento ou qualquer condição.
> 2. Na ausência de medidas legislativas ou de outra natureza destinadas a tornar efetivos os direitos reconhecidos no presente Pacto, os Estados Partes do presente Pacto comprometem-se a tomar as providências necessárias com vistas a adotá-las, levando em consideração seus respectivos procedimentos constitucionais e as disposições do presente Pacto.
> Artigo 12
> 1. Toda pessoa que se ache legalmente no território de um Estado terá o direito de nele livremente circular e escolher sua residência.

2. Toda pessoa terá o direito de sair livremente de qualquer país, inclusive de seu próprio país.
3. Os direitos supracitados não poderão em lei e no intuito de restrições, a menos que estejam previstas em lei e no intuito de proteger a segurança nacional e a ordem, a saúde ou a moral pública, bem como os direitos e liberdades das demais pessoas, e que sejam compatíveis com os outros direitos reconhecidos no presente Pacto.
4. Ninguém poderá ser privado arbitrariamente do direito de entrar em seu próprio país.
Artigo 13
Um estrangeiro que se ache legalmente no território de um Estado Parte do presente Pacto só poderá dele ser expulso em decorrência de decisão adotada em conformidade com a lei e, a menos que razões imperativas de segurança nacional a isso se oponham, terá a possibilidade de expor as razões que militem contra sua expulsão e de ter seu caso reexaminado pelas autoridades competentes, ou por uma ou várias pessoas especialmente designadas pelas referidas autoridades, e de fazer-se representar com esse objetivo.
Artigo 26
Todas as pessoas são iguais perante a lei e têm direito, sem discriminação alguma, a igual proteção da Lei. A este respeito, a lei deverá proibir qualquer forma de discriminação e garantir a todas as pessoas proteção igual e eficaz contra qualquer discriminação por motivo de raça, cor, sexo, língua, religião, opinião política ou de outra natureza, origem nacional ou social, situação econômica, nascimento ou qualquer outra situação.

O Pacto Internacional sobre Direitos Econômicos, Sociais e Culturais também contém previsões que se estendem à proteção de migrantes, tais como:

Artigo 2
1. Cada Estado Parte do presente Pacto compromete-se a adotar medidas, tanto por esforço próprio como pela assistência e cooperação internacionais, principalmente nos planos econômico e técnico, até o máximo de seus recursos disponíveis, que visem a assegurar, progressivamente, por todos os meios apropriados, o pleno exercício dos direitos reconhecidos no presente Pacto, incluindo, em particular, a adoção de medidas legislativas.
2. Os Estados Partes do presente Pacto comprometem-se a garantir que os direitos nele enunciados e exercerão em discriminação alguma por motivo de raça, cor, sexo, língua, religião, opinião política ou de outra natureza, origem nacional ou social, situação econômica, nascimento ou qualquer outra situação.
3. Os países em desenvolvimento, levando devidamente em consideração os direitos humanos e a situação econômica nacional, poderão determinar

em que garantirão os direitos econômicos reconhecidos no presente Pacto àqueles que não sejam seus nacionais.

Outro instrumento internacional de direitos humanos de caráter geral que contempla especificamente a proteção aos migrantes em alguns de seus artigos é a Convenção Americana sobre Direitos Humanos (Pacto de São José da Costa Rica), como se pode ver a seguir:

> Artigo 1. Obrigação de respeitar os direitos
> 1. Os Estados Partes nesta Convenção comprometem-se a respeitar os direitos e liberdades nela reconhecidos e a garantir seu livre e pleno exercício a toda pessoa que esteja sujeita à sua jurisdição, sem discriminação alguma por motivo de raça, cor, sexo, idioma, religião, opiniões políticas ou de qualquer outra natureza, origem nacional ou social, posição econômica, nascimento ou qualquer outra condição social.
> 2. Para os efeitos desta Convenção, pessoa é todo ser humano.
> Artigo 2. Dever de adotar disposições de direito interno
> Se o exercício dos direitos e liberdades mencionados no artigo 1 ainda não estiver garantido por disposições legislativas ou de outra natureza, os Estados Partes comprometem-se a adotar, de acordo com as suas normas constitucionais e com as disposições desta Convenção, as medidas legislativas ou de outra natureza que forem necessárias para tornar efetivos tais direitos e liberdades.
> Artigo 22. Direito de circulação e de residência
> 1. Toda pessoa que se ache legalmente no território de um Estado tem direito de circular nele e de nele residir em conformidade com as disposições legais.
> 2. Toda pessoa tem o direito de sair livremente de qualquer país, inclusive do próprio.
> 3. O exercício dos direitos acima mencionados não pode ser restringido senão em virtude de lei, na medida indispensável, numa sociedade democrática, para prevenir infrações penais ou para proteger a segurança nacional, a segurança ou a ordem públicas, a moral ou a saúde públicas, ou os direitos e liberdades das demais pessoas.
> 4. O exercício dos direitos reconhecidos no inciso 1 pode também ser restringido pela lei, em zonas determinadas, por motivo de interesse público.
> 5. Ninguém pode ser expulso do território do Estado do qual for nacional, nem ser privado do direito de nele entrar.
> 6. O estrangeiro que se ache legalmente no território de um Estado Parte nesta Convenção só poderá dele ser expulso em cumprimento de decisão adotada de acordo com a lei.
> 7. Toda pessoa tem o direito de buscar e receber asilo em território estrangeiro, em caso de perseguição por delitos políticos ou comuns

conexos com delitos políticos e de acordo com a legislação de cada Estado e com os convênios internacionais.
8. Em nenhum caso o estrangeiro pode ser expulso ou entregue a outro país, seja ou não de origem, onde seu direito à vida ou à liberdade pessoal esteja em risco de violação por causa da sua raça, nacionalidade, religião, condição social ou de suas opiniões políticas.
9. É proibida a expulsão coletiva de estrangeiros.

Como premissa fundamental derivada de sua condição de pessoa, portanto, os migrantes são amparados pelo regime geral de proteção dos direitos humanos, tanto o regime global quanto o regional, de maneira indistinta em relação aos indivíduos nacionais do território de destino do processo migratório. Não obstante, assim como outros instrumentos internacionais de alcance específico no tocante aos grupos sociais amparados por cada um deles, a proteção aos migrantes na ordem internacional complementa-se com instrumentos desenvolvidos com vistas a alcançar particularmente esse grupo de pessoas, tendo em conta as peculiaridades de sua situação.

Operando na lógica dos direitos decorrentes da nacionalidade, observa-se a estrutura de proteção a migrantes derivada dos preceitos estabelecidos pela Convenção de Viena sobre Relações Consulares, de 1963. Embora se trate de um instrumento que regula as relações entre Estados, esta Convenção fixa regras relativas ao exercício das funções consulares, que, conforme o art. 5º da Convenção, consistem, entre outras coisas, na prerrogativa de um Estado proteger, no Estado receptor, seus interesses e os interesses de seus nacionais, pessoas físicas ou jurídicas, dentro dos limites permitidos pelo direito internacional, bem como prestar ajuda e assistência aos seus nacionais, pessoas físicas ou jurídicas, no Estado receptor. Nesse contexto, a Convenção de Viena sobre Relações Consulares proporciona bases para a proteção aos migrantes por meio da codificação de práticas consulares que, se, num primeiro nível, se destina a atender aos Estados, acaba, em última instância, por beneficiar os migrantes.

Um dos primeiros instrumentos internacionais dedicados especialmente à proteção de migrantes foi a Convenção dos Trabalhadores Migrantes (Revista) da Organização Internacional do Trabalho (OIT), conhecida como Convenção nº 97 da OIT, aprovada em 1949, que entrou em vigor no plano internacional em 1952 e conta atualmente com a ratificação de 49 países, inclusive o Brasil.[5] Os compromissos assumidos

[5] Ratificada pelo Brasil em 1965 e promulgada pelo Decreto nº 58.819/66, estando em vigor internamente desde 18 de junho de 1966.

pelos Estados Partes da Convenção nº 97 da OIT aplicam-se a todo o processo migratório – da entrada ao retorno – e contemplam a igualdade de tratamento entre nacionais e imigrantes em questões trabalhistas, como remuneração, duração da jornada de trabalho, horas extras, férias remuneradas, idade de admissão, filiação em organizações sindicais, gozo das convenções coletivas e direitos de seguridade social. Em 1975, a OIT aprovou a Convenção Relativa às Migrações em Condições Abusivas e à Promoção da Igualdade de Oportunidades e de Tratamento dos Trabalhadores Migrantes (Convenção nº 143 da OIT), que se aplica também à imigração irregular e entrou em vigor internacionalmente em 1978, tendo sido ratificada até o momento por 23 países, dentre os quais não se inclui o Brasil.[6] Ambas as convenções são complementadas por recomendações da OIT, não vinculantes.

Adotada pela Assembleia Geral da ONU em 1990, a Convenção Internacional sobre a Proteção dos Direitos de Todos os Trabalhadores Migrantes e dos Membros das suas Famílias abrange a maior parte das disposições substantivas das Convenções da OIT sobre a temática, trazendo, contudo, avanços em alguns aspectos. Com uma abordagem que compreende migrantes não somente como trabalhadores, mas como seres humanos, essa Convenção Internacional assume a feição de um amplo tratado internacional relativo à proteção dos direitos humanos de migrantes e de membros das suas famílias. De fato, a Convenção não cria direitos específicos para migrantes, apenas reitera a aplicação das garantias de direitos humanos para esse grupo. Nesse sentido, destina-se a todos os migrantes, estejam ou não em situação regular no Estado de destino.[7] Até o momento, a Convenção foi ratificada por

---

6 É importante notar que tanto a Convenção nº 97 quanto a Convenção nº 143 preveem algumas exceções relativas às categorias de migrantes cobertas por esses instrumentos, sobretudo marítimos, trabalhadores fronteiriços e profissionais liberais em períodos de estadia curta.

7 No que se refere aos migrantes em situação irregular e suas famílias, a Convenção assegura a igualdade de direitos quanto a: livre saída de qualquer Estado e regresso a qualquer tempo a seu Estado de origem (art. 8º); direito à vida (art. 9º), proteção contra a tortura e outros tratamentos ou penas cruéis, desumanos ou degradantes (art. 10); proteção contra a escravidão, servidão e trabalho forçado (art. 11); liberdade de pensamento, de consciência e de religião (art. 12); direito de opinião e liberdade de opinião (art. 13); direito à privacidade (art. 14); direito à propriedade privada (art. 15); direito à liberdade e segurança pessoal (art. 16); tratamento humano e respeitoso em caso de privação de liberdade (art. 17); garantias judiciais (art. 18); irretroatividade da lei penal, salvo quando benéfica ao acusado (art. 19); proteção contra a prisão civil (art. 20); confisco de documentos por particulares (art. 21); proteção contra expulsão coletiva (art. 22); direito à proteção e assistência das autoridades consulares e diplomáticas de seu país de origem (art. 23); reconhecimento de sua personalidade jurídica (art. 24); direitos trabalhistas (art. 25); direito de associação sindical (art. 26); seguridade social (art. 27); atenção médica de urgência (art. 28); registro

53 países, dentre os quais não está o Brasil, onde a adesão à Convenção ainda se encontra em análise pelo Congresso Nacional.

Referindo-se à proteção conferida por um Estado à pessoa perseguida em seu país de origem, o instituto do asilo teve origem na Antiguidade Clássica e, desde então, tem sido utilizado em diversas épocas e regiões do mundo. Na América Latina, o direito de asilo adquiriu um significado especialmente voltado à questão da proteção dos acusados de crimes políticos, com a criação de uma doutrina própria sobre o direito de asilo. A primeira normatização jurídica internacional regional relativa ao direito de asilo ocorreu neste continente, em 1889.[8] A prática do Direito Internacional Público da América Latina desenvolveu duas modalidades de asilo: o asilo territorial, que ocorre quando o solicitante se encontra fisicamente no âmbito territorial do Estado ao qual solicita proteção; e o asilo diplomático, concedido em extensões do território do Estado solicitado, tais como embaixadas, navios ou aviões da bandeira do Estado.[9]

Em termos de instrumentos internacionais, o instituto do asilo foi regulado por meio dos seguintes documentos, todos firmados pelo Brasil e promulgados internamente: Convenção sobre Asilo (VI Conferência Pan-americana, Havana, 1928); Convenção sobre Asilo Político (VII Conferência Internacional Americana, Montevidéu, 1933); e Convenção sobre Asilo Territorial e Convenção sobre Asilo Diplomático (X Conferência Interamericana, Caracas, 1954). No âmbito da ONU, a Assembleia Geral adotou, em 1977, a Declaração sobre Asilo Territorial (A/RES/2312 (XXII)), que reitera os preceitos da Declaração Universal dos Direitos Humanos no que concerne à concessão de asilo por parte dos Estados e ao direito humano de invocar o art. 14 da DUDH.

É importante notar que esses instrumentos internacionais dedicados ao instituto do asilo abordam a questão da proteção dos migrantes a partir da ótica do Estado, isto é, partindo da prerrogativa estatal de admitir pessoas em seu território e conceder a elas proteção contra perseguições praticadas no território de outro Estado, "sem que,

civil de nascimento e nacionalidade do filho do trabalhador migrante (art. 29); acesso dos filhos dos trabalhadores migrantes à educação (art. 30); respeito à identidade cultural (art. 31); direito à transferência de recursos, bens e pertences ao final de sua permanência no Estado de emprego (art. 32); e o direito à informação sobre seus direitos (art. 33). Direitos adicionais são garantidos pela Convenção aos trabalhadores migrantes em situação regular.

8 Por meio do Tratado sobre Direito Penal Internacional, assinado durante o I Congresso Sul-Americano de Direito Internacional Privado, cf. J. H. FISCHEL DE ANDRADE, 2001, p. 113.

9 JUBILUT, 2007, p. 38.

pelo exercício desse direito, nenhum outro Estado possa fazer qualquer reclamação", como disposto na Convenção sobre Asilo Territorial, por exemplo. Nesse sentido, o instituto do asilo se diferencia do instituto do refúgio, que parte de outra premissa: a de que a proteção ao migrante decorre do reconhecimento da existência de hipóteses legais bem definidas e que estabelecem para o Estado o dever de proteger a pessoa perseguida, não cabendo tal decisão à discricionariedade do Estado concessor, como o asilo.

O desenvolvimento jurídico do instituto do refúgio teve início nas primeiras décadas do século XX, sob os auspícios da Liga das Nações, e alcançou seu principal marco em 1951, nos pós-Segunda Guerra Mundial, com a adoção da Convenção das Nações Unidas Relativa ao Estatuto dos Refugiados. Enquanto o instituto do asilo concentra-se na proteção contra a perseguição política, a Convenção de 1951 estabelece que a condição de refugiado seja reconhecida a qualquer pessoa que sofra perseguição em seu Estado de origem, por motivos de raça, nacionalidade, religião, opinião política ou pertencimento a determinado grupo social. Em 1967, o Protocolo sobre o Estatuto dos Refugiados retirou a reserva geográfica que inicialmente vinculava o conceito de refugiado da Convenção de 1951 àqueles indivíduos oriundos do continente europeu.

Instrumentos regionais contribuem para expandir o arcabouço protetivo para refugiados na ordem internacional. Na África, em 1969, foi adotada a Convenção da Organização da Unidade Africana que Rege os Aspectos Específicos dos Problemas dos Refugiados na África, incluindo na definição de refugiado, além das condições já previstas na Convenção de 1951 e no Protocolo de 1967, as pessoas que fugiam de agressões, ocupações externas, dominações estrangeiras e eventos que perturbassem seriamente a ordem pública em seu país de origem ou de nacionalidade. No caso da América Latina, destaca-se a Declaração de Cartagena sobre Refugiados, de 1984, assinada pelo Brasil e que estabeleceu que a definição de refugiado recomendável para utilização na região é aquela que, além de conter os elementos da Convenção de 1951 e do Protocolo de 1967, considere também como refugiadas as pessoas que tenham fugido dos seus países porque a sua vida, segurança ou liberdade tenham sido ameaçadas pela violência generalizada, a agressão estrangeira, os conflitos internos, a violação maciça dos direitos humanos ou outras circunstâncias que tenham perturbado gravemente a ordem pública.

A proteção conferida aos migrantes admitidos no território de um Estado pode encontrar limites nas disposições relativas às medidas de retirada compulsória, como a deportação e a expulsão, e às medidas de cooperação internacional, como a extradição. No que se refere especificamente à extradição, não há, no direito internacional, um dever geral para que os Estados entreguem as pessoas sobre quem recaia condenação criminal definitiva ou para fins de instrução de processo penal em curso. Há, sim, o dever internacional radicado no *princípio da não devolução*, quando houver grave risco ou ameaça à vida e à integridade pessoal. Assim, no plano internacional a extradição encontra-se regulada em acordos específicos bilaterais ou multilaterais, ou em instrumentos internacionais que instituam ao Estado um dever de extraditar no caso de alguns crimes, como o genocídio ou o *apartheid*. O continente americano conta com uma Convenção Interamericana sobre Extradição, adotada em 1981, à qual o Brasil não aderiu até o momento. Além de manter tratados de extradição com 29 países atualmente, o Brasil é parte do Acordo de Extradição entre os Estados Partes do MERCOSUL (1998), do Acordo de Extradição entre os Estados Partes do MERCOSUL e a República da Bolívia e a República do Chile (1998) e da Convenção de Extradição entre os Estados Membros da Comunidade dos Países de Língua Portuguesa (2005).[10]

Como se pode ver, a proteção aos migrantes na ordem internacional é diversificada e multifacetada, decorrendo tanto de preceitos gerais de direitos humanos como de disposições específicas relativas às pessoas migrantes. No plano interno, a proteção aos migrantes passou recentemente por significativa mudança no que se refere ao seu marco legal, com a revogação do antigo Estatuto do Estrangeiro e a entrada em vigor da nova Lei de Migração. Nesse contexto, importa analisar o alcance dessa lei, analisando suas inovações e avanços em relação à proteção dos migrantes, com foco nos institutos do asilo, refúgio e extradição.

2 Proteção dos migrantes no direito brasileiro: avanços da nova lei

Em 25 de maio de 2017, foi publicada no Diário Oficial da União a Lei nº 13.445, instituindo a nova Lei de Migração. Entrando em vigor 180 dias depois de sua publicação, em 21 de novembro de 2017, a nova lei revogou a Lei nº 6.815, de 19 de agosto de 1980, conhecida como

---

[10] Conforme relação apresentada pelo Supremo Tribunal Federal e disponível em: http://www.stf.jus.br/portal/cms/verTexto.asp?servico=legislacaoTratadoExtradicaoTextual&pagina=IndiceTratadoExtradicao. Acesso em: 25 nov. 2018.

Estatuto do Estrangeiro e que regulou o fenômeno da imigração no Brasil por mais de 37 anos. Como já mencionado, a revogação do Estatuto do Estrangeiro e o advento da Lei de Migração, em 2017, produziram uma profunda mudança paradigmática na ordem jurídica e na política migratória brasileiras. Com efeito, trata-se de instrumentos normativos que operam a partir de premissas opostas no que se refere aos imigrantes e à garantia de seus direitos.

O Estatuto do Estrangeiro foi elaborado e sancionado durante o regime militar que governou o Brasil entre 1964 e 1985 e, nessa conjuntura, orientava-se pelo paradigma da segurança nacional, tratando a pessoa migrante pelo termo "estrangeiro", o que revela o tratamento diferenciado entre o nacional e o não nacional no tocante ao reconhecimento daquele indivíduo como sujeito de direitos. As origens em contexto autoritário desse instrumento normativo estão refletidas ao longo de seu texto, impactando diretamente nas disposições dirigidas à vida dos imigrantes em solo brasileiro. Assim, o Estatuto do Estrangeiro vinculava, já desde seu art. 1°, a entrada e a permanência dos imigrantes às considerações de interesse nacional. Na mesma linha, o legislador estabeleceu, no art. 2°, que a segurança nacional, a organização institucional, os interesses políticos, socioeconômicos e culturais do Brasil e a defesa do trabalhador nacional deveriam ser atendidos precipuamente na aplicação do Estatuto do Estrangeiro. Reforçando ainda mais essa lógica, o art. 3° previu que a concessão do visto, a sua prorrogação ou transformação ficariam sempre condicionadas aos interesses nacionais.

Os direitos e deveres dos imigrantes constavam somente do Título X do Estatuto do Estrangeiro, na sequência de normas de controle migratório que versavam sobre admissão, entrada, registro, documento de viagem, deportação, expulsão e extradição. Ao tratar dos direitos, no art. 95, o Estatuto do Estrangeiro previa que o estrangeiro residente no Brasil gozaria de todos os direitos reconhecidos aos brasileiros, nos termos da Constituição e das leis. Ainda assim, o restante desse título focava em medidas adicionais de controle, vedações e restrições ao trabalho remunerado e ao exercício de atividades de natureza política por parte dos imigrantes. Nessa linha, mesmo a realização de conferências, congressos e exibições artísticas ou folclóricas poderia ser impedida caso o ministro da Justiça considerasse conveniente ao interesse nacional, como dispunha o art. 110 do Estatuto do Estrangeiro.

A mesma perspectiva que privilegiava o Estado em detrimento do imigrante é visível no Título III, que tratava da condição de asilado no Brasil. Em vez de debruçar-se sobre os aspectos da proteção deste indivíduo, o Estatuto do Estrangeiro apenas estabelecia que "o estrangeiro admitido no território nacional na condição de asilado político ficará sujeito, além dos deveres que lhe forem impostos pelo Direito Internacional, a cumprir as disposições da legislação vigente e as que o Governo brasileiro lhe fixar" (art. 28). O asilado ainda ficava obrigado, sob a égide do Estatuto do Estrangeiro, a solicitar ao governo brasileiro autorização prévia para sair do país, sob pena de renúncia ao asilo e impedimento de regresso ao Brasil nessa condição (art. 29). Observa-se, ainda, que o Estatuto do Estrangeiro não fazia referência aos decretos que promulgaram as Convenções sobre o Asilo Territorial e Diplomático, embora estivessem vigentes e fixassem normas sobre a condição de asilado no Brasil.

No que tange à extradição, o Estatuto do Estrangeiro ocupava-se somente da extradição passiva, modalidade que se refere à solicitação feita por determinado país em relação a um indivíduo imigrante que se encontra em território brasileiro. Com vedações à extradição em casos de desrespeito aos princípios da dupla tipicidade, da especialidade, da legalidade e do *non bis in idem*, bem como nos casos em que a jurisdição brasileira se aplicava ao crime, o Estatuto do Estrangeiro versava sobre o processamento dos pedidos e dispunha sobre a proteção do imigrante em face de pedidos de extradição fundamentados em fatos que constituíssem crimes políticos (art. 77, VII) ou que resultassem na circunstância de o extraditando responder, no Estado requerente, perante tribunal ou juízo de exceção (art. 77, VIII). No tocante ao caráter da infração, cabia ao Supremo Tribunal Federal a apreciação, estando prevista a possibilidade de o STF deixar de considerar como crimes políticos os atentados contra chefes de Estado ou autoridades, atos de anarquismo, terrorismo, sabotagem, sequestro de pessoa ou que importassem propaganda de guerra ou de processos violentos para subverter a ordem política ou social (art. 77, VIII, §3º).

A esse respeito, é importante notar que o Estatuto do Estrangeiro não tratava do instituto do refúgio ou da condição de refugiado. Com efeito, embora o Brasil tivesse promulgado a Convenção Relativa ao Estatuto dos Refugiados, de 1951, quase 20 anos antes do advento do Estatuto do Estrangeiro, por meio do Decreto nº 50.215, de 28 de janeiro de 1961, os mecanismos para a implementação dessa Convenção e de seu Protocolo de 1967 somente seriam definidos na década de 1990, com a edição da Lei nº 9.474, de 22 de julho de 1997. Assim, tendo em vista a especialidade de sua matéria, a Lei nº 9.474/97 passou a regular os aspectos relacionados à condição de refugiado no Brasil, situação que persiste nos dias atuais, mesmo diante da superveniência da nova Lei de Migração, em 2017.

Como já mencionado, a sanção da nova Lei de Migração transformou enormemente o panorama do arcabouço legal e da política migratória no Brasil. A revogação do Estatuto do Estrangeiro e a adoção de uma nova Lei de Migração refletiam demandas crescentes da sociedade brasileira por uma abordagem diferente do fenômeno migratório no país, uma vez decorridas décadas desde o fim do regime militar e a redemocratização do Brasil. O novo contexto sociopolítico já se encontrava materializado em instrumentos jurídicos adotados na Nova República, instalada a partir de 1985, sobretudo na Constituição Federal de 1988, norteada por princípios e valores fundamentados no respeito à dignidade humana e à cidadania, de forma que a subsistência do Estatuto do Estrangeiro representava uma profunda discrepância em termos de lógica operativa do sistema jurídico brasileiro.

Desde então, soluções *ad hoc*, como anistias migratórias e adoção de normas infralegais, especialmente resoluções de órgãos como o Conselho Nacional de Imigração (CNIg), buscaram contornar o conflito de perspectivas e aproximar a legislação aplicável aos imigrantes ao espírito da Constituição de 1988. Enquanto isso, setores da sociedade pressionavam por uma nova Lei de Migração, expondo os embates de posições e de ideologias representativas dos interesses de cada setor com vistas à modernização da legislação migratória, com projetos focados tanto na garantia de direitos dos migrantes quanto na atração de mão de obra qualificada. Em meio a um conjunto de iniciativas originadas em órgãos de sua própria estrutura, o governo federal engajou-se na construção de um consenso em torno do Projeto de Lei do Senado (PLS) nº 288/2013, elaborado pelo senador Aloysio Nunes. Após receber alterações vindas do substitutivo do relator, senador Ricardo Ferraço, e da tramitação na Câmara dos Deputados, o projeto retornou à apreciação do Senado Federal e foi encaminhado à sanção presidencial, tornando-se a Lei nº 13.445/2017, conhecida como nova Lei de Migração.

A nova lei foi amplamente saudada como um grande avanço no tratamento do fenômeno migratório no Brasil, tendo logrado, em grande medida, a conciliação dos diferentes interesses e demandas da sociedade. O abandono do termo "estrangeiro" e a coleção de princípios e diretrizes elencados nas disposições preliminares da Lei nº 13.445/2017 demonstram a superação do anacronismo da legislação anterior e a recepção de parâmetros internacionais de direitos humanos no novo marco legal das migrações no Brasil. Assim, a partir da entrada em vigor dessa lei, a política migratória brasileira passou a reger-se por princípios como o da universalidade, indivisibilidade e interdependência dos direitos humanos (art. 3°, I); o do repúdio e prevenção à xenofobia, ao racismo e a quaisquer formas de discriminação (art. 3°, II); o da não criminalização da migração (art. 3°, III); o da acolhida humanitária (art. 3°, VI); o da igualdade de tratamento e de oportunidade ao migrante e a seus familiares (art. 3°, IX); o da promoção e difusão de direitos, liberdades, garantias e obrigações do migrante (art. 3°, XII); e o do diálogo social na formulação, na execução e na avaliação de políticas migratórias e promoção da participação cidadã do migrante (art. 3° XIII); entre outros princípios expressamente mencionados na lei.

Aos migrantes é assegurado, conforme o art. 4° da Lei n° 13.445/2017 e independentemente da situação migratória, a inviolabilidade do direito à vida, à liberdade, à igualdade, à segurança e à propriedade, bem como:

> I – direitos e liberdades civis, sociais, culturais e econômicos;
> II – direito à liberdade de circulação em território nacional;
> III – direito à reunião familiar do migrante com seu cônjuge ou companheiro e seus filhos, familiares e dependentes;
> IV – medidas de proteção a vítimas e testemunhas de crimes e de violações de direitos;
> V – direito de transferir recursos decorrentes de sua renda e economias pessoais a outro país, observada a legislação aplicável;
> VI – direito de reunião para fins pacíficos;
> VII – direito de associação, inclusive sindical, para fins lícitos;
> VIII – acesso a serviços públicos de saúde e de assistência social e à previdência social, nos termos da lei, sem discriminação em razão da nacionalidade e da condição migratória;
> IX – amplo acesso à justiça e à assistência jurídica integral gratuita aos que comprovarem insuficiência de recursos;
> X – direito à educação pública, vedada a discriminação em razão da nacionalidade e da condição migratória;
> XI – garantia de cumprimento de obrigações legais e contratuais trabalhistas e de aplicação das normas de proteção ao trabalhador, sem discriminação em razão da nacionalidade e da condição migratória;
> XII – isenção das taxas de que trata esta Lei, mediante declaração de hipossuficiência econômica, na forma de regulamento;
> XIII – direito de acesso à informação e garantia de confidencialidade quanto aos dados pessoais do migrante, nos termos da Lei no 12.527, de 18 de novembro de 2011;
> XIV – direito a abertura de conta bancária;

XV – direito de sair, de permanecer e de reingressar em território nacional, mesmo enquanto pendente pedido de autorização de residência, de prorrogação de estada ou de transformação de visto em autorização de residência; e
XVI – direito do imigrante de ser informado sobre as garantias que lhe são asseguradas para fins de regularização migratória.

Em se tratando da proteção das pessoas migrantes, é possível notar a observância da perspectiva de direitos humanos na abordagem do instituto do asilo na nova Lei de Migração. Ainda que a lei deixe claro que a concessão de asilo político constitui ato discricionário do Estado, seja ele diplomático ou territorial, há menção expressa, no art. 27, no sentido de que o asilo político será outorgado como instrumento de proteção à pessoa. Trata-se de importante inovação em relação ao regime vigente durante o Estatuto do Estrangeiro, já que nem mesmo as Convenções sobre Asilo Territorial e Diplomático contêm referências tão enfáticas quanto ao instituto do asilo e à condição de asilado no tocante à titularidade da proteção e aos efeitos da concessão do asilo.

O cuidado com a proteção do indivíduo também está contemplado na identificação civil do solicitante de asilo, que poderá ser realizada com a apresentação dos documentos de que o imigrante dispuser (art. 20). Outra inovação, disposta no art. 28 da nova Lei de Migração, é a vedação da concessão de asilo a quem tenha cometido crime de genocídio, crime contra a humanidade, crime de guerra ou de agressão, nos termos do Estatuto de Roma do Tribunal Penal Internacional (TPI), instrumento internacional firmado pelo Brasil e que é superveniente à legislação anterior. Permanece, contudo, a previsão de que a saída do asilado do país sem prévia comunicação implica renúncia ao asilo (art. 29), medida já existente no Estatuto do Estrangeiro.

No que tange ao instituto do refúgio, o art. 121 da Lei n° 13.445/2017 prevê que devem ser observadas as disposições da Lei n° 9.474/1997 nas situações que envolvam refugiados e solicitantes de refúgio, reconhecendo a especialidade da matéria. Nessa linha, o art. 2° já dispunha que a nova Lei de Migração não prejudica a aplicação de normas internas e internacionais específicas sobre refugiados e outras categorias de situação migratória. Ainda assim, reforçando dispositivo da Lei n° 9.474/1997, a Lei de Migração estabelece que a identificação civil do solicitante de refúgio – assim como a do solicitante de asilo – poderá ser realizada com a apresentação dos documentos de que o imigrante dispuser (art. 20). Também dialogando com previsão contida no Título IV, Capítulo II, da Lei n° 9.474/1997, a Lei n° 13.445/2017 inclui a categoria do beneficiário de refúgio entre as hipóteses de autorização de residência (art. 30) e os solicitantes de refúgio entre as hipóteses de autorização provisória de residência no Brasil (art. 31).

Ao tratar da extradição, a nova Lei de Migração inova por considerá-la expressamente uma "medida de cooperação internacional" (art. 81) e por incorporar a figura da extradição ativa, que se refere à situação em que o governo brasileiro requer a extradição de um brasileiro a outro país (art. 88). Nesse caso, o juízo competente para o processo ou condenação penal definitiva deve encaminhar diretamente a solicitação de extradição ao órgão competente do Poder Executivo, a quem cabe orientar, informar e avaliar o cumprimento dos elementos formais de admissibilidade administrativa.[11] Uma vez presentes tais elementos, o Poder Executivo formalizará o pedido de extradição ativa ao Estado estrangeiro por meio dessa autoridade central ou por meio do Ministério das Relações Exteriores (MRE), se previsto em tratado ou se o pedido estiver fundado em promessa de reciprocidade.

Algumas modificações marcam as hipóteses de vedação à extradição trazidas pela nova Lei de Migração em seu art. 82. Dentre as inovações, está o requisito de que a pena a ser cominada pela lei brasileira e estrangeira ao crime praticado pelo extraditando seja igual ou superior a dois anos (art. 82, IV), o que implica um mínimo grau de gravidade da conduta delituosa em questão. Anteriormente, conforme o Estatuto do Estrangeiro, exigia-se que o crime tivesse pena superior a um ano. Outra novidade em relação à legislação anterior está contida no inciso VII, que prevê que a extradição não será concedida se o fato constituir crime político ou de opinião, linguagem que incorpora o termo "de opinião", já trazido pela Constituição de 1988 no art. 5°, LII, mas ausente do Estatuto do Estrangeiro. Também incorporando disposição previamente inserida em outros diplomas legais, a nova Lei de Migração faz referência à Lei n° 9.474/1997 ao vedar a concessão da extradição quando o extraditando for beneficiário de refúgio no Brasil (art. 82, IX).

Adicione-se, ainda, relevante harmonização da nova lei com a legislação superveniente ao Estatuto do Estrangeiro, nos termos do art. 82, §5°, da Lei n° 13.445/2017, que se refere à admissão da extradição de brasileiro naturalizado nas hipóteses previstas na Constituição Federal, quais sejam, em caso de crime comum, praticado antes da

---

[11] Conforme o Decreto n° 9.360, de 7 de maio de 2018, o trâmite das medidas relativas à extradição é competência do Departamento de Recuperação de Ativos e Cooperação Jurídica Internacional da Secretaria Nacional de Justiça do Ministério da Justiça (DRCI/SNJ), que atua como autoridade central brasileira para a cooperação jurídica internacional.

naturalização, ou de comprovado envolvimento em tráfico ilícito de entorpecentes e drogas afins (art. 5º, LI, da Constituição de 1988). É importante observar que o Estatuto do Estrangeiro previa, em seu art. 77, que o brasileiro naturalizado somente poderia ser extraditado se a aquisição da nacionalidade brasileira houvesse ocorrido após o fato que motivasse o pedido. Ainda nessa linha de atualização da legislação migratória, verifica-se a incorporação de tipos penais consolidados em instrumentos internacionais, sobretudo pelo Estatuto de Roma do TPI, no §4º do art. 82 da nova Lei de Migração, que dispõe que o STF poderá deixar de considerar crime político o atentado contra chefe de Estado ou quaisquer autoridades, bem como crime contra a humanidade, crime de guerra, crime de genocídio e terrorismo.

Mais uma inovação da Lei de Migração diz respeito à extradição instrutória, ou seja, aquela em que o pedido é feito antes do trânsito em julgado de sentença penal condenatória, ao prever expressamente a possibilidade de solicitação da extradição não só no curso do processo penal, mas também na fase investigatória (art. 83, II). Outra alteração significativa em relação ao Estatuto do Estrangeiro refere-se ao prazo para o Estado solicitante formalizar, após a efetivação da prisão, o pedido de extradição passiva. Tal prazo foi reduzido de 90 para 60 dias, salvo disposição diversa em tratado (art. 84, §4º). Decorrido tal período, o extraditando deverá ser posto em liberdade, não sendo admitindo novo pedido de prisão sem que a extradição tenha sido devidamente formalizada pelo Estado requerente (§5º).

Verifica-se como inovação relevante, ainda, a possibilidade de autorização pelo STF, uma vez ouvido o Ministério Público, de prisão albergue ou domiciliar ou, ainda, que o extraditando responda ao processo de extradição em liberdade, com a retenção do documento de viagem ou outras medidas cautelares necessárias, até o julgamento da extradição ou a entrega do extraditando, se pertinente, considerando a situação administrativa migratória, os antecedentes do extraditando e as circunstâncias do caso (art. 86). A nova lei cria, ademais, a possibilidade de que o extraditando entregue-se voluntariamente ao Estado requerente, desde que declare expressamente, esteja assistido por advogado e seja advertido de que tem direito ao processo judicial de extradição e à proteção que tal direito encerra, caso em que o pedido será decidido pelo Supremo Tribunal Federal (art. 87).

Tratando da entrega do indivíduo extraditando, a nova Lei de Migração incorpora princípios e dispositivos da Constituição Federal e passa a prever expressamente que não será efetivada a entrega do extraditando sem que o Estado requerente assuma o compromisso de comutar a pena corporal, perpétua ou de morte em pena privativa de liberdade, respeitado o limite máximo de cumprimento de 30 anos (art. 96, III), em linha com as vedações aplicadas no ordenamento jurídico brasileiro no tocante à aplicação de penas. No Estatuto do Estrangeiro, a exigência restringia-se à comutação da pena corporal ou de morte em pena privativa de liberdade, ressalvados os casos em que a lei brasileira permitisse a pena de morte (art. 91, III, do Estatuto do Estrangeiro), sem qualquer referência às limitações temporais existentes na legislação brasileira. Outra medida de proteção recepcionada na nova legislação migratória é o requisito de que o Estado requerente se comprometa a não submeter o extraditando a tortura ou a outros tratamentos ou penas cruéis, desumanos ou degradantes para que a entrega do extraditando seja efetivada (art. 96, VI, da Lei de Migração), seguindo obrigação assumida pelo Brasil ao aderir à Convenção Contra a Tortura e Outros Tratamentos ou Penas Cruéis, Desumanos ou Degradantes, em 1989.

É possível notar, portanto, que a nova Lei de Migração contém importantes avanços em matéria de proteção aos migrantes, inclusive no que tange aos institutos do asilo, do refúgio e da extradição. Cumpre ressaltar, no entanto, que o Decreto n° 9.199, de 20 de novembro de 2017, que regulamenta a Lei de Migração, tem sofrido críticas de especialistas e da sociedade civil quanto à adequação de alguns de seus dispositivos ao próprio texto da Lei de Migração em relação à preservação da perspectiva de direitos humanos no âmbito da política migratória brasileira.

Em meio ao conjunto de críticas sobre aspectos gerais e sobre dispositivos específicos da regulamentação, observa-se que, no que concerne particularmente aos institutos esmiuçados no presente estudo, o Decreto n° 9.199/2017 estabeleceu prioridade de avaliação e decisão aos processos de solicitação de refúgio do qual possa resultar a aplicação de medida de retirada compulsória (art. 122 do Decreto n° 9.199/2017). Com efeito, tal prioridade contrasta com a finalidade protetiva do instituto do refúgio e com a Lei n° 10.048/2000, que dispõe sobre o atendimento prioritário nas repartições públicas para as pessoas com deficiência, os idosos com idade igual ou superior a 60 anos, as gestantes, as lactantes, as pessoas com crianças de colo e os obesos. Entende-se, assim, que uma abordagem alinhada à perspectiva de direitos humanos certamente deveria levar em consideração a vulnerabilidade da pessoa envolvida, e não sua situação processual, para fins de priorização na análise de seu pedido de refúgio.

Conclusões

Ao abraçar o paradigma da primazia do valor da dignidade humana consagrado na Constituição Federal de 1988, bem como nas normas e parâmetros internacionais de direitos humanos mais elevados, a nova Lei de Migração superou concepções antigas sobre a figura do "estrangeiro" no país, reconheceu a pessoa migrante como sujeito de direitos e posicionou o Brasil na vanguarda do tratamento da temática no debate global sobre migrações. Os avanços trazidos pela nova Lei, portanto, beneficiam diretamente os migrantes no país e conferem ao Brasil um lugar de destaque em meio à comunidade internacional no tocante à harmonização entre o referencial dos direitos humanos e a legislação e a política migratória vigente no território nacional.

Numerosos aspectos da nova lei são dedicados à proteção da pessoa migrante. Ainda que a principal conquista da nova Lei de Migração diga respeito à assunção do paradigma dos direitos humanos como elemento norteador da abordagem conferida às migrações no Brasil, a preocupação com a garantia expressa de direitos dos migrantes também é perceptível nas disposições gerais e nos trechos específicos da Lei voltados aos institutos do asilo, do refúgio e da extradição. Mesmo sem trazer grandes inovações específicas em cada instituto, a nova Lei de Migração efetivamente proporciona uma conjuntura favorável para que a pessoa migrante possa encontrar proteção no Brasil, inclusive quando vinculada às disposições que, a partir desse marco legal, passaram a reger o asilo, o refúgio e a extradição.

Os direitos humanos não são um dado, mas são um construído, uma invenção humana em constante processo de construção e reconstrução, como afirmava Hannah Arendt. Nesse contexto, mais do que uma mera atualização da legislação anteriormente vigente em matéria de movimentos transfronteiriços, a nova Lei de Migração simboliza um extraordinário avanço civilizatório ao incorporar a perspectiva dos direitos humanos e ao densificar a cláusula da igualdade e proibição da discriminação, em plena consonância com os parâmetros protetivos internacionais e, sobretudo, com o mantra emancipatório da Declaração Universal de 1948 de que os direitos não derivam da nacionalidade, senão da humanidade inerente a toda e qualquer pessoa. Afinal, todos são livres e iguais em dignidade e direitos.

Referências

FISCHEL DE ANDRADE, José Henrique. Breve reconstituição histórica da tradição que culminou na proteção internacional dos refugiados. *In*: DE ARAÚJO, Nadia; ASSIS DE ALMEIDA, Guilherme (Coords.). *O Direito Internacional dos Refugiados – Uma perspectiva brasileira*. Rio de Janeiro: Renovar, 2001.

HENKIN, Louis *et al*. *International Law*: Cases and Materiais. 3. ed. Minnesota: West Publishing, 1993.

JUBILUT, Liliana Lyra. *O Direito Internacional dos Refugiados e sua Aplicação no Ordenamento Jurídico Brasileiro*. São Paulo: Método, 2007

LEWANDOWSKI, Enrique Ricardo. *Proteção dos direitos humanos na ordem interna e internacional*. Rio de Janeiro: Forense, 1984.

UNITED NATIONS HIGH COMMISSIONER FOR REFUGEES (UNHCR). The State of The World's Refugees 2000: Fifty Years of Humanitarian Action. Chapter 1: The early years. 01 January 2000. Disponível em: http://www.unhcr.org/publications/sowr/4a4c754a9/state-worlds-refugees-2000-fifty-years-humanitarian-action.html. Acesso em: 14 out. 2018.

Informação bibliográfica deste texto, conforme a NBR 6023:2018 da Associação Brasileira de Normas Técnicas (ABNT):

PIOVESAN, Flávia; PEREIRA DOS ANJOS, Cláudia Giovannetti. Asilo, refúgio e extradição: a proteção aos migrantes à luz da nova Lei de Migração e do Direito Internacional dos Direitos Humanos. *In*: VELLOSO, Ana Flavia; JARDIM, Tarciso Dal Maso (Coord.). *A nova lei de migração e os regimes internacionais*. Belo Horizonte: Fórum, 2021. p. 371-393. ISBN 978-65-5518-167-8.

A NOVA LEI DE MIGRAÇÃO E AS MEDIDAS COMPULSÓRIAS SOBRE APÁTRIDAS E REFUGIADOS

AMINA WELTEN GUERRA

LEONARDO NEMER CALDEIRA BRANT

1 Introdução

Durante a maior parte dos anos de vigência do Estatuto do Estrangeiro, Lei nº 6.815/80, não havia, na normativa interna brasileira, tratamento jurídico ao refugiado. Inexistia, ainda, na ordem jurídica desse país, um rol de medidas protetivas da pessoa desprovida de nacionalidade nem referência sobre medidas que poderiam ou não lhe ser aplicadas. Ao refugiado, do mesmo modo, não era devida nenhuma atenção ulterior a seu ingresso em território nacional, além do documento que lhe poderia ser conferido após sua instalação em solo pátrio. A antiga legislação não continha definições nem qualquer espectro de direito ou garantia ao indivíduo nessa condição.

Já na leitura da Lei nº 13.445/2017, é possível perceber que o legislador tratou, já no primeiro momento, de definir diferentes tipos de categorias de indivíduos que se encaixam, *lato sensu*, no conceito de imigrante. Lado outro, já a partir do terceiro artigo da nova legislação, identifica-se um rol de princípios e garantias que acompanharão esse imigrante, desde o pedido de permanência em território nacional até a efetivação ou não dessa estada em solo brasileiro.

Assim, nota-se o salto quântico empreendido pela nova normativa aqui examinada, em particular no tocante às medidas compulsórias de repatriação, deportação e expulsão, ofertando um recorte específico quanto à figura do apátrida e do refugiado.

2 Apatridia e refúgio na nova legislação migratória brasileira

Dentre os diversos fatos ou fenômenos jurídicos que compõem o acervo disposto pela Lei nº 13.445, de 2017, sobrelevam-se, para os efeitos deste artigo, a apatridia e o refúgio.

Sobre a apatridia, convém lembrar desde logo que a Declaração Universal dos Direitos Humanos, aprovada pela Assembleia Geral da Organização das Nações Unidas (ONU) em 10 de dezembro de 1948, em seu artigo 15, anuncia que "todo indivíduo tem direito a ter uma nacionalidade e que ninguém pode ser arbitrariamente privado da sua nacionalidade nem do direito de mudar de nacionalidade" (ORGANIZAÇÃO DAS NAÇÕES UNIDAS, 1948).

A concretização do direito fundamental à nacionalidade apresenta-se como um dos componentes medulares do núcleo da dignidade humana. Com efeito, a nacionalidade é "um vínculo jurídico-político que une determinado Estado e os indivíduos que o compõem, fazendo destes últimos um dos elementos componentes da dimensão pessoal do Estado" (MAZZUOLI, 2013, p. 699). Esse conceito ostenta contorno nitidamente internacional, eis que se refere ao vínculo que liga o indivíduo a um Estado.

Na terminologia adotada pela nova Lei de Migração brasileira, em seu artigo 1º, §1º, inciso II, é a nacionalidade que distingue o imigrante do não imigrante. Nesse sentido, o citado novel normativo define imigrante como a "pessoa nacional de outro país ou apátrida que trabalha ou reside e se estabelece temporária ou definitivamente no Brasil" (BRASIL, 2017).

A primeira dimensão do conceito expresso no art. 1º da referida lei é compatível com a noção de refugiado, enquanto a segunda contempla de forma explícita os apátridas. São duas condições distintas que, vez ou outra, podem coincidir, uma vez que refugiados podem ser também apátridas.

Em seu artigo 2º, a nova Lei de Migração esclarece que a normativa "não prejudica a aplicação de normas internas e internacionais específicas sobre refugiados, asilados, agentes e pessoal diplomático ou consular, funcionários de organização internacional e seus familiares" (BRASIL, 2017).

Sabe-se que os refugiados têm o tratamento jurídico próprio, específico, da Lei nº 9.474/97. Os dispositivos da Lei nº 13.445/97 que contemplam esse grupo de pessoas dialogam com a Lei do Refúgio, de forma complementar e integrada.

Por tais motivos, ao longo deste trabalho, serão chamados em campo também os seguintes instrumentos normativos: a *Convenção sobre o Estatuto dos Apátridas de 1954*, cujo texto foi promulgado no Brasil por meio do Decreto nº 4.246, de 22 de maio de 2002, a *Convenção Relativa ao Estatuto dos Refugiados*, promulgada através do Decreto nº 50.215, de 28 de janeiro de 1961, e a *Lei nº 9.474, de 22 de julho de 1997*, que disciplinou a situação do refugiado no Brasil e criou o Comitê Nacional dos Refugiados (CONARE), além de outras providências.

Dando prosseguimento, portanto, o artigo 1(1) da Convenção de 1954 define o apátrida como sendo "toda pessoa que não seja considerada seu nacional por nenhum Estado, conforme sua legislação" (BRASIL, 2002). O apátrida não tem esse vínculo jurídico-político com nenhum país, ou seja, não tem nacionalidade. A ausência desse vínculo tem desdobramentos sobre o cidadão, daí a importância de institutos e normas de natureza humanitária como instrumentos que consolidam a dignidade da pessoa humana.

Esse caráter humanitário resplandece no art. 26, §8º, da Lei de Migração, que oferece ao apátrida a possibilidade de optar pela naturalização simplificada[1] caso deseje se tornar brasileiro ou, em caso contrário, após a verificação do *status* de apatridia, obter uma autorização definitiva de residência.

Em 25 de junho de 2018, o Brasil reconheceu os primeiros casos de apatridia em território nacional. Tratava-se de duas irmãs, Maha e Souad Maho, naturais do Líbano e descendentes de pais sírios. A Síria

---

[1] O Estatuto dos Apátridas de 1954 já determinava que os Estados facilitassem a naturalização dos apátridas. É o que se lê no art. 32, o qual estabelece que os Estados "esforçar-se-ão notadamente para acelerar o processo de naturalização e reduzir, na medida do possível, as taxas e despesas desse processo" (BRASIL. *Decreto n. 4.246, de 22 de maio de 2002*. Promulga a Convenção sobre o Estatuto dos Apátridas).

não reconheceu como sírias Maha e Souad Maho por serem oriundas de um matrimônio inter-religioso. De outra parte, o Líbano garante o direito à nacionalidade apenas a filhos de libaneses. Gerou-se, assim, no caso em comento, uma situação de apatridia.

Diferentemente dos apátridas, os refugiados[2] podem ter um vínculo jurídico-político com o seu país de origem. Porém, por fatores adversos, veem-se obrigados a sair de seu país com o intuito de preservar a vida. Como ressalta a cartilha do Alto Comissariado das Nações Unidas para os Refugiados, o ACNUR, "a maioria das pessoas pode contar com seus países para garantir e proteger seus direitos humanos básicos e sua integridade física e mental. Entretanto, no caso dos refugiados, o país de origem mostrou-se incapaz de prover essa garantia" (ORGANIZAÇÃO DAS NAÇÕES UNIDAS, 2019).

A Lei de Migração brasileira contempla apátridas e refugiados, ainda que de forma oblíqua, repita-se, já que existe normativa específica e consistente para os indivíduos que integram esse último grupo. E contempla também imigrantes em condição semelhante aos refugiados. Assim, é visível que contribui na construção de uma senda humanística com potencial repercussão exemplar em nível internacional, além de consubstanciar significativo avanço interno no campo dos direitos humanos.

É fácil compreender que refugiados e apátridas estão em situação de aguda vulnerabilidade, sujeitos a violações de direitos humanos. As dificuldades surgem desde o trajeto percorrido para a chegada ao território de um possível Estado acolhedor, passando por situações críticas, como a da falta de documentos que lhes permitam exercer o direito de estudar, trabalhar, ter acesso a serviços de saúde ou auferir vantagens de um sistema de previdência social.

É a partir dessa percepção que o legislador se conscientiza de que o imigrante não é necessariamente uma ameaça à segurança ou à soberania do Estado, que sua permanência deve receber incentivos quanto às possibilidades de inserção laboral e cultural, sem represálias

---

[2] A Lei nº 9.474, de 1997, define como refugiado aquele que: "I – devido a fundados temores de perseguição por motivos de raça, religião, nacionalidade, grupo social ou opiniões políticas encontre-se fora de seu país de nacionalidade e não possa ou não queira acolher-se à proteção de tal país;
II – não tendo nacionalidade e estando fora do país onde antes teve sua residência habitual, não possa ou não queira regressar a ele, em função das circunstâncias descritas no inciso anterior;
III – devido à grave e generalizada violação de direitos humanos, é obrigado a deixar seu país de nacionalidade para buscar refúgio em outro país" (BRASIL, 1997).

e ameaças em caso de permanência irregular. A lei, então, abre alas ao tratamento diferenciado no tocante às medidas compulsórias, em face das circunstâncias excepcionais desses indivíduos.

3 As medidas compulsórias na nova Lei de Migração

As três medidas compulsórias trazidas pela Lei de Migração de 2017 são tratadas em seu capítulo V. São elas: a repatriação, a deportação e a expulsão. Ao analisar a aplicabilidade dessas últimas aos imigrantes em geral, observa-se que a situação dos apátridas e refugiados exige exceções.

3.1 A repatriação do apátrida e do refugiado

A repatriação é definida pelo art. 49 Lei nº 13.445/2017 como "medida administrativa de devolução de pessoa em situação de impedimento ao país de procedência ou de nacionalidade" (BRASIL, 2017). À guisa de exemplo, é possível lembrar o imigrante detido pelas autoridades fronteiriças por não apresentar documentação necessária ao ingresso.

Porém, conforme disposto adiante pela mesma norma, ao indivíduo que se declarar perante a autoridade migratória como refugiado não se poderá aplicar a medida compulsória. Isso por força do veto contido no §4° do artigo 49, que afirma que:

> §4° Não será aplicada medida de repatriação à pessoa em situação de refúgio ou de apatridia, de fato ou de direito, ao menor de 18 (dezoito) anos desacompanhado ou separado de sua família, exceto nos casos em que se demonstrar favorável para a garantia de seus direitos ou para a reintegração a sua família de origem, ou a quem necessite de acolhimento humanitário, nem, em qualquer caso, medida de devolução para país ou região que possa apresentar risco à vida, à integridade pessoal ou à liberdade da pessoa (BRASIL, 2017).

Importa ainda lembrar que a normativa internacional acatada pelo Brasil e desenvolvida na Lei nº 9.474, de 1997, abraça o princípio da não devolução. Esse princípio estabelece que a pessoa que solicitar o *status* de refugiado não poderá, na pendência da conclusão de análise do pedido, ser devolvida ou expulsa do território nacional.

Tenha-se presente também que o art. 14 da Declaração Universal dos Direitos Humanos estabelece que:

> 1. Toda pessoa, vítima de perseguição, tem o direito de procurar e de gozar asilo em outros países.
> 2. Este direito não pode ser invocado em caso de perseguição legitimamente motivada por crimes de direito comum ou por atos contrários aos propósitos e princípios das Nações Unidas (Art. 14) (ORGANIZAÇÃO DAS NAÇÕES UNIDAS, 1948).

Portanto, o direito ao refúgio é reconhecido pela comunidade internacional como um direito humano sempre que a pessoa for vítima de perseguição.

O artigo 49 da Lei nº 13.445/2017, em seu §4º, elenca, ainda, as exceções, ou seja, os casos não sujeitos à repatriação. Essa última só poderá ocorrer quando for mais benéfica à pessoa, considerando, nesse caso, o princípio da unidade familiar ou a garantia de seus próprios direitos. Ao final, o artigo estabelece uma garantia mais ampla: a de que, em nenhuma hipótese, poderá o indivíduo apátrida ou refugiado ser devolvido ao país que lhe represente algum risco à própria dignidade.

Interessante observar, contudo, que a repatriação, no caso da pessoa refugiada, é inserida dentro de um título autônomo, o Título VII da Lei de Refúgio (Lei nº 9.474/97), denominado "das soluções duráveis" (BRASIL, 1997).

É o que se extrai do art. 42, segundo o qual:

> A repatriação de refugiados aos seus países de origem deve ser caracterizada pelo caráter voluntário do retorno, salvo nos casos em que não possam recusar a proteção do país de que são nacionais, por não mais subsistirem as circunstâncias que determinaram o refúgio (BRASIL, 1997).

Na mesma linha segue o processo de reassentamento (quando se transfere a pessoa de um país para o outro). Conforme previsto no art. 45 da Lei do Refúgio, o reassentamento "deve ser caracterizado, sempre que possível, pelo caráter voluntário" (BRASIL, 1997). Dessa forma, tanto a repatriação quanto o processo de reassentamento são aparados pelo princípio da voluntariedade.

3.2 A deportação

A deportação é a segunda medida compulsória referida pela Lei nº 13.445/2017. É disciplinada pelo art. 50, que a descreve como "decorrente de procedimento administrativo que consiste na retirada compulsória de pessoa que se encontre em situação migratória irregular em território nacional" (BRASIL, 2017). Os demais parágrafos do referido artigo definem prazos e notificações destinados a proporcionar ao imigrante a oportunidade de regularizar sua situação documental ou deixar o país.

Em se tratando de apatridia, o art. 52 afirma que "o procedimento de deportação dependerá de prévia autorização da autoridade competente" (BRASIL, 2017). Para compreender melhor o processo de deportação dessas duas categorias aqui estudadas, é imperioso recorrer ao Decreto n° 9.199, de 2017, que melhor detalha a operabilidade dessa medida.

No capítulo XI do referido decreto, encontra-se a disciplina das medidas de retirada compulsória e a previsão de que, para a deportação, haverá ampla garantia à integridade e dignidade da pessoa humana, assim como visto em relação à repatriação.

É o que recita o art. 180, ao tratar de maneira geral das medidas compulsórias. Veja-se:

> Art. 180. Não se procederá à repatriação, à deportação ou à expulsão de nenhum indivíduo quando subsistirem razões para acreditar que a medida poderá colocar em risco sua vida, sua integridade pessoal ou sua liberdade seja ameaçada por motivo de etnia, religião, nacionalidade, pertinência a grupo social ou opinião política (BRASIL, 2017).

É possível afirmar, portanto, pela letra do artigo, que os refugiados também estão inseridos dentro da previsão legal, pois, como visto acima, são aqueles indivíduos perseguidos por motivo de etnia, religião, nacionalidade, pertinência a grupo social ou opinião política.

Oportuno se torna dizer que o apátrida e o refugiado não poderão ser destinatários das medidas compulsórias enquanto pendentes os processos de reconhecimento da sua própria condição. Nesse sentido, o seguinte dispositivo da Lei de Migração:

> Art. 181. O beneficiário de proteção ao apátrida, refúgio ou asilo político não será repatriado, deportado ou expulso enquanto houver processo de reconhecimento de sua condição pendente no País.
> Parágrafo único. Na hipótese de deportação de apátrida, a medida de retirada compulsória somente poderá ser aplicada após autorização do Ministério da Justiça e Segurança Pública (BRASIL, 2017).

3.3 A expulsão

A última medida compulsória prevista pela legislação é a expulsão. Essa, por sua vez, é disciplinada pelo art. 54 da nova Lei de Migração, que sublinha sua natureza administrativa e sua aplicação sobre o "migrante ou visitante do território nacional, conjugada com o impedimento de reingresso por prazo determinado" (BRASIL, 2017).

O §1° do art. 54 traz os casos em que será possível expulsar um migrante ou visitante, ou seja, somente após uma sentença transitada em julgado que tenha concluído pela prática de:

> I – crime de genocídio, crime contra a humanidade, crime de guerra ou crime de agressão, nos termos definidos pelo Estatuto de Roma do Tribunal Penal Internacional, de 1998, promulgado pelo Decreto no 4.388, de 25 de setembro de 2002; ou
> II – crime comum doloso passível de pena privativa de liberdade, consideradas a gravidade e as possibilidades de ressocialização em território nacional (BRASIL, 2017).

Mitigando a dita previsão, o art. 55 da Lei n° 13.445/97 trará as exceções quanto ao procedimento de expulsão, presentes nas hipóteses em que o expulsando:

> a) tiver filho brasileiro que esteja sob sua guarda ou dependência econômica ou socioafetiva ou tiver pessoa brasileira sob sua tutela;
> b) tiver cônjuge ou companheiro residente no Brasil, sem discriminação alguma, reconhecido judicial ou legalmente;
> c) tiver ingressado no Brasil até os 12 (doze) anos de idade, residindo desde então no País;
> d) for pessoa com mais de 70 (setenta) anos que resida no País há mais de 10 (dez) anos, considerados a gravidade e o fundamento da expulsão; (BRASIL, 2017).

Numa leitura conjugada dos artigos 36 e 37 da Lei n° 9.494/97, é possível encontrar outros obstáculos à expulsão do refugiado. Vejamos:

> Art. 36. Não será expulso do território nacional o refugiado que esteja regularmente registrado, salvo por motivos de segurança nacional ou de ordem pública.
> Art. 37. A expulsão de refugiado do território nacional não resultará em sua retirada para país onde sua vida, liberdade ou integridade física possam estar em risco, e apenas será efetivada quando da certeza de sua admissão em país onde não haja riscos de perseguição (BRASIL, 1997).

Por último, convém uma palavra sobre a medida de extradição. No revogado Estatuto do Estrangeiro, a extradição encontrava-se inserida logo abaixo do título referente à expulsão. Na nova Lei de Migração, o instituto da extradição foi alocado em capítulo específico denominado "das medidas de cooperação".

Inserida em seção à parte, a extradição é definida em seu art. 81 como "medida de cooperação internacional entre o Estado brasileiro e outro Estado pela qual se concede ou solicita a entrega de pessoa sobre quem recaia condenação criminal definitiva ou para fins de instrução de processo penal em curso" (BRASIL, 2017).

Assim, em se tratando de situação do refugiado, numa leitura integrada ao art. 33 da Lei nº 9.474/97, "o reconhecimento da condição de refugiado obstará o seguimento de qualquer pedido de extradição baseado nos fatos que fundamentaram a concessão do refúgio" (BRASIL, 1997).

Foi nesse sentido que o STF, nos autos da Extradição nº 1.170/2010, decidiu que "o Tribunal, por unanimidade e nos termos do voto da Relatora, declarou extinto o processo sem resolução de mérito e determinou a imediata expedição de alvará de soltura do extraditando, se por outro motivo não estiver preso" (BRASIL, 2010).

No caso em espécie, tratou-se do julgamento do pedido de extradição do argentino Gustavo Francisco Bueno, que havia sido acusado, na Argentina, de atuar no período da ditadura mediante a "privação ilegítima de liberdade agravada e ameaças" (BRASIL, 2010). Em 1984, Bueno teria sofrido atentados e ameaças em seu país de origem, fato que o fez "ingressar no Brasil sob proteção do ACNUR, em novembro de 1987, e aqui vive há mais de 20 anos, com autorização brasileira de permanência, na condição de refugiado da ONU" (BRASIL, 2010).

Esse quadro será diferente se a condição de refugiado ou de apatridia do indivíduo cessar, conforme as hipóteses previstas pelo art. 38 da Lei nº 9.474/97[3] ou se o mesmo perder essa condição conforme disposto no art. 39 da mesma lei.

---

[3] Art. 38. Cessará a condição de refugiado nas hipóteses em que o estrangeiro:
I – voltar a valer-se da proteção do país de que é nacional; II – recuperar voluntariamente a nacionalidade outrora perdida; III – adquirir nova nacionalidade e gozar da proteção do país cuja nacionalidade adquiriu; IV – estabelecer-se novamente, de maneira voluntária, no país que abandonou ou fora do qual permaneceu por medo de ser perseguido; V – não puder mais continuar a recusar a proteção do país de que é nacional por terem deixado de existir as circunstâncias em consequência das quais foi reconhecido como refugiado; VI – sendo apátrida, estiver em condições de voltar ao país no qual tinha sua residência habitual, uma vez que tenham deixado de existir as circunstâncias em consequência das quais foi reconhecido como refugiado.

Cabe frisar que, uma vez perdida essa condição, o indivíduo será visto como um imigrante comum em território nacional e poderá, ainda, ser submetido às medidas compulsórias previstas pela atual Lei de Migração, a depender das razões que deram causa à perda da condição respectivamente de apátrida ou de refugiado. É o que se infere do parágrafo único do art. 39.

Cabe considerar, também, que, no caso de apátrida naturalizado brasileiro, as condições pelas quais esse poderá ser extraditado são contempladas pela Constituição em seu art. 5º, inciso LI, que prevê que "nenhum brasileiro será extraditado, salvo o naturalizado, em caso de crime comum, praticado antes da naturalização, ou de comprovado envolvimento em tráfico ilícito de entorpecentes e drogas afins, na forma da lei" (BRASIL, 1988).

4 Considerações finais

Conforme pôde ser observado, tanto as medidas de acolhimento como as medidas compulsórias aplicadas pelo Estado ao imigrante passaram por um crivo humanístico que refletiu o interesse da sociedade brasileira em conferir a essas pessoas acolhimento e olhar mais atento. Esses indivíduos que, por razões diversas, não contam com a proteção do Estado de origem ou nunca tiveram o *status* de nacional de um Estado serão considerados de maneira diferenciada, quer para a política de permanência e entrada no território nacional, quer para a submissão às medidas de repatriação, expulsão ou deportação.

O lar, refúgio natural de todo ser humano, é pedra angular na construção das paredes que erguem o arcabouço normativo da proteção dos direitos humanos, em especial em determinados processos migratórios. Sua ausência, física ou jurídica, é sinônimo de privação de salvaguarda da pessoa humana.

Art. 39. Implicará perda da condição de refugiado: I – a renúncia; II – a prova da falsidade dos fundamentos invocados para o reconhecimento da condição de refugiado ou a existência de fatos que, se fossem conhecidos quando do reconhecimento, teriam ensejado uma decisão negativa; III – o exercício de atividades contrárias à segurança nacional ou à ordem pública; IV – a saída do território nacional sem prévia autorização do Governo brasileiro. Parágrafo único. Os refugiados que perderem essa condição com fundamento nos incisos I e IV deste artigo serão enquadrados no regime geral de permanência de estrangeiros no território nacional, e os que a perderem com fundamento nos incisos II e III estarão sujeitos às medidas compulsórias previstas na Lei nº 6.815, de 19 de agosto de 1980.

Referências

BRASIL. *Constituição da República Federativa do Brasil*, de 5 de outubro de 1988. Disponível em: http://www.planalto.gov.br/ccivil_03/Constituicao/Constituicao.htm. Acesso em: 6 abr. 2019.

BRASIL. *Decreto nº 4.246, de 22 de maio de 2002*. Promulga a Convenção sobre o Estatuto dos Apátridas. Disponível em: http://www.planalto.gov.br/ccivil_03/decreto/2002/D4246.htm. Acesso em: 6 abr. 2019.

BRASIL. *Decreto nº 9.199 de 20 de novembro de 2017*. Disponível em: http://pesquisa.in.gov.br/imprensa/jsp/visualiza/index.jsp?data=21/11/2017&jornal=515&pagina=1&totalArquivos=96. Acesso em: 6 abr. 2019.

BRASIL. *Decreto nº 50.215, de 28 de janeiro de 1961*. Disponível em: http://www.planalto.gov.br/ccivil_03/decreto/1950-1969/D50215.htm. Acesso em: 6 abr. 2019.

BRASIL. *Lei nº 9.474 de 22 de julho de 1997*. Define mecanismos para a implementação do Estatuto dos Refugiados de 1951, e determina outras providências. Disponível em: http://www.planalto.gov.br/ccivil_03/LEIS/L9474.htm. Acesso em: 6 abr. 2019.

BRASIL. *Lei nº 13.445, de 24 de maio de 2017*. Institui a Lei de Migração. Disponível em: http://www.planalto.gov.br/ccivil_03/_ato2015-2018/2017/lei/L13445.htm. Acesso em: 1 abr. 2019.

BRASIL. Ministério da Justiça e Segurança Pública. *Deportação e Repatriação*. Disponível em: https://justica.gov.br/seus-direitos/migracoes1/medidas-compulsorias/deportacao-e-repatriacao. Acesso em: 6 abr. 2019.

BRASIL. Ministério da Justiça. Secretaria Nacional de Justiça Departamento de Estrangeiros. *Manual de Extradição*. Brasília, 2012, p. 40-41. Disponível em: https://www.justica.gov.br/sua-protecao/cooperacao-internacional/extradicao/arquivos/manualextradicao.pdf/. Acesso em: 6 abr. 2019.

BRASIL. Ministério das Relações exteriores. Portal Consular. *O refúgio no Brasil*. Disponível em: https://www.google.com/url?sa=t&rct=j&q=&esrc=s&source=web&cd=1&cad=rja&uact=8&ved=2ahUKEwiYt77WtNjhAhXVBtQKHb6gB0EQFjAAegQIAhAB&url=http%3A%2F%2Fwww.portalconsular.itamaraty.gov.br%2Frefugio-no-brasil&usg=AOvVaw1YCW0Qml4JIUiExZEp_oG1. Acesso em: 6 abr. 2019.

BRASIL. Ministro da Justiça e Segurança Pública. *Ministro da Justiça assina o primeiro reconhecimento de apatridia do país*. Disponível em: https://www.justica.gov.br/news/collective-nitf-content-67. Acesso em: 6 abr. 2019.

BRASIL. Superior Tribunal de Justiça. Acusado de integrar esquema de repressão argentine pede Liberdade e suspensão de extradição. *Notícias STF*, 14 jan. 2010. Disponível em: http://www.stf.jus.br/portal/cms/verNoticiaDetalhe.asp?idConteudo=118565&caixaBusca=N. Acesso em: 6 abr. 2019.

BRASIL. Superior Tribunal de Justiça. Supremo extingue pedido de extradição contra o argentine Gustavo Francisco Bueno. *Notícias STF*, 18 mar. 2010. Disponível em: http://www.stf.jus.br/portal/cms/verNoticiaDetalhe.asp?idConteudo=12218. Acesso em: 6 abr. 2019.

MAZZUOLI, Valério. *Curso de Direito Internacional Público*. 7. ed. São Paulo, 2013. p. 699.

ORGANIZAÇÃO DAS NAÇÕES UNIDAS. *Convenção relativa ao Estatuto dos Refugiados*: assinada em 28 de julho de 1951. Disponível em: https://www.google.com/url?sa=t&rct=j&q=&esrc=s&source=web&cd=1&cad=rja&uact=8&ved=2ahUKEwjdspnAs9jhAhVcGLkGHduwAB0QFjAAegQIARAC&url=https%3A%2F%2Fwww.acnur.org%2Ffileadmin%2FDocumentos%2Fportugues%2FBDL%2FConvencao_relativa_ao_Estatuto_dos_Refugiados.pdf&usg=AOvVaw1ZtMI8y1TgOz5xOIbcDI57. Acesso em: 6 abr. 2019.

ORGANIZAÇÃO DAS NAÇÕES UNIDAS. *Convenção sobre o Estatuto dos Apátridas*: aprovada em Nova Iorque em 6 de junho de 1954. Disponível em: https://www.google.com/url?sa=t&rct=j&q=&esrc=s&source=web&cd=1&cad=rja&uact=8&ved=2ahUKEwiCmpfsstjhAhWeH7kGHYhpDOEQFjAAegQIABAC&url=http%3A%2F%2Fwww.acnur.org%2Ffileadmin%2FDocumentos%2Fportugues%2FBDL%2FConvencao_sobre_o_Estatuto_dos_Apatridas_de_1954.pdf%3Fview%3D1&usg=AOvVaw2s53llGhGoIKdj0Nkt0jgq. Acesso em: 6 abr. 2019.

ORGANIZAÇÃO DAS NAÇÕES UNIDAS. *Declaração Universal dos Direitos Humanos*. Disponível em: https://declaracao1948.com.br/declaracao-universal/declaracao/?gclid=EAIaIQobChMIr-q00eHW3gIVDRCRCh1HdA6uEAAYASAAEgJU8PD_BwE. Acesso em: 5 abr. 2019.

ORGANIZAÇÃO DAS NAÇÕES UNIDAS. *Protegendo refugiados no Brasil e no mundo*. Disponível em: https://www.acnur.org/portugues/wp-content/uploads/2019/02/CARTILHA-ACNUR2019.pdf. P. 7. Acesso em: 5 abr. 2019.

Informação bibliográfica deste texto, conforme a NBR 6023:2018 da Associação Brasileira de Normas Técnicas (ABNT):

GUERRA, Amina Welten; BRANT, Leonardo Nemer Caldeira. A nova Lei de Migração e as medidas compulsórias sobre apátridas e refugiados. *In*: VELLOSO, Ana Flavia; JARDIM, Tarciso Dal Maso (Coord.). *A nova lei de migração e os regimes internacionais*. Belo Horizonte: Fórum, 2021. p. 395-406. ISBN 978-65-5518-167-8.

DIREITO DE ASILO E REFUGIADOS NA ORDEM JURÍDICA PORTUGUESA

JORGE MIRANDA

I

1. Se, em todas as épocas, o refúgio para ou noutra terra tem sido o último recurso dos perseguidos pelo poder político ou por qualquer outro poder[1] ou dos atingidos por qualquer forma de sofrimento inultrapassável, apenas nos dois últimos séculos e meio, ele aparece formalmente consagrado em textos jurídico-formais sob a forma de direito de asilo, ou por imperativo de uma maior consciência dos direitos das pessoas ou por imperativo de solidariedade.

---

1 Cfr., por exemplo, Philippe de La Chapelle, La Déclaration Universelle des Droits de l'Homme et le Catholicisme, Paris, 1967, págs. 128 e segs. e 355 e segs.; Karel Vasak, As dimensões internacionais dos direitos do homem, Unesco, trad., Lisboa, 1983, págs. 199 e segs.; Carlos Fernandes, Direito Internacional Privado, I, Lisboa, 1994, págs. 1 e segs.

E assim como um Estado de Direito não pode consentir a expulsão ou o banimento de um seu cidadão,[2] também ele tenderá naturalmente a acolher os estrangeiros e apátridas que precisem de proteção, ainda quando haja no país situações de crise ou manifestações de xenofobia. E assim como se vai verificando a progressiva institucionalização da comunidade internacional, também esta leva a que os refugiados constituam preocupação de não poucas convenções, declarações e outros textos internacionais. Por isso, o direito de asilo consta da Declaração Universal dos Direitos do Homem e existe um Alto Comissariado das Nações Unidas para os Refugiados.

2. Remontando o direito de asilo ao art. 120º da Constituição francesa de 1793,[3] fórmulas próximas encontram-se hoje noutras constituições.[4]

Em Portugal, só a Constituição de 1976 o consagraria, no título de princípios gerais de direitos fundamentais a par da previsão do estatuto de refugiado, prescrevendo no art. 22º: "1. É garantido o direito de asilo aos estrangeiros e aos apátridas perseguidos ou gravemente ameaçados de perseguição, em consequência da sua actividade em favor da democracia, da libertação social e nacional, da paz entre os povos, da liberdade e dos direitos da pessoa humana. – 2. A lei define o estatuto do refugiado político".[5]

Na primeira revisão este artigo seria junto ao art. 23º sobre extradição e expulsão, passando a formar, já dentro do título de direitos,

---

2 Cfr. Mariano Bom Valsassina, Esilo (diritto costituzionale), in Enciclopedia del Diritto, XV, 1966, págs. 722 e segs.

3 Que dizia assim: "1. O povo francês dá asilo aos estrangeiros banidos da sua pátria por causa da liberdade. – 2. Mas recusa-o aos tiranos".

4 Cfr. Constituição mexicana (art. 15º), Constituição francesa (preâmbulo de 1046, recebido pela Constituição de 1958), Constituição italiana (art. 10º), Constituição alemã (art. 16º-A, após 1994), Constituição espanhola (art. 13º, nº 4), Constituição nicaraguana (art. 42º), Constituição brasileira (art. 4º-X), Constituição de São Tomé e Príncipe (art. 40º, nº 4), Constituição croata (art. 33º), Constituição caboverdiana (art. 36º), Constituição romena (art. 18º, nº 2), Constituição russa (art. 63º, nº 1), Constituição ucraniana (art. 26º, nº 2), Constituição polaca (art. 56º), Constituição timorense (art. 10º, nº 2), Constituição moçambicana (art. 20º, nºs 2 e 3), Constituição da República Democrática do Congo (art. 33º), Constituição angolana (art. 71º).
De notar que, no Brasil, a concessão de asilo político aparece elevada a princípio fundamental das relações internacionais (art. 4º-X).

5 V. nos projetos de Constituição apresentados à Assembleia Constituinte: do Movimento Democrático Português – Comissão Democrática Eleitoral (art. 5º, nº 2); do Partido Socialista (art. 28º); do Partido Popular Democrático (art. 16º); da União Democrática Popular (art. 13º). E também Jorge Miranda, Um projecto de Constituição, Braga, 1975 (art. 25º).
Na Assembleia Constituinte, o art. 22º foi aprovado por unanimidade: V. Diário, nº 36, de 23 de agosto de 1975, p. 985 e segs.

liberdades e garantias, o art. 33º, sob a epígrafe de "Expulsão, extradição e direito de asilo", e com os números 5 e 6; hoje, após a quinta revisão, de 2001, com os números 8 e 9. Não haveria, entretanto, alterações de redação.[6]

3. Há quatro vicissitudes a distinguir.

A primeira é uma situação de facto. O refugiado é alguém que procura escapar à perseguição ou à ameaça de perseguição política (aquele a que, aparentemente, se aconfinam as Constituições) ou a uma perseguição ou discriminação étnica, religiosa, cultural, ou a uma calamidade natural ou tecnológica de grandes proporções,[7] ou a uma crise alimentar sem paralelo, ou a qualquer outra ameaça à sua vida inultrapassável no país ou no lugar donde vem.

A segunda é o acolhimento, por mais ou menos tempo, no país aonde chega ou aonde pretende chegar, com garantia de liberdade e segurança e com as prestações de bens sem as quais não sobreviveria. Nisto consiste o asilo em sentido amplo, já não mera situação de facto, por envolver direitos e deveres de parte a parte, do próprio refugiado e do Estado, bem como da comunidade internacional.

Se o asilo perdura, por ser propiciada a permanência por tempo longo ou sem limite pré-estabelecido, surgem as figuras do asilo e do refugiado em sentido estrito, com estatuto próprio, equivalente ou não, conforme as legislações internas, ao dos estrangeiros.

Diversamente, quando as causas sejam predominantemente económicas, o refugiado acabará por tomar, mais cedo ou mais tarde, a qualidade de imigrante, mantendo a cidadania de origem ou adquirindo a do Estado de acolhimento.

O refugiado, sobretudo o político, procurará retornar ao seu país. O imigrante tenderá a fixar-se para sempre onde encontrar melhores condições de vida do que aquelas que tinha no país de onde partiu.

---

[6] Sobre o direito de asilo na doutrina constitucional portuguesa, cfr., Andreia Sofia Pinto de Oliveira, O direito de asilo na Constituição Portugeusa, Coimbra, 2009; J. J. Gomes Canotilho e Vital Moreira, Constituição da República Portuguesa Anotada, I, 4ª ed., Coimbra, 2007, p. 595; Jorge Miranda, Manual de Direito Constitucional, III, 6ª ed., Coimbra, 2010, p. 271 e segs.; Margarida Salema d'Oliveira Martins, O refugiado no Direito Internacional e no Direito Português, in Estudos em homenagem ao Prof. Doutor Martim de Albuquerque, obra coletiva, II, Coimbra, 2010, p. 144 e segs. e 263 e segs.; Damião da Cunha, anotação in Jorge Miranda e Rui Medeiros; Constituição Portuguesa Anotada, I, 2ª ed., Coimbra, 2010, p. 754; Maria José Rangel de Mesquita, Os direitos fundamentais de estrangeiros na ordem jurídica portuguesa: uma perspectiva constitucional, Coimbra, 2012, p. 158 e segs. e 123 e segs.

[7] Ulrich Beck, Weltrisikogesellschaft, 2007, trad. Sociedade de risco mundial, trad., Lisboa, 2015, p. 80, fala aqui nos "refugiados ecológicos".

II

4. Para se compreenderem devidamente os dois institutos à face do Direito português, torna-se indispensável apercebê-lo no contexto daquilo a que temos chamado o jus-universalismo da Constituição.[8]

Depois de muitos anos de incompreensão e de isolamento perante as grandes transformações do mundo e de hostilidade contra as Nações Unidas – os anos do regime autoritário findo em 1974, há quarenta e dois anos –, Portugal reabriu-se à comunidade internacional e retomou a tradição ecuménica de fraternidade entre os povos que haviam marcado os momentos mais altos da sua história.

5. Conforme se pode ler:

- Portugal rege-se nas relações internacionais pelos princípios da independência nacional, do respeito dos direitos do homem, dos direitos dos povos, da igualdade entre os Estados, da solução pacífica dos conflitos internacionais, da não ingerência nos assuntos internos dos outros Estados e da cooperação com todos os outros povos para a emancipação e o progresso da humanidade (art. 7º, nº 1);
- Portugal preconiza o estabelecimento de um sistema de segurança coletiva, com vista à criação de uma ordem internacional capaz de assegurar a paz e a justiça nas relações entre os povos (art. 7º, nº 2);
- Portugal reconhece o direito dos povos à autodeterminação e independência e ao desenvolvimento (art. 7º, nº 3);
- Portugal mantém laços privilegiados de amizade e cooperação com os países de língua portuguesa (art. 7º, nº 4);
- Portugal pode, tendo em vista a realização de uma justiça internacional que promova o respeito pelos direitos da pessoa humana e dos povos, aceitar a jurisdição do Tribunal Penal Internacional, nas condições de complementaridade e demais termos estabelecidos no Estatuto de Roma (art. 7º, nº 7);
- incumbe ao Estado, em cooperação com todos os agentes culturais, desenvolver as relações culturais com todos os povos, especialmente os de língua portuguesa [art. 78º, nº 2, alínea *d*)];

---

[8] Cfr., por último, Jorge Miranda, O Estado constitucional cooperativo e o jus-universalismo da Constituição portuguesa, in Revista da Faculdade de Direito da Universidade de Lisboa, 2014, p. 91 e segs.

- uma das incumbências do Estado no âmbito económico-social é desenvolver as relações económicas com todos os povos [art. 81°, alínea *j*)].

Por outro lado:

- as normas e os princípios de direito internacional geral ou comum fazem parte integrante do direito português (art. 8°, n° 1);
- as normas constantes de convenções internacionais regularmente ratificadas ou aprovadas vigoram na ordem interna após a sua publicação oficial e enquanto vincularem internacionalmente o Estado português (art. 8°, n° 2);
- as normas emanadas dos órgãos competentes das organizações internacionais de que Portugal seja parte vigoram diretamente na ordem interna, desde que tal se encontre estabelecido nos respetivos tratados constitutivos (art. 8°, n° 3);
- prevalece na doutrina e na jurisprudência a supremacia do direito internacional sobre o direito ordinário interno[9] e a lei orgânica do Tribunal Constitucional explicita o poder dos tribunais em geral, com recurso para o Tribunal Constitucional, de recusarem a aplicação de ato legislativo com fundamento na sua contrariedade com uma convenção internacional [art. 70°, n° 1, alínea *i*)];
- o princípio da legalidade criminal não impede a punição, nos limites da lei interna, de ação ou omissão que, no momento da sua prática, seja considerada criminosa segundo os princípios gerais do Direito internacional comummente reconhecidos (art. 29°, n° 2).

6. Não menos claro vem a ser o sistema de direitos fundamentais:

- os estrangeiros e os apátridas que se encontrem ou residam em Portugal gozam, salvo exceções contadas, dos direitos e estão sujeitos aos deveres do cidadão português (art. 15°, n° 1 e 2);
- aos cidadãos dos Estados de língua portuguesa com residência permanente em Portugal são reconhecidos, nos termos da lei e em condições de reciprocidade, direitos não conferidos a estrangeiros, salvo o acesso aos cargos de presidente da República, presidente da Assembleia da República, primeiro-ministro, presidentes dos tribunais supremos e o

[9] Cfr. Jorge Miranda, Curso..., *cit.*, p. 170 e segs., e autores citados.

serviço nas Forças Armadas e na carreira diplomática (art. 15º, nº 3);

- a lei pode atribuir a estrangeiros residentes no território nacional, em condições de reciprocidade, capacidade eleitoral ativa e passiva para a eleição dos titulares de órgãos de autarquias locais (art. 15º, nº 4);
- os direitos fundamentais consagrados na Constituição não excluem quaisquer outros não apenas constantes da lei como das regras aplicáveis de Direito internacional (art. 16º, nº 1);
- os preceitos constitucionais e legais relativos aos direitos fundamentais devem ser interpretados e integrados de harmonia com a Declaração Universal dos Direitos do Homem (art. 16º, nº 2);
- a expulsão de quem tenha entrado ou permaneça regularmente em território nacional, de quem tenha obtido autorização de residência ou de quem tenha apresentado pedido de asilo não recusado só pode ser determinada por autoridade judicial, assegurando a lei formas expeditas de decisão (art. 33º, nº 2);
- sem prejuízo das normas de cooperação judiciária penal no âmbito da União Europeia, só é admitida a extradição por crime a que corresponda, segundo o Direito do Estado requisitante, pena ou medida de segurança privativa ou restritiva de liberdade com carácter perpétuo ou de duração indefinida, se, nesse domínio, o Estado requisitante for parte de convenção internacional a que Portugal esteja vinculado e oferecer garantias de que tal pena ou medida de segurança não será aplicada ou executada (art. 33º, nº 4 e 5);
- não é admitida a extradição nem a entrega, a qualquer título, por motivos políticos ou por crime a que corresponda, segundo o Direito do Estado requisitante, pena de morte ou outra de que resulte lesão irreversível da integridade física (art. 33º, nº 6);[10]
- a extradição só pode ser determinada por autoridade judicial (art. 33º, nº 7);
- sem distinção de cidadania ou de território de origem, são atribuídos a todos os trabalhadores os mesmo direitos económicos e sociais (art. 59º, nº 1).

---

[10] Não se consideram as disposições relativas à integração europeia (arts. 7º, nº 5 e 6, 8º, nº 4 e 15º, nº 5).

8. Uma consideração mais atenta requer, entretanto, a referência à Declaração Universal – até pela novidade (ou relativa novidade) que representou em 1976.

As circunstâncias políticas anteriores a 1974 e as imediatamente posteriores levaram a que tanto nas primeiras declarações revolucionárias de 1974 como na Assembleia Constituinte se tomasse a Declaração Universal dos Direitos do Homem como elemento fulcral de legitimidade e impugnando os direitos fundamentais dos seus valores e princípios.

Não se trata de mero alcance externo. Trata-se de um sentido normativo imediato, com incidência no conteúdo dos direitos formalmente constitucionais, como corroboraram a própria epígrafe do art. 16°, adotada em 1982, "âmbito e sentido dos direitos fundamentais".[11]

A própria evolução da interpretação dos princípios da Declaração, por efeito da transformação das ideias e das preocupações da comunidade internacional,[12] não põe em causa esta finalidade de conformação e garantia, porque ocorre mais ou menos lentamente e sem deixar de atender ao sentimento jurídico da comunidade internacional.

9. O art. 16.°, n.° 2, manda interpretar os preceitos constitucionais e legais relativos aos direitos fundamentais de harmonia com a Declaração Universal.[13] Projeta-se, pois, a Declaração desde logo sobre as próprias normas constitucionais, moldando-as e emprestando-lhes um sentido que caiba dentro do sentido da Declaração ou que dele mais se aproxime.

Esta interpretação da Constituição conforme com a Declaração torna-se tanto mais fácil quanto é certo que ela foi uma das suas fontes, como se reconhece confrontando o teor de uma e de outra. Mas para lá de correspondências mais ou menos evidentes, deparam-se mesmo alguns artigos da Declaração, que, com utilidade, esclarecem normas constitucionais, evitam dúvidas, superam divergências de localização ou de formulação, propiciam perspetivas mais ricas do que, aparentemente, as perspetivas do texto emanado do direito interno.

É o que sucede (ainda depois de todas as revisões constitucionais), para o que aqui importa:

---

[11] Cfr. Jorge Miranda, Manual de Direito Constitucional, II, 7ª ed., Coimbra, 2013, p. 37 e segs., e IV, 6ª ed., Coimbra, 2015, p. 225 e segs., e autores citados.

[12] Cfr. Jorge Campinos, Direito Internacional dos Direitos do Homem, Coimbra, 1984, p. 12; Marcelo Cavaloti de Sousa Cruz, anotação ao art. 29.°, in Comentários à Declaração Universal dos Direitos Humanos, obra coletiva, 2.ª ed., São Paulo, 2011, p. 177 e segs.

[13] O texto inicialmente aprovado pelo Plenário da Assembleia Constituinte portuguesa apenas se referia aos direitos, liberdades e garantias (v. Diário, n.° 35, reunião de 21 de agosto de 1975, p. 941 e segs.). Foi a Comissão de Redacção que o alargou a todos os direitos fundamentais.

- com o art. 1.° da Declaração, ao ligar a dignidade da pessoa humana à razão e à consciência de que todos os homens são dotados;
- com o art. 2.°, 1.ª parte, ao esclarecer que as causas de discriminação indicadas no art. 13°, n° 2 da Constituição o são a título exemplificativo ("nomeadamente"), e não a título taxativo;
- com o art. 2.°, 2.ª parte, ao impor um tratamento por igual aos estrangeiros (reforçando o art. 15°, n° 1);
- sobretudo, com o art. 14°, n° 1, ao atribuir o direito de procurar e obter asilo a toda a pessoa sujeita a perseguição – a toda e qualquer perseguição, e não apenas nos casos contemplados no art. 33°, n° 8 da Constituição.

III

10. Este, pois, o quadro do tratamento da matéria no Direito português:

- o art. 33°, n° 8 e 9 da Constituição;
- o art. 14° da Declaração Universal, com que ele tem de ser interpretado ou integrado;
- a Convenção Relativa ao Estatuto dos Refugiados, de 28 de julho[14] e o seu Protocolo Adicional, de 16 de dezembro de 1966;[15]
- a Declaração sobre o Asilo Territorial, da Assembleia Geral das Nações Unidas, de 17 de dezembro de 1967 que, embora em si não seja vinculativa, reflete princípios de Direito internacional geral ou comum, parte integrante (consoante o art. 8°, n° 1 da Constituição) do Direito português;
- a Convenção sobre a Determinação do Estado Responsável pela Análise de um Pedido de Asilo Apresentado no Estado Membro das Comunidades Europeias;[16]
- a Lei n° 27/2008, de 30 de junho, que estabelece as condições e os procedimentos da concessão de asilo ou proteção subsidiária e os estatutos dos requerentes de asilo, de refugiados

---

[14] Aprovada para adesão pelo Decreto n° 43.201, de 1 de outubro de 1960.

[15] Aprovada para adesão pelo Decreto n° 207/75, de 17 de abril.

[16] Aprovada para ratificação pela Resolução da Assembleia da República n° 34/92, de 18 de dezembro.

e de proteção subsidiária, transpondo para a ordem jurídica interna as Diretivas nº 2004/83/CE, de 29 de abril, e 2005/85/CE, de 1 de dezembro do Conselho (da União Europeia).[17]

11. Como se viu, o art. 33º, nº 8 da Constituição não pode ser visto como contendo um enunciado taxativo, porque tem de ser lido à luz da Declaração Universal e de cláusula aberta de direitos fundamentais do art. 16º, nº 1.

Assim, o art. 3º, nº 3 da Lei nº 27/2008 prevê também a concessão de asilo aos estrangeiros e aos apátridas que, receando, com fundamento. ser perseguidos em virtude da sua raça, religião, nacionalidade, opção política ou integração em certo grupo social não possam ou, por esse receio, não queiram voltar ao Estado da sua nacionalidade ou da sua residência habitual.

Distinta do asilo é a "proteção subsidiária", definida no art. 7º e consistindo em autorização de residência por razões humanitárias aos estrangeiros e aos apátridas que sejam impedidos ou impossibilitados de regressar aos países de sua nacionalidade ou de sua residência habitual, quer atendendo à sistemática violação dos direitos humanos que aí se verifique, quer por correrem o risco de sofrer ofensa grave.

12. O art. 5º estabelece, também sem pretender ser exaustivo, que os atos de perseguição suscetíveis de fundamentar o direito de asilo devem constituir, pela sua natureza ou reiteração, grave violação de direitos fundamentais ou situação semelhante, desde os de violência física ou mental, a atos cometidos especificamente em razão do género ou contra menores.

São agente de perseguição: a) o Estado; b) os partidos ou organizações que controlem o Estado ou uma parcela significativa do seu território; c) os agentes não estatais, se ficar provado que nem o Estado, nem esses partidos ou organizações são capazes ou não querem proporcionar proteção contra a perseguição (art. 6º).

13. A concessão de asilo ou de proteção subsidiária obsta a que tenha seguimento qualquer pedido de extradição do asilando fundado nos factos com base nos quais o asilo é concedido (art. 48º, nº 1).

14. O asilo só pode ser concedido ao estrangeiro que tenha mais de uma nacionalidade, quando os motivos que o justifiquem se verifiquem relativamente a todos os Estados de que seja cidadão (art. 1º, nº 3).

[17] V. ainda outras diretivas in Maria José Rangel de Mesquita, *op. cit.*, p. 228 e segs.

15. A Declaração Universal exclui o asilo em caso de processo penal por crime de direito comum ou atividades contrárias aos fins e aos princípios das Nações Unidas (art. 14°, n° 2).

E a Lei n° 27/2008 especifica, entre outros, crimes contra a paz, crimes de guerra ou crimes contra a humanidade, nos termos de instrumentos internacionais que estabelecem disposições relativas a estes crimes,[18] e crimes dolosos de direito comum puníveis com pena de prisão superior a três anos (art. 9°, n° 1).[19]

Além disso, diz este diploma que o asilo ou a proteção subsidiária podem ser recusados sempre que da sua concessão resulte perigo ou fundada ameaça para a segurança interna ou externa ou para a ordem pública (art. 9°, n° 2) – o que se afigura contrário ao art. 33°, n° 8 da Constituição e ao art. 14° da Declaração Universal.

16. A Declaração sobre o Asilo Territorial:

- por um lado, sublinha que o asilo é concedido no exercício da soberania dos Estados (arts. 1°, n° 1 e 2°, n° 1) – o que deve ser entendido nos estritos termos, e não como negação do direito consignado na Declaração Universal;
- por outro lado, reafirma que a situação das pessoas alvo de perseguição é do interesse da comunidade internacional, pelo que, quando um Estado membro das Nações Unidas encontrar dificuldades em conceder ou continuar a conceder asilo, os outros Estados considerarão as medidas necessárias para aliviar a oneração desse Estado (art. 2°, n° 1 e 2).

A Declaração também admite exceções ao princípio do asilo por razões fundamentais de segurança nacional ou para salvaguarda da população, como no caso de uma fluência em massa de pessoas – o que é algo diferente do que dispõe o acabado de citar preceito da Lei n° 27/2008.[20]

IV

17. O direito de asilo é um direito individual, não um direito coletivo ou, sequer, salvo casos excecionais, um direito de exercício

---

[18] V. o Estatuto do Tribunal Penal Internacional, de 1998, objeto do art. 7°, n° 7 da Constituição e aprovado para ratificação pela Resolução n° 39/78 da Assembleia da República, de 14 de julho.

[19] Cfr. Andreia Sofia Pinto de Oliveira, *op. cit.*, p. 341 e segs.

[20] E pode entrar na reserva do possível, a que aludem J. J. Gomes Canotilho e Vital Moreira, *op. cit.*, I, p. 536.

coletivo. Ainda que o asilando pertença a uma categoria ou venha com um grupo bem determinado em função de idêntica categoria, será a ele, individualmente, que se dará acolhimento.[21] [22]

Por isso, não poderia ser um direito fundamental *particular*. É, sim, um direito fundamental *especial*, um direito atribuído em face de uma circunstância específica da vida em que o refugiado se encontra.

18. Ao *direito* de asilo, como o qualificam tanto a Constituição como a Declaração Universal, corresponde um *dever* do Estado de, verificados os requisitos e decorrido o procedimento previsto na lei e nas convenções internacionais, conceder o asilo.

Esse dever impõe, como diz um autor, que o processo de concessão seja regulado de modo a não impor ao requerente condições impossíveis ou mesmo inexigíveis, bem como impõe, enquanto o processo decorrer e não for tomada uma decisão definitiva, que seja dado ao que procura asilo a devida proteção (não podendo ser expulso por entrada ilegal no país).[23]

O procedimento regulado pela Lei nº 27/2008 (arts. 10º e segs.) afigura-se adequado a este objetivo.

Esse dever impõe também que os requerentes de asilo ou de proteção subsidiária, com carência económica, e os membros das suas famílias obtenham apoio social para alojamento e alimentação (arts. 51º e 56º da Lei nº 27/2008), assistência médica e medicamentosa (art. 52º), acesso ao ensino quanto aos filhos menores (art. 53º) e direito ao trabalho (art. 54º).[24]

---

21 Sobre estas categorias de direitos fundamentais, cfr. Manual ..., IV, 6ª ed., Coimbra, 2015, p. 147 e segs. e 150 e 151.

22 Cfr. ibidem, p. 157. Segundo Andreia Sofia Pinto de Oliveira (*op. cit.*, p. 12), a "substância material" deste direito não é uma espera particular da vida, mas uma história pessoal; uma história que, por ser marcada pela perseguição de que alguém é vítima, coloca um estrangeiro ou um apátrida numa situação de carência de proteção.

23 Damião da Cunha, *op. cit.*, p. 754.
Cfr. também Andreia Sofia Pinto de Oliveira, A recusa do pedido de asilo por "inadmissibilidade", in Estudos em comemoração do 10º aniversário da licenciatura em Direito da Universidade do Minho, 2004, ps. 79 e segs. e Luís Silveira, Processo de asilo. Ónus de prova, in Cadernos de Justiça Administrativa, 103, janeiro-fevereiro de 2014, p. 43 e segs.

24 Cfr. a declaração de voto do Juiz Lino Rodrigues Ribeiro anexa ao acórdão nº 296/2015, de 22 de maio, do Tribunal Constitucional (Diário da República, 1ª série, de 15 de junho de 2015, p. 3809): como a concessão de asilo ou de proteção subsidiária e a renovação de autorização de residência não estão dependentes da posse de meios de subsistência, não se pode apelar à auto-responsabilização dos refugiados para evitar a atribuição de prestações sociais; o direito de asilo envolve o direito a prestações que garantam uma existência condigna, incluindo o rendimento social de inserção, sem dependência de um período de residência legal.

19. O asilado recebe o estatuto de refugiado (art. 4º).

Como tal, ele goza dos direitos atribuídos aos estrangeiros em geral (art. 15º da Constituição, de novo),[25] com maiores ou menores adaptações – direitos, liberdades e garantias (entre os quais, desde logo, os do art. 33º, nº 1 a 7) e direitos sociais.[26]

Isso mesmo consta da Convenção sobre o Estatuto dos Refugiados (arts. 7º e segs. e 17º e segs.). Entretanto, os Estados contratantes facultarão, na medida do possível, a naturalização dos refugiados (art. 34º).

20. Os beneficiários do estatuto de refugiado ou de proteção subsidiária têm direito ao reagrupamento familiar da sua família, nos termos definidos no regime jurídico de entrada, permanência, saída e afastamento dos estrangeiros do território nacional (art. 68º, nº 1).

Trata-se ainda de um direito individual e, quando muito, de um direito individual de exercício coletivo: de um direito individual do refugiado e um direito individual de cada um dos membros do seu agregado familiar.

21. Cada refugiado tem, para com o país em que se encontra, deveres que incluem a obrigação de acatar as leis e regulamentos e, bem assim, as medidas para a manutenção de ordem pública (art. 2º da Convenção).

22. Nenhum dos Estados Contratantes expulsará ou repelirá um refugiado, seja de que maneira for, para as fronteiras dos territórios onde a sua vida ou a sua liberdade sejam ameaçadas em virtude da sua raça, religião, nacionalidade, filiação em certo grupo social ou opiniões políticas (art. 33º, nº 1), salvo se esse refugiado afetar a segurança ou tiver sido objeto de condenação definitiva por um crime particularmente grave e constituir ameaça para a comunidade (art. 33º, nº 2).

Referências

BECK , Ulrich. *Weltrisikogesellschaft, 2007*. Trad. *Sociedade de risco mundial*, Lisboa, 2015.

CAMPINOS, Jorge. *Direito Internacional dos Direitos do Homem*. Coimbra, 1984.

CANOTILHO, J. J. Gomes; MOREIRA, Vital. *Constituição da República Portuguesa Anotada*. I. 4. ed. Coimbra, 2007.

CHAPELLE, Philippe de la. *La Déclaration Universelle des Droits de l'Homme et le Catholicisme*. Paris, 1967.

CUNHA, Damião da. *Constituição Portuguesa Anotada*. I. 2. ed. Coimbra, 2010.

[25] V. Manual..., III, *cit.*, p. 149 e segs.

[26] Cfr. a tipologia de Maria José Rangel de Mesquita, *op. cit.*, p. 224.

FERNADES, Carlos. *Direito Internacional Privado*. I. Lisboa, 1994.

MARTINS, Margarida Salema d'Oliveira. *O refugiado no Direito Internacional e no Direito Português*, in *Estudos em homenagem ao Prof. Doutor Martim de Albuquerque*, obra coletiva, II, Coimbra, 2010.

MESQUITA, Maria José Rangel. *Os direitos fundamentais de estrangeiros na ordem jurídica portuguesa*: uma perspectiva constitucional. Coimbra, 2012.

MIRANDA, Jorge. *Manual de Direito Constitucional*. II, 7. ed., Coimbra, 2013, e IV, 6. ed., Coimbra, 2015.

MIRANDA, Jorge. *Manual de Direito Constitucional*. III, 6. ed., Coimbra, 2010.

MIRANDA, Jorge. *Manual de Direito Constitucional*. IV, 6. ed., Coimbra, 2015.

MIRANDA, Jorge. *Curso de Direito Internacional Público*. Parede, Princípia, 2012.

MIRANDA, Jorge. *Um projecto de Constituição*. Braga, 1975.

MIRANDA, Jorge. *O Estado constitucional cooperativo e o jus-universalismo da Constituição portuguesa, in Revista da Faculdade de Direito da Universidade de Lisboa*, 2014.

OLIVEIRA, Andreia Sofia Pinto de. *O direito de asilo na Constituição Portuguesa*. Coimbra, 2009.

OLIVEIRA, Andreia Sofia Pinto de. *A recusa do pedido de asilo por "inadmissibilidade"*, in *Estudos em comemoração a 10º aniversário da licenciatura em Direito da Universidade do Minho*, 2004.

SILVEIRA Luís. *Processo de asilo. Ónus de prova*, in *Cadernos de Justiça Administrativa*, 103, janeiro-fevereiro de 2014.

SOUSA CRUZ, Marcelo Cavaloti. *Anotação ao art. 29.º*, in *Comentários à Declaração Universal dos Direitos Humanos*, obra coletiva, 2.ª ed., São Paulo, 2011.

VALSASSINA, Mariano Bom. *Esilo* (diritto costituzionale), in *Enciclopedia del Diritto*, XV, 1966, p. 722 e segs.

VASAK, Karel. *As dimensões internacionais dos direitos do homem*, Unesco, trad., Lisboa, 1983.

Informação bibliográfica deste texto, conforme a NBR 6023:2018 da Associação Brasileira de Normas Técnicas (ABNT):

MIRANDA, Jorge. Direito de asilo e refugiados na ordem jurídica portuguesa. *In*: VELLOSO, Ana Flavia; JARDIM, Tarciso Dal Maso (Coord.). *A nova lei de migração e os regimes internacionais*. Belo Horizonte: Fórum, 2021. p. 407-419. ISBN 978-65-5518-167-8.

CONSIDERAÇÕES FINAIS

ANA FLAVIA VELLOSO

Vale reconhecer a sensibilidade social dos legisladores que se empenharam no laborioso e arrojado empreendimento de renovação do direito migratório brasileiro. Não se pode ignorar, no entanto, que a nova Lei de Migração não brotou de repentino e generoso ímpeto de congressistas. O novo texto legal resultou, ao contrário, da vagarosa mutação de um conjunto preexistente de normas.

Durante as três últimas décadas, buscou-se mitigar, no âmbito administrativo e jurisdicional, traços autoritários e anacrônicos do tratamento jurídico do migrante, ajustando a matéria aos preceitos da Constituição Federal de 1988. Um bom exemplo dessa dinâmica de neutralização do texto que gradualmente caiu em desuso foi a interpretação dos pressupostos da expulsão. O Estatuto do Estrangeiro (art. 65 da Lei nº 6.815/80) dispunha:

> É passível de expulsão o estrangeiro que, de qualquer forma, atentar contra a segurança nacional, a ordem política ou social, a tranquilidade ou moralidade pública e a economia popular, ou cujo procedimento o torne nocivo à conveniência e aos interesses nacionais.

Só eram assim consideradas, no entanto, pessoas que tivessem contra si condenações criminais definitivas. Embora o instituto da expulsão estivesse, à luz do Estatuto do Estrangeiro, confinado ao âmbito do Poder Executivo, o socorro jurisdicional estaria ao alcance, por meio do *habeas corpus*, de qualquer pessoa que entendesse arbitrária a tentativa de expulsão não fundada em conduta criminosa. A nova lei consolidou, portanto, muito do que já existia na prática administrativa brasileira.

O que se pretende com esta coletânea de estudos sobre a Lei nº 13.445/2017 é fomentar a reflexão, ainda incipiente, sobre o novo estatuto do migrante. Os trabalhos começam pela exposição da doutrina inspiradora da nova lei. O texto inaugural traz um sumário retrospectivo da evolução histórica do direito migratório brasileiro, desde seus primeiros preceitos marcados pelo estigma da eugenia. O "imigrante ideal" aí descrito teria preferencialmente origem no continente europeu, embora se incentivasse também o fluxo entre as Américas, na busca de "mão-de-obra agrícola, operária, cristã, artesã e doméstica".

A esse sobreveio um longo período inspirado na chamada *doutrina da segurança nacional*, ideário marcado pela ideia do imigrante como presença ameaçadora à integridade do país e ao mercado de trabalho local; até que a lei de 2017, revogando o já velho Estatuto do Estrangeiro de 1980, inova paradigmas com sua visão humanista sobre a mobilidade, honrando o essencial princípio da não criminalização do imigrante e a ideia deste como, fundamentalmente, um *sujeito de direitos*.

Note-se a substituição do termo "estrangeiro" por "migrante". Na percepção do legislador, o primeiro traduz desconfiança em face do desconhecido, enquanto o segundo humaniza o não nacional. A Lei de Migração incorpora novos símbolos e consolida em seu corpo de normas uma consciência social amadurecida pelo tempo e pela história.

Volta-se a análise, em seguida, para temas associados ao acolhimento do imigrante em território nacional. No capítulo 2, questiona-se a norma regulamentadora da nova lei, em sua exigência de declaração de antecedentes criminais nos cinco anos anteriores à data de autorização de residência.[1] Indagações instigantes repontam: estaria a regra em consonância com a letra e o espírito da Lei nº 13.445/2017? Quais os limites da discricionariedade do Poder Executivo no domínio do ingresso de estrangeiros no país?

---

[1] Decreto Presidencial nº 9.199/2017, art. 129, VI.

O capítulo 3 também versa sobre o acesso ao território brasileiro. Trata-se do enfrentamento daquilo que as autoras designam como o "primeiro teste de efetividade da nova Lei de Migração". Este teria ocorrido quando, em decorrência da crise política e econômica na Venezuela, intenso fluxo migratório atingiu o estado de Roraima. Dificuldades múltiplas então enfrentadas pelas comunidades fronteiriças estariam na origem de um gesto extremo: o pedido judicial de fechamento das fronteiras naquela região. Examina-se, aqui, o acórdão proferido pelo Supremo Tribunal Federal no julgamento da Ação Cível Originária nº 3.121, com que o governador do estado de Roraima apresentou a referida demanda.

Os quatro capítulos seguintes tratam das medidas compulsórias de retirada do migrante do território nacional. A primeira a ser examinada é a deportação, que recebeu da lei tratamento mais preciso que o anterior e se diferenciou com clareza do instituto da repatriação, antes inexistente. O capítulo 4 expõe alguns dos princípios – explícitos e implícitos – inspiradores da nova redação da medida deportatória, assim como suas consequências para os destinatários da norma e para a administração pública.

A prisão para o fim de deportar é ponto sensível, na medida em que o novo texto tem tão claro o desígnio de não criminalizar a imigração que, em seu art. 123, proíbe o encarceramento por razões migratórias. No capítulo 5, o autor esclarece a natureza dessa modalidade prisional, identificando lances que lhe são próprios, traçando paralelos relevantes entre o encarceramento para fins de deportação e a prisão preventiva, propondo princípios a orientar a decisão judicial que determina o recolhimento do deportando.

Definido o instituto da *repatriação*, que, na normativa anterior, se confundia com a deportação, é natural que se examine, no capítulo 6, a responsabilidade do transportador aéreo sempre que imigrantes ou visitantes configurem o alvo da medida.

A expulsão, por seu turno, foi significativamente alterada pela lei tanto em aspectos conceituais quanto nos efeitos jurídicos. O capítulo 7, ao analisar os acórdãos do Superior Tribunal de Justiça que contribuíram para a gradual modificação do instituto, corrobora a ideia de que a nova lei solidificou convicções forjadas em juízo ao longo do tempo.

Na medida em que a prática de crimes se define com nitidez como pressuposto da expulsão, mais claras emergem as correlações entre o inquérito de expulsão e o processo penal brasileiro. São essas as premissas do estudo empreendido no capítulo 8, voltado ao exame dos referidos traços de similaridade.

Passa-se, então, à indispensável temática da cooperação penal internacional. Já nas primeiras linhas do capítulo 9, expressa o autor seu desconforto com a presença, neste texto, da matéria dos arts. 81 a 105: "Uma lei de direito migratório não *é* o *locus* adequado para regular instrumentos de cooperação internacional em matéria penal". Ele reconhece, entretanto, que houve avanços para as ferramentas de cooperação jurídica internacional, na medida em que o texto "regulou institutos que careciam de disciplina no ordenamento jurídico brasileiro", adotando providências aperfeiçoadoras das medidas cooperativas. Realce é dado aqui, ainda, aos preceitos sobre a eficácia de sentenças penais estrangeiras, que vêm densificar o princípio do reconhecimento mútuo de decisões de outras soberanias, fortalecendo a reciprocidade internacional e favorecendo mecanismos como o da transferência da execução da pena (arts. 100-102).

Esse mecanismo, assim como a transferência de pessoas condenadas, são institutos de cooperação penal internacional com transparente viés humanitário. A lei de 2017 deu relevo e contornos mais claros ao mecanismo que permite que um brasileiro condenado no exterior cumpra sua pena no Brasil e, de igual modo, um estrangeiro condenado em nossa jurisdição cumpra pena em seu país de origem ou de residência habitual. A transferência de pessoas condenadas é assunto tratado no capítulo 10, ao passo que o capítulo 11 investiga o grau de adequação constitucional da regulação desse instituto por meio de decreto.

Ainda no campo da cooperação penal internacional, as novas condições de entrega, no instituto da extradição, expressos no art. 96 da nova lei, são examinadas no capítulo 12. O dispositivo da lei, no que incorpora a jurisprudência do Supremo Tribunal Federal, aproxima esse instituto de cooperação penal internacional dos valores inerentes à proteção da pessoa humana.

O entrelace da extradição aos direitos individuais, que a nova Lei de Migração tenta operar, não é tão simples como inadvertidamente se poderia supor. A análise seguinte ressalta que o sistema de cooperação penal internacional tende a priorizar a eficiência, o atendimento dos interesses persecutórios dos Estados sobre as garantias do indivíduo. Ao tratar da *extradição de fato*, ou extradição dissimulada, o estudo estampado no capítulo 13 registra a lenta humanização dos institutos de cooperação penal internacional, examinando a participação do Brasil e de sua ordem jurídica nesse processo.

Uma das mudanças mais relevantes no domínio da extradição concerne à prisão preventiva para fins extradicionais. À luz do texto anterior e do conjunto de julgados proferidos sob sua vigência, era imperativo que o extraditando aguardasse preso o julgamento final do pedido. O novo texto tornou possível adotar medidas alternativas, levando a indagar se o encarceramento do extraditando se mantém como condição de procedibilidade do pedido de extradição. O exame das primeiras decisões jurisdicionais posteriores à revogação do Estatuto do Estrangeiro, empreendido no capítulo 14, indica que a questão é mais complexa do que aparentava ser no primeiro momento.

Dúvida frequente entre estudiosos do direito é sobre a questão de saber se, inocorrente a extradição, o acusado poderia enfrentar julgamento perante a jurisdição do Estado territorial, no intuito de prevenir a impunidade. Trata-se da máxima "extraditar ou julgar": *aut dedere, aut judicare*. Qual a natureza do brocardo jurídico – princípio ou norma consuetudinária internacional – e como a ordem jurídica brasileira avança em tal propósito é o que se apura ao longo no capítulo 15.

O capítulo 16 relata o julgamento, no Supremo Tribunal Federal, do pedido de extradição de pessoa que, tendo perdido a nacionalidade brasileira por aquisição da nacionalidade norte-americana, acabou entregue à jurisdição dos Estados Unidos da América para responder a processo penal. A notícia foi alardeada com erro técnico, em títulos que falavam da "primeira brasileira nata a ser extraditada". O ineditismo estava, em verdade, na própria perda de sua condição de brasileira em decorrência da aquisição da nacionalidade derivada estrangeira; isso embora a Constituição fosse clara em tal sentido, como ainda é (art. 12, §4°, II, da CF).

O fato causou perplexidade e apreensão em brasileiros expatriados pelo mundo afora. Ao desfecho do caso no Supremo seguiu-se a apresentação de proposta de emenda constitucional pelo senador Antônio Anastasia, que tramita no Congresso Nacional com o propósito de extinguir a hipótese de perda de nacionalidade brasileira por naturalização no exterior. Essa PEC (n° 6/2018) pretende ainda sepultar antiga controvérsia, existente na doutrina, sobre se a reaquisição da nacionalidade, por parte de quem tenha um dia sido brasileiro nato, restitui o vínculo originário ou se, ao contrário, faz surgir um brasileiro naturalizado.

Chega-se enfim ao tema dos direitos humanos, o direito de asilo, o direito dos refugiados. O capítulo 17 cuida da influência dos direitos humanos e do direito de asilo no novo direito migratório brasileiro, inoculando o germe do entusiasmo e da esperança ao anunciar um "movimento de densificação legislativa da cláusula da igualdade e da proibição da discriminação, na medida em que concretiza a ideia, fomentada pela Declaração de 1948, de que os direitos não derivam da nacionalidade, mas da humanidade inerente a toda e qualquer pessoa".

A essa abordagem sucede o exame, no capítulo seguinte, dos reflexos da normativa dos direitos humanos e do direito dos refugiados sobre a Lei nº 13.445/2017. Em sentido reverso, também se investigam aqui os impactos da nova legislação sobre grupos vulneráveis, como refugiados e apátridas.

É inovadora a menção aos apátridas e refugiados na lei migratória brasileira. Entretanto, a Lei nº 13.445/2017 não pretendeu substituir os textos que disciplinam o tratamento jurídico daqueles grupos, mas integrar tais normas específicas e diplomas internacionais, em diálogo de complementaridade. Que modalidades de proteção humanitária alcançam esses refugiados e apátridas, que medidas compulsórias podem pesar sobre essas pessoas e em que condições: tal a tônica do capítulo 18.

O capítulo 19 expõe, finalmente, o direito de asilo e o direito dos refugiados na ordem jurídica portuguesa. São várias as similitudes com nosso ordenamento, até porque, nesse tema, é o direito internacional que informa ordens jurídicas nacionais. O texto dá notícia também de interessantes distinções, como a orientação, comum em constituições europeias e expressa na Constituição Portuguesa, de que os preceitos constitucionais e legais relativos aos direitos fundamentais devem ser interpretados e integrados em harmonia com a Declaração Universal dos Direitos Humanos de 1948. Também digna de nota é a regra constitucional sobre a prevalência do direito internacional sobre o direito interno na ordem jurídica da pátria-mãe.

Não deveria surpreender que o Estado brasileiro adotasse legislação migratória de caráter progressista. A uma, porque somos uma nação originada por contingentes migratórios. A duas, porque há muito o Brasil deixou de ser só um país de acolhimento, contando hoje com número de nacionais expatriados significativamente superior a de imigrantes que recebe a cada ano em seu território. Nesse cenário, faz sentido que se pretenda ostentar normativa migratória exemplar.

É imperativo advertir que o desenvolvimento social nunca deve ser dado por definitivo. Não se deve esperar que, positivadas em lei, conquistas se materializem em movimento linear e ascendente. Direitos raramente se concretizam sem resistências ou entraves, sem que o espectro do retrocesso esteja à espreita. Bem lembraram aqui Flavia Piovesan e Cláudia Giovannetti Pereira dos Anjos o ensinamento de Hanna Arendt, de que os direitos humanos "não são um dado, mas um construído, uma invenção humana em constante processo de construção e reconstrução".

Impõe-se, assim, redobrar cuidados sobre o processo de regulamentação da Lei nº 13.445/2017. Teme-se, é claro, que o poder regulamentador neutralize avanços consolidados pelo Poder Legislativo. Já inspira apreensão, por exemplo, que o Decreto nº 9.199/2017 exija que parentes do postulante ao asilo político estejam em território nacional para a obtenção do benefício da reunião familiar. A regra parece ignorar o fato frequente de que os solicitantes de asilo político tantas vezes atravessam fronteiras em fuga, sozinhos, em situação de emergência. Preocupa, também, entre outros reclamos, a escolha de modalidades de trabalho para concessão do visto, o que não constava da legislação original e a regra regulamentadora inova.[2]

Ao tempo em que concluímos esta obra, testemunhamos medida sobremaneira inquietante. Trata-se de portaria regulamentadora da medida de deportação, que estabelece uma forma não prevista na Lei nº 13.445/2017: a deportação sumária de "pessoa perigosa".[3] Enquanto a lei concebeu prazo de 60 dias para que o deportando apresente defesa, essa portaria concede apenas cinco dias para tal fim aos não nacionais envolvidos em "atividades contrárias aos princípios constitucionais", como terrorismo, associação criminosa, tráfico de drogas e exploração sexual de crianças e adolescentes. E os motivos de deportação sumária poderão ser avaliados pela autoridade migratória.

É verdade que a própria lei prevê que o prazo de 60 dias para regularização de situação migratória pode ser reduzido no caso de quem "tenha praticado ato contrário aos princípios e objetivos dispostos na Constituição Federal",[4] mas não há na lei a figura da deportação sumária, o que faz questionável sua invenção pela norma regulamentadora.

O desígnio do legislador deve ser medido pelo edifício inteiro, não por dispositivos fragmentados. E todo o texto da lei evidencia com clareza a intenção de limitar as medidas compulsórias e seus respectivos

---

[2] Lei de Migração entra em vigor, mas regulamentação *é* alvo de críticas. *Folha de S.Paulo*, 21 nov. 2017, Patrícia Campos Mello.

[3] Portaria nº 770 de 11 de outubro de 2019, D.O.U. de 14 de outubro de 2019.

[4] Art. 50, §6º c/c Art. 45, IX: Art. 50. A deportação é medida decorrente de procedimento administrativo que consiste na retirada compulsória de pessoa que se encontre em situação migratória irregular em território nacional. (...) §6º O prazo previsto no §1º poderá ser reduzido nos casos que se enquadrem no inciso IX do art. 45. Art. 45. Poderá ser impedida de ingressar no País, após entrevista individual e mediante ato fundamentado, a pessoa: (...) IX - que tenha praticado ato contrário aos princípios e objetivos dispostos na Constituição Federal.

procedimentos à previsão legal, restringindo a faixa de discricionariedade das autoridades migratórias.

Ao regrar a deportação sumária de meros *suspeitos* de atos criminosos, com prazo exíguo e frustrante da ampla defesa, a portaria regulamentadora inova medida ainda mais severa que a própria expulsão – o mais traumático meio de exclusão forçada do estrangeiro. Tão rigorosa é a medida expulsória que pressupõe a prática de crime grave, comprovado por meio de sentença condenatória transitada em julgado e procedimento administrativo posterior, com nova possibilidade de exercício do direito de defesa. Já a *deportação sumária*, embora produza consequências semelhantes às da expulsão, é decidida pela autoridade migratória em prazo máximo de cinco dias...

Do poder regulamentador espera-se que pormenorize, que complemente a lei, provendo recursos que lhe garantam executoriedade; não que a reforme apoiando-se em seus dispositivos miúdos para lhe degenerar o propósito evidente. Nada pode ser tão pouco honesto quanto tomar da palavra isolada e tópica do legislador para afrontar o núcleo ideológico da obra legislativa.

Ao fechar e mandar ao prelo o texto desta obra coletiva, seus organizadores estão seguros de que ela há de inspirar a reflexão e a crítica dos estudiosos desse domínio do direito, em hora de manifesta oportunidade.

Adriano Teixeira
Doutor e Mestre (LL.M) pela Universidade Ludwig-Maximilian, de Munique. Graduado Pela Universidade Federal de Minas Gerais (UFMG). Pesquisador do Escritório FeldensMadruga.

Amina Welten Guerra
Doutoranda em Direito Público pela Pontifícia Universidade Católica de Minas Gerais. Mestre em Direitos Humanos, Migração e Desenvolvimento pela Universidade de Bolonha (Itália). Graduada em Direito pela Universidade de Bolonha (Itália) com título reconhecido pela Universidade Federal de Minas Gerais (UFMG).

Ana Flavia Velloso
Mestre em Direito pela Universidade de Paris I – Panthéon- La Sorbonne. Advogada e Professora de Direito Internacional Público.

Andrea de Quadros Dantas Echeverria
Advogada da União com atuação perante o Supremo Tribunal Federal desde 2005. Pesquisadora Visitante na Universidade de Stanford (Califórnia, EUA, 2017/2018) e Doutoranda em Direito pelo Centro Universitário de Brasília. *E-mail*: andrea.dantas@agu.gov.br.

Antenor Madruga
Doutor em Direito Internacional pela USP. Especialista em Direito Empresarial pela PUC-SP. Graduado pela Universidade Federal do Rio Grande do Norte. Sócio do Escritório FeldensMadruga.

Antonio Henrique Graciano Suxberger
Professor Titular do Programa de Doutorado e Mestrado em Direito do Centro Universitário de Brasília (UniCEUB). Pós-Doutor pelo IGC da Universidade de Coimbra. Doutor em Direito pela Universidade Pablo de Olavide (Sevilha, Espanha), Mestre em Direito pela Universidade de Brasília. Promotor de Justiça no Distrito Federal.

Carmen Tiburcio
Professora Titular de Direito Internacional Privado na Universidade do Estado do Rio de Janeiro (UERJ), LLM e SJD pela *University of Virginia School of Law*, EUA. Consultora no Escritório Barroso Fontelles, Barcellos, Mendonça & Associados.

Carolina Cardoso Guimarães Lisboa
Advogada em Brasília. Doutora em Direito do Estado pela Universidade de São Paulo. Mestra em Ciências Jurídico-Internacionais pela Universidade de Lisboa. Professora de Direito Constitucional no UniCEUB e do curso de especialização em Direito e Processo Penal do Instituto Brasiliense de Direito Público (IDP).

Christine Oliveira Peter da Silva
Doutora e Mestre em Direito, Estado e Constituição pela UnB. Professora Associada do Mestrado e Doutorado em Direito das Relações Internacionais do Centro Universitário de Brasília (UniCeub). Pesquisadora do Centro Brasileiro de Estudos Constitucionais ICPD/ UniCeub. Assessora de Ministro do Supremo Tribunal Federal.

Cláudia Giovannetti Pereira dos Anjos
Mestre em Direito Internacional pela Universidade de São Paulo (USP) e Bacharel em Direito pela USP e em Gestão de Políticas Públicas pela Universidade de Brasília (UnB). Atualmente ocupa o cargo de Assessora para Assuntos sobre Refugiados do Ministério dos Direitos Humanos. Foi Coordenadora-Geral do Comitê Nacional para os Refugiados (CONARE) e Assistente de Proteção do Alto Comissariado das Nações Unidas para Refugiados (ACNUR) no Brasil.

Cleanto de A. C. Fernandes
Assessor de Ministro do STJ.

Flávia Piovesan
Mestre e Doutora em Direito pela Pontifícia Universidade Católica de São Paulo (PUC-SP). Professora Doutora da PUC-SP nas disciplinas de Direito Constitucional e Direitos Humanos. Estudos de pós-doutoramento na *Harvard Law School*, na *University of Oxford* e no *Max-Planck-Institute for Comparative Public Law and International Law*. Foi Secretária Especial de Direitos Humanos (2016-2017). Membro da Comissão Interamericana de Direitos Humanos (2018-2021).

Georges Carlos Frederico Moreira Seigneur
Promotor de Justiça do MPDFT. Mestre em Direito e Estado pela Universidade de Brasília. Professor de Direito Processual Penal.

Isadora Maria B. R. Cartaxo de Arruda
Advogada da União com atuação perante o Supremo Tribunal Federal desde 2005. Secretária-Geral de Contencioso de setembro de 2016 a dezembro de 2018. Diretora do Departamento de acompanhamento estratégico da SGCT/AGU. Pós-Graduada em Direito Público pela Universidade de Brasília. *E-mail*: isadora.arruda@agu.gov.br.

João Guilherme Casagrande Martinelli Lima Granja Xavier da Silva
Doutor em Direito, UNB. *Visiting Scholar*, *Brown University*.

Jorge Miranda
Professor Catedrático das Faculdades de Direito da Universidade de Lisboa e da Universidade Católica Portuguesa.

Leonardo Nemer Caldeira Brant
Doutor em Direito Público pela *Université Paris X Nanterre*. Tese de doutorado laureada com o "*Prix du Ministère de la Recherche*", em Paris, França. Mestrado e graduação em Direito pela Universidade Federal de Minas Gerais (UFMG). Atuou como funcionário das Nações Unidas e membro do corpo jurídico na Corte Internacional de Justiça (CIJ), Haia. Ex-Membro do Comitê Consultivo para Nomeações do Tribunal Penal Internacional (TPI), Haia.

Luís Roberto Barroso
Ministro do Supremo Tribunal Federal. Professor Titular da Universidade do Estado do Rio de Janeiro (UERJ).

Luiz Fernando Pimenta
Especialista em Regulação de Aviação Civil da Agência Nacional de Aviação Civil (ANAC). Administrador e Mestre em Sistemas Aeroportuários pela *Universidad Politécnica de Madrid*.

Márcio P. P. Garcia
LL.B. (UnB), LL.M. (Cambridge) e Ph.D. (USP). Consultor Legislativo do Senado Federal.

Maria Elizabeth Guimarães Teixeira Rocha
Magistrada do Superior Tribunal Militar. Doutora em Direito Constitucional pela Universidade Federal de Minas Gerais. Doutora *honoris causa* pela Faculdade Inca Garcilaso de la Vega – Lima, Peru. Mestre em Ciências Jurídico-Políticas pela Universidade Católica Portuguesa – Lisboa, Portugal. Professora Universitária. Autora de livros e artigos jurídicos publicados no Brasil e no exterior.

Mateus Schaeffer Brandão
Mestre e doutorando em Ciências Jurídico-Empresariais pela Faculdade de Direito da Universidade de Lisboa – Lisboa, Portugal. Oficial da Força Aérea Brasileira (FAB). Assessor Jurídico do Superior Tribunal Militar (STM) – Brasil.

Paulo Cesar Villela Souto Lopes Rodrigues
Juiz Federal. Doutor em Direito Internacional pela Universidade do Estado do Rio de Janeiro (UERJ).

Ricardo Fenelon Junior
Advogado. Diretor da Agência Nacional de Aviação Civil (ANAC) e Professor de Direito Aeronáutico e Regulação do Setor Aéreo no Instituto Brasiliense de Direito Público. Mestre (LL.M.) em Direito Internacional e Econômico pela *Georgetown University*. Especialista em Direito Empresarial pela Fundação Getúlio Vargas e Especialista em Direito Processual Civil pelo Instituto Brasiliense de Direito Público. Membro do Brasil no Comitê Jurídico da *International Civil Aviation Organization* (ICAO).

Ricardo Martins Junior
Advogado em Brasília. Especialista em Direito Penal e Direito Processual Penal pelo Instituto Brasiliense de Direito Público (IDP).

Sérgio Luíz Kukina
Ministro do Superior Tribunal de Justiça.

Stela Hühne Porto
Bacharel em Direito e Mestranda em Direito Público pela UERJ. Advogada associada no Escritório Barroso Fontelles, Barcellos, Mendonça & Associados.

Tarciso Dal Maso Jardim
Consultor Legislativo do Senado Federal.

Thiago Magalhães Pires
Mestre e Doutor em Direito Público pela UERJ. Professor convidado do Curso de Pós-Graduação em Direito Administrativo da EMERJ e do Curso de Pós-Graduação em Direitos Fundamentais do IBCCrim em parceria com o Ius Gentium Conimbrigae (Universidade de Coimbra). Sócio do Escritório Barroso Fontelles, Barcellos, Mendonça & Associados.

Vladimir Aras
Procurador Regional da República (PRR) em Brasília. Ex-Secretário de Cooperação Internacional da Procuradoria-Geral da República (PGR). Professor Assistente de Processo Penal da Faculdade de Direito da Universidade Federal da Bahia (UFBA). Mestre em Direito Público pela Universidade Federal de Pernambuco (UFPE). Professor da Especialização em Ciências Penais do Instituto de Direito Público (IDP) e da Universidade Católica do Salvador (UCSal). MBA em Gestão Pública pela FGV. Doutorando em Direito (UNICEUB).

Esta obra foi composta em fonte Palatino Linotype, corpo 10
e impressa em papel Offset 75g (miolo) e Supremo 250g (capa)
pela Gráfica Laser Plus.